더미를 위한

분노 조절

제2판

더미를 위한

분노 조절

제2판

찰스 H. 엘리엇 · 로라 L. 스미스 지음
김효원 옮김

시그마북스
Sigma Books

더미를 위한
분노 조절

발행일 2018년 5월 10일 1쇄 발행
지은이 찰스 H. 엘리엇, 로라 L. 스미스
옮긴이 김효원
발행인 강학경
발행처 시그마북스
마케팅 정제용, 한이슬
에디터 권경자, 김경림, 장민정, 신미순, 최윤정, 강지은
디자인 최희민, 김문배, 이연진

등록번호 제10-965호
주소 서울특별시 영등포구 양평로 22길 21 선유도코오롱디지털타워 A404호
전자우편 sigma@spress.co.kr
홈페이지 http://www.sigmabooks.co.kr
전화 (02) 2062-5288~9
팩시밀리 (02) 323-4197
ISBN 978-89-8445-983-0 (04180)
　　　 978-89-8445-962-5 (세트)

Anger Management For Dummies®, 2nd Edition

이 도서의 국립중앙도서관 출판예정도서목록(CIP)은 서지정보유통지원시스템 홈페이지(http://seoji.nl.go.kr)와 국가자료공동목록시스템(http://www.nl.go.kr/kolisnet)에서 이용하실 수 있습니다.
(CIP제어번호 : CIP2018011534)

＊ 시그마북스는 (주)시그마프레스의 자매회사로 일반 단행본 전문 출판사입니다.

마음의 고통은

화를 내게 된 원인으로 인한 것이 아니라,

화를 냈을 때 얻게 되는 결과이다.

– 마르쿠스 아우렐리우

들어가는 글

기억이나 행복, 공감처럼 분노 또한 삶의 일부분이다. 분노는 다른 누구보다 분노를 터트리는 사람에 대해 많은 것을 알려준다. 그 사람이 어떤 기질을 가졌으며, 어떤 렌즈로 세상을 바라보는지, 얼마나 선뜻 다른 사람을 용서하는지, 얼마나 균형 잡힌 삶을 사는지 알려준다. 하지만 어떤 식으로든 분노 때문에 피해를 볼 필요는 없다. 왜냐하면 세상이 우리가 바라는 만큼 대우해주지 않을 때 어떻게 반응할지는 우리의 선택에 달려 있기 때문이다. 분노는 그러한 선택의 하나에 불과하다.

분노를 어떻게 표현할지 선택하는 것은 매일 아침 무슨 색깔의 셔츠를 입을지, 아침식사로 무엇을 먹을지, 오후에 언제 조깅하러 나갈지 결정하는 행동과 다를 바 없다. 분노를 느끼는 일 자체는 선택의 여지가 없는 것처럼 느껴지기도 하지만 사실은 그렇지 않다. 마찬가지로 어제의 분노를 떨쳐내지 못하고 내일로 짊어지고 갈지, 그래서 내일 얼마나 큰 분노를 경험할지도 우리의 선택에 달려 있다.

누구나 살아가면서 한 번쯤은 문제가 될 만큼 심각한 분노를 느낀다. 분노는 굉장히 민주적인 감정이다. 분노는 남녀노소뿐 아니라 부자와 가난한 자, 교육받은 자와 그렇지 않은 자를 비롯하여 모든 인종과 종교를 아우른다. 수천만 명에 달하는 사람들이 과다한 분노 때문에 불필요한 고통을 겪는다. 분노는 삶을 말 그대로 독살하며 하루하루를 갉아먹는다.

분노는 치유될 수 있거나 치유되어야만 하는 것이 아니다. 다만 분노를 유익하게 활용하기 바란다면 제대로 조절할 줄 알아야 한다. 이는 가정에서든 직장에서든 가장 소중한 인간관계에서든 마찬가지다. 이 책에는 분노를 효과적으로 관리하는 방법이 담겨져 있다. 긍정적인 측면에 집중하는 기술이나 충분히 숙면을 취하는 법, 삶에 대한 태도를 변화시키는 법을 알려주며, 분노를 신중하게 조절해서 표현하는 것이 무작정 터트리는 것보다 더 좋은 이유를 설명한다. 그 외에도 갈등을 도전으로 바꾸는 방법을 비롯해 다양한 주제를 담고 있다. 화가 날 때면 10초를 세거나 심호흡을 두세 번 하라는 등(비록 좋은 의도에서 도출되기는 했지만) 과거에 통용되었던 지극히 단순한 조언에서 벗어나 보다 발전된 방법을 배울 수 있다는 건 분명 좋은 소식이다!

이 책에 대하여

당신은 마음속에 분노가 가득 찰 때 이를 어떻게 알아차리는가? 스스로 판단하는가 아니면 다른 사람에게 판단을 미루는가? 물리적으로 공격적인 행동을 보이지 않는다면, 다시 말해 다른 사람에게 상해를 입히거나 벽에 구멍을 뚫어놓지 않는다면 화가 나지 않았다는 뜻일까? 분노를 터트리고 마음속에 있는 것들을 토해내면 정말 도움이 될까? 아니면 갈등이 터져 나오지 않도록 입을 꽉 다물고 평화를 지키는 편이 나을까? 분노에 찬 사람들이 과연 달라질 수 있을까? 아니면 이미 글렀으니 고통 속에서 삶을 살아가야 할까? 만일 당신이 거꾸로 다른 누군가가 터트리는 분노의 대상이 된다면 무엇을 어떻게 해야 할까? 이처럼 중요한 질문들에 대한 답이 바로 이 책에 담겨 있다.

이 책을 쓸 때 필자들은 네 가지 기본적인 목표를 염두에 두었다.

- ✔ 우선 분노가 단순히 두 글자짜리 단어가 아니라 그 이상의 무언가라는 점을 보여주고 싶었다. 분노는 극도로 복잡한 감정으로서, 일반적으로 사람들이 화난 감정을 표현하기 위해 사용하는 거칠고 마음을 아프게 하는 단어 이상의 의미가 있다.
- ✔ 분노를 지나치게 자주 그리고 강렬하게 경험할 때 분노가 우리 삶에 어떤 다양한 방식으로 악영향을 미칠 수 있고, 또 실제로 미치는지 설명하고자 했다.

✔ 분노를 조절하는 것이 전적으로 우리의 능력 아래 있다는 점을 보여주고 싶었다. 그러기 위해서는 이 책에 기술되었듯이 생활 방식을 비롯해 사고, 행동, 소통, 습관을 변화시키려는 의지만 있으면 충분하다.

✔ 과도하게 분통을 터트리지 않고서도 힘든 상황에 적절히 대처할 수 있는 구체적인 기술을 다양하게 제공하고자 했다.

어쩌면 당신은 분노와 관련해서 가장 골머리를 썩는 영역에만 집중하고 싶을 수 있다. 직장이 한 가지 사례가 될 수 있겠다. 또는 어쩌면 본격적인 분노 조절 방법에 대한 장으로 곧장 페이지를 넘기고 싶을 수도 있다. 이 책을 처음부터 끝까지 읽으라고 말하지는 않겠다. 그건 당신에게 달려 있다. 강아지처럼 당신의 코가(이 경우에는 당신의 눈이!) 이끄는 대로 페이지를 넘겨보라. 종국에는 가야 할 곳에 다다를 것이다.

노트 : 이 책의 글상자는 흥미로운 정보를 담고 있지만 반드시 읽어야 하는 내용은 아니다. 본론으로 속행하기를 바란다면 건너뛰어도 무방하다.

독자에게 드리는 말씀
- - - - - - - - - - - - - - - - - - - -

필자들은 이 책을 쓸 때 당신에 대해 몇 가지 가정을 했다.

✔ 당신은 분노와 관련된 문제가 있을 수도 있고 없을 수도 있다. 만일 당신에게 분노와 관련된 문제가 없다면 당신이 알거나 사랑하는 누군가가 그런 문제를 겪고 있을 것이다. 만일 이 책을 직접 구입하지 않았다면 남편이나 아내, 형제, 자매, 아들, 딸, 아버지, 어머니, 친구, 동료를 위해 이 책을 샀을 것이다. 혹은 이들 중 한 사람이 당신에게 이 책을 사주었을 것이다.

✔ 당신은 분노에 대한 모든 것이 궁금하지는 않다. 다만 분노를 효과적으로 조절하기 위해 딱 필요한 만큼만 알기 바랄 것이다. 학자들이 분노에 대해 오래도록 연구해오기는 했지만 이 책에는 그런 알쏭달쏭한 학문적인 내용은 없다. 이 책은 당신이 분노를 조절하기 위해 사용할 수 있는 검증된 전략에 초점을 맞추고 있고, 그것이 이 책의 전부다.

아이콘 설명

아이콘이란 이따금씩 왼편 여백에 실려 있는 작은 그림들을 말한다. 아이콘은 당신이 특정 유형의 정보를 주의 깊게 살펴보도록 만들기 위해 사용되었다.

체크포인트

기억해두면 도움이 될 뿐 아니라 이 책을 수중에 지니고 있지 않을 때에도 유용하게 활용할 수 있는 중요한 개념에 주목하도록 만드는 아이콘이다.

참고하기

때로는 당신과 공유하고 싶은 흥미로운 정보가 있다. 궁금하면 읽어보면 된다. 하지만 이 단락은 당면한 문제를 이해하는 데 필수적으로 중요한 정보를 담고 있지는 않다.

더미를 위한 팁

분노를 조절하기 위한 실용적인 전략을 가리키는 아이콘이다.

경고메시지

주의해야 할 내용이 있거나 당신이 전문가의 도움을 구해야 한다고 판단될 때 사용한 아이콘이다.

책 이외의 자료

지금 읽고 있는 종이책이나 전자책에 실린 내용이 이 책의 전부는 아니다. 이 책에는 인터넷에 접속하기만 하면 어디서든 활용할 수 있는 자료가 포함되어 있다. 책이 얼마나 유익했건 상관없이 http://www.dummies.com/health/mental-health/anger-management-for-dummies-cheat-sheet/에 접속해서 무료 온라인 'CHEAT SHEET'를 찾아 추가적으로 활용할 만한 아이디어와 도구를 살펴보자. CHEAT SHEET에서는 다음과 같은 내용을 추가적으로 제공한다.

- ✔ 화를 식힐 수 있는 10가지 방법
- ✔ 분노를 공격적으로 터트리는 대신 단호하게 표현하기 위한 팁
- ✔ 화났을 때 헤도 되는 것과 해시는 안 되는 것
- ✔ 직장에서 열받지 않기 위한 방법

CHEAT SHEET를 인쇄해서 메모판이나 파티션, 냉장고에 붙여 놓으면 분노 조절 전략을 언제든 쉽게 찾아볼 수 있다.

나아갈 방향

이 책을 처음부터 끝까지 전부 읽을 필요는 없다. 제1장부터 시작해서 책 전체를 읽어야만 분노를 조절하는 데 필요한 효과적인 도움을 얻을 수 있는 것은 아니니까 말이다. 각 장은 분노 조절에 대한 중요한 측면을 하나씩 독립적으로 다루고 있다. 만약 당신의 시선을 사로잡는 내용을 발견한다면 순서에 구애받을 필요 없이 얼마든지 탐독해도 좋다.

이 책을 완독했든 안했든 여전히 분노 조절과 관련된 문제로 버둥거리고 있다면, 전문가의 도움을 구하기를 진지하게 제안한다. 분노 조절은 틈새시장이기 때문에 자격증을 갖추었을 뿐 아니라 학위가 있고 이 분야의 경력이 있는 전문가를 찾아가야 한다.

이 책이 유용했다고 하더라도 분노 조절과 관련된 여러 강좌를 들으면 도움이 된다. 강좌를 들으면 다른 사람들의 경험과 이야기를 듣고 당신의 이야기도 나눌 수 있다는 추가적인 장점이 있다. 수강생들은 보통 유용한 피드백을 주고받는다.

차례

분노 조절에 시동 걸기

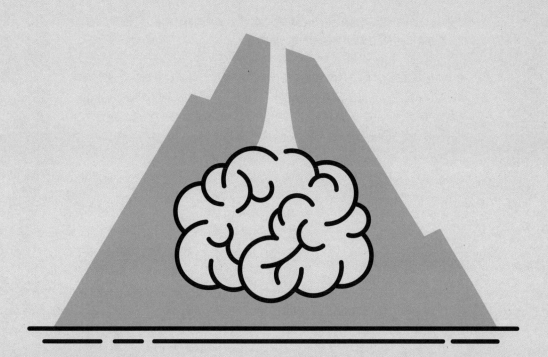

제1부 미리보기

- 분노라는 감정과 이로 말미암아 나타나는 신체적 감각, 생각, 느낌의 본질을 이해한다.

- 무엇이 당신의 분노를 촉발하는지 발견하고, 삶에서 분노가 터지기 쉬운 순간을 파악한다.
  분노를 표출하는 당신만의 독특한 방식을 이해한다.

- 현재의 분노 조절 방식을 진심으로 바꾸고 싶은지 선택한다. 바꿀 때와 바꾸지 않을 때의
  비용과 이득을 각각 따져본다(그렇다, 비용이 존재한다). 그다음에는 어떤 과정을 거쳐 분노
  조절 방식을 바꾸어나갈 수 있는지 살펴본다. 그 과정에서 지금 당신이 어느 단계에 있는지
  파악하고, 당신 앞에 어떠한 가능성이 놓여 있는지 찾아본다.

chapter

01

분노란 무엇인가

<table>
<tr><td colspan="2">

제1장   미리보기
</td></tr>
<tr><td colspan="2">

● 분노란 무엇이고 어떻게 나타나는지 파악한다.

● 분노에 대한 속설을 들여다본다.

● 감정이 어떻게 작동하는지 이해한다.

● 도움이 필요할 때는 요청한다.
</td></tr>
</table>

컬럼비아의 보고타에 사는 아이들, 영국의 옥스퍼드에서 공부하는 대학생들, 뉴욕에서 일하는 기업 임원들, 인도의 어머니들, 보르네오와 뉴기니에서 문자 없이 살아가는 부족민들 사이에는 어떤 공통점이 있을까? 바로 분노 어린 얼굴을 즉각 알아본다는 점이다. 분노는 기쁨과 두려움, 슬픔, 혐오, 경멸, 놀라움과 함께 인류의 보편적인 감정이다. 전 세계 모든 문화에서 이 감정들은 일상적인 삶에서 분리할 수 없는 중요한 측면이다. 그리고 우리의 감정은 우리를 축복으로도 또한 저주로도 이끈다.

분노는 인류가 발달시킨 생존 기제 가운데 하나다. 위협적인 대상을 직면했을 때 인간은 다른 동물과 마찬가지로 도망가거나 얼어붙거나 아니면 공격하는 행동 가운데 하나를 선택한다. 분노는 우리가 공격적인 행동을 하도록 기름을 붓는다. 분노에 찬 사람들은 에너지가 분출되는 경험을 한다. 이 에너지는 적을 쫓아내는 데 도움이 된다.

하지만 분노는 정반대의 효과를 유발해서 때 이른 파국을 불러오기도 한다. 분노가 폭발하면 심장마비가 오거나, 직장에서 사고가 일어나거나, 인간관계가 엉망이 되거나 또는 그 밖의 의도치 않은 여러 가지 부정적인 결과가 이어질 수 있다.

분노 정의하기

만일 당신이 대다수 사람들과 비슷하다면, 분노가 무엇인지 이미 알거나 혹은 적어도 안다고 생각할 것이다. 예를 들어 당신의 친구가 화나 있다는 직감이 들었다고 해 보자. 그래서 친구에게 정말 화났냐고 물어봤더니 "아니, 전혀." 라고 대답했다면? 물

[성공적으로 분노를 조절하기 위한 열쇠]

우리는 당신이 "내가 이토록 화를 내는 이유가 도대체 무엇이고, 그러지 않기 위해서 내가 할 수 있는 가장 효과적인 한 가지 일은 무엇일까?"에 대한 간단한 답을 원한다는 사실을 안다. 당신은 이 책의 어느 한 장에 그 답이 담겨 있기를 바랄 것이다. 하지만 안타깝게도 일은 그렇게 간단하지 않다.

분노는 복잡하고 인간적인 감정이다. 이 책을 읽음으로써 당신은 당신의 분노가 어디서부터 시작하는지 이해하게 될 것이다. 다시 말해 당신의 고유한 특성 가운데 어떤 특성들이 제각각 얼마나 많은 영향을 미쳐서 분노가 촉발되는지 알 수 있을 것이다. 그러한 특성들 때문에 당신은 어쩌면 분노에 더 효과적으로 대처하는 기술을 익혀야 할 수도 있고, 음주를 줄여야 할 수도 있으며, 분노를 건강하게 배출할 수 있는 방법을 늘려야 할 수도 있다. 또는 삶의 목적과 의미를 더 구체적으로 그리거나 아니면

단순히 새로운 직장을 구해야 할 수도 있다. 이러한 특성 가운데 몇몇/전부/하나 혹은 그 밖의 또 다른 이유들이 당신을 분노에 빠트리는 단초가 된다. 지금 중요한 것은 분노를 조절할 수 있는 당신만의 정확한 레시피를 찾고, 이 책에 담긴 정보와 자원을 활용해서 당신의 정서적 삶을 개선하는 것이다.

분노는 특정한 유형의 생각과 관련된 감정이다. 예를 들어 분노는 다른 사람이 당신을 상처주려고 한다는 생각이나 자존감에 대한 위협, 불의 또는 좌절과 관련된 생각과 연관된다. 분노는 신체적 증상으로도 나타나고(근육이 긴장하거나 목소리가 커지거나 불안해지는 등) 행동으로도 표출된다(다른 사람을 위협하려고 하거나 가만히 있지 못하거나 주먹을 꽉 쥐는 등). 분노는 불쾌함과 못마땅함을 표현하려는 강력한 감정이다.

론 당신의 직감이 틀려서 친구가 실제로 화나 있지 않을 수도 있다. 그러나 이러한 상황에서 직감은 대체로 들어맞는다. 친구의 말투나 자세, 보디랭귀지를 보면 알 수 있다.

분노는 사실 선택과 인식의 문제다

우리가 아는 한 인간은 세계를 바라보는 관점을 선택할 수 있는 유일한 동물이다. 고양이, 개, 다람쥐, 햄스터, 금붕어는 모두 본능에 따라 살아가는 생명체다. 이들 동물은 날 때부터 신경계에 각인된 바에 따라 예측 가능한 방식으로 반응한다. 이러한 본능은 보편적이다. 개의 배를 긁으면 개는 즉각적으로 뒷다리를 흔들기 시작한다. 모든 개가 그렇게 반응한다. 이러한 반응에는 선택의 여지가 없다.

인간이라는 종의 특별한 측면은 본능에 지배되지 않는다는 점이다. 우리는 주변 세계(예를 들면 누군가가 당신을 홀대할 때)에 어떻게 반응할지 선택(choices)할 수 있을 뿐 아니라 심지어 그에 앞서 그 사람의 행동을 어떻게 인식(perceive)하고 생각할지도 선택할 수 있다.

그 사람이 일부러 그랬을까? 그 사건은 단순히 사고였을까 아니면 고의였을까? 분명 당신 한 사람만 홀대했는가? 이 사건이 당신의 삶을 바꿀 만큼 중대한 재앙이라고 보는가? 절대 일어나서는 안 되었을 사건이라고 생각하는가? 우리의 마음은 무의식에서 이러한 질문들을 모두 곱씹으며, 이러한 고민은 우리가 위협에 반응하기 전에 혹은 더 이상적으로는 위협에 대처(respond)하기 전에 이루어진다. 다음 사례를 살펴보자.

겉보기에 마이크는 태어날 때부터 비관적인 사람일 수 있다. 하지만 그건 사실이 아니다. 인간은 특정 태도를 지니고 태어나지 않는다. 태도는 삶의 경험이 쌓이면서 형성된다. 사실 마이크의 태도는 그가 알코올 중독 가정 출신이라는 데에서 비롯한다. 마이크는 일이 잘 풀리다가도 한순간 철저한 혼돈의 나락으로 떨어지는 가정에서 자랐다. 어려서부터 마이크는 좋은 시절이 오래 가리라고 기대해서는 안 된다는 것을 배웠고, 가족이 파탄에 이르기까지 그리 길게 남지 않았다는 사실을 깨달았다.

그래서 성인이 된 마이크는 대다수 일들이 필연적으로 안 좋게 끝나리라고 예상했다. 아내가 얼마나 사랑스럽든 자녀들이 얼마나 말을 잘 듣든 마이크의 마음속 깊은 곳에는 언제라도 상황이 나빠질 수 있다는 생각이 가득했다. 그리고 그 순간이 다가오면 마이크는 분노에 찬 반응을 보일 준비가 되어 있었다. 왜 분노할까? 분노는 마이크가 혼란에 대처하고 상황을 통제하는 방식이다. 알코올 중독자였던 아버지가 밤새 고함치고 악을 쓰는 사이 침대 아래 숨어 있던 어린 시절 모습과는 사뭇 다르다.

마이크는 유년 시절이 자신의 세계관에 어떠한 영향을 미쳤는지 깨닫지 못한다. 알코올 중독자인 부모를 둔 대다수 아이들처럼 마이크는 그처럼 불행했던 어린 시절에서(적어도 육체적으로는) 살아남았기 때문에 자신은 괜찮다고 생각한다. 자신이 그토록 쉽게 화를 내는 이유에 대해서는 짐작조차 하지 못한다.

분노와 관련된 문제가 있는 사람들 중 상당수는 힘든 유년 시절을 보냈다. 어린 시절 이들이 느꼈던 분노는 그 당시 직면했던 어려움에 대처하는 방식이라고 볼 수 있다. 이들은 그때의 분노를 성인이 된 지금도 그대로 간직하고 있지만, 이제 이 대처 방식은 더 이상 그다지 도움이 되지 않는다. 더 효과적이고 새로운 대처 방식을 습득할 수 있지만 노력과 인내가 필요하다.

분노에 대한 속설을 떨쳐내라

분노를 조절하기에 앞서 우선 무엇이 분노이고 무엇이 아닌지 알 필요가 있다. 안타깝게도 분노에 대한 속설은 넘쳐난다. 다음은 이 책을 읽는 지금 당장 떨쳐냈으면 하는 속설이다.

✔ **분노를 표출하지 않으면 내가 폭발한다.** 분노를 더 자주 표출할수록 미래에도 분노를 느낄 가능성이 높다. 반면 분노를 신중하고 적절하게 드러내는 것은 도움이 된다. 그러니 계속 읽어보라!

✔ **남성이 여성보다 더 많이 화를 낸다.** 더 많이 화를 낸다는 뜻이 분노를 더

자주 경험한다는 의미라면, 남성이 여성보다 더 많이 화를 낸다는 말은 틀렸다. 많은 설문 연구에 따르면 여성들은 남성들만큼이나 자주 분노를 느낀다. 남성과 여성이 분노를 표현하는 방식이 약간 다를 수는 있지만, 경험의 빈도에 대한 연구는 일관된 결과를 보여준다.

✔ **분노는 나쁘다.** 스트레스에 대처하는 과정에서 분노는 다양한 긍정적인 기능을 한다. 분노를 **통제**(controlled)할 수만 있다면 분노는 에너지의 원천이 되고, 다른 사람들과 의사소통을 개선하며, 두려움과 불안정에 대한 보호막이 된다.

✔ **분노는 좋다.** 가정 폭력, 물적 손해, 성폭력, 약물 중독, 궤양, 자해로 이어지는 분노는 당연하지만 좋지 않다.

✔ **분노는 외적으로 표현했을 때에만 문제가 된다.** 분노를 느끼는 많은 사람이 분노를 참거나("이런 감정에 대해서라면 말도 꺼내고 싶지 않아!") 억압한다("나 지금 전혀 화나지 않는데? 정말로!"). 겉으로 분노를 터트리는 사람들은 마치 고장 나서 삐걱거리는 바퀴와 같아서 모두의 관심을 끌어모은다. 하지만 분노를 참고 억압하는 사람들도 이들만큼이나 분노를 관리하는 방법을 익힐 필요가 있다(분노로 말미암아 감당해야 하는 대가에 대해서는 제3장 참조).

✔ **나이가 들수록 쉽게 짜증낸다.** 반대다. 사람들은 나이가 들수록 부정적인 감정을 더 적게 경험하고 감정을 더 잘 조절한다고 보고한다. 와인과 치즈처럼 사람들도 시간이 흐르면서 더 성숙해진다.

✔ **분노는 마음의 문제에 불과하다.** 화가 나면 즉각적으로 온몸의 근육과 뒷목의 솜털, 혈압, 혈당 수치, 심박 수, 호흡 수, 소화기관뿐 아니라 손가락 체온까지(따뜻해진다!) 영향을 받는다. 이런 변화는 지금 어떤 상황이 발생하고 있는지 우리가 의식적으로 온전히 이해하기 한참 전에 일어난다.

✔ **분노는 복수하기 위한 감정이다.** 연구에 따르면 분노라는 감정에 숨겨진 가장 흔한 동기는 자신의 권위와 독립을 주장하거나 이미지를 개선하고 싶다는 욕구다. 이것이 반드시 상대에게 해를 끼치려는 의도라고 볼 수는 없다. 복수는 두 번째로 흔한 동기다. 세 번째 동기는 그동안 쌓인 좌절로 인한 울분을 발산하는 것이다. 이 경우에도 다른 누군가에게 상처 주려는 명백한 의도는 찾아보기 어렵다.

✔ **분노를 표출하지 않으면 나약한 사람처럼 보일 것이다.** 그렇지 않다. 사실

차분하고 절제되었지만 단호하게 대응하는 편이 더 효과적일 뿐 아니라 상당히 강력하다(제8장 참조).

✔ 분노를 조절하지 못하는 사람들은 자존감이 낮다. 때로는 그렇기도 하다. 하지만 분노의 훨씬 흔한 동반자는 과도하게 **부푼** 자존감이다(자존감과 분노의 관계에 대해서는 제7장에 더 많은 정보가 실려 있다).

✔ 특정 유형의 사람들만 분노 조절과 관련된 문제를 겪는다. 분노에 찬 트럭 운전사, 대학 교수, 의사, 할머니, 변호사, 경찰, 전과자, 영세민, 백만장자, 아동, 노인 등은 얼마든지 쉽게 찾아볼 수 있다. 분노는 인종과 국적, 종교도 가리지 않는다. 분노는 보편적인 감정이다.

✔ 분노는 대인관계에서의 갈등에서 비롯한다. 때로는 그렇지만 때로는 그렇지 않다. 사람들은 악취에 노출되었을 때나 교통 체증에 갇혔을 때, 아픔과 고통을 느낄 때, 컴퓨터가 말을 듣지 않을 때, 기온이 지나치게 높을 때 화를 낸다. 이 가운데 어떤 경우에도 타인의 직접적이고 의도적인 행동이 개입되지 않는다.

우리 삶에서 감정이 차지하는 역할

감정을 뜻하는 영어 단어 *emotion*은 합성어라고 볼 수 있다. *e*는 '에너지'를 뜻하고, *motion*은 단어 그대로 '움직임'을 말한다. 감정은 우리를 움직여 위협적인 대상으로부터 보호하고, 사회적 애착을 느끼고 가족을 구성하도록 이끌며, 기쁨을 주는 가치를 추구하게 만들고, 소중한 대상을 잃은 뒤에도 새로운 관계를 형성하게 해주며, 주변 세계를 탐색하도록 유도한다. 감정이 없다면 우리 삶은 완전히 멈춰 설 것이다.

정서는 본질적으로 잠시 머물렀다가 이내 사라지는 경험이다. 일반적으로 감정은 하루에도 몇 번씩 우리 마음을 드나들면서 우리를 여러 방향으로 이끌고, 그 결과는 우리의 행동에서 나타나는 변화를 통해 알 수 있다. 분노와 같은 감정에 영향을 받지 않는 것은 부자연스러우며, 때로는 건강하지 않을 수도 있다. 감정에는 혈압이나 심박 수, 혈당이 높아지거나 근육이 긴장하는 등 생리적인 변화도 포함된다. 하지만 이러한 변화는 보통 오래 지속되지 않기 때문에 해롭지 않다(다만 여기에는 감정을 합리적인 방식으로 표현한다는 전제가 있다). 밖으로 표출되지 않는 감정은 몸 안에 머물면서 생리적 긴장을 지속시키며, 이는 치명적일 수 있다.

분노는 표출되거나 아니면 표출되지 않는다는 말은 사실 옳지 않다. 모든 분노는 밖으로 표출된다. 문제는 어떻게 표출되느냐다. 아마 당신은 다른 사람이 듣거나 보고 느낄 수 있는 방식으로 분노를 표현했을 때 분노를 표출했다고 생각할 것이고, 그렇지 않다면 분노를 표출하지 않았다고 판단할 것이다. 하지만 실제로는 모든 분노가 표출된다. 다만 즉각적으로 관찰할 수 없는 방식으로 표현되기도 할 뿐이다. 예를 들어 화나 있는 것처럼 보이거나 들리지 않을지라도 분노는 심혈관계(혈압이 상승하거나 편두통이 생기는 등)나 위장관계(과민성 대장증후군 등), 근골격계(턱관절 장애나 긴장성 두통 등)를 통해 표현된다.

[감정 표현 불능증-감정이 없는 사람들]

감정 표현 불능증(alexithymia)이란 분노를 포함한 감정 일체가 결여된 것처럼 보이는 사람들을 설명하기 위한 용어다. 감정 표현 불능증은 상당히 안정적인 성격 특성으로 간주되지만, 그 자체로서는 공식적인 심리학적 진단에 포함되지 않는다. 감정 표현 불능증이 있는 사람들은 일반적으로 다음과 같은 특징을 보인다.

✔ 다양한 종류의 감정을 구분하기 어려워한다.
✔ 다른 사람에 비해 뻣뻣하고 활기가 없는 것처럼 보인다.
✔ 감정을 인식하지 못한다.
✔ 즐거움을 느끼지 못한다.
✔ 감정과 신체적 느낌을 잘 구분하지 못한다.
✔ 의사결정을 내릴 때 지나치게 논리적인 것처럼 보인다.
✔ 다른 사람에게 잘 공감하지 못한다.
✔ 다른 사람이 느끼는 감정을 보고 당황해한다.
✔ 예술이나 문학, 음악에 감동받지 않는다.

✔ 감성적인 기억(예를 들면 어린 시절 기억)이 거의 없거나 아예 없다.

분노를 조절한다고 해서 감정이나 느낌을 모두 차단해서는 안 된다. 감정을 느끼는 동시에 통제할 수 있어야 한다. 당신이 느끼는 분노를 공격적으로 표출하는 대신. 예를 들면 지역 신문의 편집자 앞으로 사회적 불의에 대한 편지를 쓰게끔 스스로를 잘 유도해야 한다. 또는 직장에서 당신의 재능이 착취당할 때 자기주장을 단호하게 펼치는 방식으로 분노를 표출하도록 감정을 잘 조절해야 한다.

배우자에게 "잠깐, 무언가 문제가 있는 것 같아." 라고 말하는 방식으로 표출되는 분노는 결혼 생활에 이롭다. 하지만 당신의 분노가 다른 사람에게든 당신 자신에게든 상처를 주는 방식으로 작동한다면, 그때는 분명 문제가 있다. 말하자면 분노는 적절히 다룰 줄만 안다면 삶 전반에 걸쳐 도움을 얻을 수 있는 도구다. 그리고 이 책은 이 도구를 다루는 법을 알려주는 참고서다.

혹은 비관주의, 냉소주의, 절망감, 신랄함, 고집 등 부정적인 태도를 통해 표출되거나 회피 행동(사람들에 대한 무시), 저항하는 행동("난 반대야!"), 수동공격적 행동("정말 미안. 뭐하고 싶다고 그랬더라?")을 통해서 드러나기도 한다. 분노를 느끼면 기분이 상해서 우울하거나 가라앉을 수도 있다. 그럴 때면 좀 전까지만 해도 가득했던 열정이 갑자기 사라진다.

폴 에크만 박사는 전 세계 모든 문화권에서 공통적으로 나타나는 일곱 가지 기초 감정을 발견했다. 표 1-1은 이 일곱 가지 감정과 이들 감정이 표출되는 방식을 예를 들어 소개하고 있다.

표1-1 일곱 가지 기초 감정

감정	표출되는 방식
슬픔	눈꼬리와 입가가 처진다. 다른 사람들에게서 거리를 둔다. 부정적이고 비관적인 일이나 상실에 대한 생각에 빠진다. 스스로가 열등하다고 생각한다. 심박 수가 증가한다.
기쁨	눈가에 주름이 진다. 미소를 짓고 입가가 올라간다. 긍정적인 즐거움에 대해 생각한다. 웃는다.
놀라움	눈을 동그랗고 크게 뜬다. 입이 벌어진다. 예측하지 못한 사건에 대한 반응이 순식간에 일어났다가 사라진다. 무엇이 왜 발생했는지에 대한 예상하지 못한 측면에 생각을 집중한다.
혐오	코에 주름이 생긴다. 윗입술이 말린다. 불쾌한 냄새나 맛, 모양새에 즉각적으로 반응한다. 혐오스러운 대상을 회피하거나 없애버릴 생각을 한다.
경멸	볼 근육이 당겨지면서 희미한 미소나 비웃음을 짓는다. 고개를 약간 뒤로 뺀다. 다른 사람이 열등하다고 생각한다.
두려움	눈을 크게 뜬다. 입을 크게 벌린다. 심박 수가 증가한다. 체온이 떨어진다. 위험에 어떻게 대응할지 생각한다. 맞서 싸우거나 도망가거나 그대로 얼어붙는다.
분노	눈을 가늘게 뜨면서 노려본다. 입술을 꽉 깨문다. 체온과 심박 수가 증가한다. 근육이 불끈 솟는다. 불공정, 복수, 불의, 공격, 앙갚음에 대한 생각에 몰두한다.

도움을 요청하라

우리는 모두 도움이 필요하다. 삶을 철저히 혼자서 살아갈 수 있는 사람은 없다. 특히 삶에서 중대한 변화가 벌어지기 시작할 때에는 다른 사람의 도움이 중요하다. 그리고 분노를 조절하는 것은 중대한 삶의 변화다.

도움과 지지에는 다양한 방식이 있다. 분노를 효과적으로 관리하려면 다음과 같은 종류의 지지가 모두 필요하다.

- ✔ **신중하게 선택한 가족과 친구들** : 100퍼센트 당신 편인 사람들이 필요하다. 이들은 분노와 관련된 당신의 문제에 대해서 잘 알고 있고, 당신이 분노를 조절하는 법을 터득해가는 과정에서 기꺼이 응원해주는 사람들이다.
  분노를 조절하려고 노력하기 시작하는 첫 단계에서 주변 사람들의 지지를 충분히 받지 못한다고 너무 놀라지 말자. 지난 몇 년간 당신의 분노 탓에 아마도 많은 사람이 상처받았으리라는 점을 기억하자. 이들은 분하고 두렵거나 복잡한 마음을 여전히 간직하고 있을 수 있다. 자연스러운 일이다. 하지만 당신이 진심으로 분노를 조절하기 위해 헌신적인 노력을 기울인다면, 이들도 결국 당신의 편이 될 가능성이 크다.
- ✔ **충분한 정보** : 분노를 조절하겠다는 단호한 의도가 있다고 해도 분노에 대해 그리고 분노를 관리하는 법에 대한 정보가 충분하지 않다면 그리 성공하지 못할 것이다. 다행히도 지금 당신은 분노를 다루기 위한 모든 정보를 손 안에 가지고 있다.
- ✔ **자조 모임** : 대다수 지역사회에는 분노 조절과 관련된 자조 모임이나 강좌가 있다. 이런 모임이나 강좌에 대한 정보는 보통 신문이나 인터넷에서 찾아볼 수 있다. 일부 종교단체에서도 이러한 모임을 후원한다.
- ✔ **전문가의 도움** : 분노 조절에 문제가 있는 사람들은 통상 심리 상담을 받겠다는 생각을 하지 않는다. 하지만 자격증이 있고 제대로 훈련받은 심리상담사나 심리학자, 정신과 전문의는 당신이 분노로부터 벗어나는 데 도움이 될 만한 중요한 기술을 가지고 있다. 심리 상담은 당신의 마음속에서 분노를 촉발하는 요인이 무엇인지 발견하도록 도와주고, 분노를 관리하는 기술

에 대해 알려주며, 그 과정 내내 당신을 지지해준다. 또한 심리상담사는 기쁜 마음으로 이 책에서 당신이 최대한 많은 것을 얻어가도록 함께 해줄 것이다.

분노 조절과 관련해서 극단적인 어려움을 겪고 있으며 자조 모임과 전문가의 도움이 그다지 효과가 없지 않는 한 분노 조절 문제를 해결하기 위해 약물 치료를 받는 것은 삼가기 바란다. 분노 조절 문제와 관련된 약물 치료는 상당히 강력하고 심각한 부작용이 있다. 만일 약물 치료를 받기로 결정했다면, 반드시 정신건강 전문가를 찾아가야 한다.

chapter

02

분노하는 패턴 알아보기

제2장 미리보기

- 분노의 적응적 측면을 이해한다.
- 화를 터트리게 만드는 분노의 방아쇠를 살펴본다.
- 내가 분노를 언제, 어떤 상황에서, 어떻게 표현하는지 발견한다.
- 분노를 동반하는 문제를 이해한다.

분노 조절 문제가 있다는 사실을 어떻게 알 수 있을까? 어떤 사람들은 화를 내는 행동은 그 자체로 이유를 불문하고 전부 문제라고 말한다. 다른 사람들은 이 말에 동의하지 않으면서 우리 삶 어딘가에 문제가 있다는 점을 알려주는 한 분노는 절대 문제가 아니라고 말한다.

셰릴과 스탠, 앰버는 같은 건설사에서 함께 근무하는 동료다. 세 사람은 이번 주에 상사와 연간 성과를 검토하는 면담을 앞두고 있다. 이들은 모두 약간씩 분노를 느끼지만, 굉장히 다른 방식으로 분노를 표현한다.

셰릴의 상사는 셰릴에게 업무 성과는 좋지만 자주 짜증을 낸다며 다른 동료들이 불평했다고 이야기한다. 그 말을 들은 셰릴은 심장이 쿵쿵 뛰기 시작하면서 얼굴이 새빨개지는 것을 느낀다. "이해할 수 없어요. 저는 누구에게도 화를 내지 않아요. 제가 우리 모두를 위해 모든 일을 도맡아 처리했는데 이런 취급을 받다니요!"라고 그녀는 주장한다.

스탠은 사무실에서 문을 쾅 닫거나 소리를 지르는 방식으로 화를 표출한다. 스탠의 상사는 그가 감정을 전혀 통제하지 못한다고 말하면서 분노 조절 프로그램을 수강하라고 권한다. 스탠은 서류를 책상에 내리치면서 소리 지른다. "제 주변 모든 인간이 아무런 능력도 없는 바보들인데 대체 저 보고 어쩌란 말이에요?"

앰버의 상사는 진지하게 면담을 시작한다. 상사는 앰버에게 걱정거리나 요청 사항이 없는지 물어본다. 앰버는 잠시 머뭇거리다가 차분하게 말한다. "솔직히 말씀드리자면 동료 몇 명이 분노 조절 문제가 있어요. 그래서 제가 업무에 집중하는 데 방해가 될 뿐더러 다른 동료들의 사기까지 꺾기 때문에 속상하고 약간 화도 나요."

어쩌면 이 대화를 보고 나서 앰버가 분노를 효과적으로 다루는 반면 셰릴과 스탠은 분노 조절 문제가 있다고 추론할 수도 있다. 이번 장에서는 스스로나 다른 사람이 분노를 지나치게 많이 느끼는지 아닌지 판단할 때 겪는 혼란을 파헤쳐본다.

이번 장을 읽으면 스스로 보기에 분노를 관리할 필요가 있는지 판단할 수 있을 것이다. 그러기 위해서 우선 사람들이 분노를 주로 어떤 식으로 서로 다르게 표출하는지 살펴본다. 그다음에는 분노에 지나치게 자주 수반되는 몇 가지 문제를 검토한다. 하지만 분노 문제의 본질을 다루기 전에 먼저 분노가 언제나 나쁜 감정은 아니라는 점을 이해하고 넘어가자.

분노가 효과적일 때

일반적으로 우리는 분노를 공격적인 행동 또는 삶에 파괴적인 영향을 미치는 행동과 연관 지어 생각한다. 아무도 분노를 건설적으로 활용하는 법을 제시한 적이 없기 때문에 이 말은 마치 사실인 것처럼 들린다. 지금부터는 분노의 **긍정적인** 측면을 소개한다. 이 측면을 활용하면 분노를 통해 일상생활의 문제를 해결하고 다른 사람의 견해를 이해하며 갈등을 최소화할 수 있다.

감정은 본질적으로 마냥 좋거나 나쁜 것이 아니다. 승진과 같은 몹시 기쁜 사건으로 심장마비를 경험한 사람들도 있고, 사랑하는 이가 죽었다는 뜻밖의 소식에 놀라 뇌졸중을 겪기도 한다. 그렇다고 해서 기쁨과 놀라움을 무조건 피해야 할까? 물론 아니다. 분노도 마찬가지다. 분노는 오직 상처나 해를 입힐 뿐이라는 잘못된 믿음 때문에 분노를 피하려고 해서는 안 된다. 결국 핵심은 분노를 어떻게 **활용**할지에 대한 문제다. 분노를 어떻게 다루고 표현하는지가 분노를 좋은 감정으로도 나쁜 감정으로도 만든다.

분노라는 개념을 구분하라

사람들은 분노에 대해 이야기할 때 다양한 용어와 단어를 이리저리 섞어 사용한다. 이 가운데 몇 가지 용어의 의미를 명확히 하고 넘어가자.

- ✔ 분노(anger)는 생리적인 각성 상태와 더불어 위협이나 불공정, 불의, 수용하기 어려운 좌절에 대한 생각과 관련된 감정이다. 분노라는 감정은 행동으로 표출될 수도 있고 아닐 수도 있다.
- ✔ 짜증(irritability)은 지나치게 민감한 감정적, 생리적 상태다. 짜증이 나면 쉽게 냉정을 잃으면서 자신의 감정이나 생각, 느낌에 대해서 온전히 자각하지 못할 수 있다. 때때로 짜증은 당사자보다 주변 사람이 더 쉽게 감지하기도 한다.
- ✔ 공격성(aggression)은 사람이나 대상에 의도적으로 상처나 해를 입히는 성향이다. 공격적이라고 해서 모두가 분노를 느끼지는 않는다. 실제로 어떤 사람들은 상처 주기를 좋아하거나 그로부터 쾌락을 느끼기 때문에 공격적인 행동을 보인다. 예상하겠지만 분노 조절 기술은 이런 사람들에게 그다지 효과적이지 않다.
- ✔ 적대성(hostility)은 다른 사람이나 특정 상황에 대한 만성적이고 부정적인 태도와 신념을 가리킨다. 예를 들어 어느 조직폭력배 일원은 다른 조직폭력배에 속한 모든 구성원을 적대적으로 느낄 수 있다. 일반적으로 적대성은 분

노보다 그 대상이 더 포괄적이고 덜 구체적이다.

✔ **격노**(rage)는 분노가 매우 강렬해서 통제를 벗어난 상태를 말한다. 격노는 거의 항상 극도로 높은 수준의 생리적 각성 상태를 수반한다.

분노를 내 편으로 만들라

분노를 건설적으로 활용하기로 결정했다면 상당히 명망 있는 인물들의 대열에 합류할 수 있다. 조지 워싱턴, 마틴 루서 킹 주니어, 넬슨 만델라, 예수 그리스도, 간디 그리고 머더 테레사를 예로 들 수 있다. 이런 인물들은 분명 분노를 느꼈다. 이들의 분노는 빈곤과 인종 차별, 외세의 침입 등에 대한 분노였다. 하지만 이들은 분노를 건설적인 방식으로 표출했고, 그 결과 세상을 더 나은 곳으로 변화시켰다.

이제부터는 더 건강하고 행복하며 생산적인, 새로운 삶을 만들기 위해 분노를 석이 아닌 동지로 만들어야 하는 이유를 몇 가지 살펴보자.

분노는 타고난 자원일 수 있다

인간은 분노를 느낄 수 있는 능력을 타고난다. 어머니는 갓 태어난 아기가 이르면 생후 3개월부터 화를 내는 모습을 알아본다. 아기들은 "기저귀를 갈아줘!" 혹은 "배고파!" 등 자기가 괴롭다는 사실을 양육자에게 전달하기 위해 큰 소리로 울거나 얼굴을 붉히는 등 분노를 표현한다.

분노는 돈이나 우정처럼 얻거나 배워야 하는 것이 아니다. 분노를 표현하려는 욕구가 생기면 자연스럽게 분노를 경험할 뿐이다. 분노는 마치 생득권 같다.

스스로에게 질문해보자 : 이 타고난 자원을 자신의 삶을 재건하는 데 쓸 것인가 아니면 파괴하는 데 쓸 것인가?

분노는 활기를 북돋을 수 있다

감정은 '에너지'다. 분노를 느끼면 아드레날린이 즉시 폭발적으로 분비되며 그로 말미암아 동공이 확장되고 심장이 쿵쿵 뛰며 혈압이 상승하고 숨이 가빠진다. 정말 화가 날 때에는 뒷목의 솜털까지 곤두선다! 간은 혈당을 내보내고, 피가 내장기관에서 몇 해 전 W. 도일 젠트리 박사(이 책 제1판의 저자)는 정신건강 전문가들을 대상으로 분노 조절과 관련된 워크숍을 진행하고 있었다. 그는 청중에게 분노를 정의해보라고 말하면서 워크숍을 시작했다. 쉽게 대답할 수 있는 평범한 답변이 여기저기서 들렸다 — "감정이에요.", "느낌이죠.", "기분 나쁜 거예요."

그런데 어느 젊은 여성이 이들 중 가장 흥미로운 정의를 내놓았다. "분노는 제가 살아 있다는 것을 실감하는 한 가지 방식이에요." 그녀는 감정이란 것이 얼마나 기운을 북돋는지 설명하면서 분노가 단조로운 일상의 흐름을 깨트리면서 잠시 동안이지만 자신을 에너지와 생명력으로 넘치게 만든다고 이야기했다.

골격근으로 쏠리면서 몸은 긴장 상태에 돌입한다. 에너지가 활성화된 우리 몸은 행동에 돌입할 태세를 갖춘다. 하지만 감정은 영속하지 않는다는 점을 기억하자. 감정은 일어났다가 사라진다. 그렇기 때문에 쇠뿔도 단김에 빼는 것이 중요하다. 분노에 찬 에너지가 증발하기 전에 이를 당신에게 유용한 방향으로 활용해야 한다.

분노로 솟아나는 에너지는 오직 분노가 통제 가능하고 적절하게 표현되었을 때에만 도움이 된다. 이 책의 제2, 3, 4부를 보면 분노를 생산적으로 표출할 수 있는 다양한 사례가 제시되어 있다.

분노는 새로운 행동을 유도하는 촉매로서 기능한다

감정(emotion)이라는 단어에서 움직임(motion)이란 행동에 동기를 부여하는 측면과 관련 있다. 대다수 사람들은 저마다 삶에서 새롭게 도전해보았으면 하는 부분이 있다. 하지만 그러기를 두려워한다. 그렇지 않은가? 새로운 연인을 사귀거나 오래된 관계를 버리거나 삶을 갉아먹는 직장을 떠나거나 새로운 도시로 이사하거나 새롭고 건강한 생활방식을 도입하는(헬스클럽에 등록하거나 다이어트를 시작하거나 술을 끊는 일 따위) 등 현재의 안정된 상태를 깨트리고 삶을 새로운 방향으로 전환하면 무슨 일이 벌어질지 불확실하기 때문이다. 그래서 대개는 아무런 시도도 하지 않는다. 적어도 지금 처한 상황에 대해 분노가 치밀어 행동하지 않을 수 없게 되기까지는 그렇다.

스스로에게 질문해보자 : 분노를 건설적으로 활용하면 어떻게 삶을 새롭게 살 수 있을까?

분노는 메시지를 전달한다

분노는 당신이 얼마나 비참한지 말 그대로 세상에 보여준다. 분노는 당신이 얼마나 행복하지 않은지, 욕구가 얼마나 채워지지 않는지, 얼마나 만족스럽지 않은지, 얼마나 즐겁지 않은지, 얼마나 사랑받고 있다고 느끼지 않는지 말해준다. 분노는 말할 수 없는 것들을 대변한다! 가장 최근에 분노를 표출했던 기억을 떠올려보자. 무엇이라고 말했는지 기억나는가? "제발 나 좀 내버려둬."라거나 "나에 대해서는 신경도 안 쓰지.", "나는 이제 더 이상 목구멍에 풀칠하면서 못 살겠어.", "나는 맨날 주고, 주고, 퍼주는데 정작 나는 아무것도 받지 못해."라거나? 물론 다른 사람들은 당신이 하는 말을 듣기야 했겠지만 당신은 어땠는가? 스스로의 분노에 대해 귀 기울여 보았는가? 자신의 삶에 무엇이 문제이며 이를 바로잡기 위해서 무엇을 해야 하는지에 대해 분노가 알려주는 메시지를 제대로 들었는가?

가장 도움이 되는 정서적 대화는 바로 자기 자신과 나누는 대화다.

[아니, 넌 못해······ 아니면 설마?]

가끔은 쓴소리를 들어야 정신을 차릴 때가 있다. 찰리는 친구와 점심을 먹으면서 기울어가는 사업을 접고 조만간 새롭고 흥미진진한 사업을 시작할 생각이라는 이야기를 하고 있었다. "두 달 안에 새 사업을 시작할 거야. 너도 나한테 고객들을 좀 소개해주리라고 믿는다." 찰리가 말했다. 그러자 친구는 한순간의 망설임도 없이 대답했다. "아니, 넌 못해."

찰리는 깜짝 놀랐고 짜증도 났다. "무슨 뜻이야?" 찰리가 물었다. "왜냐하면 너는 그 사업에 대해서 1년도 넘게 이야기해왔고, 우리가 점심을 먹을 때마다 매번 새 사업을 몇 달 안에 시작할 것처럼 말하지만 그런 적이 없잖아. 나는 네 사업 아이디어가 멋지다고 생각하고 물론 너에게 고객들도 소개해주겠지만, 솔직히 말해서 넌 절대 그 사업을 시작하지 못할 거야. 그저 말뿐이잖아."

그러자 찰리는 화가 났다. 점심 값을 지불하고 친구에게 인사말을 웅얼거린 찰리는 사무실로 돌아왔다. 하지만 친구의 말을 곱씹을수록 친구가 옳다는 사실을 깨달았다. 1년씩이나 떠들어댔지만 실제로 행동으로는 옮기지 않았다. 그리고 그 순간 찰리는 여전히 화가 난 상태에서 새 사업을 30일 안에 시작하겠다고 결정했고 정말로 실행에 옮겼다. 그 이후는 굳이 말할 필요도 없다. 찰리의 새로운 사업은 순조롭게 시작했고, 찰리는 부업으로 사업을 10년 동안 운영하면서 100만 달러 가까이 벌었다. 모두 그날 찰리를 분노하게 만든 좋은 친구 덕분이다.

여기서 찰리의 친구가 그를 부드럽게 지적했으며 어쩌면 찰리가 사업을 시작하지 못하고 질질 끄는 데 약간 짜증이 났을지도 모른다는 점을 눈여겨보자. 찰리는 상당한 분노를 느꼈지만 분노를 이용해서 긍정적인 방향으로 노력을 집중했다.

스스로에게 질문해보자 : 내 분노는 나에 대해 무엇을 말해주고 있는가?

분노는 위험으로부터 우리를 보호해준다

분노는 우리가 타고나는 '투쟁-도피 반응'에서 매우 중요한 역할을 한다. 투쟁-도피 반응은 우리가 인생에서 마주치는 도전에 적응하고 살아남도록 도와준다. 분노는 이 중에서 투쟁하는 쪽에 해당한다. 분노를 느끼면 우리는 위협적이라고 지각한 대상에게서 스스로를 보호하기 위해 공격적인 행동을 취한다.

자기 자신이나 다른 누군가의 권리를 지키기 위해 일련의 조치를 취할 만큼 분노를 느낀 적이 한 번이라도 있는가? 다른 사람의 무례하거나 무신경한 행동에 제동을 걸기 위해 분노를 이용한 적이 있는가? 분노에 차서 누군가에게 "잠깐만요, 이건 부당해요."라거나 "그만 멈추세요. 더 이상은 가만히 앉아서 당신에게 학대받는 것을 견디지 않겠어요."라거나 "지금 제 친구를 모욕하시는 것 같은데, 당장 그만두세요."라거나 "당신이 이 사무실에서 다른 사람을 괴롭힐 수는 있겠지만 저는 절대 못 괴롭혀요."라고 말한 적이 있는가? 이런 경험이 한 번이라도 있기를 바란다. 그렇지 않다면 분노의 희생자가 될 가능성이 크기 때문이다.

스스로에게 질문해보자 : 어떻게 하면 나 자신을 보호하기 위해 분노를 긍정적인 방향으로 사용할 수 있을까?

분노는 불능의 해독제다

불능(impotence)이라는 말은 우스꽝스럽게 들린다. 여기서는 단지 성적인 의미에서의 불능만 말하지 않는다. 인간관계, 일, 재정, 건강, 몸무게, 사랑하는 이와의 헤어짐을 포함해서 주변 세계에 대응하는 과정 전반에서의 불능을 말한다. 불능 상태에서 우리는 연약하고 무능하다고 느끼며 주어진 일을 해결할 준비가 되지 않았다고 생각한다.

그러다 보면 화가 난다. 그러면 갑자기 힘과 자신감, 능력으로 부풀어 오르는 것처럼 느낀다. 그렇게 되면 이제까지 회피해오던 좌절과 갈등에 직면할 수 있게 된다. 제대로 사용하기만 하면 분노는 우리에게 할 수 있다는 느낌을 불어넣는다. 그러한 감정은 곧 "이 문제를 해결할 수 있어."라거나 "변화를 만들 수 있어." 혹은 "시도하기만

[비서가 옳았다!]

조는 부하 직원들을 괴롭히기를 좋아했다. 매일 부하 직원 한 명을 예고 없이 부르는 것이 일과였다. 그마저 사람들이 일을 마치고 퇴근하는 시점에 그러곤 했는데, 아마도 목격자가 별로 없을 때라고 생각해서 그랬을지도 모른다. '희생양'에게 자리에 앉으라고 말하고서는 곧장 얼굴을 붉히고 사무실 안을 활보하면서 무력한 먹잇감 위로 무시무시한 그림자를 드리우곤 했다. 그러면서 조는 그 부하 직원이 자기 마음에 들지 않았던 온갖 부분에 대해서 마치 영원과 같은 시간 동안 열변을 토했다. 조의 직원들은 자기 이름이 불리는 날을 두려워했다.

그러던 어느 날 몇몇 직원들이 퇴근하려고 준비할 즈음 비서 한 명이 조의 사무실로 호출되었다. 모두 그녀에게 일어날 일을 생각하면서 안타까워했다. 그런데 불과 5분도 지나지 않아 그녀가 아주 차분한 상태로 돌아왔다. "무슨 일이 벌어진 거죠? 왜 이렇게 빨리 돌아왔어요?" 동료들이 물었다.

"음. 모두가 얘기해준 그대로였어요. 제가 앉자마자 사무실 안을 오가면서 저한테 소리를 지르는 거예요. 그래서 저는 자리에서 일어나서 문을 열고 나가려고 했죠. 그러니까 저한테 '대체 무슨 생각인가?'라고 말하더군요. 저는 제 평생 아무도 저한테 그렇게 이야기한 사람이 없어서 어떻게 반응해야 할지 모르겠다고 말하면서 그가 진정될 때까지 사무실 밖에 있는 편이 좋겠다고 생각한다고 간단하게 대답했어요. 그래서 이렇게 나와 버렸네요."

이틀 뒤 또 다른 직원 하나가 호출되어서 조를 마주하게 되었다. 조는 소리를 지르기 시작했다. "저는 화가 났지만 곧바로 그 비서에 대해서 생각했어요. 그래서 자리에서 일어나 곧장 사무실을 나가려고 했죠. 조는 저를 보고 무슨 생각이냐고 물었고, 저는 그 비서가 대답한 대로 똑같이 말했어요. 그러자 그는 고함을 멈추고 침착한 목소리로 저에게 중요한 이야기를 해야 하니 자리에 다시 앉아달라고 부탁했죠. 그래서 저는 '좋아요, 대신 소리 지르지 마세요.'라고 말했습니다." 그리고 두 사람은 점잖게 대화를 이어나갔다.

한다면 성공할 수 있어."와 같은 느낌을 말한다.

당신 삶의 중요한 가치와 관련해서 우울하거나 낙담하게 되거나 무능력하다고 느낄 때 당신의 태도가 어떠한지 살펴보자. 그다음 분노에 차서 상황을 장악하기 시작할 때 당신의 태도가 어떻게 변화하는지 의식해본다. 그 차이를 알아차리면 틀림없이 굉장히 놀랄 것이다.

건설적인 분노의 본질을 이해하라

건설적인 분노는 여러 중요한 측면에서 파괴적인 분노와 구분된다.

✔ 문제나 잘못을 바로잡기 위한 분노. 예를 들어 야구가 우천으로 취소됐을 때 무작정 화를 내는 행동은 그다지 도움이 되지 않지만, 짜증을 내다가 결

국 다른 대안적인 활동을 찾기 위해 노력하는 행동은 스스로에게 이득이 된다.

✔ **잘못된 행동에 책임이 있는 사람을 향한 분노.** 가게에서 판매원에게 도움을 요청했는데 판매원이 무례하게 행동할 경우, 판매원의 무례함에 불만을 표시하는 대신 죄 없는 계산원에게 분풀이 하는 행동은 도움이 되지 않는다.

✔ **잘못된 정도에 비례하는 분노.** 가령 사춘기 딸이 당신에게 눈을 부라리며 냉소적인 말을 했을 때 TV를 몇 시간 보지 못하게 하는 조치는 적절하다. 하지만 같은 상황에서 딸을 때리는 행동은 굉장히 부적절한 반응이다.

✔ **문제를 해결한 다음 보복을 추구하지 않는 분노.** 이는 많은 사람이 어려움을 겪는 항목이다. 예를 들어 남편이 10년 가까이 바람피우는 일을 반복했다는 사실을 발견한 패티를 생각해보자. 패티가 격분해서 이혼을 결심하고 상담받기를 시작한다면 이는 분노를 생산적으로 활용한 경우다. 하지만 남편을 학대하고 아이들이 아버지에게서 등을 돌리도록 만들면서 남은 일생을 보낸다면, 이는 결과적으로 남편은 물론 그녀 자신과 아이들에게도 상처를 입히는 행동이며 파괴적인 보복을 추구하는 행동이다. 좋은 선택이 아니다.

분노의 방아쇠 발견하기

당신만의 분노의 방아쇠(anger triggers), 즉 분노를 터트리도록 촉발하는 사건과 상황을 이해하는 일은 매우 중요하다. 분노에 대응할 준비가 되었다고 느껴야 분노를 효과적으로 조절할 수 있기 때문이다. 분노할 가능성을 미리 예측하면 분노를 더욱 건설적으로 표현할 수 있는 능력도 증가한다. 지금부터는 우리를 흔히 화나게 만드는 분노의 방아쇠를 몇 가지 살펴보자.

부당한 대우를 받을 때

많은 사람이 자신에게 부당한 일이 벌어질 때 기분이 상하거나 짜증이 나며 때로는 격노한다. 안타깝지만 부당한 일은 우리 모두에게 일어나며, 심지어 그것도 상당히 자주 일어난다. 다음은 몇 가지 흔히 볼 수 있는 사례다.

- ✔ 영화관에서 줄을 서서 기다리는데 누군가가 새치기할 때
- ✔ 교사가 누가 봐도 부당하게 낮은 학점을 줄 때
- ✔ 직장에서 상사가 당신의 성과를 잘못 평가할 때
- ✔ 과속하지 않았는데도 경찰이 교통 위반 딱지를 뗄 때

부당함에 대해 어떤 식으로 대응하든 핵심은 결국 부드럽고 생산적인 방식을 선택할지 아니면 벌어진 사건에 비해 부적절할 만큼 과민하게 반응할지에 대한 것이다.

필자들이 알고 지내는 16세 청년 캐머런에게 일어난 일을 살펴보자.

> 캐머런은 뉴멕시코 주의 앨버커키에서는 악명 높은 교통 단속이 이루어질 때 마침 운전하던 중이었다. 경찰은 캐머런이 방향 지시등을 고의로 켜지 않았다며 차를 길가에 세우라고 했다. 캐머런은 방향 지시등을 제대로 켰다고 주장했다. 캐머런은 신실한 청년으로 공정함을 신봉하는 확고한 원칙주의자다. 그래서 캐머런은 경찰에게 부당한 처사라며 항의했지만, 경찰은 곧장 딱지를 뗴더니 원하면 법정으로 가라고 이야기했다.

> 다소 순진한 시민이었던 캐머런은 법원으로 가서 판사에게 자신이 옳았으며 경찰이 어떤 이유에서인지 그를 부당하게 대우했다고 항변했다. 판사는 캐머런에게 30시간 동안 사회봉사활동을 하고 벌금 50달러를 내라고 선고했다. 캐머런은 더 심각한 범죄를 저지른 사람들과 함께 주황색 조끼를 입고 쓰레기를 주우면서 몇 차례의 주말을 보내야 했다.

캐머런은 부당한 처우를 받은 것일까? 아마도 그렇다. 하지만 캐머런은 때로는 공정함에 대한 욕구와 분노가 상식을 압도할 만큼 가치 있지는 않다고 결론 내렸다. 삶이 항상 공정할 수는 없는 법이다.

시간적 압박과 좌절에 대응할 때

오늘날 세계는 바쁘게 돌아간다. 사람들은 멀티태스킹을 해야 하며 끊임없이 성과를 내야 한다는 압박에 시달린다. 그 과정에서는 불가피하게 장애물이 나타나기 마련이다. 그러한 장애물의 사례는 다음과 같다.

- ✔ 집에서 약간 늦게 나왔을 뿐인데 출근길 교통 정체가 무지막지할 때
- ✔ 비행기 탑승 시간에 늦었는데 보안 검색대에서 추가 검색을 실시할 때
- ✔ 한창 일하고 있는데 가족이나 친구들이 끊임없이 문자를 보낼 때
- ✔ 집을 수리하기 위해 도급업자를 불러놓고 오전 내내 기다리는데 나타나지 않을 때
- ✔ 전화가 연결되지 않고 45분째 통화 대기 상태로 기다렸는데 갑자기 끊길 때

이런 사건들로 좌절하는가? 당연하다. 하지만 이런 사건은 모두에게 일어나며 이를 막으려고 온갖 방법을 강구해도 절대 막을 수 없다.

어떤 방해물은 적절한 방식으로 조절할 수 있다. 가령 가족들에게 당신이 직장에 있을 때에는 문자를 보내지 말아달라고 부탁할 수 있다. 하지만 당신을 좌절하게 만들고 일을 지체시키는 일들은 수없이 많이, 그것도 불가피하게 일어난다. 이때 분노로 자제력을 잃는 행동은 아무런 도움이 되지 않는다. 오직 불필요한 스트레스를 더할 뿐이다.

부정이나 실망을 경험할 때

약속을 저버리든 거짓말을 하든 사람들이 우리를 실망시킬 때 마음이 상하거나 짜증이 나거나 분노하는 반응은 흔히 경험하게 된다. 대다수 사람들은 살아가면서 이런 사건을 종종 겪는다. 예를 들면 다음과 같다.

- ✔ 배우자나 연인이 바람피울 때
- ✔ 상사가 당신을 승진시키지 않거나 약속한 만큼 연봉을 인상해주지 않을 때
- ✔ 가까운 친구가 당신의 생일을 잊어버렸을 때
- ✔ 이사를 돕겠다던 친구가 도와주지 않을 때
- ✔ 동료가 일을 떠맡지 않으려고 거짓말할 때

✔ 자녀가 자기 형제나 자매를 때려놓고 그러지 않았다고 거짓말할 때

물론 위에 나열한 상황에서 분노의 방아쇠가 당겨지면 짜증이나 때로는 화가 나는 것은 정상적이다. 하지만 이런 사건들 중에서 당신에게 가장 흔히 일어나는 사건이 무엇인지 그리고 더욱 중요하게는 당신을 가장 분노하게 만드는 사건이 무엇인지 찾아보기를 권한다.

자존감에 위협을 느낄 때

사람들은 스스로에 대해 상당히 긍정적으로 느끼기를 선호한다. 심지어 자존감이 낮은 사람들조차 바보 취급을 받거나 냉소적인 반응을 받는 것을 좋아하지 않는다. 어떤 사람들은 자존감에 위협을 느낄 때 슬픔이나 자기혐오에 빠진다. 다른 사람들은 분노를 느낀다. 자존감에 대한 위협이 응당한 경우도 있지만, 앞서 '부당한 대우를 받을 때'에서 살펴보았듯이 매우 정당하지 않은 상황도 있다. 자존감을 위협하는 상황의 몇 가지 사례는 아래와 같다.

✔ 나쁜 평가를 받을 때
✔ 모욕을 당하거나 무례한 취급을 받을 때
✔ 사람들 앞에서 실수할 때
✔ 이웃집에 놀러가서 카펫에 와인을 흘렸을 때
✔ 거절당할 때
✔ 스포츠 팀 선수로 선발되지 못했을 때
✔ 선거에서 패했을 때

제7장은 자존감과 분노가 어떤 관련이 있는지 설명하고 있다. 아마도 읽어보면 깜짝 놀랄 것이다.

편견이나 차별에 직면할 때

앞서 '분노를 내 편으로 만들라'에서 우리는 간디나 넬슨 만델라 같이 특별한 역사적 인물들이 분노를 조절함으로써 세상을 바꾼 놀라운 성과를 이루었다는 점을 언급했다. 차별과 편견에 직면한 대다수 사람들은 무력하다고 느끼며, 세상을 바꾸기

란 불가능하다고 생각한다. 그럴 때 사람들은 짜증과 분노, 격분 심지어 절망감을 경험한다. 차별이나 편견은 본질적으로 미묘하면서도 동시에 노골적이다. 다음은 흔히 볼 수 있는 부당한 대우의 사례다.

- ✔ 인종
- ✔ 성별
- ✔ 성적 지향
- ✔ 국가주의
- ✔ 계급주의
- ✔ 장애
- ✔ 종교적 신념
- ✔ 외양(키, 비만 등)

이런 종류의 편견이 끝도 없이 많으리라는 사실을 당신도 깨달을 것이다. 어떤 사람들은 심지어 특정 TV쇼를 시청하면서 다른 사람에 대한 편견을 형성한다. 하지만 필자들은 절대 무엇을 보라고 강권하지 않을 테니 안심하라!

편견에 사로잡혀 있을 때 혹은 그러한 편견과 편협함의 희생자가 될 때 분노가 촉발된다.

공격받을 때

폭력은 전 세계에 스며든다. 폭력이나 학대의 희생자가 되면 어떤 사람들은 불안이나 우울을 느끼기도 하지만 대개는 자연스럽게 분노를 느낀다. 만성적으로 학대받은 사람들은 때때로 스스로 가해자가 되기도 한다. 학대는 미묘하기도 하고 노골적이기도 하며 다양한 방식과 형태로 나타난다. 다음 목록에는 학대나 공격 유형이 대략적으로 나열되어 있다.

- ✔ 가정 폭력
- ✔ 가정 내 언어적 학대
- ✔ 아동 학대
- ✔ 공갈 폭행

- ✔ 성폭력 또는 성폭행
- ✔ 전쟁으로 인한 외상
- ✔ 언어적 위협
- ✔ 대량 학살
- ✔ 무작위 폭력

편견이나 차별과 마찬가지로 폭력의 가해자와 피해자는 모두 상당한 분노를 경험할 수 있다. 마음을 들여다보면서 당신이 가해자였는지, 피해자였는지 아니면 둘 다였는지 생각해보자.

분노의 방아쇠 찾기

분노를 제대로 제어하려면 어떤 요인 혹은 상황이 분노를 촉발하는지 이해해야 한다. 표 2-1에는 흔히 볼 수 있는 분노의 방아쇠를 큰 범주로 나누어 제시해놓았다.

두 번째 열을 보면서 각 방아쇠가 얼마나 자주 일어나는지 5점 척도로 평가해보기를 권한다. 1점은 해당 방아쇠를 거의 혹은 절대 경험하지 않는다는 의미다. 3점은 해당 방아쇠를 곧잘 경험한다는 의미다. 5점은 이 방아쇠와 관련된 문제를 거의 항상 경

[티머시의 분노의 방아쇠]

마흔여섯 살인 티머시는 고등학교에서 수학을 가르친다. 주치의는 티머시에게 요즘 혈압이 상당히 높다고 말하면서 특별히 스트레스를 받는 일이 있냐고 묻는다. 그러자 티머시는 최근 학교에서 교과 과정과 교사 평가 시스템이 바뀌었는데 그로 인한 압박이 심하다고 설명한다. 그 결과 티머시는 상당한 짜증을 느끼고 있다. 주치의와 대화를 나누면서 티머시는 그동안 학생들을 과도하게 나무랐으며 교육이라는 직업에 대한 흥미를 상당 부분 잃어버렸다는 사실을 깨닫는다. 주치의는 혈압과 관련된 약을 처방해주면서 분노를 관리하는 법을 배우라고 강력하게 권고한다. 그렇게 하면 어쩌면 혈압 약을 줄일 수도 있으리라고 덧붙인다.

두 번째 분노 조절 강좌에서 티머시는 보편적인 분노의 방아쇠 유형을 배우면서 '분노의 방아쇠 찾기' 양식을 작성한다(표 2-1 참조). 그 결과 티머시는 자신의 경우 가장 자주 경험하며 동시에 가장 문제가 되는 방아쇠는 시간적 압박, 자존감에 대한 위협(교사 평가로 인한) 그리고 부당함이라는 점을 발견한다. 티머시는 교사들에게 새로운 교과 과정에 적응하고 이를 충분히 이해할 시간이 주어지지 않았던 점이 부당하다고 느낀다. 티머시는 자기만의 분노의 방아쇠를 이해하는 것만으로도 조금 더 분노에 대처하고 분노를 조절할 준비가 되었다고 생각한다.

표 2-1 분노의 방아쇠 찾기										
방아쇠	얼마나 자주 경험하는가?					얼마나 심한 분노를 느끼는가?				
부당함	1	2	3	4	5	1	2	3	4	5
시간적 압박	1	2	3	4	5	1	2	3	4	5
부정이나 실망	1	2	3	4	5	1	2	3	4	5
자존감에 대한 위협	1	2	3	4	5	1	2	3	4	5
편견이나 차별	1	2	3	4	5	1	2	3	4	5
폭력이나 공격	1	2	3	4	5	1	2	3	4	5

험한다는 뜻이다.

세 번째 열을 보면서는 각 방아쇠가 얼마나 문제가 되는지 평가한다. 1점은 이 문제로 거의 신경이 쓰이지 않는다는 의미다. 예를 들어 어떤 사람들은 시간적 압박으로 인한 스트레스를 전혀 받지 않는다. 반면 시간적 압박으로 상당한 스트레스를 받는 사람들은 3점을 줄 것이다. 시간적 압박과 관련된 문제로 늘 분통을 터트리는 일부 사람들은 5점을 줄 것이다.

자주 발생하고 심한 문제가 된다고 느끼는 방아쇠가 바로 당신의 핫버튼(hot button)이다.

엉뚱한 곳에서 분노 표출하기

지금부터는 분노가 '어디서' 발생하는지 살펴볼 것이다. 분노는 진공 상태에서 발생하지 않는다. 분노는 특정한 공간이나 맥락에서 발생한다. 분노가 가장 쉽게 터지는 공간은 가정이다. 하지만 처음 분노의 방아쇠가 당겨진 곳은 보통 다른 장소인 경우가 많다.

제니퍼는 회계 담당 임원으로 심한 스트레스를 받는 일을 맡고 있다. 제니퍼의 상사는 굉장한 업무량을 요구하고 종종 언어폭력을 동원한다. 그럴 때마다 제니퍼는 머리에서 김이 날 정도로 화가 나지만 해고당할까 봐 두려워서 가만히 있곤 한다. 안타깝게도 그녀는 자신의 분노를 집에 있는 아이들에게 푼다. 저녁을 준비할 때면 성질이 급하고 초조해진 제니퍼는 아이들에게 소리를 지른다. 제니퍼의 경우 분노의 방아쇠는 직장에서 당겨지지만 정작 표출되는 곳은 집이다.

그렇기 때문에 분노의 방아쇠를 이해하는 것도 중요하지만 분노가 보통 '어디서' 표출되는지 정확히 파악하는 일도 도움이 된다. 분노가 쌓이는 곳과 터지는 곳이 서로 다르다면 이 문제도 해결해야 한다. 제3부에는 분노가 실제로 촉발되는 시점에서 분노를 효과적으로 관리할 수 있는 다양한 도구가 제시되어 있다.

보편적으로 분노가 표출되는 상황이나 맥락은 다음과 같다.

- ✔ **가정** : 슬프게도 많은 사람이 분노를 가득 쌓아놓았다가 사랑하는 사람들에게 푼다. 사람들은 그러는 편이 안전하다고 믿는 듯하다. 하지만 이들은 그러한 행동이 폭력적일 수 있으며 종종 감정적 상처와 이혼, 부부싸움 심지어 학대 혐의로까지 이어질 수 있다는 점을 간과한다.
- ✔ **직장** : 권력을 휘두르는 사람들은 일반적으로 자신보다 권력이 없는 이들을 상대로 분노를 과도하게 표출하는 경향이 있다. 그럴 때 조직의 위계에서 아래에 있는 사람들은 분노를 차곡차곡 쌓아두거나 혹은 분노를 터트렸다가 해고되곤 한다.
- ✔ **군중, 번잡한 장소, 교통 체증** : 분노 조절 문제가 심각하지 않은 사람들조차 이런 상황에서는 짜증을 느끼거나 좌절할 때가 있다. 다리를 뻗을 수 있는 공간이 2인치 더 넓은 좌석을 두고 주먹다툼을 벌이는 승객들이나 도로에서 벌어지는 운전자들의 난폭 행동을 생각해보라(제23장에는 운전할 때 겪는 분노에 대처할 수 있는 구체적인 방법이 나와 있다).
- ✔ **사교적 장면** : 파티나 가족 모임은 분노를 터트리게 만드는 불씨가 될 수 있다. 이는 때때로 술 때문이기도 한데, 술은 분노를 참지 못하고 폭발시키도록 만들 수 있기 때문이다. 혹은 친구나 가족 간 오랜 적대적 관계 때문에 분노가 터지는 경우도 있다.

분노를 표현하는 방식

누구나 화가 난다. 결국 분노는 슬픔이나 기쁨, 두려움처럼 전 세계 모든 사람들이 보거나 들을 때 금방 알아차리는 보편적인 감정 가운데 하나다. 하지만 분노를 경험하고 표현하는 방식은 사람들마다 약간씩 다르다. 이제부터는 사람들이 분노를 표출하거나 혹은 반대로 숨기는 다양한 방식을 살펴볼 것이다. 이를 통해 현재 당신의 분노 표현 전략을 이해하면, 분노를 다른 방식으로 표현하기 위해 노력할 때 도움이 된다.

차분하게 대응하기

그렇다, 차분하게 대응하기도 분노를 드러내는 한 가지 방법이다. 당연하지만 이 책을 읽고 있다면 이 방식은 당신이 주로 분노를 표현하는 방법이 아닐 가능성이 크다. 차분하게 대처한다는 말은 충동적으로 반응하지 않는다는 뜻이다. 그러기 위해서는 말하기 전에 심호흡을 천천히 한두 번 하는 것도 도움이 된다. 그리고 난 다음에 자신의 기분을 직접적으로 표현하면서 문제나 이슈를 해결하기 위해 노력한다. 제4, 8, 9, 10장에는 분노에 차분하게 대응하기 위한 더 많은 아이디어가 실려 있다.

언어적 공격

언어적 공격에는 소리 지르기, 언쟁하기, 깎아내리기, 위협하기 등이 포함된다. 말로 상처 주는 것이 그 순간에는 효과가 있는 경우도 있지만 보통은 상대방에게 억울함과 분노, 악감정을 남긴다. 예를 들어 아이들에게 자주 소리를 지르면 아이들은 일시적으로 부모의 말을 듣는 듯하지만, 그 결과 대개는 반항적으로 분개하는 아이들로 성장한다.

비언어적 공격

그렇다, 말을 하지 않고서도 사람들을 위협할 수 있다. 비언어적 공격에는 삿대질하거나 주먹을 쥐거나 가운뎃손가락을 내미는 등 위협적인 몸짓이 포함된다. 경멸이 가득하거나 적대적인 표정도 마찬가지다(비웃음, 노려보기, 으르렁대기 등). 이런 기분 나쁜 표정을 정확히 설명하기는 어렵지만 실제로 보면 누구나 바로 알아차린다! 고의로 상대방을 무시하거나 말을 걸어도 대답하지 않는 행동 또한 분노와 적대성을 드러내는 행동이다. 공격적이고 기고만장한 자세를 비롯한 보디랭귀지도 비언어적 공격에 포함된다.

분노 억압하기

분노를 억압하는 사람들은 화가 나도 이를 숨기기 위해 열심히 노력한다. 하지만 대개는 가까운 친구나 가족이 이들의 분노를 눈치챈다. 하지만 몇몇 사람들은 억압의 달인이기 때문에 이들이 얼마나 마음속 깊은 곳에 적대성을 숨기고 있는지는 아무도 알지 못한다.

안타깝게도 이런 식으로 분노를 표현하면 종종 신체적 대가를 치러야 하는 경우가 많다. 이를테면 고혈압이나 소화계통의 문제, 심장질환 같은 문제들이다. 만성적인 긴장과 불행, 피로, 고통 또한 이들에게서 흔히 볼 수 있다. 그렇기 때문에 분노를 억압하는 행동은 바람직한 분노 조절 전략이라고 볼 수 없다. 분노와 이를 억압하는 데 드는 대가에 대해서는 제3장에서 더 자세히 소개한다.

수동공격적 분노

분노를 수동공격적인 방식으로 표현하는 사람들은 분노를 '안전한' 방식으로 보여주기 위해 노력한다. 이런 사람들은 분노라는 감정을 그럴듯하게 부정할 수 있는 명분을 원한다. 이들은 자신의 행동에 대해 변명을 둘러대면서 그렇게 행동한 이유는 따로 있다고 주장한다. 수동공격적 행동을 예로 들면 아래와 같다.

- ✔ 누군가에게 복수하기 위해 약속을 번번이 미루기
- ✔ 매번 지각하기
- ✔ 은근히 부루퉁해 있거나 삐쳐 있기
- ✔ 고의로 상대방과 관련된 일을 엉망으로 하기
- ✔ 약속한 일을 일부러 계속해서 잊어버리기
- ✔ 교묘하게 냉소적으로 말하는 등 간접적인 언어적 표현 사용하기

다음 사례는 수동공격적 행동을 보여준다.

> 수동공격적 성향을 지닌 닉은 소냐의 남편이다. 닉은 곧잘 소냐 때문에 짜증이 나고 마음이 상했지만 기분을 직접적으로 표현하는 일이 없었다. 그러던 어느 날 닉은 집 안을 다른 색 페인트로 칠하면 더 나으리라고 판단했다. 서른 가지 색의 페인트를 사온 닉은 어떤 색깔이 가장 어울릴지 보기 위해 벽이면 벽마다 페인트 얼룩을 남겨놓았다. 그런데 어쩐 일인지 닉은 2년이 넘도록 페인트칠을 끝내지 않고 질질 끌었다. 그는 소냐에게 늘 이렇게 말했다. "정말 미안해. 가능한 한 빨리 끝낼게."

닉과 같이 수동공격적 성향을 지닌 사람들은 늘 변명을 둘러댄다. 그러면서 아니나 다를까 자신은 전혀 분노를 느끼지 않았다며 자기 기분을 부정한다. 배우자가 수동공격적인 사람들은 배우자에게서 "미안해." 혹은 "깜빡했어."라는 말을 수십만 번 들으면서 지긋지긋해한다.

불평하고 헐뜯기

이 전략은 수동공격성과 비슷해서 화난 사람을 직면하는 것보다 일반적으로 더 안전한 전략인 것처럼 느껴진다. 불평을 늘어놓거나 남을 헐뜯는 사람들은 마음 여린 사람이 나타나서 다른 사람에 대한 그들의 좌절과 고민, 분노를 들어주기를 기대한다. 이들은 그런 식으로 자신이 정말 분노를 느끼는 대상과 실제로 직면하는 일을 회피한다. 그리고 놀랍지 않게도 이 전략은 문제를 해결하는 데 거의 효과적이지 않다.

물리적인 폭력

문을 쾅 닫거나 벽을 내리쳐서 구멍을 뚫거나 접시를 던지는 행동은 모두 대상을 향한 물리적 폭력으로 분류된다. 이런 유형의 공격성은 이들의 행동을 바라보는 사람에게 굉장한 위협감을 줄 수 있다. 더욱이 이런 행동은 때때로 사람을 향한 물리적 폭력에 선행하여 나타난다. 사람을 향한 공격성은 다른 사람을 거칠게 밀치거나 주먹이나 손바닥으로 때리는 행동을 포함하며, 심지어 무기를 사용하는 경우도 있다. 당연하지만 물리적 폭력은 거의 항상 피해자와 목격자 모두에게 상처를 준다.

분노로 인한 물리적 폭력은 실제로 다른 누군가의 공격을 받을 때에만 적응적인 전략이라고 볼 수 있다. 때로는 생존을 위해 필수적인 경우도 있다. 그러나 물리적 폭력은 아무런 해결책이 되지 않는다.

화풀이

앞서 이 장에서 '엉뚱한 곳에서 분노 표출하기'에 대해 살펴보았지만, 때때로 사람들은 누군가에게 극심한 분노를 느낀다. 하지만 권력의 차이나 두려움 때문에 상대에게 직접 분노를 표출하는 행동이 안전하지 않다고 생각한다. 안타깝게도 이런 사람들은 배우자나 자녀, 애완동물, 친구 등 무고한 피해자들에게 화를 낸다. 이렇게 분노를 표현하는 방식을 화풀이라고 한다.

분노라는 감정 살펴보기 : 빈도, 강도, 지속기간

분노로 인한 문제가 얼마나 심각한지 이해하고 싶다면 이 감정을 얼마나 자주 경험하는지, 이 감정이 얼마나 오래 지속되는지 그리고 얼마나 강렬하게 느끼는지 살펴보면 된다. 당연하지만 강렬한 분노를 자주, 오래 경험한다면 문제가 있다고 볼 수 있으며, 그로 말미암아 삶과 인간관계가 영향받고 있을 가능성이 높다. 스스로에게 다음 질문을 던져보라.

✔ **얼마나 자주 짜증이나 화, 분노를 느끼는가?** 일반적으로 일주일에 두 번에서 세 번 이상 분노를 경험한다면 어떤 상황에서 어떤 자극으로 그렇게 느끼는지 살펴볼 필요가 있다. 하지만 분노를 경험하는 빈도보다는 분노의 강도와 지속 기간이 더 중요하다.

✔ **대체 얼마만큼 분노하는가?** 누구나 이따금씩 짜증을 낸다. 그리고 솔직히 말해서 대다수 사람들이 이런저런 일들로 분노를 느낀다. 하지만 대다수 사람들은 화났다고 해서 벽에 구멍을 뚫거나 다른 사람을 공격적으로 위협하지 않는다. 만일 당신이 분노를 느낄 때 폭력적인 상태 혹은 히스테리에 빠지거나 잔인해지거나 다른 사람을 두렵게 만든다면 과도하게 강렬한 분노

를 느낀다고 볼 수 있다. 대체 얼마나 강렬해야 과도한 분노라고 판단할 수 있을지 측정할 수 있는 간단하고 타당한 수치는 없지만, 무슨 뜻인지는 충분히 이해하리라고 생각한다.

✔ 얼마나 오래 분노를 느끼는가? 어떤 사람들은 분노가 금방 사라진다. 다른 사람들은 몇 시간이나 며칠, 심지어 때로는 몇 년 동안이나 분노를 간직하고 반추한다. 예전에 우리는 크루즈 여행을 하다가 어느 동유럽 출신 웨이터를 알게 되었다. 그는 이방인들이 가족을 학살했다며 원통하게 한탄했다. 우리는 충격과 위로를 표했다. 그러더니 그 웨이터는 학살이 10세기에 일어났다고 말했다. 아직까지도 원한을 품기에는 꽤 오랜 시간이다!

분노와 같은 부정적 감정은 인간이 살아가면서 경험하는 자연스러운 일부분이다. 분노는 일이나 행복, 관계를 망가트릴 때에만 문제가 된다.

[분노, 상태인가 성격인가]

분노 연구자들은 '상태'로서의 분노와 '성격'으로서의 분노를 구분하기 위해 노력해왔다.

✔ 성격으로서의 분노는 만성적이고 안정적인 성격 특성을 의미하며, 약간이라도 도발이 있으면 곧바로 화를 느끼는 매우 일관된 경향이다. 성격으로서의 분노 성향이 강한 사람들은 화가 들끓기 시작하는 임계점이 매우 낮다. 이들은 대인관계나 직장에서의 갈등 또는 건강과 관련된 문제에 자주 직면한다.

✔ 상태로서의 분노는 일시적으로 표출하는 분노를 가리킨다. 사실 이런 분노는 다양한 상황에서 적절하다고 여겨지며, 종종 문제가 해결되도록 유도하는 기능을 하기도 한다. 분노의 강도, 빈도, 지속기간이 분노를 촉발한 사건에 비해 지나치

지만 않는다면 이따금씩 상태로서의 분노를 경험하는 일은 정상적이다.

상태로서와 분노와 성격으로서의 분노 간 관계는 날씨와 기후 간 관계와 유사하다. 알래스카의 기후가 추운 편이라고 우리가 말하듯이 '기후' 혹은 성격으로서의 분노는 장기적인 경향성을 의미한다. 상태로서의 분노는 '날씨'와 같아서 그날그날 달라진다. 다시 말해 뉴멕시코의 기후는 건조하지만 이따금씩 굉장한 폭풍우가 발생해서 홍수와 대혼란을 야기한다. 하지만 폭풍우가 가끔 발생한다고 해서 이 지역의 기후가 변했다고 말하지는 않는다.

노트 : 우리는 여기서 기후 변화와 관련된 논쟁을 벌이려는 것이 아니니 화낼 필요는 없다!

문제를 심화시키는 문제

과도한 분노는 그 자체로 일, 관계 그리고 일상적 행복에 심각한 손상을 입힐 수 있다. 그러나 분노가 다른 감정적, 신체적, 사회적 문제와 동반되면 대혼란으로 이어진다. 안타깝게도 분노는 다른 문제와 연관되어 있을 가능성이 높다.

마음이 슬픔이나 걱정으로 가득 차 있고 거기에다 몸까지 힘들면 더 쉽게 화를 내게 된다. 만일 중대한 감정적인 혹은 신체적인 문제가 있다면, 이 문제를 해결해야 분노를 효과적으로 관리할 수 있는 가능성이 극대화된다. 정신건강 전문가나 주치의와 상담하자.

우리를 둘러싼 세계 또한 분노를 조절하기 어렵게 만들 수 있다. 하지만 때로는 우리가 속한 세계나 상황에 의미 있는 변화를 직접 만들어낼 수도 있다. 이 경우 실행이 중요하다. 만일 실행이 어렵다면 지지 단체나 친구, 심리상담사 등 다른 사람의 도움을 얻자. 다음 목록을 살펴보면서 얼마나 많은 항목이 당신에게 적용되는지 확인해보자.

- ✔ 과다한 불안, 걱정 또는 두려움
- ✔ 만성적인 우울이나 낮은 자존감
- ✔ 압도적인 피로감
- ✔ 과음 또는 약물 남용
- ✔ 만성적인 통증
- ✔ 과거의 외상에 대한 반복적인 회상
- ✔ 비판에 대해 과도하게 예민한 반응
- ✔ 불면
- ✔ 만성적으로 변덕스러운 기분 변화
- ✔ 세상이 나에게 적대적이라는 믿음
- ✔ 차별이나 편견으로 인한 피해
- ✔ 가난
- ✔ 고립
- ✔ 범죄
- ✔ 전쟁

[분노 : 진단 아닌 진단]

분노라는 증상은 정신건강 진단 기준의 다양한 범주에 등장한다. 이런 진단에는 간헐적 폭발장애, 행동장애, 반항장애, 경계성 성격장애, 편집성 성격장애, 반사회성 성격장애 등이 있다. 만일 이러한 정신질환 진단의 특성에 정말 관심이 있다면 인터넷으로 검색해보기를 권한다!

문제는 이러한 진단 기준을 봐도 분노가 삶을 엉망으로 만드는 온갖 양상을 파악하기가 어렵다는 점이다. 어쩌면 지금 당신은 '그래서 어쩌라고?'라고 생각할지도 모르겠다. 만일 분노 조절로 문제가 있다면 그 방법을 알려주는 강좌나 들으면 될 일 아닌가?

하지만 공식적인 진단 없이 분노를 치료하려고 한다면 의료

보험 적용을 받을 수 없다는 문제가 있다. 또한 분노 조절과 관련된 진단을 내리기 위해서는 명료하고 보편적인 기준이 필요한데, 분노 조절에 대해서는 학문적으로도 다양한 정의가 존재하기 때문에 연구자들은 어려움을 겪고 있다. 레이먼드 디주세페 박사와 레이먼드 칩 타프레이트 박사는 분노만을 공식적으로 진단하는 기준을 개발하자고 주장해왔다. 이들은 '분노 조절-표현 장애(anger regulation-expression disorder)'라는 개념을 제안했다. 이 개념은 분노를 직접적으로 표현하지 못하고 분노를 곱씹으면서 반추하는 사람들뿐만 아니라 신체적, 언어적, 수동적 방식으로 공격성을 표출하는 사람들을 설명하기 위해 제시되었다.

만일 분노로 인한 감정적, 신체적, 사회적 문제가 공존한다면 분노를 조절하려고 노력할 때 이 문제에도 함께 대응해야 한다.

지그문트 프로이트는 분노가 내면으로 향한 것이 우울이라고 믿었고, 오늘날까지도 많은 사람이 똑같이 생각하고 있다. 하지만 이 가설을 증명하려는 많은 시도가 이루어졌지만 이 생각은 검증되지 못했다. 일반적으로 분노는 사람들에게 동기를 부여하고 행동을 취하도록 활성화시키는 반면 우울은 정반대의 작용을 하는 경향이 있다.

변화를 선택하기

제3장 미리보기

- 분노하는 상태에 머무르는 이유를 찾아본다.
- 사람들이 변화에 어떻게 접근하는지 살펴본다.
- 분노 어린 상태를 유지할 때의 총비용을 계산한다.
- 변화에 대한 비용–편익을 분석한다.

어쩌면 당신은 배우자에게서 이 책을 선물 받으면서 이 책을 읽지 않으면 가만 두지 않겠다는 불호령을 들었을지도 모른다! 또는 판사나 사회복지사 때문에 참여한 분노 조절 프로그램에서 이 책을 사용하고 있는지도 모른다. 혹은 스스로 분노 조절 문제가 있을지도 모르겠다는 생각에 이 책을 구입했지만, 분노가 여러 측면에서 유용하다고 생각하기 때문에 과연 변화를 시도해야 할지 고민하고 있을 수도 있다.

이 책은 당신에게 분노를 특정 방식으로 관리해야 한다고 말하지 않는다. 그러나 사람들이 분노에 대처하는 방식을 바꾸어야 한다고 생각하지 않았다면 분노 조절에 대한 책을 왜 썼겠는가? 사실 심리학자로서 필자들은 스스로 변화를 바라지 않는다면 사람들은 바뀌지 않는다는 사실을 잘 알고 있다. 어쩌면 이런 오래된 농담을 들어 봤을지도 모르겠다. "전구를 바꾸려면 심리학자 몇 명이 필요할까? 한 명이면 된다. 하지만 전구가 스스로 변화하겠다는 의지가 있어야 한다!"

사실 이 농담에는 상당 부분 진리가 담겨 있다. 필자들은 분노와 관련된 이슈에 있어서는 당사자가 직접 선택을 해야 한다고 믿는다. 당사자가 변화를 바라지 않는다면 아마 아무것도 달라지지 않을 것이다. 예를 들어 스포츠 업계에서도 많은 감독이 성을 낸다. 하지만 이들은 분노 문제를 해결하려는 노력을 털끝만큼도 기울이지 않고서도 굉장히 성공적인 커리어를 쌓았다. 이들은 오히려 분노가 도움이 된다고 생각한다.

보비 나이트의 사례를 보자. 역대 가장 성공적인 대학농구 감독인 그는 폭발적인 성미로도 익히 알려져 있다. 결국 불만이 무수히 터져 나온 끝에 인디애나대학교는 그를 해고했다. 그는 농구 코트에 의자를 내던지거나 선수들의 멱살을 잡거나 욕설을 써가면서 심판과 선수들에게 소리를 질렀다. 하지만 일부 팬들은 격정적인 분노가 그의 성공에 일조했다고 주장한다.

이런 분노가 없었더라도 나이트 코치가 성공할 수 있었을까? 그건 아무도 모른다! 하지만 굉장히 성공적이었던 감독 가운데 상당수는 분노로 폭주하지 않고서도 무수한 경기에서 승리를 거두었다. 요컨대 분노와 관련된 습관을 진심으로 바꾸기 바라는지는 당신이 직접 결정해야 한다.

이번 장의 목표는 분노에 어떻게 대처할 것인지 당신이 직접 선택하도록 돕는 것이다. 그러기 위해서는 우선 분노로 인한 이득과 비용을 살펴볼 필요가 있다.

분노를 지속하는 10가지 이유
- -

사람들이 계속해서 분노를 표출하는 데에는 다 이유가 있다. 이들은 감정이나 분노 혹은 변화 그 자체에 대한 몇 가지 믿음 때문에 변화하기를 망설인다. 이러한 믿음은 상당히 강력하기 때문에 한 번쯤 살펴볼 가치가 있다. 그러고 나서 이 믿음 대신 다른 선택을 고려하고 싶은지 결정하면 된다.

지금부터는 분노 상태를 유지하려는 동기나 믿음을 몇 가지 소개하는데, 각각의 이유 아래에는 또 다른 관점을 함께 소개했다. 또 다른 관점은 말 그대로 종래의 믿음을 새로운 눈으로 바라볼 수 있는 가능성을 함축하고 있다. 이 책은 독자에게 어떤 방식을 선택하라고 말하지 않는다. 다만 고려해볼 만한 몇 가지 생각거리를 제안할 뿐이다.

내 분노는 다른 사람 때문이다

이 믿음은 당신이 화내는 이유를 다른 사람 탓으로 돌린다. 솔직히 인정하자. 사람들은 우리가 분노할 만한 일들을 실제로 많이 저지른다. 예를 들어 거짓말을 하거나 바람을 피우거나 물건을 훔치거나 사람을 속이거나 또는 그저 일을 모두 엉망으로 만든다. 이는 분노를 느낄 충분한 이유가 된다.

또 다른 관점 : 물론 사람들은 짜증을 불러일으키고 우리 마음을 상하게 하는 온갖 일을 저지른다. 하지만 이때 당신이 분노하면 무엇이 달라지거나, 예방되거나, 해결될까? 이런 문제에 대응하기 위한 더 나은 방법이 존재하지는 않을까? 혹은 분노를 더 건설적이고 성숙한 방식으로 표현할 수 있지 않을까?

변화를 시도하면 실패할까 봐 두렵다

이 믿음에는 지금과 다른 방식으로는 분노를 조절할 수 없다는 생각이 반영되어 있다. 또한 어쩌면 변화를 시도했다가 낭패를 볼까 봐 두려워해서 아예 노력조차 하지 않을 수 있다.

또 다른 관점 : 당신은 다만 실패할 수도 있는 게 아니라 실패할 것이다! 습관을 바꾸기란 매우 어려운 일이다. 그러나 끈기와 연습은 삶의 거의 모든 영역에서 종국에는 빛을 발한다. 약간의 위험을 감수하지 않고서 무엇이라도 성취한 경험이 있는가? 아마도 없을 것이다.

누가 나보고 이래라저래라 하는 게 싫다

대다수 사람들은 다른 사람이 이래라저래라 하는 일을 싫어한다. 그건 필자들도 싫다.

또 다른 관점 : 필자들은 당신에게 이래라저래라 지시할 생각이 없다. 어쩌면 다른 사람들이 당신에게 분노 조절 프로그램을 들으라는 등 이런저런 행동을 강요한다고 느낄 수도 있지만, 결국 분노를 어떻게 다룰지는 당신이 직접 선택해야 한다.

분노가 없다면 나는 내가 아닐 것이다

어쩌면 분노는 당신 삶에 너무나도 깊숙이 뿌리내리고 있어서 분노가 없는 삶이 상상되지 않을 수 있다. 어쩌면 당신은 스스로 분노에 찬 사람이라고 생각하기 때문에 차분하고 절제된 상태를 유지하는 것이 도대체 어떤 느낌인지 감이 오지 않을지도 모른다. 지금처럼 분노하기를 멈추면 나는 도대체 어떤 사람이 되는 걸까? 다른 사람들이 낯설어하지는 않을까?

또 다른 관점 : 분노를 다루는 오래된 습관적 방식을 바꾼 다음에 그 결과가 마음에 들지 않으면 언제든지 옛 습관으로 돌아갈 수 있다. 분노로 자신을 정의할 필요는 없다. 분노를 적절히 다룬다고 하더라도 당신의 선호는 대부분 비슷하게 유지될 것이고 친구들도 대다수 그대로 남을 것이다. 어쩌면 친구 사귀기가 이전보다 더 수월해질 수도 있다.

감정은 통제할 수 없다

많은 사람이 감정이나 느낌은 의식적으로 변화시킬 수 없다고 믿는다. 이들은 감정을 유발하는 상황은 자신의 통제 범위에 있지 않기 때문에 감정이나 느낌을 달리 조절할 수 없다고 생각한다. 사람들은 사건이 벌어지면 반사적으로 감정적인 반응이 이어진다고 믿는다. 그것으로 끝이다.

또 다른 관점 : 학술 연구는 우리가 사건을 이해하고 해석하며 지각하는 방식을 새롭게 습득할 수 있으며, 그로 말미암아 다른 감정을 느낄 수 있다는 사실을 반복적으로 보여준다. 제6장은 분노를 유발하는 사건을 다르게 해석하는 법에 대해 다루고 있다.

분노를 표출하지 않으면 내가 폭발한다

우리 사회에서 굉장히 흔한 믿음은 분노란 마치 안전밸브가 없는 압력솥과 비슷해서 시간과 열(분노)이 충분하면 결국 폭발하리라는 생각이다. 너무나도 많은 사람이 분노를 표출하지 않으면 스스로 감당할 수 없는 상태에 빠지게 된다고 믿는다.

또 다른 관점 : 분노를 차분하게 가라앉히는 쪽이 감정적으로나 신체적으로 그리고 대인관계 측면에서도 더 도움이 된다는 사실을 많은 연구가 일관되게 보여주고 있다. 분노를 느낀다고 해서 반드시 모두 표출해야 한다는 믿음은 사실이 아니다.

화를 내면 사람들이 내 뜻대로 움직인다

이 믿음은 많은 이가 분노를 마구 표출하는 동기가 된다. 그리고 사실 단기적으로 분노는 종종 사람들을 자기 뜻대로 움직이게 만들기도 한다.

또 다른 관점 : 안타깝게도 단기적으로 효과가 있는 일들은 종종 장기적으로는 역효과를 낳는다. 상대가 당신 뜻대로 행동하도록 강요하면 상대의 마음속에는 원망과 응어리, 적대감이 쌓일 가능성이 높다. 흡연이나 음주를 비롯한 다른 안 좋은 습관처럼 이 경우에도 단기적인 이득보다 장기적 손실이 더 크다.

누가 더 센지 보여주지 않으면 겁쟁이처럼 보인다

이 믿음은 대인관계에서 복종과 지배라는 오직 두 가지 가능성만 존재한다는 생각에 기초한다. 이러한 이들은 만일 다른 사람들 위에 군림하지 않으면 나약한 사람처럼 보이고 결국 다른 사람에게 휘둘리게 된다고 생각한다.

또 다른 관점 : 대다수 사람들은 군림하려고 하지 않는다. 사실 사람들은 대체로 자기 일에 매우 몰두하기 때문에 당신을 크게 신경 쓰지 않는다. 게다가 지나치게 지배적이거나 순종적이지 않더라도 얼마든지 단호하게 의사를 표현할 수 있다. 제8장은 단호하게 소통할 때 얻을 수 있는 이득에 대해 소개하고 있다.

분노는 나를 보호해준다

어쩌면 당신은 고삐 풀린 분노가 다른 사람의 공격으로부터 당신을 보호해준다고 믿을 수도 있다. 이런 사람들은 분노 어린 반응을 보이면 사람들이 자신에게 해를 끼치지 못한다고 믿으면서 스스로의 분노를 정당화한다.

또 다른 관점 : 누군가가 당신을 실제로 공격하는 일은 실제로 그다지 흔하지 않다. 경찰관을 비롯한 위험한 직종에서도 분노를 적절히 조절할 경우에 의사결정을 더욱 잘 내릴 수 있으며 작업 환경도 더 안전해진다.

분노는 내가 경험한 나쁜 기억에 의미를 부여한다

분노와 관련된 문제를 겪는 사람들은 과거에 끔찍한 일을 경험한 경우가 많다. 어린 시절 학대를 받았거나 끔찍한 범죄의 피해자였거나 전쟁에서 부상당한 경우도 있다. 외상을 간직한 피해자들은 종종 그 사건에 대해 분노해야 자신에게 벌어진 일을 감당할 수 있다고 믿는다. 이들은 분노란 곧 끔찍한 사건에 대해 도덕적으로 정당한 반응이라고 생각한다.

또 다른 관점 : 분노를 포기한다고 해서 과거에 외상을 안겨준 경험이 무의미해지지는 않는다. 분노를 포기하고서도 얼마든지 미래를 향해 나아갈 수 있다. 여전히 기억을 간직하면서도 외상을 극복하고 용서하는 법에 대해서는 제15, 16장을 참조하자.

변화의 단계 살펴보기
- -

필자들은 당신에게 충분한 정보가 있는 상태에서 변화할지 여부를 직접 선택하기를 바란다. 그러기 위해서는 변화의 과정이 어떤 단계로 이루어지는지 이해할 필요가 있다. 프로차스카 박사, 노크로스 박사 그리고 디클레멘트 박사는 굉장히 호평받은 책 『자기혁신 프로그램(Changing for Good)』에서 인간의 행동과 감정, 습관이 변화하는 과정에 대해 설명했다. 저자들에 따르면 변화에는 여섯 단계가 있다. 하지만 모든 사람들이 모든 단계를 순차적으로 밟으면서 변화하지는 않는다. 전진하다가 물러서

기도 하고 때로는 한두 단계를 건너뛰기도 한다. 아래 기술된 변화의 과정을 살펴보면서 분노와 관련해서 당신은 지금 어떤 위치에 있는지 생각해보자.

무관심 단계

이 책을 열어서 지금 이 문장을 읽고 있다면 아마도 무관심 단계에 있지 않을 것이다. 이 단계에 있는 사람들은 변화해야 한다는 생각조차 하지 않기 때문이다. 이들은 자기계발서를 읽지도 않고 심리상담사를 찾아가지도 않는다. 이들에게 어떤 문제가 있는지 물어보면 아무 문제가 없다고 부정한다. 예를 들어 비만이지만 이 단계에 있는 사람이라면 비만이 문제라고는 아예 간주하지도 않을 것이다.

심사숙고 단계

이 단계에 속한 사람들은 변화에 대해 그저 막연한 생각을 가지고 있다. 이런 생각을 아직 실질적인 계획이나 행동으로 구체화하지는 못한 상태다. 다만 무엇인가가 잘못되었으며 해결해야 한다는 생각이 점차 확고해진다. 이 책을 읽는 당신도 심사숙고 단계에 속할 수 있다.

체중을 줄여야겠다고 어렴풋이 생각하지만 식단이나 운동 등 목표를 이루기 위한 구체적인 방법에 대해서는 아직 충분히 고민하지 못한 경우를 예로 들 수 있다. 분노의 경우 심사숙고 단계에 있는 사람이라면 "애들에게 너무 그렇게 소리 지르면 안 되겠어."라고 말하면서도 그러한 변화를 실행하기 위한 계획이나 절차까지는 아직 생각하지 못한 상태에 있을 것이다.

준비 단계

변화의 준비 단계에 있는 사람들은 계획을 세우고 심리상담사와 면담을 예약하거나 변화를 이루기 위해 필요한 작은 목표들을 써내려가기 시작한다. 준비 단계에서 사람들은 자원을 끌어 모으고 앞으로 어떤 행동을 취할 것인지 구체적으로 그려보기 시작한다.

실행 단계

가장 중요한 단계다. 실행 단계에서 사람들은 계획을 실제 행동으로 옮긴다. 분노 조절의 경우 이 단계에서 사람들은 자신만의 분노의 방아쇠를 파악하고, 이 책에서 기술된 다양한 전략을 이용해서 분노에 대해 새롭고 더 적응적인 방식으로 대처하기 시작한다.

유지 단계

스스로 바라는 변화를 상당 부분 이루었다고 해도 아직 해야 할 일은 남아 있다. 즉, 변화를 유지하기 위해 노력을 기울여야 하는데 이 단계도 쉽지는 않다. 제17장은 어떻게 하면 위기에 직면하더라도 그동안 얻은 성과를 계속해서 유지할 수 있는지 보여준다.

종료 단계

변화를 시도했다고 해서 모두가 이 단계까지 오지는 못한다. 종료 단계란 새롭게 변화한 습관이 굉장히 깊숙이 뿌리내려서 이를 유지하기 위한 노력이 더 이상 들지 않거나 거의 필요하지 않은 단계다. 그렇기에 이 단계에서는 과거 습관이 재발할 가능성이 매우 낮아진다.

예를 들어 담배를 끊은 사람들 중 일부는 이 단계까지 도달해서 다시 담배를 피우겠다는 유혹을 거의 느끼지 않는다. 하지만 어떤 이들은 평생 담배를 끊는 데 성공하더라도 이따금씩 흡연에 대한 욕구와 싸우곤 한다. 요컨대 반드시 종료 단계까지 이르러야 성공하는 것은 아니지만 이 단계에 도달하면 목표를 쉽고 편안하게 유지할 수 있다.

변화의 단계 따라가기

변화 과정이 어떻게 작동하는지 명확히 이해하도록 돕기 위해서 엘리의 사례를 살펴보자. 엘리의 사례를 보면 변화를 시도할 때 각 단계를 명료하고 깔끔하며 꾸준하게 밟아나가지 않아도 된다는 점을 알 수 있다. 대개 사람들은 이리저리 약간씩 헤매면서 앞으로 나아간다.

엘리는 전국적인 화물 운송 회사에서 장거리 트럭 운전사로 근무한다. 그는 필요 이상으로 긴 시간 일한다. 또한 그는 성미가 급한데 특히 피곤할 때 더욱 심하다. 어느 날 엘리는 하역장에서 화가 폭발했다. 그는 동료가 일을 그르쳤다면서 욕을 내뱉고 동료를 벽에 밀쳤다.

이 사건과 관련해서 엘리의 상사는 그에게 주의하라고 경고한다. 그러자 엘리는 다시는 그런 일이 없을 거라고 맹세한다. 엘리는 이 맹세를 지키겠다고 다짐하면서 아내와 친구들에게 새 사람이 되겠다고 약속한다. 엘리는 무관심 단계(아예 문제가 있다고 생각지도 않는 단계)에서 갑자기 실행 단계로 넘어가면서 심사숙고 단계와 준비 단계를 건너뛰었다.

2주 뒤 엘리는 몇몇 다른 운전사에게 모욕적인 제스처를 보인다. 그리고 그로부터 며칠에 걸쳐 서서히 옛날 성미로 되돌아가 더 이상 문제에 대해 의식하지 않는다. 그는 다시 변화의 무관심 단계로 돌아왔다. 그 뒤 안타깝게도 엘리는 또 다시 직장에서 불같이 화를 낸다. 상사는 엘리에게 6개월 근신 처분을 내리면서 분노 조절과 관련해서 전문가의 도움을 받으라고 지시한다.

이 시점에서 엘리는 분노 조절에 대해 깊이 고민하기 시작한다(심사숙고 단계). 그다음에는 분노 조절과 관련해서 수집할 수 있는 정보는 모두 모으기 시작한다(준비 단계). 『더미를 위한 분노 조절』을 한 권 구입한 엘리는 심리상담사와 면담을 예약한다. 두 사람은 이 책에 기술된 내용과 비슷한 구체적인 행동 목표를 개발한다. 엘리는 이런 행동 목표를 실천하기 시작하고(실행 단계) 대체로 성공하지만 이따금씩 옛 습관이 돌아온다. 그러다가 마침내 엘리는 거의 화를 내지 않게 되었고, 친구들은 그가 거의 새 사람이 되었다고 말한다(유지 단계). 그는 분노 충동을 절대 느끼지 않는 단계(종료 단계)까지 이르지는 못하지만 직장에서 업무나 인간관계는 개선된다.

분노의 치명적인 대가 살펴보기

이번 장의 후반부에서는 분노 습관에 대해 비용-편익 분석을 어떻게 할 수 있는지 보여준다. 비용-편익 분석을 하면 분노함으로써 감당해야 하는 비용을 분노함으로써 얻는 이득과 비교해볼 수 있다.

지금부터는 분노로 인한 비용이 얼마나 클 수 있는지 다양한 측면에서 살펴볼 것이다. 만일 정신적인 배터리가 바닥을 드러내는 것처럼 느껴진다면, 좀처럼 체중을 감량하거나 담배를 끊지 못한다면, 늘 두통에 시달린다면, 고혈압 때문에 약을 복용하고 있다면, 인간관계가 걱정된다면, 커리어가 마치 전복된 열차처럼 느껴진다면 특히 도움이 될 것이다.

건강에 미치는 악영향

정서적 건강과 육체적 건강 사이의 관계는 직접적이기도 하고 간접적이기도 하다. 가령 분노는 혈압에 즉각적인 영향을 미친다. 그렇지만 그 효과는 일시적이며 일반적으로는 직접적인 해를 끼치지 않는다. 하지만 만성적 분노는 심장질환 발병률을 증가시키며 고혈압을 유발할 가능성도 있다고 알려져 있다. 더욱이 흡연이나 비만과 결합될 때 분노가 혈압에 미치는 영향은 더욱 커지며 그 효과는 영구적이다.

에너지 소진

분노와 피로는 밀접한 관계에 있다. 공격적 태세에 돌입하려면 심장이 쿵쿵 뛰고 혈압이 올라가며 근육이 머리끝부터 발끝까지 긴장해야 하는데 그러기 위해서는 에너지가 필요하다. 분노는 근원적으로 인간을 흥분시킨다. 분노를 느끼면 아드레날린이 넘쳐흐른다. 그 뒤 분노가 사그라지고 몸이 이완 단계에 접어들면 우리는 신체적으로 탈진했다고 느낀다.

그렇다면 다음 사례 속 콜린처럼 만성적인 분노로 문제를 겪는 경우를 상상해보자. 흥분과 탈진이라는 악순환을 하루에도 몇 번씩 겪는다면 어떻게 될까? 파괴적인 감정으로 에너지가 얼마나 소모될지 상상해보자! 그저 생각하는 것만으로도 지치지 않는가?

콜린은 압도적인 피로 때문에 주치의를 찾아가기로 결심한다. 의사는 일련의 피검사를 실시하지만 주된 원인은 콜린의 분노가 아닐까 의심한다. 콜린은 남편이 술을 너무 많이 마신다는 문제를 종종 언급해왔다. 그래서 콜린은 직장에서 하루 종일 일하면서도 세 자녀를 오롯이 혼자 돌봐야 한다. 거의 매일 그녀는 남편에게 적대감과 원망을 느낀다. 하지만 남편이 술을 마실 때면 굉장히 화를 많이 내기 때문에 남편을 마주 대하기가 두렵다. 다행히 통합 긴강 시스템(integrated health system : 다양한 분야의 전문가들이 모여 의료와 재활, 건강 증진, 마음건강 관리 등 광범위한 영역에서 서비스를 제공하는 시스템)의 일원이었던 콜린의 주치의는 콜린을 병원 내 심리상담사에게 보낸다.

콜린은 심리상담사와 함께 고민하면서 남편이 술을 마시지 않을 때 부드럽게 이야기할 수 있는 방법을 찾는다. 또한 양육 부담을 일부 덜기 위해 합리적인 비용의 탁아소를 알아볼 계획을 세운다. 콜린의 남편은 방대한 증거가 있는데도 자신은 알코올 중독이 아니라고 부인한다. 콜린은 자신의 요청을 받아들이지 않는 남편을 보며 점차 이혼을 결심한다. 놀랍게도 남편을 떠난 지 몇 주가 지나자 콜린은 서서히 에너지를 되찾는다.

흡연

일반적으로 강렬한 분노와 적대감을 경험할수록 흡연할 위험은 상당히 증가한다.

놀랍게도 니코틴을 사용하면 상대가 분노를 도발하는 상황에서 공격적으로 반응할 가능성이 낮아진다. 좋은 소식이다. 하지만 나쁜 소식은 흡연이 심장 질환(그리고 당연하지만 암)과 밀접한 관련이 있다는 점이다. 게다가 분노를 자주 느끼는 흡연자들은 그렇지 않은 흡연자들보다 금연에 실패할 가능성이 훨씬 크다. 또한 분노는 담배를 끊은 사람들이 다시 담배를 피우게 만드는 두 번째 요인이기도 하다. 스트레스/불안보다는 약하지만 우울보다 큰 영향을 미친다.

담배에 중독되는 것은 분노에 중복되었다는 뜻일 수도 있다.

음주

알코올은 감정을 무디게 하는 역할을 한다. 사람들은 고민거리를 잊기 위해서 술을 마시기도 하지만 슬픔이나 불안, 수치심, 죄책감, 분노 등 그 순간 느끼는 감정을 잊

[분노, 임신 그리고 흡연]

연구자들은 임신 중 흡연이 산모와 태아에게 모두 위험이 된다고 본다. 니코틴을 비롯한 독성 물질은 흡입되는 즉시 태아의 혈류에 침투한다. 흡연 여성은 비흡연 여성보다 유산, 사산, 조산을 경험할 가능성이 높다. 그리고 임신 중 흡연한 어머니에게서 태어난 아기는 몸무게가 덜 나가는 경향이 있고, 폐 질환 또는 선천적 기형이 있거나 영아급사증후군으로 사망할 가능성이 더 크다.

흡연자들은 비흡연자보다 적대성과 공격성 수준이 더 높다고 보고한다. 임신한 저소득 흡연 여성들을 대상으로 한 연구에서는 임신 중 분노 조절과 관련된 개입이 금연 성공률을 증가시켰다. 이 연구는 분노 조절을 더 긍정적으로 고려해야 할 또 하나의 이유를 보여준다.

기 위해서도 술을 마신다. 술을 마실수록 그런 감정에서 더 멀어진다. 대다수 사람들은 기분이 좋아지기 위해서 술을 마시지 않는다. 기분이 덜 나쁘려고 마신다.

술을 계속 마시고 싶지만 분노 문제가 염려된다면 다음을 고려해보자.

✔ 비록 소량이라도 알코올은 섭취하면 다른 사람의 동기와 행동을 오해할 수 있다. 여느 때라면 의도치 않거나 우연하다고 볼 수 있는 행동도 이제는 해를 끼치기 위해 고의로 한 행동으로 생각된다.

✔ 알코올은 감정과 행동을 잘 억제하지 못하게 만든다. 술을 마시면 신경계의 기능이 달라져 감정 표현을 잘 제어하지 못한다. 그래서 술을 마시지 않았더라면 하지 않았을 행동을 하게 된다. 또한 알코올은 스스로에게 일상적인 자아와 반대되는 행동을 할 '권리'가 있다고 느끼게 만들기 때문에 술을 마시면 평소와는 다른 행동을 하게 된다. 그래서 조용한 사람이 시끄러워지고, 고분고분하던 사람은 군림하려고 하며, 다정했던 사람은 화를 낸다.

✔ 알코올은 술에서 깰 때의 기분에도 영향을 미친다. 술을 많이 마실수록 술에서 깰 때 더 우울한 기분을 느낄 가능성이 높다.

✔ 만일 당신이 술을 마시면 화를 내는 사람일 경우 알코올은 아마도 굉장히 나쁜 선택일 것이다. 이유는 정확히 모르지만 어떤 사람은 술을 마시면 유치해지고 또 어떤 사람은 우울해지거나 성적으로 활발해지기도 한다. 하지만 술을 마실 때 통상 분통을 터트리게 된다면 반드시 알코올을 피해야 한다.

여성의 경우에는 하루 한 잔, 남성의 경우에는 하루 두 잔의 술이 적당하다고 여겨진다. 많은 연구에 따르면 이 정도 수준으로 술을 마시는 사람들은 심장 질환을 겪을 확률이 낮고 나이가 들어서도 기억력이 감퇴할 가능성이 적다. 그러나 이 정도보다 조금이라도 많이 마신다면 과도하다고 볼 수 있으며 통상 건강에도 해롭다. 요컨대 하루에 한두 잔으로는 성에 차지 않는다면 술을 절제하기보다 아예 끊는 편이 더 낫다.

비만

짜증이 나거나 분노를 느낄 때면 자기도 모르게 냉장고를 열거나 가장 가까운 패스트푸드점을 찾는가? 만일 그렇다면 당신은 혼자가 아니다. 안타깝게도 많은 사람들이 화를 가라앉히거나 다른 부정적인 정서를 누그러트리기 위해서 음식에 의존한다. 그리고 당연하지만 비만은 심장 질환과 당뇨를 유발하는 또 다른 위험 요인이다.

사실 많은 연구에서 우울, 분노, 적대성은 대사 증후군에 걸릴 위험을 증가시킨다고 알려져 있다. 대사 증후군이란 혈압이나 중성지방 수치, 혈당치가 높고 인슐린 저항성이 강하며 복부비만이 과다한 상태를 말한다. 대사 증후군은 종종 심장질환이나 발작, 당뇨로 이어진다.

고혈압

혈압이 높은 사람들은 심장질환에 노출될 위험이 매우 높다. 그리고 습관적으로 분노를 경험하는 사람들은 고혈압일 가능성이 훨씬 많다. 분노를 외적으로 표출하는 사람들(소리 지르거나 물건을 던지는 등)만큼이나 실제로 상당한 분노를 느끼면서도 마치 화가 나지 않는 것처럼 행동하는 사람들도 고혈압과 심장 질환을 겪을 위험이 높다.

고콜레스테롤

분노를 많이 느낀다고 해서 콜레스테롤 수치가 높아지지는 않는다. 심장 질환이 유발될 위험을 높이는 고콜레스테롤은 가족력이 매우 중요하다. 하지만 비만과 분노, 스트레스가 문제를 악화시킨다는 점에는 의문의 여지가 없다.

의사에게서 콜레스테롤 수치를 낮추기 위해 체중을 감량하고 운동을 시작하라는 이야기를 들었다면 이 조언을 반드시 따라야 한다. 그러나 분노가 문제일 경우 분노 조절법을 익힌다면 콜레스테롤 수치를 조절하겠다는 목표를 이루는 데 더 가까이 다가설 수 있을 것이다.

일터에서 발생한 사고나 부상

우리는 대체로 성인기 인생의 대부분을 일하면서 보낸다. 그렇기 때문에 만일 사고를 겪거나 부상을 당했다면 일터에서 발생했을 가능성이 가장 높다. 이는 직업이 무엇이든 비슷하다. 그렇다면 이 사실이 분노와 어떤 상관이 있을까? 일터에서의 사고나 부상은 분노와 관련된 심각한 문제를 겪고 있는 사람들에게 더 자주 발생한다. 누군가가 분노를 터트리는 순간에 혹은 그 직후에 많은 사고가 일어난다.

도로 위 질주

콜로라도주립대학교의 심리학자 제리 디펜바커는 두 가지 중요한 메시지를 강조한다—운전 시 분노는 위험하며, 스스로 생각하기에도 화를 자주 낸다면 자기 자신을 위해서라도 전문가의 도움을 구해야 한다. 성난 운전자는 위험을 더 많이 감수하며, 더 빠르게 운전하고, 사고와 부상에 더 자주 노출된다. 분노와 운전은 좋은 조합이 아니다.

우리가 살면서 흔히 사고라고 부르는 사건 가운데 상당수는 알고 보면 우연이 아니다. 그리고 그중 일부는 언젠가는 터지기 마련인 시간 문제에 불과한 것들이다. 운전할 때 어떤 행동을 보이는지 솔직히 생각해보자. 운전할 때 보이는 난폭 행동에는 당신의 목숨뿐만 아니라 그 순간 같은 도로 위에 있는 다른 모든 사람의 생명이 걸려 있다. 도로 위 난폭 행동을 통제하는 방법에 대해서는 제23장을 보자.

경력에 대한 위협

분노는 에너지를 바닥내고 건강을 해치기도 하지만, 당신의 경력에 당신이 결코 바라지 않는 끔찍한 악영향을 미칠 수도 있다.

언젠가 경력 개발과 관련해 전화 상담을 해주는 토크쇼에 35세 남성이 출연해서 진행자에게 좋은 직장을 구할 수 있도록 조언을 해달라고 요청했다. 진행자는 학력에 대해 질문하고는 그가 학사 졸업이라고 이야기하자 가장 최근에 어떤 일을 했는지

제1부 분노 조절에 시동 걸기

물었다. 그는 소도시에서 행정을 담당하는 공무원이었다고 말했다.

"얼마나 오래 일했던 거죠?" 진행자가 질문했다.

"18개월 정도 일한 다음에 그만두었어요." 그 남성이 대답했다.

"왜 그만두었나요?" 진행자가 물어보았다.

"제가 느끼기에 합당할 만큼 연봉을 인상해주지 않아서 홧김에 사직했어요."라는 대답이 돌아왔다.

"그럼 그 전에는 어떤 일을 했습니까?" 진행자가 물었다.

"똑같은 일이요. 다른 소도시에서 행정 업무를 봤어요."

"그때는 얼마나 오래 일하셨어요?" 진행자가 질문했다.

"2년 정도요. 그때도 똑같이 제 요구사항을 들어주지 않자 화가 나서 때려치웠어요."

대화는 지속되었고, 그 남성은 대학을 졸업한 이후 직장을 여섯 군데 거쳤으며 모두 홧김에 그만두었다고 진술했다.

마침내 진행자가 이야기했다. "무슨 말인지 알겠어요. 이제 보니 스스로 문제가 무엇인지 잘못 생각하고 있는 것 같아요. 당신의 문제는 좋은 직장을 구하는 것이 아닙니다. 여섯 군데나 있어 봤잖아요. 결국 당신의 문제는 고용주가 당신의 요구를 들어주지 않거나 그러지 못할 때마다 화를 참지 못하고 폭발하는 데 있어요."

그러자 이 남성은 격노해서 소리를 지르기 시작했다. "지금 당신 무슨 말을 지껄이고 있는지 모르나 보네요. 문제는 제가 아니라 그 사람들이에요. 이 방송에서 대체 무슨 도움을 준다는 건지 모르겠군요." 그러고선 곧장 전화를 끊었다. 굉장히 유망하던 그의 경력은 이제 멈춰 섰을 뿐 아니라 빠른 속도로 추락하고 있었다.

다음 절에서는 분노가 당신의 경력을 위협하는 또다른 방식을 살펴본다.

때 이르게 궤도에서 벗어나기

이전과는 달리 오늘날 세계에서 직업적으로 성공하기 바란다면 교육을 받아야 한다. 교육을 받지 않으면 선택의 여지가 극도로 제한된다. 등골이 빠지는데다 보수도 적고 내일이 보장되지 않는 직업이라도 얻으면 그나마 다행이다.

이게 분노와 무슨 상관이냐고? 글쎄, 어린 시절 성미가 사나웠던 청소년들은 차분한 동급생들보다 고등학교를 졸업하기 전에 학교를 그만둘 가능성이 더 높다. 이들은 뚜렷한 불이익을 안고 직업 시장에 진출하며 결코 이를 만회하지 못한다.

거꾸로 나아가기

대다수 사람들은 부모나 조부모 세대보다 더 나은 삶을 살기를 바란다. 그래서 더 많은 돈을 벌고자 하고, 더 안락한 의식주를 추구하며, 더 큰 차를 타면서 더 큰 집에서 더 비싼 옷을 입으며 살기를 바라고, 더 좋은 식당에 가며 더 화려한 휴가를 보내기를 원한다. 그리고 이런 동기 때문에 우리는 매년 더 오래, 더 열심히, 더 똑똑하게 일한다.

하지만 모두가 그런 꿈을 꾸지는 않는다. 어떤 사람들은 정확히 그 반대의 삶을 살아간다. 그리고 중년에 다다르면 직업적 안정성, 사회적 지위, 소득 측면에서 부모 세대보다 실제로 더 열악한 삶을 산다. 왜일까? 상당수에게 그 이유는 바로 분노다. 쉽게 분노를 경험하는 사람들은 그렇지 않은 사람들보다 일생 동안 더 자주 직업을 바꾸고, 더 쉽게 해고당하거나 직장을 그만두며, (체계적으로 경력을 쌓는 대신) 그때그때 구할 수 있는 일자리를 전전하고, 경력도 훨씬 들쑥날쑥하다.

설상가상으로 성미가 사나운 사람들은 일만 완수하면 분노를 분출해도 상관없는 직업을 원한다. 요컨대 이들은 자신의 성미에 꼭 들어맞는 틈새시장을 찾아낸다(불행히도 이런 직업 가운데 대다수는 육체적으로 위험하고 보수도 적다).

반생산적 업무 행동 보이기

최근 일터에서 다음과 같은 행동을 한 번이라도 보인 적이 있는가?

✔ 사전 고지 없이 늦게 출근하기

[일기로 직장을 구하고 분노 극복하기]

실직은 종종 분노를 유발한다. 텍사스대학교의 제임스 페네베이커 박사는 다년간의 연구 끝에 직장에서 쫓겨난 이들이 경험하는 주된 감정은 바로 격렬한 분노라는 점을 발견했다. 또한 페네베이커 박사는 해고된 이들이 감정을 조절함으로써 또 다른 직장을 구할 가능성을 높일 수 있는 간단한 전략을 찾아냈다. 이 연구를 간단히 소개하자면 페네베이커 박사는 우선 해고된 노동자들을 무작위로 세 집단으로 분류했다. 첫 번째 집단에 속한 이들에게는 자신이 느끼는 감정과 생각에 대해 일주일에 한 번씩 30분 동안 기술하도록 했다. 두 번째 집단에는 동일한 시간 동안 시간 관리와 같은 중립적인 주제에 대해 기술하는 과제가 주어졌다. 세 번째 집단에는 아무런 과제도 주어지지 않았다.

연구 결과는 놀랍고도 일관적이었다. 그저 생각과 느낌에 대해 기술하는 행동민으로도 침가자들의 징서적 고동이 감소했고 새로운 직장을 구할 가능성이 증가했다. 내면의 생각과 감정에 대해 쓰는 과제가 주어진 참가자들의 경우 새로운 직장을 구할 확률이 다른 참가자들보다 실제로 다섯 배나 높았다. 투자한 노력을 고려하면 상당한 성과라고 할 수 있다.

- ✔ 동료를 놀리거나 비웃기
- ✔ 업무에 몰입하는 대신 딴 생각하며 시간 보내기
- ✔ 고객이나 동료에게 무례하게 행동하기
- ✔ 동료가 도움을 요청해도 거절하기
- ✔ 실수를 다른 사람 탓으로 돌리기
- ✔ 아무 일도 안하면서 바쁜 듯이 행동하기
- ✔ 휴가를 규정보다 더 많이 사용하기
- ✔ 동료나 고객에게 다시 전화하겠다고 해놓고서 회신하지 않기
- ✔ 고의로 회사 비품을 낭비하기
- ✔ 동료의 물품을 훔치기
- ✔ 누군가를 밀치거나 때리기
- ✔ 동료에게 모욕적인 태도 보이기

만일 위 질문 중 어느 하나라도 그렇다고 대답했다면 당신은 반생산적 업무 행동을 보였다고 말할 수 있다. 반생산적 업무 행동(counterproductive work behavior)이란 당신이 소속된 조직이나 직장 동료들에게 고의로 해를 입히려는 행동이다. 그렇다면 그런 행동을 보일 가능성이 가장 높은 직원은 누구일까? 바로 분노에 찬 직원이다. 일터에서의 행동과 태도를 개선하기 위한 아이디어는 제12장에 제시되어 있다.

인간관계의 파탄

화를 많이 내면 같이 살기 힘들다. 게다가 분노는 너무나 강력해서 결혼한 부부나 동거인, 친구 사이의 그 어떤 긍정적인 감정도 말살한다. "사랑은 모든 것을 다스린다."라는 말은 허구에 불과하다. 분노는 전염된다. 분노는 독감과 같아서 분노하는 사람을 둘러싼 공기를 그저 들이쉬는 것만으로도 주변 사람을 아프게 만든다.

누군가에게 분노를 느끼면서 계속 억누르려는 행동은 그리 효과적인 전략이 아니다. 분노는 먹구름처럼 당신을 따라다닌다. 일반적으로 당신은 그럴 리 없다고 생각해도 사람들은 당신의 분노를 금방 탐지한다.

또한 당신은 스스로 품고 있는 분노가 배우자나 동료, 친구들에게 어떠한 즉각적인 영향을 미치는지 미처 깨닫지 못할 수도 있다. 걸핏하면 화를 내는 배우자를 둔 사람들은 종종 내면에 속상한 감정을 담고 살아가며 시간이 흐르면서 원망 또한 차곡차곡 쌓인다. 그러다가는 결국 참을 만큼 참았다고 생각하면서 종종 인연을 끊고 떠나버린다.

당신의 인간관계에서 분노가 어떤 역할을 해왔는지 살펴볼 필요가 있다. 스스로 생각했던 것보다 훨씬 큰 피해가 있지는 않았을까?

분노의 비용과 이득 분석하기

이번 장의 첫머리에서는 분노에 어떤 이득이 있는 것처럼 보일 수 있는지 다양한 각도에서 살펴보았다. 이렇게 살펴본 이유는 분노를 비롯한 모든 감정이 다양한 상황에서 각기 다른 정도의 이득이 있다는 사실을 이해하는 과정이 절대적으로 중요하기 때문이다. 그리고 이어서는 분노에 어떤 대가가 따를 수 있는지 광범위하게 검토했다.

사업가들은 최선의 의사결정을 내리고 성공 가능성을 높이기 위해 소위 비용-편익 분석이라고 알려진 도구를 항시 사용한다. 비용-편익 분석이란 당사자가 고려하고 있는 선택의 강점과 약점을 평가할 수 있는 체계적인 접근 방식이다. 이 기법은 분노뿐만 아니라 우울, 불안, 걱정, 약물 중독 분야에서도 인지행동 치료적 접근의 초석이 되었다.

비용-편익 분석을 하면 중요한 의사결정을 객관적인 관점에서 바라볼 수 있다. 분노에 대한 관점을 변화시킬지 결정할 때도 이 도구를 사용할 수 있을 뿐 아니라 그 외에도 아래와 같은 상황에서 비용과 편익을 분석하면 더 좋은 의사결정을 내리는 데 도움이 된다.

✔ 주택 대출금을 차환할 것인가?
✔ 자녀를 어떤 학교에 보낼 것인가?
✔ 어떤 자동차를 구입할 것인가?
✔ 술을 끊을 것인가?
✔ 직장을 옮길 것인가?
✔ 돈 쓰는 방식을 바꿀 것인가?
✔ 특정 신념이 스스로에게 이로운가 아니면 해로운가?
✔ 누군가와의 관계를 계속 이어나갈 것인가 아니면 끊을 것인가?

비용-편익 분석 자세히 알아보기

비용-편익 분석은 상당히 쉽고 간단하다. 이 도구는 상반되는 측면을 나란히 놓고 비교하도록 도와준다. 다음 두 사례를 살펴보자.

로절린은 유독 끈끈한 가정에서 자란 토드와 결혼한다. 로절린은 시댁 사람들이 따뜻하고 다정하며 친절하다는 점이 마음에 든다. 나라 반대편에 사는 시부모는 결혼 후 4년 동안 사려 깊게 준비한 선물을 보내고 문자로 안부를 자주 물으며 그녀에게 꼭 필요한 레시피를 알려준다. 로절린은 토드네 가족과 같은 집안의 일원이 된 일이 행운이라고 생각한다.

그러니 시부모가 은퇴를 선언하고 로절린 부부의 집과 불과 몇 블록 떨어진 곳으로 이사 오겠다고 했을 때 로절린이 반가워하고 기뻐했던 것도 당연하다. 즉각 새로운 집으로 이사한 시부모는 예기치 않은 때에 로절린네 집에 들르기 시작한다. 때로는 주말 하루 내내 로절린과 토드의 거실에 벌렁 드러누워 있기도 한다. 로절린은 외출도 못하고 볼 일도 보지 못한다. 그녀는 점점 불안해지고 짜증과 분노가 차오르면서 자신의 생활이 침해당하고 있다고 느낀다. 하지만 왜 그런 감정이 드는지는 그녀 자신도 모른다.

로절린은 토드에게 어떻게든 조치를 취하라고 이야기하지만, 토드는 부모님이 상처받을까 봐 두려워서 적절한 선을 긋지 못한다. 그녀 또한 같은 이유로 아무런 행동도 취하지 못한다. 토드와 로절린은 조금씩 다투기 시작한다. 로절린은 어쩌면 자신이 분노 조절과 관련된 문제가 있을지도 모른다고 생각한다. 표 3-1은 로절린의 경우 비용-편익 분석을 어떻게 할 수 있는지 보여준다.

로절린은 분노에 따르는 비용이 너무 크다고 결론 내린다. 하지만 분노에는 약간의 이득도 존재한다. 가장 중요한 이득은 분노를 느낀 덕에 무엇인가 조치를 취해야 하는 문제가 있다는 사실을 의식하게 되었다는 점이다. 그녀와 토드는 사생활이 더 필요하다는 점을 시부모와 논의한다. 그러자 놀랍게도 시부모는 이사 온 뒤 새로 친구를 사귀거나 바깥 활동을 충분히 하지 못했다는 사실을 깨닫는다.

로절린은 결국 자신의 문제가 분노 조절과 관련된 문제가 아니라 단지 더 단호하게 의견을 제시할 필요가 있던 문제였음을 알아차린다. 그녀의 분노는 충분히 정당화될 수 있었고 이해할 만했다. 또한 로절린은 분노를 효과적으로 표현하면 당

표3-1 로절린의 분노에 대한 비용-편익 분석

비용	편익
늘 안절부절못한다.	분노로 말미암아 최소한 내 삶에서 무엇인가가 잘못되어가고 있기는 하다는 사실을 알 수 있다.
남편과 지나치게 말싸움을 벌인다.	분노에 대처하기 위한 조치를 취하게 된다.
더 이상 시부모가 달갑지 않다.	시부모를 피하기 위해서이기는 하지만 내가 좋아하던 조깅을 다시 시작했다.
밤에 잠을 이루기 어렵다.	시부모가 있을 때를 대비해서 청소하기 때문에 집이 더 깨끗하다.
다시 담배를 피우고 싶지만 좋은 생각이 아닌 듯하다.	
더 이상 아무것도 즐겁지 않다.	

면한 문제를 해결하는 동시에 여전히 집을 깨끗하게 관리하고 다시금 재미를 붙인 조깅을 계속할 수 있다는 결론에 다다른다. 그리고 앞으로 무엇인가가 잘못되면 더 신속하게 조치를 취할 수 있다는 자신감을 얻는다.

* * *

제랄도는 축구 경기에서 다른 팀을 응원하는 팬과 악을 쓰며 싸운다. 서로 밀끈하면서 갈등은 몸싸움으로 번진다. 제랄도는 주먹을 날리고 주변 사람들이 말리기 시작한다. 경찰이 도착하고 제랄도는 치안 문란 혐의로 체포된다.

제랄도는 이제까지 단 한 번도 불법적인 행동을 저지른 적이 없지만 친구들 사이에서는 성미가 급한 친구로 잘 알려져 있다. 법정에 모습을 드러낸 제랄도는 판사가 500달러에 달하는 벌금을 물리자 큰 목소리로 항변하기 시작한다. "상대편이 도발했는데 저한테 벌금이라니요!"

판사가 대답했다. "흠, 이제 보니 벌금이 합당할 뿐 아니라 12주짜리 분노 조절 프로그램까지 등록해야겠군요. 또 할 말 있습니까?"

제랄도는 마뜩치 않은 표정으로 항변하기를 멈추고 분노 조절 프로그램에 나간다. 첫 수업에 그는 강의실로 당당하게 걸어 들어가 책상 위에 공책을 내리친다. 그의 얼굴은 분노로 이글거린다. "저는 여기 있을 필요가 없어요." 라고 그는 말한다.

놀랍게도 이런 반응이 돌아온다. "어쩌면 여기 있을 필요가 정말 없는지도 모르죠. 그리고 당신이 원하지 않는다면 아무도 억지로 당신이 변하도록 만들 수 없다는 사실도 참고하세요."

강사는 비용-편익 분석에 대해 소개하면서 제랄도에게 자신의 분노에 대해 분석해보면 어쩌면 도움이 될 수 있을 것이라고 제안한다. 표 3-2는 제랄도가 작성한 결과물이다.

제랄도는 자신이 수행한 비용-편익 분석 결과를 보고서도 여전히 분노를 멈추어야겠다는 생각이 그다지 들지 않는다. 하지만 분노로 말미암아 비용이 발생한다는 점을 깨닫는다. 제랄도는 어찌 되었든 이 프로그램을 들어야겠다고 생각하면서 그러다 보면 혹시라도 변화가 생길지 모르겠다고 생각한다.

제랄도는 수업을 몇 번 더 듣는다. 그 시점에 이르자 자신이 더 이상 고등학생이 아

표 3-2 제랄도의 분노에 대한 비용-편익 분석	
비용	편익
글쎄, 내 성미와 분노 때문에 지금 여기에서 그다지 재미있어 보이지 않는 분노 조절 수업을 듣고 있다.	아무도 날 건드리지 않는다!
내 분노 탓에 벌금을 500달러 내야 한다.	내 분노는 내가 일을 처리하는 방식이다.
작년에 격한 논쟁 끝에 정말 좋은 친구와 사이가 틀어졌다.	내가 화를 내는 대다수 사람들은 혼쭐이 날 만하고, 이 사실을 그들이 깨닫도록 만들 때면 기분이 좋다.
상사가 나에게 태도가 안 좋다고 이야기하면서 제대로 일을 처리하지 못한다고 말했다.	고등학생 시절에도 축구를 할 때 분노하는 마음이 들면 더욱 공격적으로 경기를 할 수 있었다.
때로는 너무나 화가 나서 혹시 분노 때문에 고혈압이 악화되지는 않을지 걱정된다.	

니라는 사실을 알아차린 그는 자기 감정을 더 성숙한 방식으로 다루어야 한다는 점을 깨닫는다.

직접 비용-편익 분석하기

당신도 직접 당신의 분노에 대해 비용-편익 분석을 수행해보기를 권한다. 먼저 충분한 시간을 확보하자. 종이 위에 세로줄을 하나 그어서 종이를 이등분한다. 왼쪽 칸에는 맨 위에 비용(cost)이라고 쓰고 오른쪽 칸에는 편익(benefit)이라고 쓴다. 각 칸에 생각나는 내용은 모두 다 적어 내려간다. 다 썼으면 한쪽에 치워두었다가 시간이 지난 뒤에 다시 꺼내본다. 그러면 쓸 거리가 몇 가지 더 생각날 수도 잇다.

다음은 분노의 비용과 편익을 작성하면서 고려해볼 만한 질문이다.

✔ 분노가 건강에 영향을 주었는가? 어떤 영향을 미쳤는가?
✔ 분노가 상처에 대한 보호막이 되어주는가?
✔ 분노가 일터에서 도움이 되는가 아니면 손해가 되는가?
✔ 분노가 인간관계에 어떤 영향을 끼쳤는가?
✔ 분노 때문에 곤경에 빠진 일은 없었는가?
✔ 분노 덕분에 내가 원하던 것을 실제로 더 많이 얻었는가?

✔ 사람들을 혼쭐내기 위해 분노를 사용한 일이 있었는가?

✔ 분노가 가족에게 어떤 영향을 주었는가?

비용-편익 분석을 끝냈다면 분노가 이득이 되었다고 생각한 항목들을 다시 한번 검토해본다. 분노를 조절하는 행동이 진정 분노로 인한 이득을 모두 잃어야 한다는 뜻인지 스스로에게 질문해보자. 많은 경우 사람들은 분노에 한계선을 긋고 분노를 더 효과적으로 표현할 때 분노로 인한 비용은 줄이면서 이득은 계속해서 얻을 수 있다는 사실을 깨닫는다.

비용-편익 분석 결과를 살펴보면서 비용과 편익의 각 항목이 단기적인지 장기적인지도 생각해보자. 가령 누군가에게 소리 지르는 행동은 그 순간에는 기분이 좋지만 장기적 관점에서는 비용이 발생한다.

비용과 편익의 절대적인 개수는 큰 의미가 없다. 각 항목을 모두 합쳤을 때의 총비용과 총편익이 당신에게 얼마나 **중요한지**가 핵심이다. 예를 들어 교도소에 수감되는 것처럼 큰 비용이 하나라도 존재하면 스무 가지의 편익을 모두 압도할 수 있다.

분노에 대해 다시 생각하기

분노는 "더 이상 못 참겠어.
이건 불공평해!"와 같은 생각을
증가시킨다.

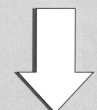

분노는 "어렵지만 잘할 수 있어.
때때로 삶은 불공평해."와 같은 생각을
감소시킨다.

제2부 미리보기

- 당신만의 분노 조절 프로그램을 본격적으로 시작한다. 분노를 절제할 때의 가치를 이해한다. 목소리, 자세, 심호흡을 이용한 분노 조절 기술을 연습한다. 또한 분노를 유발하는 사람들이 아닌 긍정적인 영향을 주는 사람들과 어울리는 법을 찾아본다.

- 당신만의 분노의 방아쇠를 발견한다. 좌절이나 위협, 불의, 실수와 같은 일들로 말미암아 어떻게 짜증과 분노가 촉발되는지 살펴보고, 이런 분노의 방아쇠들을 재해석함으로써 분노를 가라앉히는 법을 살펴본다.

- 화났을 때 드는 생각을 분석해보고, 그런 생각이 분노를 유발한 상황의 진짜 의미를 어떻게 왜곡하는지 살펴본다. 분노를 놓아버릴 수 있는 방식으로 사건을 재구성하는 법을 발견한다.

- 완벽주의나 과도한 자존감 때문에 발생하는 놀라운 문제점을 알아본다.

chapter

04

분노 조절에 착수하기

제4장 미리보기

- 분노라는 감정과 친해진다.
- 충동을 억제한다.
- 분노로부터 거리를 둔다.

분노가 치밀어 오르는 기분이 들 때 가장 먼저 해야 할 일은 즉각적인 행동을 취하지 않고 자제하는 것이다. "망설이는 자는 기회를 놓친다."라는 옛말은 여기에서 통하지 않는다.

감정이 제 갈 길대로 흐르도록 내버려둬야 한다는 생각은 허구에 불구하다. 그것도 위험한 허구다. 분노를 더 빨리 제어할수록 스스로에게도 더 이롭다(당신의 격노를 감당해야 하는 주변 사람들에게도 마찬가지다).

이번 장에서는 분노가 치밀어오를 때 사용할 수 있는 구급약을 소개한다. 구급약을 사용하면 즉각적인 도움을 얻을 수 있다. 마치 반창고와 거즈가 지혈 기능을 하는 원리와 비슷하다. 더 강력한 치료제는 그다음에 다룬다.

우선 우리 내부에서 분노를 감지하는 신호에 즉시 귀를 기울이는 법에 대해 살펴본다. 이런 신호는 신체적 감각과 느낌이라는 형태로 나타난다. 이런 신호를 의식한 다음에야 비로소 분노에 대한 태도를 전환할 수 있다. 두 번째로는 분노가 왈칵 터져 나올 때 분노를 재빨리 가라앉힐 수 있는 간단한 기술을 소개한다. 마지막으로는 단기적으로 분노의 방아쇠를 피할 수 있는 방법을 다룬다. 더 장기적인 해결책에 대해서는 차차 논의할 것이다.

분노라는 느낌 자각하기

분노라는 경험에는 신체적 감각과 느낌, 생각, 행동이 복잡하게 얽혀 있다. 분노 조절과 관련된 문제가 있는 이들은 순식간에 시속 0킬로미터에서 시속 160킬로미터까지 오간다. 정작 당사자는 어떻게 해서 그랬는지 영문도 모른다. 이처럼 순간적인 변화를 보면 눈 먼 분노(blind rage)라는 말이 절로 생각난다. 눈 먼 분노란 지금 어떤 일이 벌어지는지 또는 이 행동으로 말미암아 앞으로 어떤 결과가 벌어질지 생각하거나 의식하지 않고서 격노하는 상태를 말한다. 참고로 법원에서는 통상적으로 눈 먼 분노가 폭력을 충분히 정당화할 수 있다고 간주하지 않는다.

그렇기에 분노 조절 문제가 있는 많은 사람이 당장 해야 할 일은 감정이 달아오르지 않도록 즉각적인 반응을 늦추고, 그 대신 분노를 자각할 수 있는 초기 경고 신호에 민감해지는 것이다. 이런 신호는 통상 신체적 감각과 느낌이라는 형태로 나타난다. 초기 경고 신호를 지각했다면 그때 구급약을 꺼내면 된다.

이 책은 어떤 순서로 읽든 상관없도록 구성되어 있지만, 이번 장만큼은 분노에 대해 이전과는 다르게 대처하겠다는 마음의 준비가 된 다음에 읽기를 권한다. 만일 변화하고자 하는 마음을 쉽게 먹지 못하고 갈등하고 있다면, 변화로 인한 이득과 비용에 대해 다루는 제3장으로 되돌아가기를 추천한다.

생리적 반응에 귀 기울이라

몸은 분노의 방아쇠에 가장 먼저 반응한다. 이 반응은 거의 즉각적으로 일어나며 종종 의식적으로 알아차리지도 못한다. 사람들은 모두 분노의 방아쇠에 대한 자기만의 생리적 반응 패턴이 있다. 다음은 서로 다른 반응의 사례다.

멜리사는 출근길에 손바닥이 땀으로 흥건해지는 것을 느낀다. 처음에는 교통 체증을 뚫고 운전하는 일로 긴장해서 그렇다고 생각한다. 하지만 시간이 지날수록 멜리사는 다른 신체적 신호도 자각한다. 목구멍이 뻐근하기도 하고 건물 온도가 정상적인데도 과도하게 춥다고 느낀다. 점차 멜리사는 이런 감각이 다양한 감정과 연결되어 있다는 점을 깨닫는다.

반면 멜리사와 같은 회사에서 일하는 밥은 출근길에 전혀 다른 감각을 느낀다. 온몸이 경직되면서 심박수가 증가하고 종종 소화불량에 시달린다. 처음에 밥은 출근길에 왜 이런 느낌이 드는지 전혀 이해하지 못한다. 하지만 결국 밥도 이런 감각이 불안과 관련된 다양한 감정과 관련 있다는 점을 이해하기 시작한다.

그렇다면 주로 어떤 종류의 신체적 감각이 분노의 서막에 나타나는지 궁금할 것이다. 이를 포괄적으로 정리하자면 끝도 없겠지만 다음 목록은 분노와 관련된 다양한 감각과 느낌을 일부 보여준다. 아래와 같은 생리적 신호가 온다면 특히 주의를 기울여야 한다.

- ✔ 숨이 가쁨
- ✔ 어지러움
- ✔ 얼굴이 붉어짐
- ✔ 얼굴이 창백해짐
- ✔ 땀을 많이 흘림
- ✔ 온몸이 떨림
- ✔ 손이 떨림
- ✔ 소화불량
- ✔ 목구멍이 뻐근함
- ✔ 턱을 꽉 다묾
- ✔ 주먹을 쥠
- ✔ 자세가 과장됨
- ✔ 이를 갊

- ✔ 두통
- ✔ 너무 덥거나 춥다고 느낌
- ✔ 얼굴을 찡그림
- ✔ 노려봄
- ✔ 심박수가 증가함
- ✔ 목소리가 높아지고 어조가 변함

반복적으로 경험하는 감각적 신호에 동그라미를 쳐보자. 이런 신체적 반응이 종종 분노가 아닌 다른 감정에 수반되기도 한다는 사실이 보이는가? 좋은 관찰력이다! 뭐가 뭔지 알기 위해서는 일단 이런 신체적 감각을 먼저 의식할 필요가 있다. 그런 다음에야 이런 감각을 다양한 감정이나 느낌과 연결해서 생각할 수 있다.

불안, 슬픔, 두려움 또는 우울과 같은 다른 감정이 이런 신체적 감각과 관련 있다고 생각된다면 사려 깊은 저자들이 쓰고 와일리 출판사에서 펴낸 『더미를 위한 우울증(Depression For Dummies)』과 『더미를 위한 불안 극복(Overcoming Anxiety For Dummies)』을 읽어보기를 권한다.

분노와 관련된 느낌을 알아차리라

느낌과 감정은 특정 시점에서 경험하는 다양한 신체적 감각에 붙일 수 있는 이름과 같다. 자신의 감정을 잘 파악하면 분노와 관련된 문제를 더 잘 이해하고 대처할 수 있다. 이 말이 어떤 의미인지 이해하기 위해서 멜리사와 밥의 사례를 다시 한번 살펴보자. 기억하겠지만 두 사람은 같은 회사에서 근무한다.

멜리사는 신체적 감각의 변화가 그녀가 어떤 감정을 느끼는지 암시한다는 사실을 알아차린다. 그녀는 상사가 그녀를 지원해주지 않고 제대로 평가하지도 않으며 존중하지도 않는다고 느낀다는 사실을 깨닫는다. 게다가 이런 느낌은 상사에 대한 불편함과 짜증, 원망이라는 감정으로 이어졌다. 멜리사는 상사와 면담을 하거나 퇴사하는 등 다양한 선택을 고려하면서 적절한 행동을 취해야겠다고 생각한다.

밥 또한 신체적 감각의 변화가 자기 삶에서 무엇인가가 엄청나게 잘못 돌아가고 있다는 사실을 경고해주기 위해 나타났다는 사실을 깨닫지만, 처음에는 무엇이 문제인지 확신하지 못한다. 시간이 지나자 밥은 그동안 큰 분노를 느껴왔다는 점을 알아차린다. 특히 주간 업무 회의가 끝날 때면 그랬는데, 밥은 회의 때 자신의 의견이 반복적으로 묵살된다고 느꼈다. 게다가 그는 기존 직무가 굉장히 만족스러웠는데도 업무가 변경되었다는 점이 짜증난다. 또한 밥은 상사가 회의 시간을 독점하면서 사소하고 부적절한 이야기로 회의를 이끌 때 극심한 좌절감과 분노를 느낀다. 밥 또한 어떤 행동을 취할지 고민한다.

멜리사와 밥은 심사숙고하지 않은 채 즉각적으로 느끼는 기분에 의지하여 충동적으로 행동하려는 유혹을 억누른다. 두 사람은 신체적 신호에 귀를 기울이면서 이런 신호가 어떤 감정과 연결되는지 생각한다. 그러고 나서 두 사람은 어떤 행동을 할지 고민하지만 아직 본격적으로 실행하지는 않은 상태다.

아래 정리한 감정과 기분을 한번 검토해보기를 권한다. 신체적 감각을 나열한 목록과 마찬가지로 이 목록 또한 예시에 불과하다. 떠오르는 단어를 얼마든지 덧붙여도 좋다.

✔ 짜증이 나는	✔ 노발대발하는
✔ 불안한	✔ 언짢은
✔ 아니꼬운	✔ 안절부절못하는
✔ 화가 치미는	✔ 분한
✔ 초조한	✔ 걱정되는
✔ 분통이 터지는	✔ 약 오른
✔ 당황스러운	✔ 분노하는
✔ 좌절하는	✔ 원망스러운
✔ 씩씩대는	✔ 성난
✔ 격노한	✔ 긴장된
✔ 신경을 긁는	✔ 속상한
✔ 지긋지긋한	✔ 경직된
✔ 분개하는	✔ 사나운
✔ 열받는	✔ 흥분한
✔ 격앙된	

이 목록을 살펴보면서 당신이 경험하는 신체적 감각을 잘 포착하는 단어가 무엇인지 찾아보자. 자주 경험하는 기분에 동그라미를 쳐본다. 이 활동을 여러 번 되풀이하면 몸과 마음이 무엇인가 잘못되어가고 있다는 메시지를 당신에게 전달하려고 할 때 더욱 잘 알아차릴 수 있다.

이 목록에 있는 기분이 전부 분노와 관련 있다고 생각되지 않을 수도 있다. 가령 초조한, 안절부절못하는, 긴장된, 좌절하는, 경직된 등의 단어는 분노라는 이미지에 어울리지 않을 수 있다. 하지만 자세히 살펴보면 이런 기분이 격정적인 분노의 불쏘시개가 된다는 사실을 깨닫게 된다.

수백 년에 걸쳐 철학자와 심리학자, 과학자들은 신체적 감각이 감정과 기분을 유발하는지 아니면 그 반대가 맞는지에 대한 논쟁을 계속해왔다. 일부 학자들은 감정이 신체적 감각과 완전히 독립적으로 존재할 수 있다고 믿는다. 지금 여기에서 이 논쟁에 대한 답을 내릴 필요는 없다. 이 논쟁 자체는 이 책의 목적과 아무런 상관이 없다. 여기에서 핵심은 분노 조절 문제에 대응할 때 신체적 감각과 기분을 분리해서 다루는 것이 유용하다고 알려져 있다는 점이다.

분노에 어떻게 반응할지 다시 생각하기

신체적 감각과 감정을 살펴보았을 때 상당한 분노를 느끼고 있는 것 같다면 지금부터는 선택을 해야 한다. 우선 분노를 터트리든 부글부글 속을 끓이든 수동공격적인 행동을 보이든 기존과 똑같이 반응하기를 택할 수 있다. 또는 멈추고 한 걸음 물러나서 곰곰이 스스로를 되돌아볼 수 있다.

다음 질문을 자신에게 던져보자.

- ✔ 지금까지 아무런 생각 없이 행동해온 그대로 분노에 반응하면서 평생을 살고 싶은가?
- ✔ 스스로 느끼는 감정 때문에 피해 보면서 살고 싶은가?
- ✔ 분노 어린 반응으로 상처를 준 사람들에게 "정말 미안해. 제정신이 아니었

나 봐. 다시는 그러지 않겠다고 약속할게." 라고 항상 구구절절 사과하면서
살고 싶은가?

✔ 당신의 성난 반응을 보고 사람들이 당신이라는 사람을 판단하기를 바라는
가?(예를 들면 "저 인간 조심해. 성질이 사나워!")

아마도 위의 네 가지 질문에 대한 당신의 답변은 모두 분명한 "아니요." 일 것으로 짐
작한다. 또한 지금쯤이면 당신은 변화를 선택할 마음의 준비가 되었으리라고 생각한
다. 그렇다면 가장 먼저 해야 할 일은 이제부터는 분노에 반응하지 않고 대처하겠다
고 결심하는 것이다. 그렇다, 이 전략에는 정신력이 필요하다(모든 선택이 그렇듯이). 그
렇지만 어찌되었든 이것도 전략이기는 마찬가지이며 사실 그중에서도 중대한 전략
이다. 분노에 반응하는 것과 대처하는 것의 기본적인 차이를 이해하려면 표 4-1을
참조하면 된다.

만일 지금까지 분노에 반응해왔던 방식을 그대로 유지하면 무슨 일이 벌어질까? 내
가 바라는 방식대로 분노에 대응할 자유가 나에게 있지 않은가? 당연히 맞는 말이
다. 물론 늘 그래왔던 것과 같은 혹은 심지어 그보다 더 좋지 않은 결과를 계속해서
감당할 용의만 있다면 그래도 괜찮다. 계속해서 사과를 되풀이하고 분노로 인한 손
실을 만회하기 위해 노력해도 좋다. 하지만 분노에 반사적으로 반응하기를 그만두고
스스로 원하는 방식대로 대처하기를 선택하는 것도 좋은 생각이다.

분노에 대처하기 위한 구급약은 다음과 같은 조언에 함축되어 있다―인내심을 가지
고 침착하게 대응하며 유머를 발휘하라. 하지만 이런 조언에서 예외가 되는 몇 가지
상황이 있기는 하다.

표4-1 분노에 대한 반응과 대처

분노에 반응할 때 우리는……	분노에 대처할 때 우리는……
반사적이다.	깊이 생각한다.
충동적이다.	신중하다.
예측 불가능하다.	예측 가능하다.
통제 불가능하다.	스스로를 제어할 수 있다.

예를 들어 흑곰에게 공격당할 경우 통상 전문가들은 으르렁거리면서 몸을 부풀리라고 조언한다(회색곰은 흑곰과는 또 달라서 죽은 체한다든지 하는 다른 종류의 전략이 필요하다). 사실 어떤 종류의 곰을 만나든 굉장한 위험에 처해 있다는 사실만은 분명하다! 혹은 누군가가 당신을 공격해서 자동차 트렁크에 던져 넣으려고 할 때에도 소란을 크게 피울수록 더 도움이 된다. 하지만 대다수 상황에서 다음과 같은 조언은 매우 유용하다.

인내심을 가지라

분노를 비롯해 감정이란 본질적으로 일시적인 경험이다. 모든 분노 경험에는 시작점(감정의 촉발)과 중반기(감정이 정점을 찍고 가라앉기 시작하는 단계) 그리고 종점(감정의 해소)이 있다. 또한 감정은 중력의 법칙에도 영향을 받는다. 치솟는 감정은 필연적으로 사그라진다.

분노는 때가 되면, 심지어 당사자가 아무런 노력을 하지 않아도 자연스럽게 가라앉는다. 평균적으로 성인의 경우 분노는 5~10분 내에 잠잠해진다. 분노를 진정시키기 위한 어떠한 시도도 하지 않아도 된다. 분노에 수반되는 생각과 긴장에서 벗어나 평정심을 되찾기 위해서는 그야말로 충분히 기다리기만 하면 된다. 사실 시간이야말로 든든한 아군이라고 할 수 있다. 역설적이게도 시간을 충분히 두면서 화를 느낄수록 더 짧은 시간 내에 분노에서 자유로워질 수 있다.

충분한 시간을 두고 화가 가라앉기를 기다리기 위해서는 다음과 같은 팁을 참고하자.

✔ 시간은 아군이라는 사실을 되새긴다. 그 누구도, 세상에서 가장 격렬한 분노에 찬 사람일지라도 분노한 상태가 오래 유지되지는 않는다.

✔ 인내는 미덕이라는 사실을 기억한다. 지나치게 인내해서 심장마비로 죽거나 때 이른 죽음을 맞이한 사람은 없다.

✔ "이 또한 지나가리라."라고 필요한 만큼 자주 되뇐다. 때로는 약간의 지혜가 빛을 발한다.

✔ "과유불급"이라는 말을 반복해서 상기한다. 치미는 분노를 조절할 때에는 수동적인 자세가 종종 더 효과적이다.

✔ 낡은 수법을 활용한다. 가능한 한 천천히 마음속으로 열까지 센다. 그래도

기분이 나아지지 않는다면 백까지 세어본다.

✔ **길고 깊게 심호흡을 한다.** 셋을 세면서 숨을 들이쉬고 다섯을 세면서 숨을 내쉰다. 필요한 만큼 반복한다.

침착하라

휴식 상태에서 우리 몸은 자연스럽게 이완된다. 분노를 언어적으로 폭발시키는 행동은 심박수와 혈압을 높이는 등 우리 몸에 긴장을 더하기만 한다. 분노에 어떻게 대처할지 고민하는 동안 잠시 침착한 상태를 유지하면 점차 차분해질 수 있다. 이 반창고는 훌륭한 분노 조절 도구이기도 하다. 화를 느끼는 순간 입을 닫으라. 한 마디 말도 입 밖으로 나오지 않도록 참는다. 화가 날 때 쓸모 있거나 생산적인 말을 할 확률은 정확히 14억 8,300만 분의 1에 불과하다!

유머를 발휘하라

화난 상태를 계속 유지하고 싶다면(혹은 심지어 더 크게 화를 내고 싶다면) 모든 수단을 동원해서 진지한 상태를 유지하라. 분노란 웃음기가 하나도 없는 문제라고 되새기라. 미소 짓는 일은 생각조차 해서는 안 된다. 분노를 유발한 상황에 대해서 그 어떤 유머도 찾기 위해 절대 노력하지 말자.

또는 마음을 가라앉히기 위해 노력하고 있다면 유머를 발휘해서 분위기를 바꿔볼 필요가 있다. 가령 자신을 화나게 만든 상대에게 무엇인가 말하고 싶다면 "지금 한 가지 재미있는 게 있는데……"라며 운을 떼어본다.

회피라는 기술 익히기

감정을 느끼는 그 자체를 회피하라는 말이 아니다. 통상 이는 굉장히 좋지 않은 전략이다. 그러나 분노의 경우 분노를 조절하는 기술을 습득하기까지는 대체로 시간이 걸린다. 분노 조절 기술을 완전히 익히기 전까지는 곤경에 빠지는 일을 애초부터 피함으로써 곤경에 빠지지 않을 수 있다.

피할 수 있다면 피하라

대체로 감정은 특정 상황에 의해 촉발된다. 우리가 놓인 맥락 속 무엇인가가 우리를 짜증나거나 화나게 만든다. 감정 그 자체는 감정이 촉발된 상황에 얽매여 있다. 화를 촉발한 상황에 오래 머물수록 계속해서 분노할 가능성이 높다. 만일 그 상황에서 벗어나면 정반대의 효과가 나타난다. 그 상황을 떠나자마자 감정은 사그라지기 시작한다. 감정이 촉발된 상황에서 벗어나야 그 감정에서 벗어날 수 있다.

심리상담사들은 종종 내담자들에게 자신을 괴롭히는 자극과 감정적 거리를 두라고 조언한다. 그럴 수 있는 쉬운 방법 가운데 하나는 분노의 출처와 물리적으로 거리를 두는 것이다. 예를 들어 교통 체증으로 분노하고 있다면 조금 더 먼 길로 돌아가든지 아니면 교통 체증이 덜한 시간대를 선택하는 방법이 있다. 또는 베아트리체 이모만 곁에 오면 분통이 터진다고 할 때에는 다음 가족 모임에서 이모 옆에 앉지 않도록 주의할 수 있다.

다른 분노 중독자를 피하라

과도한 분노로 가득한 사람들에게 둘러싸여 있다면 분노에 자동적으로 반응하지 않고 의식적으로 대처하겠다는 노력이 어려울 수 있다. 유유상종이라는 말을 들어보았을 것이다. 당신도 비슷한 성미를 가진 이들과 적극적으로 교류해왔을 가능성이 높다.

그렇기에 지금 필요한 건 분노에 대항하는 동맹군이다. 당신이 분노에 효과적으로 대처할 수 있는 새로운 습관을 형성하도록 도와줄 수 있는 사람들과 어울려야 한다. 다음과 같은 사람들을 찾아보자.

- ✔ 분노를 건강한 방식으로 표출하는 법을 몸소 보여주는 사람
- ✔ 분노를 제어하려는 당신의 노력을 적극적으로 지지하는 사람
- ✔ 일방적으로 판단하지 않는 사람
- ✔ 내면의 분노를 직접 정복한 사람
- ✔ 인내심이 강한 사람
- ✔ 과도한 분노가 얼마나 큰 짐이 되는지 충분히 공감해주는 사람
- ✔ 자신의 분노 극복 방법이 반드시 당신에게도 효과적일 것이라고 가정하지

않는 사람
- ✔ 감정적 위기의 순간에 기꺼이 곁에 있어주려는 사람
- ✔ 자기가 다 알고 있다고 섣불리 생각하지 않는 사람
- ✔ 당신을 도와주려고 하지만 당신의 분노에 대해 책임지지 않는 사람(당신의 분노는 당신의 책임이다!)

 어쩌면 분노에 찬 친구들이나 가족들에게서 멀어져야 할 수도 있다. 성난 친구들과 거리를 두는 데는 굉장한 용기와 의지가 필요하다. 하지만 할 수 있다. 그리고 조금만 기다리면 그로 인한 긍정적인 결과를 체감할 수 있을 것이다!

분노에 대항하기

분노를 조절하기 위한 초기 전략에는 분노에 찬 충동적인 반응을 지연시키거나 주의를 분산시키는 행동이 포함된다. 대부분의 경우 약간만 기다리면 분노는 수그러든다. 이제부터는 성난 반응을 연기시킬 수 있으면서도 쉽게 활용 가능한 도구를 세 가지 살펴보자.

주의를 전환하라

우리는 우리 뇌의 주의를 사로잡는 것을 그대로 경험한다. 화가 나면 우리 뇌는 다른 대상에 대한 관심을 거두어들이고 분노에 주의를 기울인다. 분노가 그처럼 파괴적인 감정이 되는 이유도 이 때문이다. 감정이 강렬할수록 우리 뇌도 그 감정에 관심을 집중한다. 짜증이 났을 때에는 적어도 부분적으로 다른 곳에 주의를 기울일 수 있지만, 격노할 경우에는 이야기가 전혀 다르다.

긍정적이든 부정적이든 강렬한 정서적 경험은 감각을 압도한다. 그렇지만 좋은 소식은 우리 뇌의 주의를 분산시킬 수 있다는 것이다. 다시 말해 우리 뇌는 어느 순간에서든 주의를 다른 곳으로 돌릴 수 있다. 그래서 분노를 조절하기 위한 한 가지 요령은 주의를 집중할 수 있는 다른 대상을 찾는 것이다. 다음 목록은 분노가 덮쳐온다고 느낄 때 관심을 분산시킬 수 있는 몇 가지 방법이다.

- ✔ 스마트폰 달력에 적힌 일정들을 확인한다.
- ✔ "진정해" 혹은 "괜찮아"와 같은 말을 반복한다.
- ✔ 곧 있으면 떠날 휴가에 대해 생각하거나 새로운 휴가를 계획한다.
- ✔ 이야기를 주고받고 있는 사람의 얼굴에 점이 몇 개 있는지 세어본다.
- ✔ 얼음을 손에 꽉 쥐거나 얼굴에 대고 문지른다.
- ✔ 조깅이나 팔 벌려 뛰기 같은 유산소 운동을 한다.
- ✔ 잠시 집을 정리한다.
- ✔ 산책하러 나간다.

주의를 분산하는 전략은 보통 몇 분 안에 효과가 나타난다. 그렇기 때문에 30분씩 조깅을 하거나 오후 내내 집을 청소할 필요는 없다. 5분이나 10분만 해도 충분하다.

분노와 정반대로 행동하라

분노에 조기에 대처하는 또 다른 훌륭한 전략은 현재 느끼는 기분과 정반대로 행동하는 전략이다. 종종 우리 뇌는 우리 행동을 관찰하면서 우리가 행동하는 대로 느끼도록 만든다. 더욱이 이런 기술은 통상 분노가 터지지 않도록 저지하는 역할을 한다. 아래에 제시된 아이디어를 시도해보라.

- ✔ **모나리자 같은 표정을 지어본다.** 이 방법은 본격적으로 화나기 전에 미리 익혀둘 필요가 있다. 가볍게 미소 짓는 연습을 해두고, 분노가 치밀 때면 이 전략을 구급약으로 활용한다.
- ✔ **의식적으로 더 천천히, 더 부드럽게 말한다.** 위와 마찬가지로 나중에 필요할 때를 대비해서 미리 연습해둔다. 대화하면서 속으로 '천천히, 더 부드럽게'라고 되뇌는 것도 좋은 방법이다.
- ✔ **훨씬 천천히 걷는다.** 사람들은 저마다 걷는 리듬이 있다. 분노를 느끼면 걷는 속도가 더 빨라진다. 평상시 걷는 속도가 어떠하든 지금은 속도를 줄이자.
- ✔ **침착한 자세를 유지하는 법을 훈련한다.** 이번에는 거울을 가지고 연습해보자. 일단 화났을 때 자세를 취해본다. 몸에 힘을 주면서 얼굴을 찡그리고 근육을 조인다. 그리고 나서 정반대의 느긋한 자세를 취해본다. 어깨 힘을 내려놓고 두 눈과 이마의 긴장도 푼다. 부드러운 꽃을 떠올린다.

✔ 규칙적으로 느리게 숨을 쉰다. 이 기술은 앞에서 '인내심을 가지라'를 다룰 때 실천해보기를 권했던, 굉장히 길고도 깊은 심호흡과는 약간 다르다. 여기서는 마치 자연 그대로인 바하마 해변에 누워 있을 때와 같은 속도로 숨쉬기를 추천한다. 모든 것이 조용하고 평화롭다고 상상하면서 바하마 해변에서 느리게 숨 쉬는 모습을 연상하자. 무엇인가로 말미암아 화가 날 때에도 똑같은 방식으로 호흡한다.

알사탕 기법을 실천하라

이 아이디어는 젠트리 박사에게 얻은 것이다. 화가 난다고 느낄 때에 간단하고 저렴하며 간편하게 취할 수 있는 즉각적인 행동은 그 감정이 사라질 때까지 알사탕을 입에 무는 것이다(**노트** : 만일 당뇨나 대사증후군이 있다면 반드시 무설탕 사탕을 먹도록 한다). 사탕을 먹는 데는 불과 5분밖에 걸리지 않지만, 분노가 생겨서 사라지기까지 걸리는 시간이 단축된다.

어째서 그럴까?

✔ 이 기법은 모든 갓 태어난 아기들이 빨기 반사를 통해 차분한 상태에 도달하는 것을 응용했다. 모든 어머니는 아기들에게 빨 것을 주면 아기가 느끼는 스트레스가 줄어든다는 사실을 알아차린다. 고무젖꼭지가 그토록 인기 있는 이유도 이 때문이며, 아이들이 나이를 먹으면서 고무젖꼭지 떼기를 어려워하는 이유도 마찬가지다.

✔ 이 기법은 단 음식을 섭취하도록 하는데, 우리 뇌에서 단맛은 즐거움과 관련되어 있다. 즐거움은 분노의 대립 항이다. 알사탕은 말 그대로 우리 마음을 달콤하게 만든다! 그런데 어떤 사람들은 신맛도 굉장히 즐기는데, 만일 그 편을 더 선호한다면 신맛 사탕을 선택해도 똑같이 효과적이다.

✔ 알사탕을 입에 물면 화가 날 때 단순히 분노에 반응하는 대신 적절한 대처법을 고민할 수 있는 시간을 벌어준다(제6장 참조). 분노에 곧장 반응할 때 우리는 즉각적이고 충동적이며 경솔하고 뻔한 행동을 하는 데다가 종종 그 결과에 대해서도 나중에 후회한다. 반면 분노에 침착하게 대처할 때에 우리는 마음을 쏟아 숙고하며 과거 경험을 참고하고 늘 해왔던 방식대로 행동

하지 않으며(어떤 행동이 특정 상황에서 효과적이었다고 해서 다른 상황에서도 그러리라는 보장은 없다) 그 결과 또한 대체로 긍정적이다(분노를 건설적으로 활용하는 방법에 대해서는 제11장 참조).

✔ 차분하게 알사탕을 빠는 행동은 많은 사람이 화날 때 보여주는, 금방이라도 싸울 듯한 행동 경향성에 배치되는 효과가 있다. 무엇인가를 입속에서 빼는 행동은 수동적인 대응이지 공격적인 대응이 아니다. 분노는 오직 외적인 도발이 존재하고 그에 대해 저항할 때에만 정당화될 수 있다.

✔ 입에 무엇인가를 물면 분노를 즉각 언어로 표현해서 다른 사람과 갈등을 악화시키거나 나중에 후회할 행동을 하지 않을 수 있다. 누군가에게 화난 목소리로 분노 어린 말을 퍼부은 다음에 "미안해"라고 말하는 것은 쓸모도 없고 효과도 없다. 이런 행동은 당신에게도 아무런 도움이 되지 않으며 당연하지만 상대방에게도 마찬가지다.

알사탕을 깨물어먹지 말자. 그러면 분노가 행동으로 번지는 시간이 단축되기 때문에 이 기법이 애초에 의도한 목적이 무색해지며, 더 중요하게는 당신의 공격적인 성격을 마음껏 드러나게 한다는 점에서도 좋지 않다(성격이 공격적인 사람들은 삶을 음미하기보다 항상 '물어뜯는' 경향이 있는 듯하다).

chapter

05

사건을 생각과 느낌으로 연결하기

제5장 미리보기

- 과거, 현재, 미래라는 측면에서 분노를 다시 본다.
- 분노가 특정 사건으로 말미암아 생기지 않는다는 점을 깨닫는다.
- 사건과 생각, 느낌 간의 관계를 이해한다.

굉장히 사소한 일에도 분통을 터트리는 사람들을 본 적 있는가? 반면 어떤 사람들은 허리케인의 한복판에서도 침착함을 유지한다. 왜 그럴까? 다음 사례를 살펴보자.

셸리는 지하철 승차권 발매기에 신용카드를 넣고 30일짜리 정기권을 선택한다. 하지만 아무 일도 일어나지 않는다. 셸리는 다시 한 번 시도하지만 결과는 달라지지 않는다. 그 사이 열차가 들어온다. 셸리는 이번 열차를 놓치면 회사에 지각하리라는 사실을 깨닫는다. 짜증이 나서 발매기를 빌친다. 그녀는 쿵쿵거리며 매표소에 가지만 그녀에게 관심이 없는 직원은 서두르는 법이 없다. 간신히 열차를 타지만 열차는 만원이다. 냄새와 비좁음 때문에 감각이 예민해진다. 그다음 역에서 열차에 올라탄 승객이 셸리와 부딪치면서 넘어지지 않기 위해 셸리의 어깨를 잡는다. 격노한 셸리는 "젠장, 지금 뭐하시는 거예요? 제 몸에서 손 떼세요!"라며 으르렁거린다.

브라이언도 고장 난 지하철 승차권 발매기 때문에 셸리와 같은 상황에 처한다. 그 또한 회사에 늦을까 봐 걱정하지만 딱히 어쩔 도리가 없다는 사실을 안다. 셸리와 같은 열차에 탄 브라이언은 셸리와 마찬가지로 퀴퀴한 냄새를 맡으면서 열차가 만원이라는 사실을 알게 된다. 그는 조용히 전자책 단말기를 꺼내서 흥미진진한 소설을 연다. 사람들이 그를 밀치고 몸이 흔들리지만 브라이언은 침착하고 차분하다.

어째서 셸리는 벌컥 화를 내고 브라이언은 물 흐르듯 안정된 상태를 유지하는 것일까? 이번 장에서는 사람들이 서로 비슷한 사건이라도 각기 다르게 반응하는 이유에 대해 다룬다. 우선 전형적으로 분노를 유발하는 방아쇠를 살펴볼 것이다. 그다음에는 많은 사람이 생각하는 바와는 달리 이러한 방아쇠가 직접적으로 분노를 촉발하지는 않는 이유를 설명한다. 마지막으로는 특정 사건과 그 사건에 대한 해석과 느낌을 어떻게 연결시킬 수 있는지 살펴본다. 이런 지식으로 무장하면 당신에게 벌어지는 일들을 다른 관점에서 바라보기 시작할 수 있을 것이다.

분노의 방아쇠 다시 보기

제2장에서 우리는 사람들의 분노를 촉발시키는 분노의 방아쇠에 대해 자세히 다루었다. 특정 사건 때문에 화가 났다면 이는 다음과 같은 분노의 방아쇠 가운데 하나 이상이 조합되어 나타났다고 볼 수 있다.

- ✔ 불공정한 대우를 받을 때
- ✔ 시간적 압박에 대응하느라 좌절할 때
- ✔ 불의나 실망스러운 경험을 직면할 때
- ✔ 자존감에 위협을 주는 상황에 처했을 때
- ✔ 차별이나 편견에 직면했을 때
- ✔ 공격당할 때

어떤 사건으로 말미암아 분노를 느꼈다면, 방금 일어난 사건이 위의 유형 가운데 어디에 속하는지 생각해보자. 불공정한 대우를 받았는가, 좌절감을 느꼈는가, 실망스러웠는가 아니면 차별을 받았는가? 언어적으로 혹은 신체적으로 공격을 받았는가? 혹은 누군가가 거짓말을 했거나 당신이나 당신의 가족을 모욕했는가?

지금부터는 당신의 분노가 각각 과거, 현재, 미래 가운데 어디에 초점을 맞추고 있는지 살펴본다. 세 가지 경우 모두 실제 삶에서 발생하거나 마음속에서 상상한 특정한 **사건**(분노는 보통 앞서 살펴본 분노의 방아쇠 가운데 하나와 관련 있다)으로부터 시작한다.

필사적으로 과거의 분노에 매달리기

몇 주, 몇 달, 몇 년, 심지어 수십 년 전에 일어난 사건에 대한 생각으로 머릿속에 분노가 치민다면 아마도 당신은 여전히 과거에 살고 있는 것이다. 그러한 생각에는 다음과 같은 사례가 있다.

- ✔ "부모님이 나를 학대했던 것은 결코 잊을 수 없어. 그들은 내 삶을 망쳤어!"
- ✔ "3학년 때 담임 선생님이 얼마나 불공평했는지 자꾸 생각 나."
- ✔ "이번에 그만둔 직장에서의 경험은 내 생애 최악의 경험이었어. 절대 그들을 용서하지 않을 거야!"
- ✔ "사람들이 우리 형만큼만 나를 챙겨줬더라면 지금쯤 나는 성공했을 거야."
- ✔ "그때 겪은 상처 때문에 내 삶은 다시는 온전해지지 않을 거야."
- ✔ "허리케인으로 우리 집을 잃었던 기억은 도저히 잊을 수 없어."

나쁜 일은 거의 누구에게나 한 번쯤은 일어난다. 그런 경험은 우리 삶의 일부다. 과거에 대한 분노에 매달리는 일은 현재 삶을 망치는, 그다지 좋지 않은 선택이다. 과거를 끊임없이 되풀이해서 반추해도 아무것도 해결되지 않으며 아무것도 바뀌지 않는다.

지금 무엇을 하든 과거를 바꿀 수는 없다. 그러니 이제 그만하자! 그러기가 항상 쉽지만은 않다는 사실은 필자들도 알고 있다. 그렇기에 제11, 15, 17장에 오랜 과거에 대한 분노와 반추에 대응하는 방법에 대해 실어 놓았으니 한번 살펴보기를 권한다.

지금, 여기의 분노에 몰두하기

대개 사람들은 현재 삶에 실시간으로 일어나는 사건에 대해 분노한다. 다음은 몇 가지 구체적인 예시다.

- ✔ 누군가가 당신을 바보 취급하면서 자존감을 위협한다.
- ✔ 마땅히 인상되어야 할 만큼 임금이 오르지 않아서 불공정한 대우를 받았다고 느낀다.
- ✔ 상사가 한 시간 안에 보고서를 작성하라고 요구해서 시간적 압박을 느낀다.
- ✔ 배우자가 깜빡하고 쓰레기를 내놓지 않아서 실망스럽다.

분노가 어디서부터 시작하는지 살펴보다 보면 대부분 현재 시점에서 발생한다는 사실을 깨닫게 될 것이다. 하지만 늘 그렇지는 않다. 현재의 일상적 삶에서 생기는 분노에 대해서는 제12, 13, 14장에서 자세히 다룬다.

분노할 거리를 찾아 미래 내다보기

때로는 우리를 화나게 하는 사건이 아직 발생하지도 않은 경우도 있다. 멍하니 시간을 보내다가 미래에 일어날 수도 있는 일을 골똘히 생각하기 시작한다. "쾅"하고 분노가 치솟는다. 미래에 뿌리를 둔 분노는 다음과 같은 양상을 보일 수 있다.

- ✔ "내일 회의는 엉망진창이 될 거고 모두 내 탓을 하겠지."
- ✔ "전처가 변호사랑 편먹고 나를 해치려 들 거야. 틀림없이 아이들을 데려가겠지."
- ✔ "내가 다니는 출근길에서 시작한 도로 공사가 끝나려면 족히 십 년은 걸리겠지."
- ✔ "이 회사에서는 결코 제대로 인정받지 못할 거야."
- ✔ "우리 장인(시아버지)은 내 선택을 결코 이해해주지 않으시겠지. 그러면 늘 그랬던 것처럼 격렬한 논쟁을 벌여야 할 테고."
- ✔ "분노 조절 프로그램에 참여하는 건 내 소중한 시간을 엄청나게 낭비하는 일일 거야."

위에 나열한 사건 가운데 어느 하나도 아직 일어나지 않았다. 이 사건들 중 일부는

제2부 분노에 대해 다시 생각하기

실제로 일어날 수도 있다. 하지만 나머지는 틀림없이 일어나지 않을 것이다. 상상 속의 미래 사건에 대한 분노는 아무런 해결책이 되지 못하며, 당신에게도 아무런 도움이 되지 않는다. 미래가 현재를 망치지 않도록 현재에 초점을 맞추기 위해 노력하자. 제11장에서는 현재에 기반을 둔 전략을 통해 미래에 대한 분노에 대처할 수 있는 법을 더 자세히 다룬다.

사건과 원인 구분하기

분노라는 감정에 반응할 때 사람들은 자연스럽게 자신에게 일어난 일 때문에 분노가 발생했다고 생각한다. 이는 사건이 직접적으로 분노를 유발한다고 보는 관점이다. 사람들은 분노는 다스릴 수 없다고 진심으로 믿는다. 그러면서 스스로에게 특정사건이 벌어진 결과 특정한 감정과 느낌이 생긴다고 말한다. 그래서 사람들은 다음과 같이 이야기한다.

- ✔ "그 사람이 날 너무나 화나게 만들어서 호통을 칠 수밖에 없었어!"
- ✔ "운전할 때 다른 사람이 갑자기 끼어들면 정말이지 참을 수가 없어!"
- ✔ "내 상사는 불가능한 것을 원해. 짜증이 폭발할 것 같아!"
- ✔ "선생님이 여자애들은 수학을 잘할 수가 없대. 진짜 화나!"
- ✔ "그 사람이 날 실망시켰기 때문에 나도 복수해야만 했어!"
- ✔ "내 남편이 바람을 피웠기 때문에 나도 앙갚음할 수밖에 없었어!"
- ✔ "애들이 내 말을 따르지 않으면 머리끝까지 화가 나!"
- ✔ "망할 보안 요원들 때문에 비행기를 놓쳤어!"
- ✔ "저 심판 때문에 돌겠군. 그건 명백한 반칙이었다고!"
- ✔ "저 멍청한 자판기가 내 돈을 먹었어!"
- ✔ "내 손으로 음료수를 옷에 쏟아버렸어. 이런 바보 같으니!"

위 사례에서 화를 터트리는 사람들은 모두 분노의 이유를 자신에게 벌어진 일에서 찾는다. 자기 책임은 지지 않는다. 더욱이 이들은 분노, 짜증, 격노 혹은 언짢음이 그 상황에서 유일하게 합당한 기분이라고 믿는다.

솔직히 말해서 위의 사례와 비슷한 말을 단 한 번이라도 해본 적이 없다면 아마도 스스로를 속이고 있는 것이다. 그리고 그 사실은 필자들을 정말, 정말로 화나게 만든다! 농담이다. 사실 누구나 이런 말을 몇 번쯤은 한다. 하지만 이제 우리는 우리의 생각이 모두 진실은 아니라는 사실을 알고 있다.

조금 더 깊이 들어가서 첫 번째 사례를 살펴보자. "그 사람이 날 너무나 화나게 만들어서 호통을 칠 수밖에 없었어!" 이 문장에는 몇 가지 문제점이 있다. 첫째, 사실 다른 사람한테 특정한 기분을 느끼도록 '강요'할 수 있는 사람은 없다. 상대가 어떤 행동을 했든 관계없이 우리는 이에 매우 다양한 방식으로 반응할 수 있다. 가령 상대가 당신을 모욕했다고 가정해보자. 첫 번째 대응 방식은 당연하지만 분노에 차서 호통을 치는 것이다. 또 다른 대응 방식은 믿기 어렵겠지만 상대를 무시하는 것이다. 두 번째 대응 방식대로 대처하려면 이런 종류의 사건들을 다른 관점에서 **생각할** 필요가 있다.

갑자기 생각이라니 무슨 뜻일까? 여기서 생각이란 우리에게 일어난 일을 지각하고 해석하는 방식을 말한다. 다시 말해 어떤 사건이 자기 자신에게 어떤 의미로 다가오는지를 뜻한다. 우리는 때때로 우리에게 벌어진 사건에 대해 어떻게 생각하고 있는지 스스로 알아차리는 경우가 있다. "저 멍청한 자판기가 내 돈을 먹었어!"라는 항목을 예로 들어보자. 기계를 멍청하다고 말하는 순간에는 자신이 특정 생각을 하고 있다는 사실을 의식하지 못할 수 있다. 그래도 어찌됐건 화는 난다. 하지만 아마도 속으로는 다음과 같은 방식으로 그 사건을 해석(생각)하고 있을 것이다.

✔ "저 기계는 작동해야 해!"
✔ "나는 내가 원하는 것을 얻어야 하는데 그러지 못하고 있어!"
✔ "저 기계가 나한테 일부러 저러고 있어!"

하지만 똑같은 상황에서 다른 방식으로 반응할 수 있다. 가령 다음과 같이 생각할 수 있다.

✔ "우리 인생의 다른 모든 것이 그렇듯 기계도 오작동할 때가 있나 보군."
✔ "기계는 실제로 생각하거나 느낄 수가 없기 때문에 나한테 일부러 이러지는 않을 거야."

✔ "기계가 내 돈을 먹은 것은 약간 불만스럽지만 그렇다고 세상이 끝나지는 않잖아."

✔ "이 사건이 주는 좌절감은 100점 만점에 3점 정도에 불과해. 얼른 기분을 털어내야지 그러지 않으면 하루가 시작부터 엉망이 될 거야."

사건, 느낌, 생각을 연결하기

분노를 느낄 때 어떤 일이 벌어지는지 보다 온전히 이해하려면 여러 개의 점을 이어 보아야 한다. 여기서 점이란 사건, 느낌(또는 기분), 생각을 말한다. 점을 잇다 보면 분노를 경험하는 당신만의 고유한 방식이 드러나게 된다.

많은 사람이 자신에게 일어난 사건 때문에 특정 기분이 직접적으로 유발된다고 생각한다. 예를 들어 사람들은 상대가 자신을 어떻게 대우하느냐에 따라 기분이 달라진다고 믿는다(더 자세히 알고 싶다면 이 장의 전반부로 돌아가자). 하지만 사건과 기분 사이에는 중요한 매개 요인이 있다. 바로 사건에 대한 우리의 생각이다. 지금부터는 사건을 다양한 방식으로 해석하여 상황에 대응한 두 가지 시나리오를 소개한다.

우리는 거의 모든 사건을 다양한 각도에서 바라볼 수 있다. 만일 습관적으로 분노나 짜증을 느낀다면 실제 벌어진 사건보다 그 사건을 해석하는 방식이 어떠한지 살펴볼 필요가 있다. 분노는 달리 말하자면 침착한 상태로 한 걸음 물러나서 무슨 일이 벌어졌는지 다시 생각해보라는 신호라는 점을 기억하자.

사건을 다른 관점에서 바라보는 일은 유용하지만 이따금씩 그러기 위해서 사람들은 약간의 도움을 필요로 한다. 제6장은 우리에게 일어난 일들을 보다 새롭고 적응적인 방식으로 해석하고 이해할 수 있는 법을 보여준다.

존, 데이브와 포커게임 하기

존과 데이브의 사례는 사건을 해석하고 이해하는 방식을 바꾸면 기분도 어떻게 달라지는지 분명하게 보여준다.

사건의 전말은 이렇다. 데이브는 친구들과 함께 포커게임을 하고 있다. 데이브의 포커 실력이 썩 훌륭하지는 않지만 어찌되었든 그는 큰 격차로 이기고 있다. 데이브 자신도 그렇지만 그의 친구들도 이날 밤 데이브가 선전하는 모습을 보면서 놀라워하고 있다. 존은 자기 몫의 칩이 점점 줄어들자 짜증이 나기 시작한다. 데이브가 또 한 차례 판돈을 쓸자 존이 불평한다. "맙소사, 데이브! 대체 소매에 카드를 얼마나 많이 숨겨놓은 거야?"

표 5-1, 5-2, 5-3은 존의 불평이라는 동일한 사건에 대해 데이브가 어떤 생각을 할 수 있는지를 서로 다른 세 가지 시나리오를 통해 보여준다. 그에 따라 데이브는 각기 다른 기분을 느끼게 된다. 각 표는 동일한 사건에 대한 서로 다른 생각(또는 해석)과 더불어 그런 해석과 관련된 기분을 보여준다.

표5-1 데이브의 사건, 생각, 기분 : 첫 번째 사례		
사건	데이브의 생각	데이브의 기분
존이 불평한다. "맙소사, 데이브! 대체 소매에 카드를 얼마나 많이 숨겨놓은 거야?"	"세상에, 내가 속임수를 쓴다고 비난하다니! 존은 더 이상 내 친구라고 할 수 없어."	화난, 격노한

이 사례에서 데이브는 존이 자신의 정직성에 대해 공격하고 있다고 생각한다. 이 경우, 분노를 촉발한 방아쇠는 자존감에 대한 위협과 언어적 공격이다. 하지만 데이브는 다른 방식으로 존의 불평에 대해 생각해볼 수 있다. 표 5-2를 보자.

표5-2 데이브의 사건, 생각, 기분 : 두 번째 사례		
사건	데이브의 생각	데이브의 기분
존이 불평한다. "맙소사, 데이브! 대체 소매에 카드를 얼마나 많이 숨겨놓은 거야?"	"내 카드 실력이 형편없기는 하지. 존은 정말로 내가 터무니없이 운만 좋다고 생각하는군."	자신감이 떨어지는, 민망한

이 사례에서 데이브는 존이 자신을 바보 취급했다고 해석한다. 그런 생각이 들면 자신감이 사라지고 민망해진다. 하지만 아직 또 다른 해석이 남아 있다. 표 5-3을 보자.

표 5-3 데이브의 사건, 생각, 기분 : 세 번째 사례

사건	데이브의 생각	데이브의 기분
존이 불평한다. "맙소사, 데이브! 대체 소매에 카드를 얼마나 많이 숨겨놓은 거야?"	"존은 재미있는 친구야. 아마도 평생 처음으로 내가 이기고 있으니 질투가 난 게로군."	즐거운, 유쾌한

이 사례에서 데이브는 존의 말이 농담이라고 해석한다. 그렇기에 데이브의 기분은 긍정적인 상태를 유지한다. 데이브는 자신이 이기고 있으며, 그 사실을 다른 사람들도 알고 있고, 아마도 그에 대해 약간 질투할 수도 있다고 생각한다. 하지만 그래도 괜찮다고 느낀다.

이처럼 하나의 동일한 사건이라도 세 가지 다른 해석을 할 수 있으며, 그에 따라 세 가지의 전혀 다른 반응으로 대처할 수 있다.

레베카와 은행 가기

레베카의 이야기 또한 동일한 사건이 다양한 해석으로 이어질 수 있으며, 그 결과 상당히 다른 기분이나 감정을 야기할 수 있다는 점을 보여준다.

> 레베카는 점심시간에 은행에 들린다. 시간이 많지는 않지만 오후 1시 전까지 사무실에 복귀할 수 있으리라고 예상한다. 하지만 줄이 길게 늘어서 있고, 줄이 짧아지는 속도가 생각보다 더디다. 마침내 창구로 안내받은 레베카는 지난 5년간 이 은행에 자주 다녔기 때문에 은행원이 자신을 기억해주리라고 예상한다. 그런데 은행원이 고개를 들고 레베카를 올려다보더니 신분증을 보여 달라고 말한다.

표 5-4, 5-5, 5-6은 은행원의 요구를 레베카가 어떻게 인지하느냐에 따라 사건이 어떤 다양한 방식으로 흘러갈 수 있는지 제시하고 있다.

표 5-4 레베카의 사건, 생각, 기분 : 첫 번째 사례

사건	레베카의 생각	레베카의 기분
은행원이 레베카에게 신분증을 보여 달라고 요청한다.	"저 은행원은 나를 지극히 잘 알고 있는데도 일부러 느릿느릿 일하려는 거야. 모욕적이고 어이가 없군."	화난, 격노한

레베카는 아마도 시간이 촉박한 탓에 약간의 압박을 받고 있고 짜증도 난 상태일 것이다. 시간에 대한 압박은 사건을 부정적인 관점에서 해석하도록 유도한다. 이 경우에 그녀는 실제로 그러고 있다. 이 사건에 대한 레베카의 첫 번째 해석은 직접적으로 분노로 이어진다. 이 사건에 대해 그렇게 생각하도록 촉발한 분노의 방아쇠는(제2장에는 분노의 방아쇠에 대해 더 자세히 나와 있다) 시간에 대한 압박과 더불어 불공정한 대우를 받고 있다는 생각이다. 하지만 이 사건을 다른 관점에서 바라볼 수도 있다. 또 다른 가능성이 표 5-5에 제시되어 있다.

표 5-5 레베카의 사건, 생각, 기분 : 두 번째 사례

사건	레베카의 생각	레베카의 기분
은행원이 레베카에게 신분증을 보여 달라고 요청한다.	"정말 귀찮겠다. 누가 누군지 지극히 잘 알면서도 모두에게 신분증을 요구해야 하다니. 그나저나 사무실에 제시간에 돌아가야 할 텐데."	약간의 좌절, 걱정

두 번째 사례에서 레베카는 사건을 다른 시각에서 바라본다. 그녀는 은행원이 모든 고객에게 신분증을 요구해야 한다는 사실을 이해하며, 그 사실을 감정적으로 받아들이지 않는다. 레베카는 단지 약간의 좌절을 느끼면서 제때에 사무실에 복귀할 수 있을지 걱정한다. 그뿐이다. 한편 표 5-6은 레베카가 또 다른 방식으로 사건을 바라볼 수 있다는 점을 보여준다.

표 5-6 레베카의 사건, 생각, 기분 : 세 번째 사례		
사건	레베카의 생각	레베카의 기분
은행원이 레베카에게 신분증을 보여 달라고 요청한다.	"불쌍한 신디! 너무 열심히 일하네. 누가 누구인지 뻔히 다 아는데도 왜 이런 멍청한 질문을 하도록 만드는 것일까? 나는 여기에서 일하지 않아 다행이야."	공감, 연민

세 번째 사례에서 레베카는 사건을 완전히 다른 관점에서 생각한다. 그녀는 실제로 은행원과 입장을 바꾸어서 생각한다. 그렇게 함으로써 레베카는 사건을 두고 분노하는 대신 자신이 아는 은행원에 대해 따뜻하고 긍정적인 기분을 느낀다. 이런 반응은 앞서 살펴본 다른 두 가지 사례보다 레베카에게 훨씬 도움이 된다.

chapter

06

분노에 대한 생각
다시 들여다보기

제6장 미리보기

- 왜곡된 생각을 파헤친다.
- 왜곡된 생각에 도전한다.
- 왜곡된 생각을 고치기 위한 도구를 모은다.
- 도구를 활용해 실천한다.

솔직히 말해서 필자들은 사건에 대한 우리의 생각이 정서적 반응에 어떤 영향을 미치는지 연구하는 전문가가 아니다. 사실 기원후 1세기에 살았던 어느 인물은 상당히 유창한 언변으로 이 이슈에 대해 논의했다. 기원후 55년에 노예로 태어난 에픽테토스는 나중에 노예 신분에서 해방된 뒤 철학자가 되어 이렇게 말했다. "인간은 어떤 대상이 아니라 그 대상에 대한 생각으로 말미암아 불행해진다."

에픽테토스의 지혜는 실로 오랜 세월이 지닌 오늘날에도 여전히 유효하다. 20세기에 에픽테토스의 철학은 인지행동치료의 아버지들에게 영감이 되었고, 이들은 에픽테토스의 통찰을 토대로 구체적이고 이해하기 쉬운 심리치료 기법을 만들었다. 그 결과 이들은 심리학의 이론과 실제에 혁명적인 변화를 일으켰다. 여기에서 인지행동치

료란 불안과 우울, 분노 등 정서적 문제를 다루는 임상적 기법이다.

이번 장에서는 분노라는 문제에 인지치료적 접근을 어떻게 적용할 수 있는지 다룬다. 이제부터는 짜증이나 화, 불만이 치밀 때 에픽테토스의 입장에서 문제를 바라본다. 즉, 우리에게 일어난 사건보다는 우리가 사건이나 상황을 바라보는 방식에서 문제의 원인을 찾을 것이다. 하지만 이런 접근을 받아들이기는 보기보다 쉽지 않다. 대다수 사람들은 자신의 생각이 본질적으로 정확하다고 믿기 때문이다. 그러나 조금만 참고 읽어보면 자신의 생각에 의문을 제기함으로써 자신의 생각이 왜곡되었을 가능성을 탐지할 수 있는 방법을 발견하게 될 것이다.

누구나 왜곡된 생각을 한다. 사람들은 인생 경험이나 부모, 동료, 문화를 통해 부정확한 인식을 갖게 된다. 이를 의식적으로 선택할 수는 없지만, 자신의 생각을 바로잡기 위한 방법을 훈련할 수는 있다.

분노 문제가 있다고 하더라도 모두가 자신에게 일어난 일을 항상 왜곡된 방식으로 생각하지는 않는다. 때때로 어떤 사건들에 있어서는 상당히 정확한 시선으로 상황을 바라본다. 하지만 분노가 흉측한 고개를 들 때면 대개 왜곡된 렌즈로 말미암아 시선이 흐려진다.

왜곡된 생각 파헤치기

지금부터는 지나치게 쉽게 분노를 유발하는 생각 가운데 가장 흔히 볼 수 있는 몇 가지 사고 유형을 살펴본다. 분노와 관련된 문제로 골머리를 썩을 때 사람들은 흔히 자신의 관점이 현실을 분명하게 반영하고 있으며 그 밖의 다른 관점은 틀렸다고 생각한다. 물론 불공정한 대우나 위협, 좌절, 실망을 안겨주는 문제에 대해 분노할 권리는 누구에게나 있다. 하지만 당신을 반복적으로 분노하게 만들었던 문제를 다른 각도에서 바라보면 어떨까? 이 관점을 수용할 의사가 있는가? 생각건대 이 책을 읽고 있다면 당신은 새로운 대안을 찾고 있을 것이다. 그렇다면 이어지는 내용을 자세히 살펴보자. 그다음 당신이 취하고자 하는 관점을 선택하자.

색안경 끼고 바라보기

분노에 찬 마음은 색안경을 끼고 세상을 바라본다. 그래서 특정 정보는 받아들이면서 다른 중요한 정보는 반사시킨다. 이런 마음은 사건을 균형적으로 바라보는 대신 사건의 모욕적이고 불공정하며 짜증을 유발하고 좌절하게 만드는 측면에 집중한다. 직장에서의 사례를 곁들여 이 색안경을 하나씩 살펴보자.

긍정적 정보는 무시하고 부정적 정보에 집중하기

대다수 사건에는 긍정적인 의미와 부정적인 의미가 복잡하게 뒤섞여 있다. 우리 뇌는 본능적으로 문제를 단순화하기를 원한다. 예를 들어 교통 체증으로 차가 막힐 때면 대다수 사람들은 단순하고 명확한 관점을 취하곤 하는데, 대개는 부정적 측면에 주목한다. 다음 목록은 교통 체증이 심할 때 마음속에 떠오를 수 있는 몇 가지 단순한 생각들을 보여준다.

- ✔ "약간 짜증이 나는군."
- ✔ "끔찍해."
- ✔ "교통이 언제나 원활하리라고 기대할 수는 없지."
- ✔ "흠, 느긋하게 노래나 감상해야지."
- ✔ "3분 후면 약속 시간인데 절대 제시간에 도착하지 못할 거야."
- ✔ "차가 심하게 막힐 때 운전하는 것도 꽤 도전할 만하군."
- ✔ "이 도시 사람들이 제정신으로 운전하기만 한다면 이렇게 막히지는 않을 거야."
- ✔ "약속에 늦기는 싫지만 그렇다고 해서 세상이 끝나지는 않잖아."
- ✔ "교통이 혼잡하기는 하지만 그것도 이 도시의 경제가 호황이기 때문이겠지."

이 가운데 어떤 항목이 사건을 정확하게 반영하고 있는가? 글쎄, 모든 항목에는 일말의 진실이 담겨 있다. 분노에 찬 마음은 부정적이고 과격하며 마음을 심란하게 만드는 관점을 택할 가능성이 높다. 그러고는 사건의 긍정적인 가능성을 모조리 배제해 버린다.

그렇다고 해서 교통 체증이 딱히 좋은 상황이라고 말하려는 의도는 아니다! 하지만 긍정적인 측면 혹은 최소한 중립적인 요소를 포함해서 조금 더 부드러운 방식으로 생각할 수 있다면 약간은 침착해질 수 있을 것이다.

색안경이 작동하는 방식

아래 이어지는 어느 고객과 자동차 엔지니어와의 대화는 색안경이 작동하는 방식을 잘 보여준다.

> 엔지니어 : 저희 서비스 센터에 오신 걸 환영합니다. 무엇을 도와드릴까요?
>
> 고객 : 엔진오일을 갈고 싶은데요.
>
> 엔지니어 : 알겠습니다. 대기실에서 기다리세요. 무선 인터넷도 되고 커피와 도넛도 준비되어 있습니다.
>
> 고객 : 좋네요. 안 그래도 이메일을 몇 개 확인해야 해요.
>
> 30분 뒤 엔지니어가 돌아온다.
>
> 엔지니어 : 실례합니다. 저희 서비스 매니저가 살펴보니 고객님 누적 주행거리가 53,400마일이라고 하네요. 5만 마일을 넘길 즈음 정기 보수 서비스를 받으셨어야 했어요. 이번에 그 서비스까지 같이 해드릴까요?
>
> 고객 : 뭐, 좋아요. 시간이 얼마나 오래 걸릴까요?
>
> 엔지니어 : 글쎄요, 제 생각에는 45분에서 1시간 정도면 마무리될 것 같습니다.
>
> 고객 : 알겠어요. 제때 끝날 수 있다면 그렇게 해주세요.
>
> 90분 뒤에 엔지니어가 돌아온다.
>
> 엔지니어 : 좋습니다. 이제 다 끝났어요. 데스크로 오시면 마무리해 드리겠습니다.
>
> 고객 : 한 시간 안에 다 끝마칠 수 있다고 얘기했던 것 같은데요. 저 여기에 총 두 시간이나 있었어요.
>
> 엔지니어 : 죄송합니다. 일이 좀 늦어졌어요. 총 786달러입니다.
>
> 고객 : 지금 장난하세요? 망할 엔진오일이나 교환하러 왔는데 수백 달러나 들다니요!
>
> 엔지니어 : 비싸게 느끼시는 것도 이해합니다. 하지만 아시다시피 정기 보수 서비스는 가격이 정해져 있습니다. 그리고 계산서를 보시면 모든 서비스와 세부 내역이 나와 있어요.

고객 : 이보세요, 저는 여기에 엔진오일을 교환하러 왔고 30분이면 끝날 줄 알았어요. 마치 낚시 같군요. 그리고 "아시다시피" 라니 그게 무슨 뜻이죠? 제가 바보라는 말인가요?

엔지니어 : 물론 아닙니다. 그럼 이렇게 하면 어떨까요? 우수 고객이시니 계산서에서 10퍼센트를 깎아드릴게요. 일부러 고객님을 속이려는 건 절대 아니었어요. 하지만 5만 마일 보수 서비스를 어차피 받으셨어야 했다는 사실은 분명히 아셔야 돼요.

고객 : 그러니까 절 속였다는 사실을 인정하시는군요. 단지 고의로 그러지 않았다는 거죠.

엔지니어 : 아닙니다, 저는 저희가 고객님을 속였다고 생각하지 않습니다. 제가 아까 고객님 허락을 분명히 받았고, 지금은 10퍼센트 할인까지 제안해드리고 있어요.

고객 : 제 허락을 맡았을 때에는 이렇게 돈이 많이 나올 거라고 말하지 않았잖아요. 게다가 제가 여기 온 이유는 제가 뭘 제대로 이해하지 못하는 멍청이라는 이야기를 듣기 위해서가 아니에요.

이야기 속 고객이 여러 차례에 걸쳐 긍정적인 측면은 배제하고 부정적인 측면만 흡수하는 모습에 주목하자. 우선 이 고객은 서비스가 예상보다 오래 걸렸다는 사실에 관심을 가진다(이런 경우가 상당히 흔함에도). 그리고 나서는 자신이 서비스 비용을 물어보지 않았다는 점은 생각하지도 않고서 계산서를 가지고 분통을 터트린다. 엔지니어가 계산서에 대해 설명하려고 하자 고객은 "아셔야 돼요"와 "아시다시피"라는 구절에 기분이 상해서 이 말이 모욕적이라고 해석한다.

또한 엔지니어가 자신을 우수 고객이라고 말하고 할인을 제안했으며 서비스에 대한 허락을 구했다는 점도 무시한다. 그리고 속인다는 단어에 주목하면서 일부러 속이려 하지 않았다는 엔지니어의 말은 묵살한다.

사건을 재앙화하기

이는 사건의 결과와 의미에 있어서 부정적 측면을 과장하는 습관이다. 옛말에 침소봉대(針小棒大)라는 표현도 이와 같은 맥락에 적용할 수 있다. 이제부터는 최악의 상황을 상상하는 양상을 세 가지 서로 다른 방식으로 나누어 살펴보자.

상황을 끔찍하게 바라보기

이런 사람들은 자신에게 벌어진 사건이 처참하고, 진저리가 나며, 극도로 불쾌하다고 본다. 사실 이런 관점 자체는 문제가 아니다. 만일 대량학살, 대지진, 폭력적 범죄 또는 쓰나미를 보고 끔찍하다고 말한다면 이는 정확한 지적이라고 할 수 있다. 하지만 분노 문제가 있는 사람들은 이런 단어를 일상적이고 사소한 사건에도 적용한다. 다음은 상황을 늘 끔찍하게 바라보는 사람들이 하는 말이다.

✔ "주가가 9퍼센트나 떨어지면 내 삶은 붕괴될 거야!"
✔ "웨딩케이크의 설탕 장식에 꽃 한 송이가 뭉개져 있어. 끔찍해라!"
✔ "면접 봐야 하는데 와이셔츠에 얼룩이 있다니 믿을 수 없어. 최악이야. 절대 합격하지 못할 거야."
✔ "더위가 극도로 불쾌하군."

전반적으로 평가하기

이런 사람들은 대상의 한 가지 측면을 확대해서 대상 전체에 부정적인 딱지를 붙인다. 이렇게 판단하면 대상을 비난하고 규탄하게 된다. 그렇기에 이런 생각을 하면 그 대상에게 화가 날 수밖에 없다. 대상을 전반적으로 평가하는 사례는 다음과 같다.

✔ "나는 철저한 실패자야."
✔ "그 사람은 순전히 얼간이야."
✔ "저 판매원은 한낱 멍청이에 불과해."
✔ "내 여동생은 완전 낙오자야."

돋보기 들이대기

돋보기를 들이대는 행동은 사건을 재앙화하는 마지막 유형이다. 사건을 부풀려서 왜곡하면 그 상황에 대한 스트레스나 짜증도 증폭된다. 이런 사람들은 처참하고 진저리가 나며 극도로 불쾌한 일 앞머리에 항상 '가장'이라는 단어를 덧붙인다. 이런 돋보기를 들이대고 사건을 바라보면 그 사건은 사상 최악으로 끔찍한 사건인 것처럼 보인다. 몇 가지 사례를 살펴보자.

- ✔ "내가 먹어본 음식 중에 가장 형편없는 음식이었어!"
- ✔ "그녀는 세상에서 가장 쓸모없는 인간이야."
- ✔ "저 애는 가장 못된 양아치야."
- ✔ "그는 역사상 가장 부패한 정치인이야."
- ✔ "그 회사는 세상에서 제일 지긋지긋한 곳이었어. 그 관리자는 내가 이제껏 만나본 사람 가운데 최악의 꼰대였어."

엉뚱한 데서 원인 찾기

분노 어린 마음은 화를 유발한 사건을 두고 엉뚱한 사람이나 이유를 탓한다. 이런 왜곡에는 두 가지 종류가 있다. 첫 번째 유형은 내면을 향하며, 두 번째 유형은 외부를 향한다.

개인화하기

이런 종류의 왜곡은 사람들로 하여금 스스로에게 굉장히 분노하게 만든다. 어쩌면 당신도 이런 경험이 있을지 모르겠다. 이런 사람들은 일이 잘못 되어갈 때 그 이유가 굉장히 다양할 수 있는데도 어째서인지 자기 자신에게 모든 책임을 뒤집어씌운다. 다른 사람의 중립적인 말을 감정적으로 받아들일 때에도 개인화가 일어난다. 다음은 개인화를 보여주는 몇 가지 사례다.

- ✔ "아들이 학교에 숙제를 내지 않았어. 전부 내 탓이야."
- ✔ "상사가 다른 사람한테 우리 부서가 생산성을 높여야 한다고 말했대. 내가 문제인 게 틀림없어."
- ✔ "누군가가 '비오는 바람에 피크닉이 취소됐어요.'라고 말하면 나는 피크닉을 그날로 계획한 내가 잘못이라고 생각해."
- ✔ "아내가 나를 버리고 떠난 건 틀림없이 내가 충분히 좋은 사람이 아니어서야."
- ✔ "친구가 오늘따라 유독 조용하네. 더 이상 나를 좋아하지 않나 봐."
- ✔ "우리 팀 성과가 좋지 않아. 상사는 내가 전부 망쳤다고 생각할 게 분명해."
- ✔ "자동차가 긁혔어. 그곳에 절대 주차하지 말았어야 했는데 모두 내 탓이야."

비난하기

이런 종류의 왜곡은 문제의 실제 원인이나 출처에 주목하지 않고 특정 대상이나 사람을 비난하게 만든다. 그런 경우 사람들은 다른 원인이 존재하는데도 특정 사건이나 사람을 전적으로 탓한다.

분노에 찬 사람들은 남 탓을 많이 한다. 남을 비난하면 자신은 곤경을 면하게 되고 문제의 책임이 다른 대상으로 옮겨간다. 사례를 살펴보자.

> ✔ "이 나라 문제는 모두 _____의 잘못이야."(마음대로 빈칸을 채우라)
> ✔ "항상 나한테 애들을 보라고 하니까 나는 개인적인 시간이 하나도 없잖아."
> ✔ "내가 사고 난 전적인 이유는 옆 차선에 차가 있다는 걸 자동차 센서가 알려주지 않아서야."
> ✔ "내 남편이 그렇게나 무심하지 않았더라면 나도 행복했을 텐데."
> ✔ "네가 전화하는 바람에 회사에 늦었잖아."

만일 당신의 불운을 두고 전적으로 다른 사람을 탓한다면, 당신이 적어도 문제의 아주 작은 일부라는 사실을 인지하지 못하고 있다고 볼 수 있다. 문제가 발생한 모든 가능한 원인을 주의 깊게 살펴보자. 스스로를 거울에 비추어보는 것도 잊어서는 안 된다.

지나치게 일반화하기

지나치게 일반화하기란 어느 사건을 한 번 경험하고서 미래의 모든 상황에서도 똑같은 일이 벌어지리라고 가정하는 사고 유형이다. 예를 들면 슈퍼마켓에서 판매원이 무례하게 행동하는 모습을 본 다음에 모든 판매원은 다 무례하다고 생각하는 경우다. 질의 이야기를 살펴보자.

어려서부터 가족에게 학대받으면서 자란 질은 누군가에게 마음을 열고 믿음을 주기가 어렵다. 성인이 된 질은 상당히 제한적인 삶을 산다. 시간이 흐르고 그녀는 스테파니라는 이름의 직장 동료와 친구가 된다. 두 사람은 매주 점심을 먹고 서서히 서로를 신뢰하기 시작한다. 질은 스테파니에게 어린 시절에 대해 자세히 털어놓는다. 질은 마침내 누군가에게 이야기를 했다는 데서 깊은 위안을 받는다. 그리고 나서 몇 주 뒤 다른 동료가 질에게 이렇게 말한다. "맙소사! 네 어린 시절에 대한 이야기는 들었어. 네가 늘 그렇게 경직되어 있는 것도 무리가 아니지."

그 즉시 질은 스테파니가 비밀을 지키기로 했던 약속을 깼다는 사실을 알아차린다. 질은 앞으로는 그 누구도 믿지 않겠다고 맹세한다. 그녀는 사람은 그 누구라도 절대 믿어서는 안 된다고 결론짓는다.

질은 충분히 다른 사람을 신뢰하지 못할 만하다. 실제로 그녀의 어린 시절은 깨진 약속과 학대로 가득하다. 시간이 흐르면서 질의 마음속에는 어쩌면 몇몇 사람은 신뢰할 수 있을지도 모른다는 믿음이 싹텄지만, 처음으로 사귄 친구가 그 믿음을 산산이 조각낸다. 다시는 그 누구도 믿고 싶지 않다고 생각하는 것도 당연하다. 하지만 이런 식으로 지나치게 일반화하면, 잠재적 친구와 연인으로부터 스스로를 거의 완전히 고립시킨다는 대가를 치러야 한다.

판단하기

이제 몇몇 왜곡된 사고 유형이 다소 비슷하다는 느낌을 받았을지도 모르겠다. 사실이다. 종종 한 가지 생각에는 한 가지 이상의 왜곡이 개입된다. 예를 들어 비난하기와 판단하기, 전반적으로 평가하기가 상당히 유사하다고 느낄 수 있다.

판단하기의 중요하면서도 독특한 속성은 이런 사고를 보이는 사람들이 다른 사람의 행동을 보고 부도덕하고 모욕적이며 부적절하다고 생각한다는 점이다. 판단하기의 사례는 다음과 같다.

- ✔ "그렇게 행동하는 건 옳지 않아."
- ✔ "그 여자는 주제넘게 행동해."
- ✔ "당신, 거짓말하지 마!"
- ✔ "그 여자가 바람피운 게 몹시 화나. 그런 행동은 사회 질서를 망가트리잖아."

흑백사고

사람들은 항상 흑백사고를 한다. 게다가 이 문장 또한 흑백사고의 전형적인 사례다. 흑백사고를 할 때 사람들은 회색지대나 타협점을 잘 찾지 못한다. 이 유형의 왜곡은 다음과 같은 몇 개의 극단적인 단어를 살펴보는 것만으로도 쉽게 이해할 수 있다.

✔ 항상(예를 들면 "넌 항상 나랑 말다툼하려고 들더라.")

✔ 절대(예를 들면 "넌 나한테 절대 애정을 표현하지 않아.")

✔ 완전히(예를 들면 "넌 완전히 틀렸어.")

✔ 전혀(예를 들면 "그녀는 전혀 도움이 안 돼.")

독심술

가족과 친한 친구들은 종종 이런 종류의 왜곡된 사고를 보여준다. 사실 인간은 이 전략을 거의 본능적으로 사용한다. 그리고 때때로 독심술은 유용하기도 하다. 다른 사람에게 공감하거나 누가 위협적인 사람인지 파악하려고 할 때가 그렇다.

하지만 독심술은 이따금씩 우리를 곤경에 빠트린다. 예를 들어 다른 사람이 미간을 찌푸리는 행동을 보고 당신이 불쾌해서 그랬다고 자동적으로 가정한다면, 이때는 개인화와 독심술이라는 두 가지 유형의 왜곡이 동시에 작용한다고 볼 수 있다. 다음 사례를 살펴보자.

> 샘과 피트는 저녁 식사를 마치고 노트북을 켠다. 샘이 말한다. "피트, 최근 아시아 위기에 대한 뉴스 읽었어? 앞으로 세상이 어떻게 되려나 몰라."
>
> 피트는 조용히 앉아서 노트북 화면에 집중한다. 샘은 피트가 침묵하는 행동이 자신의 이야기에 흥미가 없으며 자기를 무시하는 뜻이라고 해석한다. 샘은 냉소적인 말투로 이야기한다. "와아. 내 말은 이제 신경도 쓰지 않는구나. 됐어."
>
> 피트는 노트북 화면에서 시선을 떼고 말한다. "뭐라고? 방금 뭐라고 말했어?"
>
> 샘이 말한다. "우리 둘은 이게 문제야."
>
> 피트가 언짢은 표정으로 말한다. "대체 무슨 소리를 하는 거야? 방금 중요한 이메일을 읽느라 네가 무슨 말을 하는지 못 들었을 뿐이야. 다시 처음부터 이야기해보자, 응?"

이런 대화는 샘과 피트뿐 아니라 무수히 많은 관계에서 되풀이해서 나타난다. 다른 사람이 어떤 생각을 하고 있는지 안다고 가정할 때(다시 말해 다른 사람의 마음을 읽으려고 할 때) 그러한 가정은 불필요한 갈등을 야기할 수 있다.

상대방이 어떤 생각을 하고 있다고 생각할 때에는 공격을 개시하기 전에 먼저 사실을 확인하자. 그렇게 하면 고민을 상당히 많이 덜어낼 수 있다.

"도저히 참을 수 없어."

이번 유형의 왜곡이 얼마나 많은 사람의 생각 속에서 일어나는지 보면 놀라울 정도다. 사람들은 온갖 종류의 상황에 충분히 대처할 수 없다고 예상한다. 이럴 때 사람들은 "도저히 참을 수 없어."라는 취지의 말을 한다.

거의 모든 사람이 이런저런 상황에서 이 말을 한다. 안타깝게도 이런 왜곡이 지나치면 문제에 적극적으로 대처하거나 해결책을 찾지 못할 수 있다. 대신 사람들은 투덜거리면서 불만을 늘어놓고 신음하면서 그만 포기해버린다. 아래의 몇 가지 사례를 살펴보자.

✔ "사람들이 내 말을 따르지 않으면 참을 수 없어."
✔ "줄 서서 기다리는 건 도무지 견딜 수 없어."
✔ "의사들이 내 말을 들으려고 하지 않으면 참을 수 없어."
✔ "나를 무시하는 건 참을 수 없어. 그럴 때면 펄펄 뛰게 돼."

"도저히 참을 수 없어."라는 말은 좌절에 대한 인내심이 낮은 것과 관련 있다. 인생은 우리 모두에게 크고 작은 좌절을 많이 안겨준다는 점에서 이는 안타까운 일이다. 좋은 소식은 운동을 통해 근력을 키우거나 몸매를 다듬는 것처럼 좌절에 대한 인내력도 향상시킬 수 있다는 사실이다. 하지만 여기에는 많은 훈련이 필요하다. 제11장을 보면 좌절에 대한 인내력을 키우는 데 도움이 될 만한 전략이 소개되어 있다. 또한 이번 장의 '인내심을 기르라' 부분을 참고해도 좋다.

특권의식

분노는 종종 **특권의식**을 동반한다. 특권의식이란 자신이 다른 사람들보다 더 특별한 대우와 혜택을 누릴 자격이 있으며, 자신이 바라는 것을 얻을 권리를 타고났다는 믿음을 뜻한다. 이런 사람들은 다른 사람들에게 적용되는 많은 규칙을 굳이 지킬 필요가 없다고 생각한다. 그렇기에 특권의식이 있는 사람들은 자신이 바라는 바를 얻지 못하면 분노한다. 다음은 특권의식을 보여주는 사례다.

- ✔ "내 관심사와 흥미는 다른 사람들보다 중요해."
- ✔ "나는 회의에 늦거나 약속을 취소해도 되지만, 다른 사람이 그러면 굉장히 화가 나."
- ✔ "나는 현명하기 때문에 고속도로에서 시속 200킬로미터로 달려도 괜찮아."
- ✔ "내가 옳으면 다른 사람을 공격해도 돼. 그리고 나는 거의 항상 옳아."
- ✔ "사람들은 내 프로젝트를 마땅히 도와줘야 하지만, 나는 그럴 필요가 없어."
- ✔ "내가 바라는 대로 사람들이 행동하지 않으면 굉장한 모욕감을 느끼고 격분하게 돼."

왜곡된 사고의 주름 펴기

왜곡된 사고에는 대부분 한 가지 이상의 유형이 개입되어 있다. 이제까지 각각의 왜곡된 사고 유형에 어떠한 미세한 차이가 있는지 살펴보았다. 이들 유형은 종종 중첩된다.

사고가 왜곡되면 오염된다. 이를 깨달으면 우리 생각이 의심의 여지없이 절대적으로 정확하다는 믿음을 다시 생각하게 된다.

그렇다고 해서 모든 생각이 틀렸거나 옳다고 가정하라는 뜻은 아니다. 그보다는 마치 객관적이고 회의적인 탐정처럼 돋보기를 꺼내서 자신의 생각을 살펴보기 시작하기를 권한다. 이제부터는 그러기 위해 활용할 수 있는 방법을 하나씩 살펴본다.

증거를 확인하라

사건에 대한 당신의 생각이나 해석이 사실일 수도 있고 아닐 수도 있다는 관점을 가져보자. 생각에 대한 증거를 확인하다 보면 문제를 해결하는 데 도움이 되는 정보를 얻을 수 있다. 그러기 위해서 다음 질문을 활용하자.

✔ 내 생각이 절대적으로 옳다는 명백한 증거가 있는가?

✔ 내 생각과 상충되는 경험을 한 적이 있는가?

✔ 내가 과장해서 생각하고 있을 가능성이 있는가?

✔ 내 생각을 수정하게 될 가능성이 있는 정보를 배제하고 있지는 않은가?

✔ 이 문제를 화내지 않고 해결한 경험이 있는가?

✔ 나를 화나게 한 사람 이외에 다른 사람이나 대상에게 문제의 원인이 있지는 않은가?

표 6-1, 6-2에는 조금 전까지 예시로 살펴본, 분노를 유발하는 몇 가지 생각에 대해 증거를 확인하는 과정이 실려 있다.

표6-1 증거 확인하기 : 첫 번째 사례

분노를 유발하는 생각	증거 확인하기	증거
내 남편이 그렇게나 무심하지 않았더라면 나도 행복했을 텐데.	내 생각과 상충되는 경험을 한 적이 있는가?	흠, 처음 6년 동안은 남편이랑 행복했지. 사실 그때도 무심하기는 매한가지였을 거야.
	내 생각을 수정하게 될 가능성이 있는 정보를 배제하고 있지는 않은가?	사실 지금도 남편과 있을 때는 대체로 행복하기는 해. 그저 남편이 무심할 때 굉장히 화날 뿐이지.

표6-2 증거 확인하기 : 두 번째 사례

분노를 유발하는 생각	증거 확인하기	증거
줄 서서 기다리는 건 도무지 견딜 수가 없어.	내가 과장해서 생각하고 있을 가능성이 있는가?	맞아, 이제까지 살면서 수백 번 넘게 줄을 서서 기다렸지. 줄 서는 일이 짜증나기는 하지만 참을 수 없지는 않아.
	나를 화나게 한 사람 이외에 다른 사람이나 대상에게 문제의 원인이 있지는 않은가?	약속에 늦을 때면 시간이 충분하지 않으니까 그런 경우에 보통 화가 나는 것 같아.

극단적 단어를 조절하라

극단적인 단어 대신 부드러운 단어를 사용하면 분노를 누그러트릴 수 있다. 분노는 강렬한 감정이기 때문에 계속해서 타오르기 위해서는 실로 강력한 단어가 필요하다. 극단적 단어는 조금 전에 살펴본 '왜곡된 생각 파헤치기' 전반에 걸쳐 나타난다.

세간에 의하면 벤자민 프랭클린은 중용을 포함한 모든 측면에서 중용을 지키기를 권했다고 한다. 이 말은 다른 많은 역사적 인물들이 했다고도 전해지기 때문에 정확히 누가 한 말인지는 확실하지 않다. 그럼에도 이 조언은 훌륭하다.

여기에서는 화가 날 때 스스로에게 하는 말들에 주의를 기울이라고 권하려고 한다. 즉 과하게 흥분하여 상황을 실제보다 더 중대한 것처럼 비현실적으로 그리지 말라고 제안하고 싶다. 표 6-3은 분노에 찬 생각이 극단적인 단어들로 얼마나 가득 차 있는지 보여주며, 만일 부드러운 단어로 대체했을 때 어떻게 생각이 바뀌는지 예를 들어 설명한다.

친구의 관점에서 바라보라

분노와 짜증, 격노 상태에 빠지면 잠시 멈추어 서서 상황을 성찰하는 경우가 거의 없다. 분노는 충동적인 경향이 있다. 지금부터는 상황으로부터 한 걸음 물러나서 단 몇 분이라도 반응을 늦추는 방법을 제안한다. 친구가 당신에게 다가와 비슷한 사건에

표6-3 극단적인 단어 조절하기 사례

분노에 찬 생각	중도적인 생각
면접 봐야 하는데 와이셔츠에 얼룩이 있다니 믿을 수 없어. 최악이야. 절대 합격하지 못할 거야.	이런, 면접 봐야 하는데 와이셔츠에 얼룩이 졌네. 어쩔 수 없지. 면접관이 눈치 채지 못하기를 바랄 수밖에.
내 여동생은 완전 낙오자야.	내 여동생은 가끔씩 나를 실망시켜.
넌 항상 나랑 말다툼하려고 들더라.	우리는 내가 바라는 것보다 자주 말다툼을 하는 것 같아.
그 여자가 바람피운 게 몹시 화나. 그런 행동은 사회 질서를 망가트리잖아.	그녀가 바람피워서 속상해. 그런 행동을 보고 다른 사람도 따라할 수 있잖아.

대해 털어놓는다고 상상해보자. 이제 스스로에게 다음과 같은 질문을 던져본다.

- ✔ 친구에게 화를 내라고 말할 것인가?
- ✔ 화를 내는 행동 말고 어떤 대안을 제시할 수 있을까?
- ✔ 이 사건을 어떻게 바라보라고 말할 수 있을까?
- ✔ 친구에게 화를 내라고 말하는 것이 최선의 선택일까?

다음은 배관공과 불편한 일을 겪을 때 이 기법을 활용한 사례다.

> 엘렌은 샤워 꼭지에서 뜨거운 물이 나오지 않자 배관공을 부른다. 화장실을 전면 수리한 지 6개월도 채 지나지 않았기 때문에 약간 짜증이 난다. 자신이 좋아하는 냉온수 급수 시스템을 설치했는데 벌써 고장이 났다. 배관공은 엘렌에게 시스템이 제대로 설치가 되지 않았다며 이를 고치려면 325달러가 든다고 말한다. 엘렌은 화가 폭발할 것 같지만 잠시 멈추고 한 걸음 물러나서 생각한다.
>
> 엘렌은 만일 같은 상황에 처한 친구가 있다면 어떻게 조언해줄지 생각한다. 그러자 분명 아직 보증기간이 끝나지 않았을 테니 애초에 시스템을 설치한 건설업체를 부르라고 말하겠다는 생각이 든다. 차분해진 엘렌은 배관공에게 건설업체와 확인해볼 테니 기다려달라고 부탁한다. 결국 엘렌은 친구의 관점에서 사건을 바라본 덕에 돈은 물론 기분까지 아낄 수 있었다.

인내심을 기르라

분노는 편협한 감정이다. 편협하다는 말은 곧 다른 사람의 관점이나 행동을 수용하지 않는다는 뜻이다. 분노에 차면 자신은 옳고 다른 사람은 틀렸다고 믿는다. 사실 분노를 이보다 더 간단하게 표현할 수는 없다.

분노를 느낄 때에는 생각하는 방식을 바꾸기가 어렵다. 다른 사람의 솔직한 의견에 귀 기울이는 대신 위협이나 모욕, 고립 등 분노가 부채질하는 반응에 의지해서 자신의 믿음을 완고하게 고수한다.

편협할수록 분노도 더욱 강렬해진다.

다른 사람의 말이나 행동에 화가 날 때에는 다음과 같이 행동해보자.

✔ **자신의 생각이 확고하더라도 다른 사람의 말이나 행동에 민감하게 반응할 필요가 전혀 없다는 사실을 상기한다.** 누군가가 당신과 다른 방식으로 생각한다고 해서 당신이 틀린 것도 아니고, 당신의 믿음과 행동에 대해 변명해야 하는 것은 아니다.

✔ **방어적으로 행동하는**(편협하다는 게 바로 이런 뜻이다!) **대신 정보를 더 수집한다.** 다른 사람에게 이렇게 말해보자. "네 의견에 대해서 더 이야기해 봐. 어떻게 해서 그런 생각을 하게 되었는지 이해하고 싶어. 나를 가르칠 좋은 기회야."

✔ **대화를 감정적으로 받아들이지 않는다.** 상대의 인성이 아닌 문제에 초점을 맞춘다. 논쟁을 벌이는 사람이 아니라(예를 들면 "그렇게 생각하다니 당신 정말 어리석군.") 논쟁이 되는 문제에 집중한다("투표 제도를 어렵게 만들어야 한다는 네 의견에는 동의하지 않아.").

✔ **합의할 수 있는 지점을 찾는다.** 딸에게 피임약을 주어야 할지 논의하는 부모를 예로 들면 둘 다 우선적으로 자녀의 궁극적인 안전과 행복을 걱정하고 있다는 사실에(가능하면 명시적으로) 합의하면서 논의를 시작할 수 있다.

✔ **비속어를 사용하지 않는다.** 욕설을 하거나 악담을 퍼붓는 일은 상대를 비하할 뿐이며 그 어떤 생산적인 아이디어의 교환도 불가능하게 만든다. 예를 들면 "이런 멍청이 같으니!"라고 말하기보다는 "네가 그렇게 행동하면 나는 어떻게 해야 하는지 정말 모르겠어."라고 말하는 편이 더 낫다.

✔ **어떤 수단을 쓰더라도 절대 상대를 경멸하지 않는다.** 한숨을 쉬거나 눈을 부라리는 등 경멸을 표시하는 행동은 당신의 편협함을 드러내기도 하지만, 당신이 상대방(과 그의 생각)을 완전히 무가치하다고 생각한다는 점을 상대에게 고스란히 전해준다. 이는 마치 "넌 나보다 못해!"라고 말하는 행동이나 마찬가지다.

다양성을 발견하라

필자들이 아는 한 다행히도 편협함은 유전자와는 아무런 상관이 없다. 편협함은 인생 경험을 통해 형성되는 태도다. 다양한 관점을 포용하는 가정에서 자랐다면 당신도 그러할 가능성이 높다. 편협한 가정에서 자랐다면 그 반대일 것이다.

인생을 흑백사고라는 관점에서 접근하는 편협함의 치료제는 바로 다양성이다. 편협함이란 결국 끊임없이 변화하는 복잡한 세계를 단순화하려는 방식의 하나다. 다양성을 수용하면 관점이 확장되고 '아이디어, 믿음, 행동의 바다'가 광대하며 무한하다는 사실을 깨닫게 된다. 사실 흑백지대보다 회색지대가 훨씬 넓다. 진실이란 대개 나의 생각과 너의 믿음 그 사이 어딘가에 있다.

 다양성을 수용하기란 생각보다 쉽다. 다음은 더 세계적인, 그래서 더 포용적인 사람이 될 수 있는 몇 가지 팁이다.

- ✔ 다른 종교에 대해 읽어본다. '더미를 위한' 시리즈에도 세계의 주요 종교를 다루는 도서가 있다. 또한 대다수 서점은 각종 종교에 대한 도서를 구비하고 있다.
- ✔ 다른 장소에 대한 뉴스를 읽는다. 만약 당신이 한 도시나 지역에서 주로 살았다면 다른 지역이나 다른 나라의 신문을 읽어보자. 당신이 세상을 바라보는 관점을 더 확고하게 만드는 웹사이트가 아닌 새롭고 다양한 웹사이트를 자유롭게 방문해본다.
- ✔ 식당에 가면 종종 새로운 메뉴에 도전해본다. 그러면 안전지대에서 벗어나게 된다.
- ✔ 파티에 가면 처음 보는 사람에게 다가가 대화를 시작해본다. 이미 아는 사람들과만 대화를 나누면 새로운 발견을 할 가능성이 낮다.
- ✔ 주머니 사정이 허락하는 한 세계를 두루 돌아다닌다. 당신이 살고 있는 나라 혹은 세계의 각기 다른 지역을 방문해보자. 그곳에 있을 때에는 지역민들과 어울리려고 노력한다.
- ✔ 인종이나 민족이 다른 사람들과 교류한다. 여러 교회, 성당, 모스크, 지역사회에서는 다양한 배경을 지닌 사람들을 만날 수 있다.
- ✔ 신문의 사설을 가리지 말고 풍부하게 읽는다. 예를 들어 필자들이 사는 동네의 지역신문은 다소 보수적이기 때문에 필자들은 인터넷을 통해 더 진보적인 관점의 뉴스를 함께 챙겨본다.
- ✔ 박물관이나 미술관을 방문한다. 휴가 때 동네의 신기하고 다양한 경험거리

를 찾아본다. 가령 지난 달 필자들은 산타페에 위치한 조지아 오키프 미술관에 방문했다. 늘 그 앞을 지나다녔지만 10년 동안 한 번도 방문해보지 않은 곳이다. 지역 주민에게는 표가 반값이라는 점을 깨닫고 필자들은 기뻐했다. 사실 많은 지역에서 관할 지역 주민에게 이같이 다양한 혜택을 제공한다.

✔ **다양한 연령대의 사람들과 어울린다.** 당신보다 어리거나 나이가 많은 사람들이 당신의 생각과 훨씬 다른 방식으로 사고한다는 것을 깨달으면 놀랄 것이다. 일부 도시에서는 모든 연령대의 사람들과 교류할 수 있는 다세대 시설을 보유하고 있다.

✔ **다양한 주제에 대한 유명 인물들의 강연을 듣는다.** 대다수 지역사회가 강좌를 비롯한 다양한 문화적 경험을 제공한다. 만일 아주 작은 마을에 산다면 근처에 있는 더 큰 도시에 방문해서 이 같은 혜택을 누려보자.

✔ **눈은 크게 뜨고 입은 꽉 다문다.** 우선 배우고 난 다음에 논쟁을 벌이자. 이야기하고 있는 와중에는 그 무엇도 똑바로 배우기 어렵다.

의도를 재평가하라

상대방의 의도를 재평가하면 상대에게 화내는 일이 정말로 합리적인지 알 수 있다. 분노 조절 문제가 있는 사람들은 다른 사람들이 악의를 가지고 있다고 생각하는 경향이 있다. 이들은 어디를 봐도 정상적이고 납득 가능한 상황에서도 상대가 앙심을 품고 행동했다고 생각한다. 다음 사례를 살펴보자.

월터는 60대 초반으로 명석하고 학식 있으며 충분히 호감이 가는 사람이지만, 항상 다른 사람의 행동에서 악한 의도를 빠르게 파악한다. 만일 전화를 받지 않은 사람에게 다시 전화해달라는 메시지를 남겼을 때 그 사람이 즉시 전화를 하지 않으면 월터는 곧장 이렇게 생각한다. "젠장. 나에 대한 일말의 존중도 찾아볼 수 없군!"

그 사람이 다른 중요한 볼 일이 있다거나 교통 체증으로 꼼짝도 못하고 있다든가 감기로 아프다거나 할 수 있다는 사실은 생각조차 하지 않는다. 월터에게 있어 상대가 전화를 걸지 않는 이유는 오직 그를 존중하지 않는다는 한 가지 이유 때문이고, 그렇기 때문에 월터는 화가 난다. 사실 월터는 거의 항상 화나 있다.

만일 이런 경우가 한두 번이었다면 그다지 문제가 되지 않을 것이다. 하지만 월터의 경우 하루 종일 벌어지는 모든 일을 이렇게 바라보기 때문에 문제가 된다. 도로 위에서 다른 운전자가 끼어들거나, 식당에서 웨이터를 2분 이상 기다려야 할 때에나, 배우자가 세탁소에 맡긴 옷을 찾아오는 것을 깜빡할 때 월터는 이 모든 상황이 상대방의 악의(evil intent)를 보여주는 사례이며 화내는 것이 100퍼센트 마땅하다고 생각한다.

별의별 상황에서 악의를 발견하는 일은 그다지 효과적이지 않다. 과도한 분노와 이를 수반하는 온갖 대가가 이어질 뿐이다(분노의 비용에 대해서는 제3장 참조).

다른 사람이 고의로 악한 행동을 한 것 같아서 화가 날 때면 다음 질문을 스스로에게 던져보자.

✔ 내가 이 사람의 의도를 오해하고 있을 가능성은 없을까?
✔ 이 사람이 그런 행동을 할 만한 다른 이유들이 있을까?
✔ 그 가운데 어떤 이유가 이 상황을 가장 잘 설명할 수 있는가?
✔ 실제로는 그러지 않아도 되는데 내가 이 상황을 감정적으로 받아들이는 것은 아닐까?
✔ 만일 상대가 악의로 그러지 않았다면 나는 어떻게 대응할 수 있을까?
✔ 내가 만일 그 사람이라면 그때 나는 어떤 의도에서 그렇게 행동했을까?

월터가 이런 조언을 받아들인다면, 상대방이 회신하지 않는 이유에 대해 분노와 무관한 다양한 시나리오를 생각해볼 수 있을 것이다. 다시 전화기를 들어 상대방에게 다시 전화를 걸어볼 수도 있다. 이때에는 화내지 않고서 차분한 상태를 유지할 것이며, 상대의 행동에서 악의를 읽어내지 않을 것이다.

분노 조절 문제가 있는 사람들은 종종 의심 어린 불신의 렌즈를 통해 삶을 바라본다. 이들은 일상적으로 벌어지는 사건들이 어떤 이유에서건 자신에게 직접적으로 모욕을 준다고 잘못 해석한다. 그러고는 부당한 공격을 받았다고 생각하며 분노에 찬 공격적인 반응을 보인다.

왜곡된 생각 바로잡기

지금부터는 거칠고 힘든 삶을 산 몇몇 인물들의 이야기를 살펴보자. 모두 분노를 충분히 느낄 만한 사람들의 이야기다. 이들의 이야기를 들어보면서 주인공들이 다양한 도전적인 상황을 어떤 관점에서 바라보는지 살펴보고, 그러한 생각이 왜곡되지는 않았는지 점검해보자. 그러고 나서 '왜곡된 사고의 주름 펴기' 부분에서 소개한 기법을 사용할 경우 어떻게 더 합리적이고 적응적인 생각을 할 수 있는지 생각해보자.

고통을 곱씹으며 살기

다음 사례에 등장하는 분노에 찬 남성은 문제의 핵심에 직면하는 대신 오로지 고통에만 집중한다. 이 남성의 이야기를 살펴본 다음에는 그가 다른 방식으로 반응했다면 어떻게 삶을 구할 수 있었을지 살펴본다.

> 드웨인은 11년 전 근무 중 허리를 다쳤고 그 뒤로 계속 실직 상태에 있으면서 만성적 허리 통증으로 고통받아 왔다. 드웨인은 또한 굉장한 분노를 느껴왔다. 그의 분노는 부상당했다는 사실에 대한 분노였으며, 허리를 완전히 고쳐놓지 못한 의사들에 대한 분노였고, 고용주가 그를 부당하게 대우했던 것에 대한 분노였으며, 그가 보기에 충분히 그의 상황에 공감해주지 않는 가족과 친구들에 대한 분노 그리고 심지어는 너무 이른 시기에 이처럼 큰 불행을 안겨준 신에 대한 분노이기도 했다.
>
> 36세에 드웨인은 처음으로 심장마비를 겪었다. 길을 걷다가 옛 직장에서 그의 '적'이었던 사람을 보는 즉시 가슴을 부여잡고서 쓰러졌다. 구급차에 실려 근처 병원으로 호송된 드웨인은 주치의에게 길에서 그 남자를 보자마자 극도로 화가 났고 그러자 마자 가슴에 날카로운 통증을 느꼈다고 말했다. 주치의는 분노가 심장마비를 유발했다는 사실을 믿지 않았다.
>
> 드웨인은 여전히 분노를 간직한 채 살았고 41세에 두 번째 심장마비를 겪었다. 병원에서 심장병 전문의와 심리학자, 목사, 형제, 부인에게 둘러싸인 드웨인에게 최후통첩이 날아왔다. "모든 분노를 놓아버리세요. 안 그러면 죽게 될 겁니다. 이제 더 이상 심장이 견디지 못할 거예요." 드웨인의 눈에 눈물이 고였고 그는 너무도 친숙한 표정을 지으면서 자신의 죽음을 예언했다. "절대 그럴 수 없어요. 분노를

멈출 수는 없을 거예요. 그전에 먼저 죽겠죠."

그로부터 3주 뒤 전화기를 들고 분노에 차서 소리를 지르던 드웨인은 세 번째이자 마지막 심장마비를 겪었다. 몇 분 뒤 여전히 전화기를 손에 쥔 채 사망한 드웨인을 아내가 발견했다.

안타깝게도 이제 더 이상 드웨인과는 분노를 어떻게 조절할 수 있을지 논의할 수 없다. 그러나 만일 그럴 기회가 있었다면, 필자들은 그가 왜곡된 생각을 발견하고 더 적응적인 대처 방식을 개발할 수 있는 여러 기법을 사용하도록 도왔을 것이다.

표 6-4는 드웨인이 분노를 느꼈던 상황 하나를 예로 들어서 이 기법을 어떻게 적용

표 6-4 분노 해부하기 : 드웨인의 사례

드웨인의 분노에 찬 생각	드웨인의 왜곡된 생각	드웨인의 더욱 합리적인 생각
허리 통증을 도저히 참아낼 수가 없어. 전적으로 무능한 의사들 같으니라고. 나에 대해서는 전혀 신경도 쓰지 않지. 옛 직장의 동료들도 역겨워. 그들을 경멸해. 그 사장은 내 인생을 망쳐버렸지. 내 잘못은 하나도 없어, 빌어먹을. 인생은 너무 불공평해. 나는 이런 불행을 감당할 이유가 없어. 그토록 열심히 일해 왔는데 고작 얻는 게 이거라니. 아무것도 할 수 없고 그저 세계가 돌아가는 모습을 앉아서 구경하는 수밖에 없잖아. 아내와 아이들도 내가 아프다는 사실을 믿지 않아.	"도저히 참을 수 없어"("허리 통증을 도저히 참아낼 수가 없어.") 사건을 재앙화하기("전적으로 무능한", "아무것도 할 수 없고") 엉뚱한 데서 원인 찾기(오로지 의사와 동료들을 탓하기) 특권의식("나는 이런 불행을 감당할 이유가 없어.") 지나치게 일반화하기("아무것도 할 수 없고") 독심술("아내와 아이들도 내가 아프다는 사실을 믿지 않아.") 극단적 단어(전혀, 역겹다, 경멸하다)	허리 통증을 견딜 수는 있어. 싫기는 하지만 참을 수는 있어. 의사들은 대체로 일을 잘하지만 더 좋은 치료 방법이 있으면 좋을 텐데. 아마 다른 환자들만큼 나에 대해 신경을 쓰기는 하겠지만 그렇다고 의사들이 내 어머니 노릇을 할 수는 없잖아. 옛 직장 동료들을 좋아하지는 않지만 이들이 사고를 일으킨 건 아니지. 사장도 여느 고용주처럼 행동했어. 비용을 아끼기 위해 안전하지 않은 환경에서 일하도록 했지. 내가 조금 더 주의를 기울여야 했기는 하지만 근무 환경이 사고의 주된 원인이었어. 인생은 불공평하지만 우리 모두에게 때때로 그런 시기가 있지. 나는 열심히 일했고 보험도 들어놓았잖아. 예전 월급이 더 많기는 하지만 그래도 그럭저럭 생활할 수는 있어. 사실 파트타임으로 경리 업무 보는 법을 배울 수도 있을 거야. 나는 항상 숫자에 강했으니까. 내가 좋아하는 일은 아니지만 그래도 어때? 아내와 아이들은 당연하게도 좌절한 상태이지만 나를 아직 사랑하고 내가 아프다는 사실도 알아. 이따금씩 내가 허리 통증에 대해 지나치게 불평하면 내 말을 조금 흘려들을 뿐이야.

할 수 있는지 설명한다. 기회가 있었다면 필자들은 드웨인에게 분노에 찬 자신의 생각에 귀 기울여보고 왜곡된 생각이 있는지 살펴보면서 다양한 변화 전략을 사용하여 더욱 합리적인 생각을 개발하도록 도왔을 것이다.

드웨인은 더 이상 사고를 전환시킬 기회가 없지만, 당신은 그렇지 않다. 만일 드웨인이 자신의 생각이 왜곡되지는 않았는지 살펴보고 더 합리적인 생각을 하기 위해 다양한 변화 전략을 사용했다면 여전히 그대로 분노를 멈추지 못했을까? 아마도 그의 분노가 그토록 격렬한 상태를 유지하기는 어려웠을 것이다. 다소 마음이 상하고 어쩌면 약간 화를 느낄 수도 있겠지만 끊임없이 분노에 차 있지는 않을 것이다.

삶의 조건 탐색하기

지금부터는 폴라의 사례를 보면서 삶의 조건이 힘겨울 때 어떤 이유로 심각하게 왜곡된 생각을 할 수 있으며, 그 결과 분노와 원한을 느끼고 절망하게 되는지 살펴본다. 또한 폴라가 왜곡된 생각을 발견함으로써 자신이 처한 상황을 어떻게 더 적응적인 관점에서 바라볼 수 있을지 살펴볼 것이다.

35년 동안 보호 관찰관으로 근무한 폴라는 필수적으로 참가해야 하는 컴퓨터 시스템 훈련 워크숍에 참가한 뒤 귀가한다. 그동안 이미 세 차례에 걸쳐 컴퓨터 시스템이 정비되었지만, 효율성을 높이고 소통을 개선하며 이용자의 편이를 개선하겠다는 약속은 모두 이루어지지 않았다. 시스템을 업데이트하기 위해서 주 정부는 수백만 달러의 돈을 퍼붓지만 결국 종이 문서로 모든 업무를 관리하던 옛 방식보다 나을 게 없었다. 폴라는 새로운 시스템 또한 완전한 시간 낭비이며 전혀 쓸모가 없다고 결론 내린다.

폴라는 이미 참을 만큼 참았다. 주변 모든 것에 화가 나고 억울하다. 책상에 앉은 폴라는 은행 잔고를 확인하지만 40만 1,000달러에 불과한 한심한 액수를 보고 분노한다. 노인 의료보험 적용을 받을 수 있을 때까지 은퇴하지 못한다는 사실을 알지만, 그러기 위해서는 앞으로 7년이나 더 기다려야 한다. 폴라는 그토록 오래 기다리는 일은 도저히 참을 수 없다고 생각한다. 그녀는 직장을 완전히 혐오하며 고객들은 모두 전적으로 무가치한 인간 쓰레기라고 생각한다. 그들 중 어느 한 사람이라도 사고를 치지 않고 오래 견딜 수 있는 사람은 없으며 오직 자신의 시간만 낭비될 뿐이라는 생각에 화가 치민다.

좌절할 때면 폴라에게 항상 떠오르는 몇 가지 생각이 있다.

- 15년 전에 남편이 날 떠났지. 모든 남자들이 그렇듯 비루한 인간이었어.
- 애는 둘이고 대출금은 산더미 같아서 돈 때문에 집을 두 번이나 차환해야 했어. 이제 나는 완전히 파산했어. 인생은 불공평해.
- 싱글맘이라는 이유로 나는 이 망할 엉터리 같은 조직에서 승진을 몇 번이나 놓쳤어.
- 이제 더 이상 내 삶에는 아무것도 기대할 만한 일이 없어.

불과 58세인 폴라의 인생이 끝났다고 말하기는 어렵다. 하지만 지금 생각하는 방식으로는 삶의 의미와 목적의식, 방향성, 즐거움을 느낄 수 없다. 분노가 치미는 폴라는 억울하고 비참하다고 느낀다. 이런 상황에 처한 폴라를 보고 자기 삶에서 문제가 되는 것들에 대처하면서 앞으로 나아가기 위한 좋은 상태에 있다고 말하기는 어렵다.

그렇다면 폴라가 분노 문제에 대해 전문가의 도움을 구하러 갔다고 상상해보자. 상담사는 정확히 말해서 폴라가(실로 불행하기는 하지만) 우울하지는 않다고 판단한다. 폴라의 사고는 분노뿐 아니라 그녀를 화나게 만드는 다양한 왜곡된 생각으로 매우 오염되어 있다.

표 6-5는 폴라가 기존에 하는 생각과 그 가운데서 왜곡된 측면 그리고 폴라가 '왜곡된 사고의 주름 펴기'에 제시된 변화 전략을 사용함으로써 서서히 습득한 새로운 생각을 보여준다.

다시 생각하는 법 연습하기

앞서 살펴본 두 가지 사례는 오랜 시간에 걸쳐 다양한 사건에 의해 분노가 누적된 두 사람에 대한 이야기다. 당신도 당신 삶에서 분노를 다시 생각하고 싶은가? 그렇다면 한 번에 한두 가지 사건을 중심으로 살펴볼 때 가장 효과적으로 작업할 수 있다.

표6-5 분노 해부하기 : 폴라의 사례		
폴라의 분노에 찬 생각	폴라의 왜곡된 생각	폴라의 더욱 합리적인 생각
컴퓨터 시스템 업데이트는 완전한 시간 낭비야. 내 은행 잔고인 40만 1,000달러는 한심함 그 이상이고. 내 직장을 완전히 혐오해. 은퇴하기까지 도저히 기다릴 수가 없어. 내 고객들은 다 인간 쓰레기야. 무가치한 범죄자들 때문에 내 인생과 시간을 순전히 낭비하고 있어. 내 남편은 다른 모든 남자가 그렇듯이 경멸받아 마땅해. 나는 완전히 파산했어. 인생은 불공평해. 보호 관찰 부서는 엉터리 실패작이야. 이제 더 이상 내 삶에는 기대할 만한 일이 아무것도 없어.	"도저히 참을 수 없어"("은퇴하기까지 도저히 기다릴 수가 없어.") 사건을 재앙화하기("기대할 만한 일이 아무것도 없어.") 엉뚱한 데서 원인 찾기(남편과 직장을 전적으로 탓하기) 색안경 끼고 세상 바라보기(재정 상태의 부정적 측면에만 주의 기울이기) 지나치게 일반화하기("고객들은 다 인간 쓰레기야.", "모든 남자는 경멸받아 마땅해.") 극단적 단어(완전히 파산했어, 아무것도 기대할 것이 없어, 시간을 순전히 낭비하고 있어)	새로운 컴퓨터 시스템이 겉만 번드르한 측면이 있기는 하지. 배우기도 힘들지만 약간의 가치는 있어. 40만 1,000달러라는 금액이 '무가치' 하지는 않아. 게다가 사회보장과 약간의 연금까지 더하면 그럭저럭 생활할 수 있어. 은퇴할 날만 기다리는 건 내 동료들도 마찬가지고. 더 객관적으로 살펴보면 내 고객들 중 일정 비율은 실제로 범죄 생활을 접고 착하게 살고 있어. 그중 몇몇은 사회의 성공적인 일원이 되기도 했지. 전남편은 형편없는 일들을 조금 저지르기는 했지만 좋은 아빠였어. 내 아이들은 훌륭하게 자랐고 아이들과 시간 보내는 일이 참 좋아. 우리 집의 순수 자산가치가 그렇게 대단하지는 않지만 그래도 일단 집이 있으니까 거리로 내쫓길까 봐 걱정하지 않아도 돼. 그리고 직장에서도 관리자가 아니라서 오히려 다행이야. 여러 가지 참담한 상황을 감당해야 하잖아. 내 미래에 대해 생각해볼 때 그래도 몇 가지 기대할 만한 측면은 있어. 내 소득이 많지는 않지만 휴가가 길어서 여행 가기 좋잖아. 인생은 얼마든지 더 나쁠 수 있었고, 어쩌면 분노에 빠져 있느라 다른 중요한 것들을 놓치고 있던 것 같기도 해.

시작하기 전에 펜과 종이를 꺼내거나 컴퓨터 등 문자를 입력할 수 있는 전자기기를 준비한다. 종이에 직접 쓰든 전자기기에 타이핑을 하든 선택은 당신의 몫이다. 이렇게 하는 이유는 종이나 화면 위에 적힌 생각은 더 객관적으로 냉정하게 바라볼 수 있기 때문이다. 그래야만 즉각적인 감정적 반응으로부터 한 걸음 물러날 수 있다.

그다음에는 아래 순서에 따라 작업해보자. 얼마든지 책의 앞부분으로 돌아가 왜곡된 사고 유형과 이런 사고의 주름을 펼치기 위한 방법을 살펴보고, 분노에 더 적응적으로 대처할 수 있는 새롭고 합리적인 사고의 사례를 참고하자.

1. **분노를 유발하는 사건이나 상황에 대해 기술한다.**

   명확하게 서술하고, 기억할 수 있는 모든 자세한 측면까지 적는다. 흔히 우리의 분노를 촉발하는 사건 유형과 분노의 방아쇠에 대해서는 제2, 5장을 참고하도록 한다.

2. **그 상황에 대한 당신의 생각을 기록한다.**

   억지로 자제하지 말자. 자신의 생각이 왜곡되었다고 느낄지라도(그리고 이 장을 읽었다면 어떤 생각이 왜곡된 생각인지는 금세 알아차릴 수 있을 것이다) 마음속에 떠오르는 모든 생각을 적는다. 구체적인 생각이 떠오르지 않는다면, 다음 질문을 던져본다.

   - 이 사건을 내가 어떻게 인식하고 해석하고 있는가?
   - 이 사건이 나에게 어떤 의미가 있는가?
   - 왜 이 사건 때문에 속상하고 화가 나는가?

3. **기술한 생각들을 살펴보면서 왜곡된 측면이 있는지 검토한다.**

   다음은 왜곡된 사고 유형의 사례다(각 유형에 대한 자세한 설명은 이 장의 전반부를 참조).

   - 색안경 끼고 바라보기
   - 사건을 재앙화하기
   - 엉뚱한 데서 이유 찾기
   - 지나치게 일반화하기
   - 판단하기
   - 흑백사고
   - 독심술
   - 도저히 참을 수가 없어
   - 특권 의식

4. **한번 적용해볼 만한 변화 기법을 몇 가지 선택한다.**

   이 장의 전반부에서 다룬 변화 기법은 다음과 같다.

   - 증거 확인하기
   - 극단적 단어 조절하기
   - 친구의 관점에서 바라보기
   - 인내심 기르기

- 다양성 찾기
- 의도 재평가하기

5. 현실을 더 정확히 반영하도록 새롭게 작업한 생각을 기록한다.

이 생각들은 덜 극단적이면서 실제 증거에 기반을 둔 타당한 생각이어야 한다.

분노 문제가 있다면 화가 치밀 때마다 이 과정을 반복한다. 이따금씩은 당신의 생각이 상당히 정확하다는 사실을 발견할 것이다. 그러나 그보다 자주 당신이 무심코 반응하는 방식에 약간의 왜곡이 있다는 점을 깨닫게 될 것이다. 더 많이 연습할수록 더욱 합리적인 반응으로 분노에 대처할 수 있다. 인내심을 갖자.

chapter

07

스스로에 대한 관심 줄이기

제7장 미리보기

- 자존감이 분노에 미치는 놀라운 영향을 깨닫는다.
- 덜 경쟁적으로 접근한다.
- 완벽주의에서 벗어난다.

그렇다, 솔직히 고백하자면 필자들은 진짜 괴짜들이다. 우리가 가장 좋아하는 활동 가운데 하나는 흥미진진한 사회심리학 연구를 읽는 일이다(책을 저술하는 활동도 물론 포함된다). 이 분야에서 가장 매력적인 연구 몇 가지는 자기 몰입(self-absorption)이라는 개념이 우리의 기분과 공격성, 짜증에 미치는 영향을 다룬다. 자기 몰입이란 관심의 초점을 '자아'에 두는 것을 말한다. 다음은 몇 가지 흥미로운 연구 결과다.

✔ 강의실 안에 거울을 많이 설치해두면 학생들의 성취도가 더 낮아진다. 스스로에 대해 더 깊은 생각에 잠기도록 만들기 때문이다.

✔ 나라는 단어를 최대한 많이 담아 에세이를 쓰도록 하면 사람들은 부정적인 감정을 더 많이 느낀다.

✔ 자기 몰입이 과다하다고 진단받은 사람들은 충격적인 경험을 할 때 스스로에게 별다른 관심을 쏟지 않는 사람들보다 더 큰 스트레스를 느낀다.

그렇다면 이런 연구 결과가 분노와는 어떤 상관이 있을까? 알고 보면 자기 몰입은 분노를 비롯한 모든 부정적인 감정과 깊은 관련이 있다. 이번 장에서는 자기 몰입이 자존감이나 완벽주의와 어떤 관계가 있는지 살펴보면서 결과적으로 분노에 어떤 예기치 않은 영향을 미치는지 다룬다.

자존감과 분노의 관계

수십 년 동안 사회복지사, 심리상담사, 심리학자 그리고 보호 관찰관들은 분노의 근본적인 원인은 분노 문제가 있는 사람들의 자존감이 낮기 때문이라고 믿었다. 많은 사람들이 오늘날에도 똑같이 생각한다. 그에 따라 자연스럽게 성인이든 미성년자든 모든 공격적인 범죄자들의 자존감을 높이기 위한 프로그램과 강좌가 진행되어 왔다. 여기에 단 한 가지 문제가 있다면, 이 생각이 사실 거의 틀렸다는 점이다.

그렇다면 대체 자존감(self-esteem)이란 무엇일까? 아래 제시된 몇몇 동의어를 보면 감이 올 것이다.

✔ 자아상
✔ 자부심
✔ 자기가치
✔ 자기개념

이 개념들이 서로 어떻게 구분되는지 그 미묘한 뉘앙스까지 모두 알 필요는 없다. 다음은 필자들이 좋아하는 정의다. 자존감이란 스스로 가치 있다고 여기는 특성과 관련하여 자기에 대한 평가와 판단이 수반된 지각 및 관찰 결과다. 여기서 말하는 특성은 사람마다 다를 수 있다.

예를 들어 어느 변호사는 의견을 명료하게 표현하는 능력이 가치 있다고 판단하면서 그런 특성을 가진 스스로에게 만족할 수 있다. 반면 심리상담사는 내담자들과 논쟁을 피하는 능력을 가치 있다고 판단하면서 그런 기술에 능할 때 자기 자신을 높이 평가할 수 있다. 한편 깡패는 곤경에서 벗어나기 위해 거짓말을 둘러대는 능력을 높게 평가할 수 있다. 이와 달리 목사는 그 무엇보다도 정직을 최고의 가치로 꼽을 수 있다. 요컨대 자존감의 뿌리가 되는 특성은 개개인마다 다르다.

자존감이라는 풍선에 매달리기

필자들은 자존감을 곧잘 풍선에 비유한다. 슈퍼마켓에서 고무풍선을 사서 책상 위에 펼쳐놓았다고 상상해보자. 어떻게 보이는가? 공기도 없이 납작하고 쭈글쭈글한 상태다. 솔직히 말해서 약간 못생겼고 상당히 쓸모가 없다. 그것이 바로 자존감이 낮을 때의 모습과 기분이다. 자존감이 낮은 사람들이 그다지 활동적이지 않은 것도 당연하다. 이들에게는 에너지와 활력이 없다.

그렇게 생각해보았을 때 분노를 번뜩이거나 물리적인 공격성을 표출하거나 세밀하게 복수를 계획하는 사람과 공기 빠진 풍선의 이미지가 어울리는가? 별로 그렇지 않다. 이런 행동들에는 상당한 에너지가 필요한데, 풍선에 공기가 빠진(자존감이 낮은) 사람들은 그럴 힘이 없다.

이제는 풍선에 공기를 주입해서 풍선이 터지기 일보 직전의 상태로 만들었다고 생각해보자. 좋다, 여기에 두세 번 정도 더 공기를 불어넣자. 이렇게 부풀어 오른 풍선을 하루 종일 가지고 다녀야 하는데, 풍선이 터지지 않기를 당신이 간절히 바란다고 가정해보자. 풍선이 터지지 않는다면 백만 달러의 상금을 탈 수 있다! 이때 누군가가 당신의 풍선을 노리고 쫓아온다면 그 사람을 밀치지 않겠는가? 소리를 지르거나 비명을 외치고 반격을 시도하지 않을까? 행여나 풍선이 터질까 봐 모든 위험을 막기 위해 집착하고 경계하지 않을까?

물론 이 과제를 성공적으로 수행한다고 해서 필자들이 실제로 당신에게 백만 달러를 지급하지는 않을 것이다. 여기서 필자들이 전달하고자 하는 요점은 자존감이 과도하게 부풀고 지나치게 긍정적인 사람들에게는 터지기 일보 직전인 풍선을 보호해야 하는 짐이 지워진다는 점이다. 그리고 이들은 풍선을 안전한 상태로 유지하기 위해 분노나 공격성을 보일 가능성이 더 높다.

스스로 잘났다고 우쭐해 있는 사람들은 자존감에 구멍을 내거나 위협하기가 더 쉽다. 예를 들어 일부 광적인 스포츠팬은 경기가 불리하게 돌아가기 시작하면 자아가 위협받는다고 느낀다. 자연스럽게 그 가운데 몇몇은 폭력적인 행동까지 보인다. 이런 팬들이 바람 빠져 축 늘어진 풍선처럼 보이는가? 아니면 아주 작은 도발에도 폭발하기 일보 직전인 빵빵한 풍선처럼 보이는가?

최근에 직접 경험하거나 관찰했던, 분노가 폭발한 사례를 몇 가지 생각해보자. 혹시 이 사건이 당사자의 자아를 위협했기 때문에 일어나지는 않았을까?

이런 이야기를 필자들이 지어낸 것은 아니다. 수많은 연구에 의하면 자신이 다른 사람들보다 훨씬 위에 있다고 믿는 사람들(일명 나르시스트라고 알려진 사람들)이 훨씬 쉽게 흥분하며 더 격렬하게 공격성을 표출한다.

이제 다시 풍선이라는 비유로 돌아가 보자. 공기가 딱 적당하게 들어 있는 풍선을 상상해본다. 풍선을 이리 던지고 저리 던져도 터질까 봐 걱정하지 않아도 된다. 다시 말해 이 풍선에는 회복탄력성이 있다. 그렇기에 자존감은 단단하고 흔들림이 없어서 쉽게 출렁이지 않는다. 단단한 자존감은 합리적인 자기 평가와 더불어 현실적인 수준의 실제 성취에 기초한다. 단단한 자존감은 과도한 자기비판이나 자기비난으로 이어지지 않는다. 그리고 대체로 상당히 안정적으로 유지된다.

자존감 안정시키기

그동안 필자들이 내담자와 학생, 워크숍 참가자, 심지어 가족에게 건넨 조언 가운데 (물론 가족에게 조언할 때는 더 조심해야 하지만!) 필자들이 가장 좋아하는 조언은 자아를 선반 위에 치워두라는 조언이다. 다른 사람과 마찬가지로 당신 또한 이 말을 듣고서 "대체 자아를 선반 위에 치워두라는 말이 무슨 뜻이야?"라고 궁금해할 것이다.

자아를 선반 위에 치워두라고 말하는 이유는 다른 사람의 견해를 기초로 스스로를 평가하거나 판단하지 않아야 우리의 감정도 요요처럼 위아래로 출렁이지 않기 때문이다. 그렇게 되면 누구나 이런저런 상황에서 듣기 마련인 비판과 반대의 목소리를 객관적이고 합리적인 관점에서 받아들일 수 있다. 자아를 선반 위에 치워두면 자존감은 무사한 상태를 안정적으로 유지한다. 자아를 전면에 내세우지 않기 때문에 격노할 일도 줄어든다. 다음 세 가지 사례를 보면 이해하기가 더 쉬울 것이다.

세이디는 20대 여성이다. 세이디가 태어났을 때부터 그녀의 부모와 가족은 그녀가 아름답고 특별하며 커서 훌륭한 일을 하게 되리라고 말했다. 세이디는 기본적으로 원하는 것은 다 하면서 자랐다. 그녀의 부모는 그녀가 숨 쉬며 존재하는 것만으로도 그녀를 칭찬했고, 그녀가 잘못한 행동은 다른 사람을 탓하며 무조건 부인했다. 다행히도 세이디는 상당히 아름답고 똑똑했다.

세이디는 대학에서 정치학을 전공한 뒤 졸업한다. 그녀는 졸업하자마자 정치인들이 그녀를 고용하여 언론 담당 비서관이나 최소한 선거 사무보좌관 정도의 특별한 직책을 맡기리라고 예상한다. 그런데 이력서를 여러 군데 보내도 어디에서도 자신에게 흥미를 보내지 않자 세이디는 크게 분노한다. 마침내 한 곳에서 면접을 보게 되지만 그녀의 특권의식과 우월감, 분노는 어쩔 수 없이 말투와 태도에서 드러난다. 낮은 직급의 일자리를 제안받자 그녀는 그 일자리가 자신의 교육 수준과 사회적 지위에 미치지 못하다고 생각하여 모욕감을 느낀다. 세이디는 일자리 제안을 거절하고 으스대며 실직 상태에 머문다.

세이디는 좋지 않은 태도 때문에 시작부터 경력을 망치고 만다. 세이디가 다른 사람보다 자신이 우월한 존재라고 생각한다는 사실을 감지한 사람들은 그녀를 좋아하지 않는다. 그렇기에 세이디는 자아를 선반 위에 치워두는 법을 배우고, 그동안의 태도에 대한 대가를 치러야 한다.

돈이 자란 환경은 세이디와는 사뭇 다르다. 돈의 부모 또한 돈이 아주 작은 성취라도 이루면 칭찬했다. 하지만 약간이라도 일을 그르치면 그를 질타하고 깔아뭉갰다. 자연스럽게 돈은 스스로가 멋지다고 생각했다가도 순식간에 완전한 패배자라는 기분으로 추락하곤 했다.

돈도 대학을 졸업한다. 세이디처럼 그도 정치학을 전공했다. 경제가 어려워지면서 고용 시장도 얼어붙는 바람에 일자리를 찾기가 쉽지 않다. 이력서를 넣으면서 냉담한 반응을 얻자 세이디와 달리 돈은 의기소침해지면서 절망한다. 절대로 일자리를 얻지 못하리라고 생각한 돈은 대학을 다닌 것이 순전히 시간과 돈의 낭비였다고 느낀다. 그 뒤 돈은 공공 정치 캠페인과 관련된 일자리를 두고 면접을 보게 된다. 돈의 자아가 하늘 높이 솟아오른다. 그는 자신감 있는 태도로 인터뷰를 마친다. 면접관은 돈에게 그가 아주 훌륭한 인재라고 생각하지만 현재는 심부름과 잡일을 담당하는 자리밖에 남아 있지 않다고 말한다. 돈은 분노에 휩싸인 나머지 이력서를 내던지고 쿵쿵거리며 자리를 뜬다.

돈의 사례는 자존감이 몹시 불안정한 경우를 보여준다. 돈은 자신이 무가치한 존재라는 생각과 다른 누구보다 월등한 존재라는 믿음 사이를 급격하게 오간다. 이처럼 자존감이 불안정하면 우울과 분노 조절 문제에 모두 노출될 위험이 있다.

클리프는 사랑과 애정을 토대로 자녀를 엄격하게 다스린 부모 밑에서 자랐다. 클리프의 자존감은 토대가 단단하고 안정적이다. 클리프 또한 정치학을 전공한 다음 일자리를 찾지만 역시 만만치 않다. 그러다가 마침내 면접을 보게 된다.

면접관은 앞서 몇몇 지원자가 있었지만 일이 잘 풀리지 않았다고 말한다. 클리프의 이력서를 살펴본 면접관은 이렇게 말한다. "저희에게 굉장히 필요한 인재로 보이네요. 하지만 지금으로서는 심부름과 잡일을 담당하는 자리밖에 남아 있지 않아요."

클리프는 실망하지만 이것이 그가 최초로 제안받은 일자리라는 사실을 깨닫는다. 그는 면접관의 말을 감정적으로 받아들이지 않는다. 대신 그는 문제를 해결하겠다는 객관적인 태도로 접근한다. "음, 약간 실망스럽기는 하네요. 하지만 당분간은 어떤 일이라도 좋아요. 시간이 지나면 제가 조금 더 실질적인 업무를 맡게 될 가능성이 있을까요?"

면접관이 대답한다. "당연하죠. 지금 직급이 높은 사람들도 알고 보면 대부분 급여도 제공되지 않는 자원봉사자로 시작해서 빠른 속도로 승진한 걸요. 재밌지 않아요? 최근 면접을 본 두 지원자는 이 사실을 알기도 전에 방을 나가버렸어요. 저는 벌써 당신이 마음에 드네요."

클리프는 분노가 앞길을 가로막지 않도록 자아를 선반 위에 치워두고서 긍정적인 가능성을 발견한다. 대학을 졸업한 사람이라면 다 그렇겠지만 클리프 또한 좋은 직장에 다니게 되기를 기대했고, 그가 첫 번째로 제안받은 일자리가 기대에 못 미치자 낙담했다. 하지만 자아가 앞길을 방해하지 않았기 때문에 클리프는 아마도 장기적으로 그에게 유리하게 작용할 일자리를 얻을 수 있었다.

덜 경쟁적으로 접근하기

자기에 과도하게 몰입하는 사람들은 종종 극도로 경쟁적인 길을 걷는다. 덧붙이자면 여기서 말하는 몰입이란 정상적인 재미를 느끼며 스포츠나 게임에 흠뻑 빠지거나 직장에서 업무에 집중하는 종류의 몰입을 말하지 않는다. 오히려 어떤 희생을 치르더라도 기어코 이기려고 하는 사람들을 가리킨다. 이들은 정상에 확실히 오르기 전까지는 어떤 일도 서슴지 않는 사람들이다.

이런 사람들은 스스로에게 도전적인 목표를 세운다. 어느 정도는 좋은 일이다. 하지만 그 목표를 이루지 못하면 다른 사람이나 때로는 자기 자신에게 폭발적인 분노를 분출한다. 그렇기에 분노 문제를 줄이기 위한 한 가지 방법은 바로 경쟁에 대한 접근 방식을 조절하는 것이다.

다음은 지나치게 경쟁적인 접근을 피하고 건강하게 경쟁할 수 있는 몇 가지 방법이다.

✔ 골프를 칠 때 점수를 기록하지 않는다. 당신이 모르고 있을 수 있는 사실을 한 가지 말하자면, 일부 굉장히 경쟁적인 골퍼들은 자신의 점수뿐 아니라 다른 참가자들의 점수까지 기록한다. 다른 이들이 부정행위를 하지 않도록 막기 위해서다. 그래서 다른 골퍼가 실수라도 한다면 이들이 뭐라고 말할지는 안 봐도 뻔하다.

✔ 가족끼리 게임할 때에는 아이들이 적어도 절반 이상 이기도록 해준다. 40년 뒤에도 아이들이 당신을 사랑하기를 바란다면 더 자주 이기도록 해주자.

✔ 배우자와 의견이 충돌하거나 의사결정을 놓고서 경쟁하고 있다고 느낀다면, 배우자가 절반은 이기도록 허락한다. 그러면 두 사람의 관계는 더 오래 지속될 것이다!

✔ 동료들에게 얼마나 버는지, 주식 투자는 얼마나 잘되어가고 있는지, 상사와는 얼마나 자주 면담을 하는지 절대 물어보지 않는다. 그저 당신의 일에만 충실하면 나머지는 알아서 다 잘될 것이다.

✔ 어딘가로 이동할 때에는 얼마나 빨리 목적지에 도달할 수 있는지에 대해 관심을 갖지 않는다. 속도 제한을 준수하면서 드라이브를 즐기자. 인생은

경주가 아니다.

✔ **명상한다.** 만일 한 번도 명상해보지 않았거나 어디서부터 시작해야 할지 모르겠다면 스티븐 보디언이 쓴 『더미를 위한 명상, 제3판(Meditation For Dummies, 3rd Edition)』을 펼쳐들자. 이 책은 명상을 시작하는 초보자에게 유용한 명상법을 자세히 안내하고 있다.

✔ **당신보다 걷는 속도가 느린 사람과 산책하면서 그 사람의 속도에 맞추어본다.** 함께 걷는 상대와 경쟁하지 않고 걸으면 심장에도 마법과 같은 효과가 있다.

✔ **경쟁적 활동과 비경쟁적 활동을 번갈아 가면서 한다.** 예를 들어 어느 토요일 오후에는 친구와 테니스를 치고(그러면서 점수를 기록하고) 다음 토요일 오후에는 미술관에 방문한다.

✔ **당신이 속한 단체에서 리더를 뽑는 기회가 생기면, 손을 들고 다른 누군가를 추천한다.** 모든 모임의 리더가 될 필요는 없다. 다른 사람들이 책임을 지고 변화를 만들어나가도록 믿고 맡겨보자.

[문화적 영향 들여다보기]

문화는 사람들이 분노를 언제 어떻게 표현하는지에 영향을 미친다. 당연하지만 한 문화권 내에서도 개인들은 굉장히 다양한 방식으로 분노를 표현한다. 많은 사회과학자는 두 가지 주요 문화권을 발견했다.

✔ **개인주의** : 대체로 개인의 성취와 독립성, 자립심을 강조하며 문화 전체보다는 개인의 이익을 중시한다. 대표적으로 서구 사회가 이 문화권에 속한다.

✔ **집단주의** : 개인보다 집단의 요구를 중시한다. 이 문화권에서는 협력, 공유, 협업이 미덕이다. 주로 동양 문화에서 집단주의가 우세한 경향이 있다.

일부 연구에 따르면 집단주의 사회에서 사람들은 분노를 직접적으로 드러내기를 꺼린다. 한편 개인주의 문화는 나르시시즘 수준이 더 높다고 알려져 있다. 나르시시즘은 과도한 분노를 부르는 위험 인자 가운데 하나다. 하지만 개인주의 문화권에서 살아가는 사람들은 삶의 만족도가 더 높다고 보고한다.

지금 여기서는 개인주의나 집단주의 문화 가운데 어느 하나가 더 낫다고 말하려는 것이 아니다. 두 문화권은 다만 서로 다를 뿐이다. 개인주의자들은 자신의 개인적인 목표와 욕구가 침해당할 때 좌절하고 분노할 가능성이 크다. 반면 집단주의자들은 자신이 속한 집단이나 문화가 모욕당하고 있다고 느낄 때 분노를 느낄 확률이 높다. 어느 문화권이든 극단적인 사람들이 과도하게 민감한 경향이 있으며, 전반적으로 더 강렬한 분노를 보일 가능성이 크다.

당신의 경쟁적인 기질을 완화할 수 있는 다른 창의적인 방법을 생각해보자. 덜 경쟁적인 관점을 취하면 화낼 일이 줄어들며, 이는 틀림없이 좋은 소식이다.

완벽주의에서 벗어나기

도대체 완벽주의가 분노와 무슨 상관일까? 완벽주의 또한 자기에 초점을 맞춘다. 완벽주의자는 매사에 일을 완벽하게 처리하며 언제나 완벽한 사람이 되고자 한다. 이 또한 자기 몰입의 한 형태다. 완벽주의자가 기대하는 수준은 절대로 유지될 수 없으며, 그로써 종종 좌절하게 되고 그 결과 분노를 느낀다. 완벽주의는 지나치게 부푼 풍선처럼('자존감이라는 풍선에 매달리기' 부분을 보자) 쉽게 터진다.

완벽주의자의 분노는 주로 내면을 향한다. 이들은 비현실적인 목표를 달성하지 못할 때마다 너무나 쉽게 스스로에게 모든 책임을 뒤집어씌운다. 이들은 자기 자신에게 이렇게 말한다. "나는 완벽하지 않기 때문에 끔찍한 인간이야."

자신의 비현실적인 기대 수준을 다른 사람에게 강요하는 경우도 있다. 하지만 동료나 친구, 가족은 절대로 완벽주의자의 요구에 부응할 수 없다. 이런 상황이 벌어지면 완벽주의자와 주변 사람들 사이에서 분노가 오간다.

> 예를 들어 수잔은 두 아들을 둔 엄마로서 굉장한 완벽주의자다. 그녀는 끊임없이 아이들을 혹독하게 꾸짖었다. "똑바로 하지 않으면 아예 하지 않는 것만큼이나 쓸모없어."
>
> 수잔은 아이들이 상당한 성취를 거두었음에도 그에 대해서는 거의 관심을 보이지 않으면서 다만 실수를 나무라는 데 집중했다. 아들들은 소심하고 불안한 기분을 느끼며 성장했다. 어머니를 향해 분노와 원망을 느꼈지만 어머니에게 직접 표현하기는 두려워했다. 대신 이들은 다른 사람에게 격렬한 분노를 표출했다.

목표를 높게 잡는 행동 자체가 좋지 않다는 이야기가 아니다. 대다수 훌륭한 성과는 탁월한 성취를 거두려는 노력에서 비롯했다. 하지만 비합리적이고 무분별한 완벽주의는 틀림없이 실망으로 이어지며, 이는 대체로 분노로 귀결된다.

실수를 포용하라

완벽주의자들은 실수하기를 혐오한다. 실수를 저지르면 자존감이 뭉개지고 존재가 위태로워진다.

완벽주의를 타파하는 한 가지 방법은 실수를 포용하는 것이다. 실수를 포용한다는 의미는 실수로부터 배울 점이 많다는 사실을 깨닫는다는 뜻이다. 실수는 우리에게 자기에 지나치게 몰입하는 대신 자기를 그저 수용하라는 교훈을 준다. 그래서 필자들은 당신 삶에 의도적으로 실수를 더하기를 권한다. 아래 제시된 방법을 참고하자.

- ✔ 하루는 색깔이 다른 양말을 한 짝씩 신는다.
- ✔ 서류에 작은 얼룩을 묻힌다.
- ✔ 어딘가에 걸려 넘어진 척한다.
- ✔ 주차할 때 주차 안내선에 살짝 비뚤어지게 차를 댄다.
- ✔ 출구로 입장한다.
- ✔ 약간의 얼룩이 묻은 옷을 입는다.
- ✔ 실없는 농담을 한다.
- ✔ 머리를 헝큰다.
- ✔ 편지봉투에 우표를 비뚤게 붙인다.
- ✔ 일부러 오타ㅏㅏ를 쓴다!(이 문장을 보면 우리 편집자들은 돌아버릴지도 모른다!)
- ✔ 승강기에서 잘못된 층을 누르고 "아이쿠"라고 말한다.

이렇게 행동했을 때 주변 사람들이 어떻게 반응하는지 살펴보자. 당신을 조롱하는가? 비난하거나 모욕하는가? 당신의 세계가 무너져 내리는가? 아마도 아닐 것이다. 대신 운이 좋다면 조금 더 자기를 포용하고 있다는 기분을 느끼기 시작할 것이다.

체크포인트

당신은 우주의 중심이 아니다. 대다수 사람들은 당신이 실수하더라도 그다지 관심을 갖지 않는다. 그리고 스스로에게 주의를 덜 기울이면 분노할 일도 줄어든다.

늑장 부리는 습관을 때려잡자

늑장 부리는 사람은 대부분 완벽주의자와 비슷한 길을 걷는다. 절대적으로 완벽하게 일을 할 수 없다면 아예 시작도 안 하기 때문이다. 그렇다고 아무것도 하지 않으면 스스로에게 화가 나고 다른 사람들에게는 짜증이 난다.

무언가를 하겠다고 결정한 시점과 실제로 이를 행동에 옮기는 시점 사이에 차이가 발생할 때를 가리켜 늑장을 부린다고 말한다. 늑장 부리는 사람들은 비판이나 좌절, 심지어 성공을 피하고자 한다. 성공을 피한다니? 그렇다. 왜냐하면 성공하면 그다음에는 더 큰 성취를 거두어야 한다는 압박을 느끼기 때문이다. 다음의 몇 가지 신호를 살펴보면서 스스로 늑장부리는 유형은 아닌지 점검해보자.

✔ 어려운 업무나 과제가 있으면 계속 이메일이나 확인한다.
✔ 무엇인가를 시작하려면 그에 '딱 맞는 기분'이 들기만을 기다린다.
✔ 마감일이 목을 죌 듯이 다가오기 전까지는 일을 시작하지 않는다.
✔ 당장 해야 하는 일을 하는 대신 강박적으로 집을 청소한다.
✔ 해야 하지만 두려운 일에 직면하는 대신 일주일씩 시간을 들여 사무실을 개편한다.
✔ 자신의 프로젝트와 거의 상관이 없는 정보를 하나라도 더 얻기 위해 인터넷을 뒤지고 또 뒤진다.

늑장 부리는 습관에 대처하기 바란다면 아래의 몇 가지 전략을 실천해보자.

✔ 인터넷 연결을 잠시 끊는다.
✔ 휴대폰을 비롯해 바깥세상과 모든 연결고리를 끊는다. 그렇다, 전부!
✔ 먼저 콩을 먹어야 디저트를 먹을 수 있다는 오래된 법칙을 따른다. 즉, 해야 하는 일을 약간이라도 한 뒤에 스스로에게 보상을 주자.
✔ 가장 생산적인 작업을 수행할 공간을 별도로 마련하고, 그 장소는 오로지 작업을 위해서만 사용한다. 배타적이기만 하다면 식탁이든 커피숍이든 상관없다.
✔ 문이나 파티션에 방해하지 말아달라는 메모를 써 붙여 혼자 있는 시간을 확보한다.
✔ 업무나 과제를 작은 단계로 쪼갠 다음 한 단계씩 완료할 때마다 그 순간을 만끽한다.
✔ 달력이나 다이어리를 사용한다. 알림 기능이 있는 전자 다이어리가 특히 유용하다.

✔ 달력이나 늘 시선이 가는 곳에 해야 할 일 목록을 적어두고 관리한다.

오늘날 세계에서는 수많은 자극으로 관심이 분산되어 늑장 부리는 행동이 더욱 조장된다. 늑장 부리는 사람들은 분노 문제가 있는 사람들만큼이나 자기를 조절하기 어려워한다. 꾸준하고 성실하게 노력해야 이 문제를 해결할 수 있다.

PART

3

분노 조절 도구로 무장하기

더미를 위한 팁

다섯 가지 분노 조절 전략

- 천천히 쉬어가며 말함으로써 갈등이 점화되는 속도를 조절한다.
- 문제에 직면하면 화를 내기 전에 가능한 모든 대안의 목록을 떠올린다. 아마도 좋은 해결책이 나타날 것이다.
- 분노가 치밀기 시작하면 심호흡을 서너 번 하면서 가능한 한 천천히 깊은 숨을 내쉰다.
- 화나는 생각 또한 '그저 생각일 따름'이라고 바라보면서 반드시 일일이 반응하지 않아도 된다는 사실을 상기한다.
- 분노가 솟아오르는 게 느껴지면 호수나 해변, 숲처럼 평온한 이미지를 떠올리고 그 이미지에 집중한다. 그 풍경의 모습과 소리, 촉각, 색깔, 냄새를 상상한다.

제3부   미리보기

- - - - - - - - - - - - - - - - - -

- 단호함에 대해 살펴본다. 분노나 적의를 담지 않고서 목소리를 내는 법을 배운다.

- 몇 가지 단순한 단계를 거쳐 문제에 대한 해결책을 찾는다. 문제에 효과적으로 대처할수록 좌절도 줄어들고 분노 조절 문제도 완화된다.

- 분노 조절 도구로서 휴식을 활용한다.

- 화나는 생각과 이미지로부터 거리를 두고 스스로를 해방시키는 법을 연습한다.

chapter

08

단호하게 주장하기

제8장 미리보기

- 목소리를 내서 다른 사람이 귀를 기울이도록 만든다.
- 감정이 격해지지 않도록 조절한다.
- 누그러트리기와 완충하기 전략을 사용한다.
- 분노를 표현하는 최선의 방법을 찾는다.

속보 : 사람들과 항상 잘 지내는 사람은 없다. 가장 성격 좋은 사람들조차 친구나 가족, 이웃, 동료들과 의견이 충돌할 때가 있다. 새벽 4시부터 이웃집 개가 짓거나 아들 부부 대신 손주를 봐주는데 아들 부부가 상습적으로 약속 시간보다 늦게 돌아오기도 하며, 금요일 오후에 상사가 일거리를 한 아름 안겨놓고 퇴근하거나 가장 친한 친구가 약속 시간 직전에 바람을 맞히기도 한다.

이 세상을 살아가는 모든 사람들처럼 당신도 짜증이 나고 불편하며 심지어 화나는 순간이 있을 것이다. 그런 상황에서 당신의 기분을 어떻게 표현하느냐가 상황을 더 좋게도, 더 나쁘게도 만든다. 이번 장에서는 단호하게 자신의 기분을 소통하는 방법에 대해 다룬다. 단호하게 소통하면 화내지 않고서도 자신의 요구를 알릴 수 있으며,

제8장 단호하게 주장하기 **145**

그 결과 자신이 바라는 바를 얻을 수 있다.

단호함에 대하여

단호한 소통은 직접적이며 정중하다. 당신의 의사를 다른 사람들이 충분히 귀 기울여 들을 만큼 효과적으로 표현할 수 있다. 단호한 소통은 일반적으로 세 가지 요소로 구성된다. 첫째는 기분을 표현하는 것이고, 둘째는 무엇이 잘못되었는지 말하는 것이며, 셋째는 당신이 원하는 바를 부탁하는 것이다. 하나씩 살펴보자.

기분을 표현하라

단호하게 소통하려면 당신의 기분에 주도권을 가지고 있어야 한다. 당신이 화가 나거나 슬프거나 짜증이 나거나 불안한 것은 다른 사람이 그렇게 만들어서가 아니다. 우리는 우리가 처한 상황에 그와 같은 기분으로 반응하기를 선택한다. 단호하게 소통할 때에는 당신의 기분에 대한 메시지를 명확하게 전달해야 한다. 다른 사람을 탓하지 않고서 당신의 기분에 대해 설명해보자. 예를 들어 "……때문에 당신은 늘 나를 짜증나게 만들어."라고 말하는 대신 당신의 기분에 주도권을 쥐고서 "……할 때 나는 짜증이 나."라고 말해보자. 몇 가지 사례를 덧붙이자면 다음과 같다.

- ✔ "… 때문에 당신은 늘 나를 화나게 만들어." 대신 "…할 때 나는 화가 나."
- ✔ "… 때문에 당신은 늘 나를 심란하게 만들어." 대신 "…할 때 나는 심란해져."

이 기법은 흔히 '나' 메시지라고 불리기도 한다. 이 전략을 쉽게 기억하는 방법은 "내 기분은……"이라고 문장을 시작하는 것이다.

무엇이 잘못되었는지 말하라

단호한 소통의 두 번째 요소는 당신이 좌절하는 상황을 사실적이면서도 차분한 말투로 설명하는 것이다. 이 단계를 어떤 사람들은 상당히 어려워한다. 수줍음을 많이 타거나 수동적이거나 속마음을 많이 드러내지 않는 사람들은 통상 다른 사람에게 자신의 불쾌한 마음을 표현하는 일을 피한다. 반면 공격적인 사람들은 자신의 불만을 차분하고 합리적이며 과하지 않은 방식으로 설명하기를 어려워한다.

단호하게 소통하려면 당신을 불편하게 만든 행동을 한 당사자를 직면해야 한다. 이 단계의 핵심은 문제가 되는 행동을 사실에 기반하며 감정이 담기지 않은 명료한 문장으로 설명하는 것이다. 몇 가지 사례를 살펴보자.

- ✔ 금요일 저녁 퇴근하기 직전에 상사가 일거리를 왕창 던진다. 이럴 때는 다음과 같이 말한다. "월요일까지 마무리할 수 없는 일을 지금 주시면 스트레스 받아요."
- ✔ 배우자가 여행을 떠나기 직전이 되어서야 짐을 싸기 시작하는 바람에 종종 여행이 늦어진다. 이렇게 말해본다. "당신이 미리 짐을 싸두지 않으면 우리 모두 촉박하게 움직여야 하니까 조금 짜증나게 돼."
- ✔ 이웃이 자기 아이들의 자전거와 장난감을 당신 집 앞에 내버려둔다. "자녀분 장난감이 제 집 앞에 있으면 제가 걸려 넘어질까 봐 걱정스러워요."

당신을 불편하게 만드는 모든 사소한 일들에 단호해질 필요는 없다. 때때로 작은 싸움은 무시하고 넘어가기도 해야 한다. 만일 그 상황이 다시 벌어질 가능성이 없거나 당사자를 다시 볼 일이 없다면 혹은 문제가 사소할 때에는 단호하기 위한 노력을 투자할 가치가 있는지 판단할 필요가 있다.

원하는 바를 부탁하라

기분을 표현하고 무엇이 잘못되었는지도 말했다면 이제는 원하는 바를 정확히 부탁할 차례다. 단호한 소통의 이 단계에는 계획이 필요하다. 말하기에 앞서 당신이 바라는 것이 무엇인지 파악하고, 그중에서 실용적이고 가능성이 있는 대안을 고려해야 한다.

만일 상사가 당신이 생각하기에 지나치게 일을 많이 시킨다면, 다음과 같은 반응은 역효과를 낳을 것이다.

> "금요일 오후에 일을 많이 주시면 짜증이 납니다. 그러지 않으셨으면 좋겠어요."

그렇다면 상사는 이렇게 반응할 것이다. "좋아, 이제 더 이상은 아무 일도 주지 않겠어. 당신, 해고야."

당신이 바라는 바를 똑같이 담으면서도 더 합리적이고 단호한 접근은 다음과 같다.

> "금요일 오후에 일을 많이 주시면 스트레스를 받습니다. 이 부분에 대해서 같이 이야기를 나눠볼 수 있을까요?"

아마도 효과적이지 않을 소통의 사례를 또 한 가지 들자면 9세 된 아들에게 이렇게 말하는 어머니다.

> "네가 방을 치우지 않으면 엄마는 화가 나. 앞으로 이 집에 사는 동안은 엄마가 시키지 않아도 네 방은 네가 청소해!"

하지만 어머니는 단호하게 다음과 같이 반응을 조정할 수 있다.

> "네가 방을 치우지 않으면 엄마는 화가 나. 엄마가 어떻게 도와주어야 네가 방을 치워서 우리 둘 다 기분이 좋아질 수 있을까?"

당신이 원하는 바를 설명할 때에는 좋겠다, 바란다, 희망한다 등의 단어를 쓰자. 해야 한다, 필요하다, 반드시 등의 단어는 최후통첩처럼 들리며 상대를 방어적으로 만들 수 있다.

단호한 소통의 효과

다음 사례는 나이 든 부모를 보살피는 과정에서 단호하게 의사를 표현한 덕에 힘든 상황이 어떻게 나아졌는지 보여준다.

> 에이미는 58세의 의사로 자신의 성공이 좋은 가정교육 덕분이라고 생각한다. 하지만 그녀는 어린 시절에 대한 좋은 기억이 없다. 부모는 냉담했고 입이 거칠었다. 집에서 끊임없이 경험하는 비난과 경멸에서 도망치기 위해 에이미는 책과 학업에 의지했다. 시간이 지나면서 유년 시절의 학대 경험을 극복한 그녀는 이제 마음도 건강하다.
>
> 에이미의 부모는 나이가 들면서 갈수록 연약해진다. 에이미가 자란 문화권에서는

병든 부모를 자녀가 모시는 일이 당연하다. 부모가 지속적인 보살핌이 요구되는 단계에 이르자 에이미는 부모를 자기 집으로 모신다.

에이미의 부모는 병들고 의존적이면서도 무례하게 행동하면서 에이미가 부모를 기쁘게 만들기 위해 쏟는 모든 노력에 대해 불평한다. 에이미는 부모의 모욕적인 말을 대부분 무시하지만 갈수록 짜증과 화가 난다. 남편과 아이들도 스트레스를 받는다. 마침내 에이미는 용기를 내서 단호하게 의사를 표현한다. "제 집에서 저를 비난하시면 불행하고 화가 나요. 저는 부모님을 위해서 할 수 있는 모든 걸 다 하고 있다고 생각해요. 제 집에서는 정중하고 예의바르게 행동하셨으면 좋겠어요."

에이미의 부모는 이 말을 듣고 깜짝 놀란다. 또한 깊은 부끄러움을 느낀다. 이들은 행동을 바꾸기 위해 노력하겠다고 약속하면서 에이미의 용서를 구한다. 에이미는 기쁜 마음으로 부모의 마음을 받아들이고, 세 사람은 앞으로의 변화에 대해 논의할 계획을 세운다.

일반적으로는 에이미의 사례와 달리 단호한 말 한 마디로는 사람들의 오래된 습관을 즉각적으로 변화시키기 어렵다. 하지만 지속적으로 단호하게 의사를 표현하다 보면 새로운 변화를 위한 대화의 장을 열 수 있다. 끈기 있는 노력이 핵심이다.

급작스럽게 고조되는 갈등 피하기

지금까지 우리는 단호하게 소통하기 위한 기본적인 방법을 살펴보았다. 그런데 최선을 다해 노력했는데도 단호한 소통으로 말미암아 감정과 분노가 격해지면 어떡해야 할까? 그런 상황을 방지하려면 다음과 같은 행동을 피하자.

단호한 소통 기법을 사용하려고 한다면 몇 가지 하지 말아야 할 행동이 있다. 어떤 상황에서든 다음과 같이 행동해서는 안 된다.

- ✔ 다른 사람이 말할 때 눈을 부라린다.
- ✔ 상대가 들을 수 있을 정도로 크게 한숨 쉰다.
- ✔ 손가락질한다.

✔ 자신이 말할 차례가 되면 다른 사람을 훈계한다.

✔ 상대를 비난하는 단어를 사용한다(멍청한, 바보, 미친, 무식한, 어리석은 등).

✔ 다른 사람의 말을 자르고 끼어든다.

✔ 감정적으로 말한다(예를 들면 "이런 바보 같으니!").

대화를 잠시 중단하는 것도 좋은 방법이다. 예를 들어 상대에게 "지금으로서는 우리가 이야기를 나눌 만큼 나눈 것 같아. 며칠 지나고 나서 다시 이야기를 이어나가야 할 것 같은데 어떻게 생각해?"라고 말하기를 두려워하지 말자. 어떤 이슈들은 다른 이슈보다 해결하는 데 시간이 더 걸린다. 마치 어떤 목적지는 다른 목적지보다 더 멀리 있는 것과 같다.

이 전략은 실제로 당신이 나중에 대화를 이어나갈 때에만 효과가 있다. 아니라면 당신의 모든 건설적인 노력은 허사가 된다!

모든 진실을 아는 사람은 없다

사람들이 당신을 비판하거나 당신의 의견에 동의하지 않을 때 자동적으로 그들은 틀렸고 당신이 옳다고 생각하지는 않는가? 분노 조절 문제가 있는 사람들을 포함한 수많은 사람들이 이런 생각을 기본적으로 가지고 있다. 물론 그러지 않기가 어렵기는 하지만, 한 걸음 물러나서 당신의 생각과 다른 의견에도 일리가 있을 가능성을 실제로 고려해보기를 권한다.

당신과 다른 관점을 온전히 옹호할 필요는 없다. 다만 모든 진실을 아는 사람은 없다는 사실을 곰곰이 생각해보기를 추천한다. 혹시 과거에 무엇인가에 대해 상당히 확신해서 의사결정을 내렸는데, 나중에 알고 보니 그 당시 알던 정보가 전부 정확하지는 않아서 잘못된 결론을 내렸다는 사실을 깨달았던 경험이 있는가? 만일 그런 경험이 생각나지 않는다면, 충분히 생각하지 않은 것이다! 누구나 때때로 잘못된 판단을 내린다.

이제부터는 대다수 사람들의 관점과 의견은 종종 일말의 진실과 일말의 오류를 담고 있다는 새로운 가정에 기초한 전략을 살펴본다. 때로는 오류가 없더라도 모든 충분한 정보를 가지고 있지 않을 수도 있다. 그리고 다른 사람의 말에서 진실이나 정보의 공백을 조금씩 발견하기 시작하면 상대에게 공감할 수도 있다.

의견 충돌이나 비판 누그러트리기

누그러트리기 전략은 충분히 고민하거나 성찰하지 않고서 자동적으로 보복하는 대신 차분하게 상황을 진정시킬 수 있는 강력한 방법이다. 그러기 위해서는 상대방이 얼마나 틀렸고 비합리적이며 부당하다고 느끼든 상관없이 상대방이 말하는 내용에서 일말의 진실을 적극적으로 찾아야 한다.

이 전략을 실천하기가 상당히 어려울 수 있다. 만일 그렇다면 제7장으로 돌아가 자아를 전면에 내세우는 대신 선반 위에 치워두는 법을 다시 익히기를 강력하게 권한다. 자아를 선반 위에 치워두면 다른 사람의 비판에 자동적으로 방어적인 태도로 반응하면서 공격적인 행동을 취하는 경향을 조절할 수 있다.

아래 케이드의 사례를 살펴보자. 예민하고 쉽게 분노하는 케이드가 평상시 성향 그대로 비판에 반응하는 시나리오가 우선 제시되어 있다. 그다음에는 누그러트리기 전략을 사용했을 때의 시나리오가 이어진다.

> 케이드는 27세 청년으로 자동차 정비소에서 일한다. 케이드는 친한 친구 제이크와 함께 근무하는데, 두 사람은 성과급을 받기 때문에 고객을 유치하기 위해 경쟁한다. 대개 두 사람 사이에는 심각한 갈등이 벌어지지 않는다. 그러던 어느 월요일, 주말에 아내와 심하게 싸운 채 케이드가 출근한다. 순식간에 케이드와 제이크 사이에 갈등이 고조된다.
>
> 제이크 : 이봐, 케이드. 방금 나를 가로막고 저 고객을 뺏어간 것이 그리 달갑지 않은데. 내 차례였다는 걸 너도 알잖아.
>
> 케이드 : 난 그런 적 없어. 네가 완전히 잘못 알고 있는 것 같은데, 오늘 왜 그렇게 바보같이 구는 거야?
>
> 제이크 : 와우, 나는 우리 회사에 질서라는 게 있다는 말을 하고 있을 뿐이야. 네가 그 질서를 따르지 않을 때에는 나도 그리 유쾌하지 않아.

케이드 : 아니야, 너는 그저 나보다 한 수 앞서고 싶을 뿐이잖아. 너무 그러면 안 돼. 아니면 매니저에게 말할 거야.

제이크 : 뭐라고? 대체 얼마나 더 내 기분을 망칠 생각이야? 매니저한테 불평을 늘어놓을 만큼 넌 어리석은 사람이 아니잖아. 우리 둘에게 잔소리를 퍼부을 거라고, 이 멍청아!

케이드 : 저리 비켜, 제이크. 네가 늘 그렇게 불평하는 것도 이제 지긋지긋해. 이제 우리는 친구도 아니야!

음, 그다지 좋은 결과는 아닌 듯하다. 케이드와 제이크 가운데 누가 옳을까? 판단이 서는가? 대화가 흘러간 양상을 살펴보건대 아마도 아닐 것이다. 다음은 케이드가 누그러트리기 전략을 사용했을 때의 시나리오다. 시작은 같지만 결과는 다르다.

제이크 : 이봐, 케이드. 방금 나를 가로막고 저 고객을 뺏어간 것이 그리 달갑지 않은데. 내 차례였다는 걸 너도 알잖아.

케이드 : 네 차례라고 생각할 수 있다는 사실은 나도 알겠는데(누그러트리기) 사실 그 고객은 몇 년 전에 내가 담당했던 고객이었어.

제이크 : 몰라, 어쨌든 내 차례였어.

케이드 : 어떤 면에서는 네 말이 맞아(누그러트리기). 하지만 예전 고객은 그때 담당했던 사람이 계속 관리해오지 않았던가?

제이크 : 항상 그런 건 아니지. 내 예전 고객인 칼 생각나? 칼도 네가 가져갔잖아. 하지만 그때는 내가 돈을 많이 벌고 있었기 때문에 딱히 뭐라고 하지 않았던 거고.

케이드 : 네 이야기도 맞아(누그러트리기). 칼에 대해서는 잊고 있었어. 하지만 최근에는 우리 둘 다 그렇게 행동하지 않았잖아. 그리고 대개는 서로의 예전 고객은 건드리지 않잖아, 그렇지?

제이크 : 음, 그렇기도 하지. 하지만 다음번에는 고객에게 달려가기 전에 이 문제에 대해서 말을 나눴으면 좋겠어.

케이드 : 그건 나도 환영이야. 이렇게 이야기해서 풀어서 다행이다.

이번에는 케이드와 제이크의 말 모두 일리가 있다는 점을 당신도 눈치 챘을 것이다.

두 사람 중 누구도 어떤 일이 벌어지고 있는지 온전히 알지 못했다. 케이드가 자아를 선반에 치워두고 제이크의 말에서 일말의 진실을 찾으려고 노력했기 때문에 두 사람은 앙심을 남기지 않고서 갈등을 해결할 수 있었다.

누그러트리기 전략을 효과적으로 사용하려면 다양한 표현을 익히는 것이 도움이 된다. 다음 목록을 읽으면서 과거에 경험했던 갈등 상황에서 이런 표현을 쓰는 모습을 상상해보자. 앞으로 다른 사람과 의견이 충돌했을 때에는 아무 생각 없이 공격적으로 반응하는 대신 이 표현들을 사용해보자.

- ✔ "네 말도 일리가 있어."
- ✔ "가끔은 네 말이 정말 맞는 것 같아."
- ✔ "그렇게 볼 수도 있겠다."
- ✔ "이 부분은 내가 좀 잘못 생각했는지도 모르겠네."
- ✔ "네 말 가운데 적어도 일부는 동의해."

누그러트리기와 완충하기 전략(곧바로 이어진다)은 단순한 기법이라기보다 실제 철학이라고 생각하는 편이 좋다. 어떤 일이든 100퍼센트 정확하거나 그와 관련된 정보를 100퍼센트 알기는 어렵다는 사실을 충분히 이해해야 한다.

비판을 누그러트린다고 해서 다른 사람의 관점에 온전히 동의하거나 아예 항복해야 한다는 뜻은 아니다. 앞선 사례에서 케이드가 여전히 고객을 차지하면서도 다음번에는 누가 누구를 담당할지 먼저 논의하자는 합의를 이끌어냈다는 점을 눈여겨보자.

불평 완충하기

다른 사람의 불평에 일말의(혹은 더 많은) 진실이 담겨 있다는 사실을 이해하는 것 외에도 당신의 관점에도 결함이 있다는 사실을 깨달으면 도움이 된다. 완충하기 전략이란 요컨대 스스로에게 동의하지 않는 전략이다! 음, 더 정확히 말하자면 이 전략은 당신의 의견에도 오류가 있을 수 있다는 사실을 분명하게 인정하기를 요구한다. 당신이 틀릴 수도 있다는 사실을 당신이 지적해야 한다(불가능한 일은 아니다).

완충하기 전략을 사용하면 다른 사람들이 당신이 전하려는 바에 실제로 귀를 기울일 가능성이 높아진다. 신중하게 사용할 경우 완충하기 전략은 상대방이 방어적으로 반응하거나 화를 내지 않도록 도와준다.

잠깐, 만일 "내가 옳아. 난 틀리지 않았어."라고 말한다고 해보자. 어쩌면 당신이 옳은지도 모른다. 하지만 당신이 궁극적으로 이루고자 하는 바가 무엇인지 생각해보자. 당신의 목표가 무엇인가? 옳은 사람이 되기를 바라는가 아니면 사람들이 당신의 말을 들어주기를 바라는가?

어떤 일에 대해서건 100퍼센트 옳은 사람은 거의 없다. 이 사실을 당신이 인정하면 상대방도 귀를 열기 시작한다.

샌디가 여동생 레아를 대하는 과정에서 어떤 일이 벌어지는지 살펴보자. 우선 완충하기 전략을 사용하지 않았을 때의 모습이다.

> 샌디 : "레아, 애들을 데리고 우리 집에 올 때마다 너는 애들이 부엌을 점령하고 거기 있는 간식이란 간식은 모조리 먹어치우도록 내버려 두더라. 애들 좀 자제시켜, 응?"
>
> 레아 : "애들이 뭘 먹는다고. 가끔 수영 끝나고 올 때면 배가 좀 고픈 것뿐이야. 대체 왜 이렇게 예민해?"
>
> 샌디 : "애들이 모든 걸 먹어치운다니까! 지난주에는 과장 안 하고 정말 아무것도 남아 있지 않더라."
>
> 레아 : "그건 사실이 아니야. 내 기억으로는 선반 위에 팝콘이랑 그래놀라 바가 몇 개 남아 있었어. 그리고 지금 막 떠오른 게 그만큼이지 분명 더 남아 있었을 게 확실해."
>
> 샌디 : "아니야. 이건 내 말이 옳아. 네 애들은 통제 불가능한 괴물이야."

이번에도 썩 훌륭한 결과는 아니다. 대화는 자매가 서로에게 분노하면서 끝난다. 게다가 아이들까지도 두 사람 사이의 격렬한 갈등을 알아차릴 것이다. 모두 바람직하지 않다.

다음은 완충하기 전략과 약간의 누그러트리기 전략이 활용되었을 경우의 대화다.

> 샌디 : "내가 사소한 일 가지고 어쩌면 너무 예민한 것일 수도 있는데(완충하기), 네가 애들을 데리고 오면 애들이 손댈 수 있는 간식은 모두 먹어버리는 것 같아."

레아 : "흠, 가끔씩 수영 끝나고 바로 올 때면 상당히 배고파하더라고. 그게 대수야?"

샌디 : "음, 수영에 대해서는 네 말이 맞아(누그러트리기). 하지만 아이들이 언제 올지, 얼마나 먹을지 모르는 상태에서는 장보기가 힘들어."

레아 : "아, 그러면 가끔 내가 직접 그래놀라 바를 한두 상자 정도 사오면 어때? 도움이 될까?"

샌디 : "당연하지. 그러면 많은 도움이 될 거야. 고마워."

이 경우에는 샌디 스스로가 "어쩌면" 예민하게 반응하는 것일 수도 있음을 인정하고 수영에 대해서는 레아의 말이 맞는다고 인정했다. 그로써 대화 분위기가 조금 더 차분해졌고 더 효과적인 해결책이 나올 가능성이 높아졌다.

다음은 당신이 문제라고 생각하는 이슈를 놓고 상대방과 대화해야 할 때 갈등을 완충하기 위해서 곁들여 사용하면 유용한 몇 가지 표현이다.

- ✔ "내가 틀렸을지도 모르는데……"
- ✔ "내가 너무 예민한 것일 수도 있는데……"
- ✔ "내가 잘못 생각했을 수도 있는데……"

당신의 견해에 대해 모든 진실을 알지 못할 수도 있다고 인정한다고 해서 당신의 의견을 포기하거나 상대에게 항복해야 하는 것은 아니다. 만일 '근본적으로' 자신이 옳다고 느낀다면 의견을 고수할 수 있고 그래야 할 때도 있지만, 다른 각도에서 기꺼이 바라보려는 의향을 상대에게 보여주어야 한다.

화풀이 멈추기

친구에게 전화를 걸어서 "속에 쌓인 화를 좀 풀고 싶어."라고 말한 적 있는가? 화풀이는 마음속에 억눌린 감정을 환기하는 행동이다. 최선의 경우에 그렇다. 최악의 경우에 이런 행동은 화풀이(venting)의 사전적 의미 그대로 '화산 폭발물 방출하기'를 연상시킨다. 격노, 경멸, 혐오, 역정이 모두 그러한 폭발물이다.

하지만 화산이 그렇듯이 모든 억눌린 용암과 그을음과 재를 분출하는 일이 도움이 되지 않을까? 화풀이가 좋은 행동은 아닐까? 음, 사실 대다수 사람들이 생각하는 것과 달리 화풀이는 아무런 효과가 없다. 화풀이를 한다고 해서 당신이 기대하는 정서적 안정은 찾을 수 없으며, 애초에 분노를 촉발한 현실적 문제가 해결되지도 않는다. 화풀이는 오히려 정반대의 작용을 한다. 즉, 화난 사람은 더욱 화나게, 공격적인 사람은 더욱 공격적으로 반응하게 만든다.

누군가에게 소리 지르고 삿대질 하는 일은 분노를 원색적으로 표출하는 행동일 뿐이다. 당신이 화난 이유에 대해서는 아무런 메시지도 전달하지 못한다. 반면 상대에게 무분별하게 행동하고 있다는 말을 건네면, 상대는 자연스럽게 자신의 행동을 되돌아보면서 어디를 고쳐야 할지 살펴볼 것이다. 건설적으로 사용되는 분노는 상대가 자신을 비추어보는 거울로 작용한다. 그리고 대개는 이런 거울이야말로 부적절하거나 심지어 흉측한 우리 본래의 모습을 고스란히 드러내준다. 그렇기에 사람들은 당신이 분노를 명료하게 표출하여 자신의 모습을 직시하게 만드는 것을 원하지 않는다. 자, 그보다는 차라리 당신이 경멸적인 말과 행동으로 화를 풀기를 바란다. 따라서 화풀이 하는 행동은 당신을 심란하게 만드는 사람들에게 일시적이지만 더 큰 호의를 베푸는 행동일 수도 있다!

30년 전, 캘리포니아 주립대학교의 아서 보하트 박사는 분노를 줄이는 데 있어 카타르시스(화풀이를 의미하는 정신분석학적 용어)가 미치는 영향을 연구하기 위해 일련의 실험을 실시했다. 그 가운데 한 연구에서 보하트 박사는 실험 참가자들에게 스트레스를 준 뒤 세 집단으로 나누어 각각 다음과 같은 활동을 수행하게 했다.

✔ 조용히 방에 앉아 자신의 기분을 성찰한다.
✔ 녹음기에 대고 분노에 찬 마음을 쏟아낸다.
✔ 상담사와 20분 동안 자신의 기분에 대해 이야기 나눈다.

보하트 박사는 상담을 받는 것이 분노를 감소시키는 가장 **효과적인** 방법이라고 결론 내렸다. 상담을 통해 자신의 감정을 공유하고 이해받을 수 있기 때문이다. 또한 가만히 있는 것이(직설적으로 감정을 토로하는 것이 아니라) 화를 분출하는 것보다 분노를 더 빠르게 가라앉힌다는 결론을 얻었다.

지난 40년 넘게 축적된 연구에서 일관되게 나타나는 결과에 따르면, 울분을 터트리거나 베개를 주먹으로 때리거나 창밖으로 고함을 지르거나 샌드백을 치는 행동은 오직 분노를 증가시키기만 한다. 많은 사람이 믿는 바와는 다르게 카타르시스나 화풀이는 효과적이지 않다. 적어도 당신의 목표가 분노를 효과적으로 조절하는 것이라면 이런 행동은 전혀 도움이 되지 않는다.

만일 만성적으로 분노를 느낀다면 최고의 방책은 심리상담사를 찾아가 당신의 감정에 대해 이야기를 나누는 것이다. 그래야 감정의 밑바닥까지 파고 내려간 다음 어디로, 어떻게 나아가야 할지 탐색할 수 있다. 하지만 만일 단편적인 분노를 경험한다면 친구를 불러 앉혀 화를 풀기보다는 차라리 10초를 세거나 조용히 앉아서 무엇이 당신을 분노하게 만드는지 되돌아보는 편이 더 낫다.

분노를 효과적으로 표현하기

만일 분노를 효과적으로 표현하고 싶다면 심리학자 조지 바흐의 조언을 따르는 쪽이 현명하다. 그는 분노 조절 분야의 선구자로서 건설적인 분노란 단순히 적대성을 표출하는 게 아니라 그가 정보성 충격(information impact)이라고 부르는 요소를 반드시 포함하고 있어야 한다고 주장했다. 다시 말해 당신에게 분노를 불러일으킨 사람에게 당신 마음의 어떤 측면이 슬프고 좌절했으며 상처를 입었고 불안하며 공격당했다고 느끼는지를 알려주고 공유하는 데 분노를 사용해야 한다. 바로 이러한 메시지를 밖으로 끄집어내야 한다. 그 과정에서 분노는 단지 메시지를 담는 수단이 될 뿐이다. 다음은 화풀이 대신 사용할 수 있는 몇 가지 대안적 전략이다.

때리지 말고 이야기하기

당신이 느끼는 분노를 명료하게 설명하지 못하겠다면(당신이 어떤 기분인지 언어를 통해 전달하지 못하겠다면) 물리적으로 공격적인 반응을 통해 분노를 표출할 가능성이 크다. 누군가가 주먹으로 벽을 치거나 아니면 설상가상으로 다른 사람의 얼굴을 때린다면 그 사람이 불같이 화가 났다는 사실 외에 다른 어떤 메시지를 전달할 수 있을까?

[프로이트는 대체 무슨 생각이었을까?]

저명한 정신분석학자 지그문트 프로이트는 인간의 감정에 대한 '수압' 모델을 믿었다. 프로이트가 보기에 감정(분노를 포함한)은 일상적 삶에서 자연스럽게 발생하는 부산물이지만, 마치 찻주전자에 증기가 서서히 차듯이(혹은 화산에 용암이 쌓이듯이) 감정 또한 시간이 흐르면서 누적되는 경향이 있다. 감정이 차오르면서 몸이 긴장하기 시작하고 결국 우리 몸은 그러한 긴장을 분출하고자 한다. 프로이트는 사람들이 자유롭고 개방적으로 자기 기분을 표현할 수만 있다면 건강하게 되리라고 생각했다. 하지만 사회적으로 수용 가능하며 적응적인 방식으로 감정을 표현할 수 없다면 몸에 긴장이 누적되고 그 결과 건강에 악영향을 미칠 것이다.

내담자들이 아직 표현하지 못하고 남아 있는 분노를 표출하도록 돕는 방법을 프로이트는 '카타르시스(catharsis)'라고 불렀다. 카타르시스라는 말도 사실은 "과거로부터 누적되어 뿌리 깊게 남아 있는 분노를 극적으로 자유롭게 해방시키다."라는 의미다. 일부 전문가들은 프로이트의 말에 일리가 있다고 생각한다. 다만 대다수 사람들(분노 조절 전문가들 상당수를 포함해서!)이 프로이트가 제안한 카타르시스라는 개념을 오해했을 뿐이다. 프로이트의 카타르시스 기법은 상담사가 주도하여 구조화시킨 상황에서 내담자가 분노를 다시 경험하는 방식으로 진행된다. 프로이트는 환자들이 테니스 라켓으로 침대 매트리스를 내려치거나 사람 크기만 한 풍선 인형을 때리거나 전화번호부를 갈기갈기 찢거나 실컷 소리를 지르거나 고무 방망이나 고무 칼로 치명적인 싸움을 벌이도록 하지 않았다. 이런 사례는 모두 과거에 분노 조절 치료가 이루어졌던 방식이다. 다행히 오늘날 대다수 상담사들은 카타르시스에 대한 대중적 접근이 효과적이지 않다는 지난 40년 동안의 연구 결과를 접했으며 더 이상 분풀이와 관련된 치료를 실시하지 않는다고 필자들은 믿는다.

주먹으로 때리는 행동에 대체 어떤 이득이 있는가? 없다. 자신이 때린 사람과 관계가 호전되기라도 하는가? 아니다. 사람을 후려갈겼다고 해서(혹은 벽을 부쉈다고 해서) 마음이 차분해지는가? 전혀 아니다. 물리적 폭력으로 분노를 표출하는 행동에는 아무런 이점이 없다. 정말, 전혀, 일절 없다.

그렇다면 주먹을 휘날리기보다 소리나 고함을 지르는 일이 더 나을까? 그 일이 당시 상황에서 당신이 고를 수 있는 유일한 선택이라면 그렇다. 하지만 위와 마찬가지로 언어적 폭력도 사실은 아무런 득이 되지 않는다. 누군가를 맹렬히 비난하면 나중에 뭐라고 변명하든 누구의 기분도 나아지지 않는다. 당연하지만 그 모든 소리와 고함의 표적이 되는 사람도 기분이 썩 좋지는 않다.

그렇다면 남은 선택지가 무엇일까? 대화다. 언어라는 선물을 이용해서 당신의 감정(이 경우에는 분노)을 건설적인 방식으로 표현하는 것이다. 다음 사례를 살펴보자.

에디는 이제 막 대화를 통해 분노를 다루는 법을 익히고 있다. 어렸을 때부터 에디는 화가 나면 항상 마음속에 분노를 꼭꼭 숨겨두었다. 짜증이 나기 시작하면 곧장 혼자만의 동굴로 들어갔다가 더 이상 분노를 참지 못하게 되면 예상하겠지만 화산이 폭발하듯이 분노를 분출하곤 했다. 얼마 전에도 그런 격렬한 분노로 말미암아 에디는 아내에게 물리적인 폭력을 가했다. 그 결과 아내는 충격에 휩싸였고 두 사람의 미래는 대단히 불확실해졌다. 다음은 에디가 심리상담사와 나눈 대화다. 이 대화는 에디가 분노를 조절해야 하는 이유를 보여준다.

상담사 : 지난주에 욱해서 성질을 냈던 사건이 있다고 그랬죠. 더 자세히 이야기해 볼래요?

에디 : 네, 친구들을 만나러 아내와 외출하기 직전에 아내에게 짜증이 났어요. 그리고 나서 친구네 집에 도착해서 거기 있는 내내 모두를 불편하게 만들었어요.

상담사 : 집에서 출발해서 친구네 집에 도착하기 전까지는 무슨 일이 있었죠?

에디 : 아무 일도 없었어요. 아내에게 한 마디도 안 했어요. 아내가 계속 저에게 말을 걸려고 했지만 무시했어요. 결국 아내는 포기했고 친구네 집에 도착할 때까지 둘 다 조용했어요.

상담사 : 친구네 집까지는 얼마나 걸리나요?

에디 : 한 시간 좀 넘게요.

상담사 : 그렇다면 한 시간 넘게 운전하면서 아내에게 한 마디도 안 했다는 건가요?

에디 : 맞아요.

상담사 : 그럼 그 대신 무엇을 했어요?

에디 : 제가 얼마나 화가 나 있는지 생각했고 아내에 대해 온갖 말도 안 되는 생각을 했죠.

상담사 : 그렇게 해서 화가 줄어들던가요?

에디 : 아, 오히려 더 화를 돋웠죠. 친구네 도착했을 즈음 저는 몹시 마음이 상해 있었어요. 몸은 뻣뻣했고 머리가 거의 폭발할 지경이었죠. 친구네 있는 동안 거의 마음이 편안하지 않았고, 제가 그 모임을 망쳤다는 걸 알았죠.

상담사 : 만일 한 시간 동안 운전하면서 당신의 기분에 대해 아내와 이야기를 나누

었다면 어떤 일이 벌어졌을 것 같나요?

에디 : 도움은 되었겠지만 어떻게 하면 그럴 수 있는지 잘 모르겠어요. 무슨 말을 해야 할지 난감해요. 그래서 잠자코 있는 거고, 그동안 침묵이 쌓이고 또 쌓이죠. 저는 늘 그래왔어요. 저도 왜 그런지 모르겠어요.

누군가 혹은 무엇인가를 때릴 정도로 화가 난다면, 다음 단계를 하나씩 밟아보자.

1. **분노의 강도를 파악하기 위해서 당신의 감정에 이름을 붙인다.**

   예를 들어 짜증이 나는가, 화가 나는가, 노여운가, 언짢은가 아니면 격노하고 있는가? 우선 "……라고 생각해."라는 말 대신 "……라고 느껴."라고 표현해보자. 상대가 얼마나 불쾌한지에 대한 당신의 생각이 아니라 당신의 느낌에 초점을 맞추는 것이 중요하다.

2. **분노를 촉발한 원인을 파악한다.**

   예를 들면 "매일 퇴근하고 집에 오면 아내는 전화통을 붙잡고 장모님과 이야기를 나누지. 우리는 함께 보내는 시간이 하나도 없어."라고 생각한다면, "……하기 때문에 [1단계에서 생각한 단어를 삽입한다]라고 느껴."라면서 머릿속에서 대화를 이어간다.

3. **화나기 전의 차분한 상태로 돌아가기 위해서 무엇이 필요한지 생각한다.**

   가령 "아내가 낮에 장모님과 통화를 하고 내가 퇴근했을 때에는 오붓한 시간을 보낼 수 있다면 기쁠 것 같아."라고 표현해본다.

머릿속에서 이 세 단계를 밟았다면, 이와 같은 대화를 당신이 화난 사람과 실제로 이어나갈 수 있을지 시도해본다.

배우자를 비롯해 다른 사람을 때리는 행동은 범죄 행위다. 폭력을 저지르는 것은 인간관계를 망칠 뿐 아니라 당신의 자유도 박탈할 위험이 높은 행동이라는 사실을 깨달아야 한다. 만일 한 번이라도 다른 사람을 향한 폭력을 휘두른 적이 있다면 즉시 전문가의 도움을 받아야 한다. 쉽게 "벗어날 수 있다."고 생각해서는 안 된다.

잠시 식힌 다음 표현하기

분노는 위험에 대한 반응에서 진화했다. 인간을 비롯한 동물은 위험에 직면했을 때 화나서 싸우든지 아니면 도망간다. 오래된 투쟁-도피 반응은 우리 신경계에 각인되어 있다. 안타깝지만 투쟁도, 도피도 그 토대가 되는 감정적 반응에 대한 효과적인 해결책이 되지 않는다.

분노를 적대적이고 공격적인 방식으로 즉각 표출할 수도 있다. 또는 한 마디도 하지 않고서 그 상황을(쿵쿵거리며!) 떠날 수도 있다. 혹은 중도적인 반응을 선택할 수도 있다. 즉 머리가 식을 때까지 그 상황으로부터 벗어나 있다가 다시 분노의 출처로 돌아와 당신이 어떤 감정을 왜 느끼는지 명료하게 표현하기를 시도할 수 있다.

다음 활동을 실천해보자.

1. 최근에 불공정하거나 부당한 대우를 받았지만, 사건이 벌어진 당시에는 그때의 기분에 대해 표현하지 않았던 상황을 떠올려보자.
2. 연필이든 노트북이든 녹음기든 가장 좋아하는 도구를 활용해서 그 상황을 가능한 한 자세하게 묘사한다.
3. 작성한 내용을 검토한다.
4. 그 상황에 대해 어떻게 느꼈는지 기록한다. 어떤 생각이나 행동을 했는지에 초점을 맞추는 대신 어떤 감정을 느꼈는지 떠올린다.
   하나 이상의 감정이 떠올라도 괜찮다. 예를 들어 "화가 났고 상처를 받았다." 와 같은 문장도 좋다.
5. 그러한 기분이나 느낌에 선행한 상황을 기록한다.
   예를 들면 "그 사람이 내 몸무게에 대해 불쾌한 말을 했다."
6. 당신이 화난 사람에게 무엇이라고 말할지 묘사한다.
   반드시 '나 메시지'로 문장을 시작하고 당신이 느낀 기분을 설명한 다음 어떤 상황이 그런 감정을 느끼게 했는지 설명한다. 욕설과 같이 도발적인 언어는 사용하지 않는다.
7. 이제 스스로에게 물어본다—기분이 더 나아졌는가? 차분해졌는가?
8. 자신이 수행한 활동에 대해 스스로에게 긍정적인 칭찬을 한다—"잘했어! 다 자업자득이지!"

일상적으로 당신의 기분을 표현하는 데 더 능숙해지기까지 매주 이 활동을 반복한다.

글쓰기 : 훌륭한 시작점

단호하게 소통한다고 해서 분노라는 감정과 이를 유발한 상황에 대해 늘 큰 목소리로 표현해야 하는 것은 아니다. 왜냐하면 어떤 상황에서는 우리가 문제를 해결할 수 있는 여지가 그다지 많지 않기 때문이다. 때로는 상황이 우리의 통제 밖에 놓여 있기도 하다. 아래 제시되는 제인의 사례는 글쓰기가 단호한 소통의 대안으로서 어떻게 기능하는지 보여준다.

제인은 정서적으로 '탈진' 한 상태라며 늘 불평한다. 아침에 일어나기가 두렵고, 유독 피곤하며, 딱히 이유도 없는데 여러 차례 눈물이 나고, 가슴에 항상 커다란 납덩이가 놓여 있는 듯하다. 제인은 자신이 우울하기 때문에 그렇다고 생각하고서 기분을 개선하기 위해 어떤 조치를 취할 수 있는지 알고 싶어 한다.

사실 제인은 굉장히 불행한 상황에 놓여 있다. 최근 몇 년간 그녀는 거의 모든 에너지를 쏟아서 마약 중독에 빠진 아들을 보살펴왔다. 제인은 선의를 가지고 모든 노력을 다했지만 이제 성인이 되어가는 아들의 중독 문제는 해결되지 않는다. 아들의 문제에 너무 얽매여 있는 바람에 제인은 자기 자신의 욕구와 바람에 귀를 기울인 지 오래 되었다. 이제 그녀는 여행도 가고 싶고, 새로운 사람들도 만나고 싶고, 남편과 이런저런 일들을 시도해보고 싶다. 요컨대 제인은 아들의 인생을 위해 자신의 인생을 포기했다.

제인의 문제는 우울증이 아니다. 오히려 그녀는 분노를 내면에 한 아름이나 쌓아두고 있다. 인생이 이렇게 흘러간 것에 대한 분노, 아들이 나아지지 않는 것에 대한 분노 그리고 무엇보다도 이렇게 문제가 악화되게끔 방치할 정도로 스스로가 어리석었다는 데에 대한 분노가 켜켜이 누적되어 있다. 그녀가 가슴에 납덩이가 놓여 있다고 느끼는 것도 이 때문이다. 제인은 자신이 어떤 기분을 느끼는지 어느 누구와도 말해보지 못했다는 사실을 깨닫는다. 그저 친절한 겉모습 뒤에 자신의 감정을 '쌓아' 왔을 뿐이다.

심리상담사는 제인에게 아들의 마약 문제를 포함해서 자신의 삶에서 엉망이라고 생각되는 모든 측면을 글로 써보기를 권한다. 상담사는 그녀에게 20분 동안 '머리가 아닌 마음으로부터' 우러난 글을 써보라고 제안한다. 그다음 상담에서 제인은 지난번에 작성한 글을 (소리 내서가 아니라 마음속으로) 읽어본다. 그리고 나서 감정과 관련된 단어에 동그라미를 친다(화난, 실망한, 심란한 등). 그녀는 상담사와 함께 자신이 동그라미로 표시한 단어들에 대해 이야기를 나누고, 상담사는 제인에게 종이를 휴지통에 버리라고 말한다.

두 가지가 즉시 확연하게 드러난다 : 제인은 단시간 내 긴 글을 수월하게 써내려갔다. 감정이 표면 바로 아래에 있었기 때문이다. 그런데 제인은 감정이 아니라 이슈에 동그라미 치는 경향이 있었다. 이는 제인이 자기 성격의 감정적인 측면과 얼마나 단절되어 있는지 보여준다.

제인은 이제야 자신의 감정에 귀를 기울이기 시작한다. 그녀에게는 계속해서 글을 쓰면서 자기 삶의 문제에 대한 사고와 감정을 연결시키려는 노력이 필요하다. 다음 단계에서는 자신이 무엇을 원하는지 파악하고, 이를 적극적으로 달성하기 위해 무엇을 해야 하는지 다루어야 한다. 어쩌면 그녀는 곧 단호한 소통이 요구되는 까다로운 의사결정에 직면할 수도 있다.

만일 당신이 직면한 상황이 해결할 수 없다고 느껴지거나 이를 정면으로 돌파할 준비가 되어 있지 않다면, 글쓰기를 첫 단추로 고려해보자.

비속어 꺼내지 않기

비속어는 정의 그대로 자극적이다. 이런 말들은 불에 기름을 끼얹으면서 감정을 격화시키고 언어적인 혹은 신체적인 공격성이 표출될 가능성을 높인다. 비속어는 상대를 교화하지 않으며 오직 상처를 줄 뿐이다. 게다가 그런 말을 들은 사람은 상대를 외면하거나(상대가 말하는 바를 무시하거나) 상대와 비슷한 행동으로 맞서는 등 방어적인 방식으로 대처한다. 서로에게 욕설을 퍼붓는 두 사람을 보면 윌리엄 셰익스피어의 "소란과 분노가 가득하지만 아무 의미도 없다."라는 말이 떠오른다.

분노로 수놓은 비속어를 멀리 하고 '당신'이라는 말보다 '나'라는 단어로 문장을 시작한다. 예를 들어 "망할 멍청이 같으니라고!"라는 말보다는 "나 지금 정말 화났어."라는 표현이 더 낫다. 그보다 더 좋은 건 분노와 동격인 다른 단어들을 사용하여 당신의 감정 사전을 풍부하게 만드는 일이다. 가령 짜증난, 격분한, 분통이 터지는, 답답한, 불만족스러운, 분한, 격노한, 분개한, 지긋지긋한, 열받은, 성가신, 언짢은 등을 비롯한 단어를 사용해본다. 덧붙여 이런 단어를 쓸 때에는 '약간', '조금', '살짝'과 같은 단어를 가미해서 표현을 부드럽게 만드는 방법도 고려하자.

다른 사람의 입장에서 생각해보자. 누군가가 욕설을 퍼붓는다면 어떤 기분이 들겠는가? 만일 상대가 당신에게 화났다면 욕설 대신 어떤 말로 분노를 표현해주었으면 좋겠는가?

주제에서 벗어나지 않기

분노에 차서 이야기할 때에는 애초에 분노를 촉발한 이슈나 문제, 상황이 더 이상 보이지 않는 경우가 있다. 분노가 옆길로 새면서 이 불만에서 저 불만으로 건너뛴다. "가게 앞에서 세워달라고 했는데 왜 까먹었어?"에서 터진 분노는 갑자기 "당신은 날 절대 도와주지 않아. 내 말은 듣지도 않지. 나에 대해서는 신경도 안 써. 대체 왜 애초에 당신이랑 결혼했는지 모르겠어!"라는 말로 격화된다.

분노 조절 문제로 찾아오는 수많은 사람들은 분노와 관련된 끔찍한 사건에 대해 설명하다가 상담사가 애초에 분노를 촉발한 사건이 무엇이냐고 물으면 이런 식으로 답한다. "잘 모르겠는데요. 제가 아는 것이라곤 서로 아무렇지 않게 대화를 나누다가 어느 순간 제가 소리를 지르면서 벽을 내리치고 있었다는 거예요."

분노가 격렬할수록 감정에 눈이 멀어 정작 눈앞의 문제를 보지 못할 가능성이 크다. 격노는 초점이 없는 감정이기 때문에 화가 식고 나서 상황을 돌이켜보면 스스로 어떤 말을 하고 무슨 행동을 했는지 자세히 기억나지 않는 경우가 많다. 분노를 통제하는 한 가지 방법은 당신이 분노하는 대상이나 상황에 계속 집중하는 것이다. 문제에서 눈을 떼지 않으면 상황이 통제 밖으로 벗어날 가능성이 낮아진다.

차례로 말하기

건설적으로 분노를 표현하려면 상대와 대화를 주고받는 과정이 있어야 한다. 다시 말해 당신이 감정을 표현하면 상대가 그 의미를 받아들이는 과정이 필요하다. 대화의 지지자를 잃는, 그로써 당신의 메시지가 누구에게도 가닿지 않도록 만드는 최고의 방법은 혼자서 쉬지 않고 고래고래 고함 치고 소리 지르는 것이다. 어떤 상황에서든 단호하면서도 간결하게 소통해야 한다.

신경과학에서는 인간이 한 시점에 소화할 수 있는 (그리고 기억할 수 있는) 정보량에 한계가 있다고 말한다. 전화번호가 일곱 자리인 이유도 그래서다. 한순간에 지나치게 많은 정보가 쏟아지면 사람들은 압도된다.

분노에 차서 5분 넘게 이야기를 늘어놓는 행동은 정보량의 측면에서 마치 상대에게 50자리 숫자를 외우라는 말과 같다. 불가능한 일이다(적어도 대다수 사람들에게 있어서는)! 부모들이 화나서 꾸지람을 늘어놓을 때면 아이들이 부모의 말을 제대로 기억하지 못하는 것도 무리가 아니다. 대개는 아이들이 귀 담아 듣지 않아서라고 생각하지만 사실은 그렇지 않다.

그렇기 때문에 한 번에 1분만 혹은 더 바람직하게는 1분 이내에 의사를 단호하게 표현하기를 권한다. 한 번 의사를 표현했다면 심호흡을 하고 상대방의 반응을 기다린다. 그렇게 하면 감정이 격화되는 일을 막을 수 있다. 그것이 바로 당신이 바라는 바다. 만일 상대가 방어적으로 반응하면 상대를 가로막지 말고 내버려두라. 그다음에 차례가 돌아오면 다시 (최대) 1분간 당신의 기분을 표현한 뒤 심호흡한다.

목소리를 느리고 낮게 유지하기

큰 목소리로 말할수록 사람들은 당신의 메시지에 귀를 덜 기울인다. 지나치게 격렬한 대화 속에서 메시지는 실종된다. 분노에 차 있을 때에는 말하는 내용도 중요하지만, 말을 전달하는 목소리의 톤도 중요하다는 점을 기억해야 한다. 점잖게 대화를 이어가면 당신의 화를 유발한 상대의 말을 경청하기가 더 쉽다는 사실을 깨달을 수 있다. 당신의 메시지를 전달하기에도 더 용이하다. 적당한 수준의 분노는 의사를 효과적으로 소통할 수 있는 수단이 된다. 하지만 메시지가 제대로 전달되기를 바란다면 말할 때 다음의 두 가지 측면에 관심을 기울일 필요가 있다.

✔ 크기 : 말에 실린 힘의 크기를 말한다. 화날수록 말소리도 커진다. 다소 짜증이 난 사람과 격렬한 분노에 휩싸인 사람은 천재가 아니라도 쉽게 구분할 수 있다.

✔ 속도 : 분노가 커질수록 말소리는 점점 빨라진다. 화나서 떠들 때면 마치 분

노를 담은 단어들이 충분히 빠르게 나오지 않고 있다는 압박을 느끼게 된다. 그럴 때에는 잠시 말을 멈추고 쉬면 전달하려는 메시지를 오히려 강조할 수 있다. 멈추기를 두려워하지 말자.

 화날 때에는 지금 당신이 어떻게 말하고 있는지에 주의를 기울인다. 지나치게 목소리가 크거나 지나치게 빨리 말하거나 목소리가 매우 날 서 있다면 말하는 방식을 적절하게 조절한다. 이는 곧 분노할 때 소통하는 방법을 미세하게 조정하려는 노력이라고 할 수 있다.

점잖다고 해서 친절하다는 뜻은 아니다

점잖다는 말은 단순히 말해서 사회의 좋은 구성원이라는 뜻이다. 사회적 규칙을 잘 지키고 따르며, 다른 구성원들과 상호 존중하는 방식으로 행동한다는 의미다. 무례하거나 무신경하거나 몰지각하거나 일부러 적대적으로 행동하는 모습과는 거리가 멀다.

반면 점잖다는 말은 홀대받는 상황에서도 친절하고 수용적이며 인내심 있다는 뜻이 아니다. 또한 점잖다고 해서 수동적이거나 하찮고 만만한 것도 아니다. 적당한 수준의 분노를 경험하거나 표현하지 않는다는 의미도 아니다.

점잖은 사람들도 짜증이 나고 화를 느끼지만 이들은 그런 감정을 건설적인 방향으로 표현한다. 이들은 무심코 성급하게 반응하는 대신 분노 어린 기분에 대처한다. 그리고 이들은 분노를 느낀 이유와 문제에 대해서 사람들에게 알리고 설명한다.

괜찮지 않을 때에는 "괜찮아." 라고 말하지 말라

절대 괜찮지 않은 상황에서도 항상 "괜찮아." 라고 말함으로써 자신의 분노에 책임지는 일을 회피하는 사람들도 있다. 이는 정치인들이 일명 무반응 반응(non-response response)이라고 부르는 유형의 대응 방식이다. "괜찮아." 라는 말은 다음과 같은 생각을 예의 바르게 표현한 말인 듯하다—"내가 어떤 기분인지 너에게 말하지 않을 테야.

네가 내 기분을 충분히 받아들이리라고 믿지 못하는 것 같기도 해. 어쩌면 내가 화났다는 사실에 대해 네가 화낼지도 모르지. 아니면 그저 내 기분을 나 스스로도 그다지 신뢰하지 못하는지도 몰라. 과연 이만큼 화내야 하는 일일까?"

필자들을 찾아오는 내담자들에게 어떻게 지내는지 물어볼 때마다 얼마나 많은 사람들이 "괜찮아요."라고 말하는지 알면 깜짝 놀랄 것이다. 그럴 때면 즉각 머릿속으로 "음, 만일 괜찮다면 대체 왜 상담을 받으러 온 걸까?"라는 의문이 든다.

누군가가 당신에게 어떤 일에 대해 기분이 어떤지 질문하면, 행복하거나 슬프거나 화나거나 기쁘다는 등 그 상황에 들어맞는 감정 단어를 선택해서 답하자. 자신에게 솔직하면 긴장이 줄어들고 짜증이나 화가 덜 난다.

여성과 단호함

그동안 세계 전역에서 여성들이 정치적, 경제적, 사회적 성취를 거뒀지만 옛 세계의 잔재가 여전히 남아 있다. 그 가운데 하나는 여성과 남성에게 사회적으로 용인되는 감정적 행동의 기준이 서로 다르다는 점이다. 분노를 보이고 이를 단호한 방식으로 표현하는 여성에게는 심지어 오늘날에도 공격적이라는 딱지가 붙을 가능성이 크다.

남성이 같은 행동을 하면 대개 그런 딱지가 붙지 않는다. 당연하게도 많은 여성이 이런 이중 잣대에 민감하며, 스스로 느끼는 감정이 긍정적이지 않거나 공격적이면 자기 기분에 온전히 솔직해져도 되는지 망설인다(슬픔, 두려움, 우울 같은 감정의 경우에는 반대. 그런 감정을 솔직히 인정하는 남성들은 스스로 혹은 다른 사람에게 나약하고 여성적인 사람이라고 생각되는 경향이 존재한다).

만일 단호하다는 말의 의미가 짜증이나 심지어 분노라는 감정을 인정하고, 다른 사람의 나쁜 행동에 대해 선을 그으며, 차별에 대해 직접적으로 대응하는 것이라면 설사 공격적이라는 딱지가 붙더라도 단호하게 행동하기를 조언한다. 스스로에 대해 자부심과 자신감을 느끼고, 생각을 분명히 표현하며, 카리스마를 발휘하고, 고개를 꼿꼿이 들면서 상대의 눈을 똑바로 바라보라. 그러면 공은 상대에게로 넘어간다.

단호해지기 위해 연습하라

지금부터는 실제로 단호하게 행동하기 위해 무엇을 어떻게 해야 하는지 살펴본다. 우선 효과적이지 않은 소통 방식을 제시한 다음 훨씬 효과적인 소통 방식을 소개한다. 단호해진다고 해서 100퍼센트 성공한다고 약속할 수는 없지만, 제안된 방식대로 소통하면 자신의 요점을 잘 전달하고 스스로 원하는 바를 얻을 수 있는 가능성이 크게 증가한다.

부당하게 대우받더라도 차분하게 반응하기

가장 흔한 분노의 방아쇠는 부당한 대우를 받는 상황이다. 아래에는 부당한 상황에 반응하는 두 가지 방식이 제시되어 있다.

엠마는 대형 병원에서 일하는 국가 공인 간호사다. 그녀는 외과에서 교대 근무를 한다. 동료들과 환자들은 그녀를 매우 좋아한다. 그동안 엠마는 업무 능력과 기술을 항상 높이 평가받아 왔다. 그런데 최근 병원이 전자 의료기록 시스템을 도입하면서 모두들 새로운 기술과 절차를 배워야 한다는 압박을 상당히 느꼈다. 그리고 이와 동일한 시점에 업무 수행 평가가 완료되었다.

엠마는 20년 경력 이래 최초로 수행 수준이 평범하다는 평가를 받자 충격을 받는다. 일단 단호하게 대응하는 훈련을 하지 않았을 때 상사에 대한 엠마의 반응을 살펴보자.

다음날 엠마는 상사가 주간 근무를 했다는 사실을 알고서 일찍 출근한다. 엠마는 간호사실로 들어간다. 상사인 낸시는 새로운 전자 시스템에 무엇인가를 입력하고 있고, 몇몇 다른 간호사들은 야간조가 와서 교대하기 전에 잠시 모여 회의할 준비를 한다. 엠마는 업무 평가서를 손에 들고 큰 소리로 외치기 시작한다. "낸시, 왜 저에게 이렇게 형편없는 고과를 주었죠? 어떻게 그럴 수가 있어요! 지난 20년간 아무도 저에 대해서 불평하지 않았어요. 모두가 저를 좋아하고 아무도 당신을 좋아하지 않으니까 배가 아팠겠죠. 저를 다른 과로 보내달라고 요청할 겁니다. 그리고 당신이 얼마나 무능한지에 대해 병원장에게 고발할 거예요!"

엠마의 불평이 어떻게 들렸을까? 그다지 좋게 들리지는 않았을 것이다. 상사인 낸시는 모두가 지켜보는 앞에서 공격당했고 모욕받았으며 위협받았다. 이런 행동은 엠마에게 아무런 도움이 되지 않을 것이다. 이제 엠마가 다른 방식으로 불만을 표현했을 때를 살펴보자.

엠마는 상사가 주간 근무를 했다는 사실을 알고서 다음날 일찍 출근한다. 엠마는 간호사실로 들어간다. 상사인 낸시는 새로운 전자 시스템에 무엇인가를 입력하고 있고, 몇몇 다른 간호사들은 야간조가 와서 교대하기 전에 잠시 모여 회의할 준비를 한다. 엠마는 업무 평가서를 손에 들고 차분하게 말한다. "낸시, 조용히 이야기할 게 있는데 혹시 시간 괜찮아요?"

낸시는 엠마에게 사무실로 들어오라고 말한다. "낸시, 이번 업무 평가를 받고 약간 당황스럽기도 했고 기분이 썩 좋지 않았어요. 20년 동안 일하면서 제가 받은 최악의 평가거든요. 무엇인가 달라진 점이 있나요? 저에게 부족한 점이 있다면 이를 보완할 수 있는 계획을 함께 세울 수 있을까요?"

낸시가 대답한다. "엠마, 미안해요. 새로운 전자 시스템 때문에 너무 바쁘고 스트레스를 받아서 평가 마감 기한이 넘도록 시작할 엄두도 못 냈어요. 제 상사가 일단은 모두에게 3점을 주고 나중에 수정하라고 해서 그렇게 해두었어요. 전적으로 제 잘못이고 엠마의 성과가 반영된 결과가 아니에요. 진심으로 미안해요. 이 층에 근무하는 모두가 동일한 결과를 받았어요."

이런 평가는 어쩌면 정말로 부당할 수도 있다. 게다가 엠마의 상사는 모두에게 자신의 행동에 대해 미리 설명을 해주었어야 했다. 하지만 어떤 일이 일어났는지 이해한 엠마는 보다 원만하게 회사 생활을 이어나갈 수 있다. 그렇다. 이상적인 상황은 아니지만 이런 일들은 일어나게 마련이고 그럴 때에는 분노 대신 침착한 단호함으로 대응하는 편이 더 낫다.

좌절과 맞서기

분노를 유발하는 또 다른 상황은 번거롭고 소모적인 일들에 갇혀 꼼짝 못하게 될 때다. 가령 인터넷 회사가 계속해서 통화 대기 중이거나 연착된 비행기를 기다려야 하거나 교통 체증 한가운데서 앉아 있거나 상점에서 긴 줄을 설 때 그렇다. 대다수 사람들은 시간적 압박과 성가신 일들로 짜증이 난다. 하지만 어떤 관점에서 생각하고 표현하는지에 따라 이런 짜증은 좌절이 되기도 하고 적응적인 대처 전략이 되기도 한다. 다음은 좌절감에 휩싸여 반응하는 경우와 건강하게 대처하는 경우의 차이를 보여준다.

노아는 대기업의 구매 담당자로서 자주 출장을 다닌다. 그럴 때면 종종 비행기가 연착되거나 때로는 운항이 취소되기도 한다. 하지만 노아는 모든 주요 항공사의 예약 담당자를 꿰뚫고 있고, 공항 근처 호텔에서 늘 최저가에 묵을 수 있는 인맥이 있다. 비행기가 연착되면 그는 노트북으로 일하면서 전화 통화를 한다. 그는 공항에서 보내는 시간이 생산적이라고 생각한다.

대체로 노아는 여행에서 종종 벌어지는 성가신 일들에 부드럽게 대처한다. 하지만 출장에서 돌아오는 어느 날, 중서부에 눈보라가 몰아쳐서 운항이 취소되고 늘 가던 호텔에도 빈 객실이 없다. 노아는 몹시 피로한 상태다.

그는 운항이 취소된 비행기 표를 들고 발권 창구로 간다. "오늘 밤 제가 집에 돌아갈 수 있도록 다른 항공편을 예약해줄 방법이 전혀 없나요?" 그러자 항공사 직원은 노아를 쳐다보지도 않은 채 이렇게 대답한다. "죄송합니다, 고객님. 지금 이 공항에 있는 모든 사람이 집에 가고 싶어 해요. 제가 할 수 있는 일이 없습니다. 차라리 일기 예보관에게 문의하시죠."

좌절한 노아가 대답한다. "빌어먹을, 내 마일리지가 얼마나 되는지 알아? 나한테 어떻게 그딴 식으로 말해? 나 플래티넘 등급이야. 나는 이런 서비스 받을 이유가 없어. 당장 이 문제를 해결해! 그냥 안 넘어가."

그러면 과연 직원이 "네, 고객님. 죄송합니다. 제가 한번 알아보고 무료로 탑승하실 수 있는 개인용 제트기를 예약해드리죠."라고 대답할까? 아마도 아닐 것이다. 더 이상 노아와 대화하기를 거부할 가능성이 제일 크다. 그렇다면 아래 시나리오를 살펴보자.

노아가 출장에서 돌아오는 어느 날, 중서부에 눈보라가 몰아쳐서 운항이 취소되고 늘 가던 호텔에도 빈 객실이 없다. 노아는 몹시 피로한 상태다.

그는 운항이 취소된 비행기 표를 들고 발권 창구로 간다. "오늘 밤 제가 집에 돌아갈 수 있도록 다른 항공편을 예약해줄 방법이 전혀 없나요?" 그러자 항공사 직원은 노아를 쳐다보지도 않은 채 이렇게 대답한다. "죄송합니다, 고객님. 지금 이 공항에 있는 모든 사람이 집에 가고 싶어 해요. 제가 할 수 있는 일이 없습니다. 차라리 일기 예보관에게 문의하시죠."

좌절한 노아가 대답한다. "날씨를 통제하실 수 없다는 건 저도 알아요. 여기 직원들도 엄청나게 스트레스 받는 하루일 거라고 생각해요. 다만 저는 지난 2주 동안집을 떠나 돌아다녀야 했고 지금 집에 돌아가더라도 며칠 못 머문 상태에서 다시출장을 가야 해서 좌절하고 있습니다. 제가 지금 할 수 있는 최선의 노력이 뭘까요?"

어쩌면 직원이 해줄 수 있는 일이 딱히 없을 수도 있다. 하지만 조금 더 열린 자세로 노아에게 맞는 선택을 찾아주기 위해 노력하지 않을까? 어쩌면 아직 기차가 끊기지 않았을 수도 있다. 혹은 내일 아침 일찍 비행기가 있을 수도 있다. 아니라면 괜찮은 호텔에 투숙하도록 도와줄 수도 있다. 누가 알겠는가? 효과적이고 단호한 방식으로 소통하면 원하는 바를 얻을 가능성이 더 높아진다.

[다른 사람 신경 쓰지 말고 자기 일에 집중하라]

50대 후반인 칼은 회사 인사팀의 권유로 분노 조절 프로그램에 들어가게 되었다. 최근 평소답지 못하게 직속 상사에게 분노를 몇 번 터트린 일이 계기가 되었다. 칼에게는 이른바 최후통첩이었다. 분노를 식히는 법을 배우든가 아니면 해고였다! 설상가상으로 최근 회사에서 받은 스트레스로 말미암아 고혈압과 콜레스테롤 문제까지 생겼다. 둘 다 수년간 약물 치료를 받으면서 성공적으로 관리해왔는데 최근 다시 문제가 되었다. 칼이 생각하기에 가장 큰 문제는 직속 상사가 어리고 경험도 부족한데다 무능하다는 것이다. 칼의 표현을 빌리자면 상사는 "이 조직에서 일이 어떻게 돌아가는지 감도 못 잡는 바보"였다.

칼은 명백히 불만족스러웠다. 자신의 업무가 아니라 새로운 상사가 일하는 방식이 마음에 들지 않았다. 그동안 참을 만큼 참았지만 얼마 전 분노가 폭발했다. 칼은 자신의 나이를 고려했을 때 직장을 잃는 것을 감수할 수 없었고 일 때문에 뇌졸중을 겪고 싶지도 않았지만 분노를 해소하기 위해 어떤 조치를 취해야 하는지 몰랐다.

칼은 타협 또는 조정을 할 필요가 있다. 자기 일을 하는 방식에 만족하면서도 상사의 실수에는 상사 본인이 대처하도록 내버려둘 줄 알아야 한다. 다시 말해 자기 몫은 최선을 다하고 그걸로 자기 역할을 끝낸 다음 그 뒤부터는 상사가 알아서 하도록 해야 한다. 칼은 온 세상이 아니라 스스로에 대해서만 책임지는 법을 배울 필요가 있다.

09

분노하지 않고 문제를 해결하는 법

제9장   미리보기

- 문제를 객관화한다.
- 가능한 해결책을 탐색한다.
- 대안을 비교한다.
- 한 번에 한 단계씩 밟는다.

분노에 찬 사람들은 다른 사람을 탓하고 부정적인 사건에 집중하며 자신에게 벌어진 일을 두고 분통을 터트린다. 논리적 사고와 대안을 탐색하는 행동에는 그다지 관심을 보이지 않는다. 대다수 분노 어린 반응은 본질적으로 주도적(proactive)이라기보다 반사적(reactive)이다.

반사적인 사람들은 대체로 살아가면서 직면하는 문제에 큰 고민 없이 즉각적으로 대응한다. 예를 들어 일기예보에서 오늘 비가 온다는 소리를 들을지라도 신발장을 뒤져서 우산을 찾을 생각을 하지 않는다. 곧 다가올 태풍에 대해서도 준비할 생각이 없다. 이런 사람들은 막상 비가 오면 외려 놀라면서 화를 낸다.

제9장 분노하지 않고 문제를 해결하는 법   **173**

반면 주도적인 사람들은 앞을 내다보면서 계획한다. 가능한 대안을 두고 고민한다. 그렇기에 어떤 문제에 당면하면 반사적인 사람들보다 더 준비되어 있다. 심지어 자동차 트렁크에 여분의 우산까지 준비해두고 있을 수도 있다. 설사 예기치 못한 뜻밖의 사건이 벌어져서 미처 준비하지 못했더라도 재빨리 움직여 대처하면서 해결책을 강구한다.

이번 장에서는 당면한 문제에 주도적으로 대처하는 방법을 소개한다. 분노 조절 문제가 있는 사람들은 늘 반사적인 방식으로 살아왔기 때문에 문제 해결 기술이 부족한 경향이 있다. 그렇기에 여기서는 직면한 문제를 보다 다루기 쉽고 논리적인 요소로 쪼개는 방법을 보여줄 것이다. 나아가 다양한 대안을 고려하는 법과 함께 최고의 대안을 실행하기 위해 준비하는 법을 설명한다. 마지막으로는 선택의 결과를 평가하는 절차에 대해 다룬다.

문제를 객관적으로 설명하라
- -

모든 감정은 우리가 상황을 인식하는 데 영향을 미친다. 예를 들어 새로 자동차를 구입했다고 가정해보자. 당신이 이제까지 타봤던 자동차 가운데 가장 좋다. 광택이 흐르고 매끄럽게 빛나며 온갖 상상할 수 있는 장치는 전부 탑재되어 있다. 새 장난감 때문에 몹시 기분이 좋다.

자동차를 건네받고 운전해서 집으로 돌아오는 길에 우유와 빵을 사기 위해 식료품점에 들린다. 붐비는 주차장에 차를 대고 먹을거리를 사서 차로 돌아온다. 그런데 운전석 문에 1센티 정도 크기의 자국이 나 있는 것을 발견한다. 아무런 메모도 없고 옆에 주차된 차도 없으며 목격자도 없다. 어떻게 반응할 것인가? 당신의 감정 상태에 따라 세 가지 시나리오가 있다.

✔ 불안 : "맙소사! 이제 막 뽑은 차인데! 보험료가 왕창 뛰겠지. 20분 사이에 자동차 가치가 분명 20퍼센트는 떨어졌을 거야. 내 아내(남편)도 길길이 날 뛰겠지."

✔ 우울 : "나보다 더 멍청한 사람이 있을까? 다른 차들로부터 멀찍이 떨어진

끄트머리에 차를 댔어야지. 그 정도는 알았어야 했는데. 완전 새 차잖아, 맙소사. 난 왜 늘 이 모양이지."

✓ 분노 : "사람들은 너무 부도덕해. 이 짓을 벌이고 나서도 결과에 직면할 용기가 없다니. 경찰을 불러야겠어. 분명 내 차 페인트가 그 차에도 묻어 있을 거야. 경찰이라면 당연히 추적할 수 있겠지. 이건 절대적으로 부당하고 충격적인 일이야. 이 세상에 도덕적인 인간이라곤 찾아볼 수가 없군. 요새는 정말이지 아무도 믿을 수가 없어."

세 가지 반응 모두 저마다 편향되어 있고 반사적인 사고가 개입되어 있다. 자동차의 흔적에 대해서 정확히 아는 정보가 무엇인가? 거의 없다. 실제로 깊이 팬 자국일 수도 있고 가볍게 긁힌 흔적일 수도 있으며 어쩌면 기름이 살짝 묻어 있어서 조금만 문지르면 없어지는 자국일 수도 있다. 정말로 무슨 일이 일어났는지, 그 결과 어떤 일이 벌어질지 지금으로서는 알 수 없다. 그럼에도 그 자국은 사회에 대한 비난과 자기혐오, 미래에 대한 불안으로 이어졌다. 그러한 반응의 객관적인 근거가 무엇인가? 사실 없다. 감정이 합리적이고 논리적인 사고를 흐리게 만들었다.

이제부터는 문제를 객관적으로 바라보는 법부터 시작해서 자신이 정말로 분노하는 대상이 무엇인지 판단하는 법에 대해 다르게 접근하는 대안적 관점을 살펴보자.

문제를 명료하게 정리하라

감정으로 뒤범벅되어서 하루를 엉망으로 보내지 말고 사건을 객관적이고 논리적이며 합리적인 관점에서 바라보기 바란다. 조금 전에 다루었던 새로운 자동차에 대한 사례를 다시 떠올려보자. 마치 실험실 연구자의 보고서처럼 아래와 같이 사건을 정리해본다.

> 식료품점 주차장에 세워져 있던 2015년형 흰색 세단의 운전석 문에 1센티 정도의 까만 자국이 나 있다. 자국의 원인과 성격은 아직 분명하지 않다. 어떤 물질이 묻어서 생긴 얼룩인지 실제 긁혀서 생긴 흔적인지도 명확하지 않다. 만일 긁힌 자국이라 하더라도 깊은 자국인지 얕은 자국인지는 더 조사해야 알 수 있다.

문제를 이렇게 설명하니 어떤 기분이 드는가? 사건에 대해 훨씬 덜 감정적으로 느끼게 된다. 이렇게 설명하면 자연스럽게 문제를 해결하기 위한 방법을 찾아보게 된다. 울컥하거나 불안해하거나 우울해할 가능성도 낮다. 그렇기 때문에 효과적으로 문제를 해결하기 위한 첫 단추는 바로 아래와 같이 사건을 객관적이고 논리적이며 과학적인 방식으로 묘사하는 것이다.

- ✔ 사건을 신중하고 명료하고 온전하게 설명한다.
- ✔ 문제의 원인이 될 수 있는 모든 가능성을 따져본다.
- ✔ 인터넷이나 친구, 책, 논문에서 문제에 대한 정보를 얻을 수 있는지 살펴본다.
- ✔ 감정을 기반으로 설명하지 않도록 주의한다.
- ✔ 자기 삶에서 이 문제가 실제로 그리고 객관적으로 얼마나 중요한지 고려한다.

문제가 되는 상황을 객관적으로 생각해보았다면, 위의 가이드라인을 사용하면서 상황을 직접 완전하게 기술해보기를 권한다. 감정적으로 편향되거나 왜곡된 측면이 있는지 검토해보고 적절하게 수정한다.

실질적인 사례를 들면 개념을 더 온전히 이해하기가 언제나 수월하다. 다음 사례는 문제를 명료하게 기술하는 작업이 어떻게 이루어지는지 보여준다.

> 프래니는 세 아이를 둔 어머니로서 늘 거짓말하고 바람피우는 남편 맷을 더 이상 견디지 않기로 마침내 결정했다. 수년 동안 프래니는 가장으로서 주로 돈을 벌어왔다. 맷은 이 돈을 최신 TV나 자동차, 컴퓨터, 게임을 사는 데 아낌없이 썼다. 마침내 맷을 집에서 쫓아낸 프래니는 혼자서는 거의 감당하기 어려울 정도의 빚과 각종 청구액을 짊어지게 된다.

> 알고 보니 맷은 케이블 TV와 가정용 경비 시스템, 해충 관리 서비스 그리고 각종 컴퓨터 서비스를 위해 다년 계약을 체결했다. 게다가 신용카드 대금은 쌓여 있고 여러 종류의 대출까지 받았다. 프래니는 팔아봤자 거의 가치가 없는 자동차를 보유하고 있고, 대출금을 고려하면 주택 가치는 한참 떨어져 있다. 프래니는 이 상황에 압도되면서 분노하고 절망한다.

> 프래니가 찾은 심리상담사는 문제를 한 번 명료하고 객관적이면서도 온전하게 정의해보라고 권한다. 다음은 프래니가 작성한 내용이다.

> 망할 남편이 나를 절망 속에 몰아넣었다. 아마 나는 노숙자가 될 것이다. 그를 혐오한다. 아

이들은 분명 친척들 집에 얹혀 살아야 할 것이다. 다른 방도가 없다. 모든 빚과 청구액을 절대 감당하지 못할 것이다. 나는 매달 4,400달러를 버는데 고정적으로 나가는 비용이 4,000달러에 달한다. 아이들을 먹여 살리지도, 제대로 된 옷을 입히지도 못할 것이다.

프래니의 상담사는 첫 단추를 잘 꿰었다고 말한다. 그러면서 프래니의 글은 감정적인 단어로 가득 차 있기 때문에 더 명료하고 객관적으로 기술할 필요가 있다고 이야기한다. 프래니는 상담사의 도움을 받아 감정을 배제하고 사실에 집중하여 아래와 같이 글을 수정한다.

나의 매월 순소득은 4,400달러다. 고정적으로 나가는 비용을 다 더하면 3,878달러에 달한다. 그러면 가족을 먹이고 옷을 사 입히는 데 한 달에 522달러를 쓸 수 있다. 그 외에 집수리나 학용품, 자동차 점검과 같이 부정기적으로 지출하게 되는 비용이 있을 것이다.

수정해서 작성한 문제 상황도 다소 도전적이라는 데에는 프래니와 상담사 모두 동의한다. 그러나 수정한 글에는 '절망', '다른 방도가 없다', '노숙자', '혐오한다', '망할' 등의 표현이 사용되지 않았다. 이런 단어는 감정을 격화시키고 효과적으로 문제를 해결하지 못하도록 막는다.

정말로 분노하는 대상이 누구인지 파악하라

때때로 사람들은 자기 삶에 문제가 있다고 생각하지만, 그 원인을 엉뚱한 데서 찾는다. 누구에게 정말로 화가 났는지 모른다면 객관적으로 문제를 바라보기 어렵다. 스스로에게 물어보자. "내 마음을 심란하게 만드는 것이 누구(혹은 무엇)인가?"

얼핏 보기에 이 질문에 대한 답은 단순하다—"방금 나를 도발한 그 사람!" 하지만 더 자세히 들여다보면 그렇지 않은 경우가 많다. 사실은 이런저런 상황에서 해소되지 않은 채 억눌려 있던 분노가 엉뚱한 사람에게 분출되기도 한다. 그러면 애초에 쌓이기 시작했던 때보다 더 강렬한 분노를 경험한다.

매일 등교하는 어느 분노에 찬 어린이의 사례를 살펴보자. 이 어린이는 등교할 때부터 이미 부모에게 화나 있고 등하교 버스에서 자신을 괴롭히는 아이들 때문에 짜증이 나 있다.

애슐리는 11세 5학년 어린이다. 담임교사가 애슐리에게 자리에 앉으라고 하자 애슐리는 소리를 지른다. "저한테 이래라저래라 하지 마세요!" 그렇다면 단순히 교

안타깝게도 분노를 터트리는 시간과 장소는 보통 우리 손에 달려 있지 않다. 대개 분노는 난처한 순간에 찾아온다. 하지만 분노를 감지하는 그 순간에 분노를 반드시 표출해야만 한다고 느끼면 모든 객관성을 완전히 잃어버리게 된다. 예를 들면 다음과 같다.

낸시는 친구들과 해변에 놀러갈 주말을 앞두고 있다. 오래전부터 고대해온 일이다. 그런데 금요일 오후에 갑자기 동료에게 화가 치미는 일이 생긴다. 이 순간 낸시는 딜레마를

경험한다. 오후에 분노를 터트리고 계속해서 짜증난 기분으로 주말을 망칠 것인가? 아니면 일단 분노를 식힌 뒤 월요일에 사무실로 출근하면 그때 감정을 처리할 것인가?

분노를 터트리기에 이 순간과 장소가 적절한지 생각해보라. 만일 아니라면 지금 느끼는 분노를 객관적이고 논리적으로 분석할 때까지 보류한다. 잠시 동안만 분노를 선반 위로 치워둔다. 분노를 신중하고 합리적으로 살펴보기 전까지는 분노에 휩쓸리지 않도록 한다.

사가 자리에 앉으라고 말했다는 이유로 애슐리는 첫 교시부터 그토록 화난 걸까? 사실 애슐리는 부모와 등하교 버스에서 마주치는 아이들에게 화나 있다.

분통을 터트리는 이유가 무엇인지 애슐리에게 물어보면 애슐리는 담임교사가 문제라고 대답할 것이다. 하지만 애슐리가 분노를 느끼는 직접적인 이유는 부모와 관계가 원만하지 않고 등하교 버스에서 놀림을 받기 때문이다. 분노가 어디서부터 오는지조차 알지 못한다면 문제를 해결하기 위해 객관적인 태도를 가질 수가 없다.

대안을 하나씩 살펴보라

불쑥 치미는 분노에 대처하는 방법은 무수히 많다. 가령 힘든 상황을 없애기 위해 직접적인 조치를 취할 수 있다. 또는 공격적으로 반응할 수도 있다(소리를 지르거나 다른 사람을 때리는 등). 어떤 이들은 분노를 아예 회피하기도 한다(외면하고 자리를 뜨는 등). 또 다른 이들은 일종의 단호한 반응을 보인다(물러서지 않으면서 화나 있다는 사실을 비공격적인 방식으로 말하는 등). 결국 가장 중요한 질문은 특정 상황에서 어떤 방식으로 반응하는 것이 최고의 대안인지에 관한 것이다. 이제부터 본격적으로 살펴보자.

다수의 대안을 탐색하라

문제를 효과적으로 해결하려면 수수께끼를 풀 때와 같이 상상할 수 있는 모든 대안을 떠올려보아야 한다. 브레인스토밍(brainstoming)이 도움이 된다. 일단 문제 상황에 대해 간단히 기술한다. 이때 명료하고 객관적으로 문제에 접근해야 한다는 사실을 잊지 말자. 그러고 나서 상상의 나래를 마음껏 펼쳐보자. 아무리 우스꽝스럽더라도 떠올릴 수 있는 아이디어를 전부 메모해둔다. 마음을 검열하지도, 오답이 있다고 생각하지도 말자. 요컨대 성급하게 자신의 아이디어를 판단하려는 자연스러운 경향을 잠시 보류하라.

상상력을 마음껏 펼쳤다면 작성한 아이디어 목록을 다시 살펴본다. 또 다른 아이디어가 생각나지는 않는가? 혹시라도 들추어보지 않은 돌이 하나라도 남지 않도록 샅샅이 살펴본다. 걱정하지 않아도 된다. 대안을 신중하게 평가하는 단계는 따로 있다.

'문제를 명료하게 정리하라'에서 다룬 프래니의 사례를 다시 살펴보자. 프래니는 이미 문제 상황을 분명하게 기술했다. 이제 그녀는 상담사의 도움을 받아 브레인스토밍을 하면서 자신이 선택할 수 있는 모든 가능한 대안을 탐색한다.

- ✔ 파산을 선언하고 인생을 영점에서 시작한다.
- ✔ 청구액 납부를 일부 중단한다.
- ✔ 전남편에게 양육비를 내라고 소송을 건다.
- ✔ 시간제 일자리를 하나 더 구한다.
- ✔ 정말 돈이 많은 남자친구를 사귄다.
- ✔ 집을 담보로 빚을 차환한다.
- ✔ 복권을 왕창 산다.
- ✔ 온라인 사업을 시작한다.
- ✔ 고객센터에 문의해서 계약을 조기에 해지하면 수수료가 얼마나 드는지 알아본다.
- ✔ 자동차를 담보로 빚을 차환한다.
- ✔ 친구들을 집으로 초대해서 불필요한 물건을 저렴하게 판다.
- ✔ 간단한 집수리는 유튜브 동영상을 참고해서 직접 한다.
- ✔ 꼭 필요하지 않은 것들은 가능한 한 사지 않도록 주의를 기울인다.

✔ 두세 달 정도 지출 내역을 점검해서 소비를 줄일 수 있는 항목을 찾는다.

✔ 아이들을 판다(농담이다).

✔ 당분간 옷은 중고 매장에서 구입한다.

프래니와 상담사는 16가지 대안을 생각해냈다. 그렇다, 일부 항목은 다소 별나거나 비현실적으로 보일 수 있다. 괜찮다. 브레인스토밍에는 창의성과 함께 약간의 유머도 필요하다.

[대안은 절대 유일하지 않다]

분노에 대응하는 방법을 최소한 세 가지 생각해두라(하지만 그보다 더 많기를 바란다). 만일 분노에 대한 대응책이 하나뿐이라면(예를 들면 욕하기) 화가 치밀 때 행동할 수 있는 여지가 별로 없다. 무엇이든 선택하려면 적어도 대안이 두 가지는 필요하다. 덧붙이자면 만능으로 모든 상황에 들어맞는 하나의 완벽한 방법은 존재하지 않는다(당신의 마음에 쏙 들 수는 있을지라도). 가령 친구와 의견이 충돌해서 화가 날 때에는 다음과 같은 방법으로 대응할 수 있다.

✔ "좋아, 우리 의견이 다르다는 데서 합의를 봐야겠군."이라고 말하면서 상황을 종료한다.

✔ "넌 틀렸어, 완전히 틀렸어! 네가 불평하는 소리를 듣는 것도 이제는 지긋지긋해."라고 공격적으로 쏘아붙인다.

✔ "내 생각에 조금만 더 이야기를 나눈다면 네가 잘못 생각하고 있다고 설득할 수 있을 것 같아. 하지만 지금으로서는 기분이 상해서 그러고 싶지 않아. 너도 괜찮다면 다시 만나서 그때 이야기를 더 나누자."라고 반응한다.

✔ "네 말도 일리가 있어. 내 의견은 약간 다르지만."이라고 말한다.

✔ "네 의견을 들려줘서 고마워. 한번 생각해볼 거리인 것 같아."라고 정중하게 답한다.

분노를 표현할 세 가지(혹은 그 이상의) 방법을 생각했다면 다음번에 화가 날 때에는 잠시 시간을 내서 스스로에게 물어보자. "첫 번째 대안을 선택하면 무슨 일이 벌어질까? 두 번째 대안을 시도하면 무엇이 벌어질까? 만일 세 번째 대안을 고르면?" 각 대안은 긍정적으로든 부정적으로든, 즉각적으로든 장기적으로든 서로 다른 결과로 이어진다.

온갖 군데에서 아이디어를 수집하라

브레인스토밍을 통해 다양한 대안을 떠올렸다고 해서 그것이 끝이라고 생각하면 안 된다. 상상할 수 있는 모든 가능성을 확인했다고 생각할 수 있지만 그럴 수도, 그렇지 않을 수도 있다.

이제는 문제 상황을 다양한 사람들의 관점에서 살펴볼 차례다. 당신이 아는 신뢰할 만한 사람들 가운데 이 상황과 관련된 지식과 전문성이 있거나 아니면 그저 이야기를 잘 경청해주는 사람을 찾아가 보자. 이들에게 당신의 문제를 객관적으로 설명하면서 이제까지 당신이 떠올린 아이디어를 보여준다. 그리고 혹시 다른 대안을 제시해줄 수 있는지 물어본다.

예를 들어 앞선 사례의 주인공 프래니는 친구와 여동생, 어머니에게 자신의 재정적 상황에 대해 털어놓는다. 세 사람은 저마다 흥미로운 아이디어를 하나씩 내놓는다.

- ✔ 프래니의 친구는 자신이 1만 달러를 대출받았던 은행 담당자를 소개해주겠다고 제안한다.

- ✔ 여동생은 프래니가 양육비를 아낄 수 있도록 일주일에 하루씩 아이들을 돌보아주겠다고 말한다.

- ✔ 어머니는 프래니가 밀린 신용카드 대금을 납부할 수 있도록 이자를 받지 않고 돈을 빌려주겠다고 제안한다.

프래니는 세 가지 아이디어를 브레인스토밍 목록에 추가한다. 그녀의 마음에는 약간의 희망이 생기지만 어떤 아이디어를 실행해야 하는지 확신이 들지 않는다. 그래서 지금부터는 최고의 대안을 선택하는 법을 다룬다.

각 대안의 결과를 예측하라

감정에 반사적으로 대응하면 그 결과를 예측해볼 시간적 여유가 없다. 반면 같은 감정과 상황이라도 주도적으로 대처할 때에는 충분한 시간이 요구된다. 앞으로 벌어질 결과를 숙고하려면 주도적 사고가 필요하다. 침착하고 냉정하게 예상되는 결과를 고민하면서 의식적이고 합리적인 선택을 내려야 하기 때문이다. 이와 관련하여 더 많은 통찰을 얻기 위해서 다음 글상자를 살펴보자.

[침착할 때와 그러지 못할 때 벌어지는 일]

감정은 일시적으로 우리 마음에 머물렀다 사라진다. 하지만 감정에 대응한 결과를 우리는 그 후로도 오랫동안 감수하면서(그리고 종종 대가를 지불하면서) 살아가야 한다. 감정에 반사적으로 반응해서 침착성을 잃을 때 무슨 일이 벌어지는지 생각해보자.

✔ 혈압이 상승하고 때로는 위험할 정도로 치솟는다.
✔ 폭발할 것 같다고 느낀다.
✔ 심장이 쿵쿵거린다.
✔ 아랫배에 납덩이가 있는 것처럼 느낀다.
✔ 상황에 압도된다.
✔ 집중력을 잃고 오로지 분노에만 주의를 쏟게 된다.
✔ 우울하고 불행하다고 느낀다.
✔ 창피하고 부끄럽다고 생각하거나 죄책감을 느낀다.
✔ 초조하고 불안하다.
✔ 화를 내서 다른 사람에게 상처를 준다.
✔ 사람들이 반항하는 태도를 보인다.
✔ 사람들이 당신을 무시한다.
✔ 사람들이 당신을 피한다.

✔ 사람들이 당신을 존중하지 않는다.

이제는 감정에 주도적으로 대응해서 침착함을 유지할 때 어떤 일이 벌어지는지 살펴보자.

✔ 금세 차분해진다.
✔ 사람들이 당신을 존중한다.
✔ 사람들이 당신에게 더 가까이 다가온다.
✔ 문제를 보다 건설적인 방식으로 해결한다.
✔ 미래의 갈등을 최소화한다.
✔ 다른 사람의 관점을 더 잘 이해한다.
✔ 모두가 기분 좋은 마음으로 상황이 마무리된다.
✔ 더 잘 공감한다.
✔ 혈압이 더 낮다.
✔ 덜 불안하다.
✔ 원한을 품지 않고 상황을 마무리한다.
✔ 훨씬 더 수용적인 사람이 된다.

이제까지 작성한 대안 목록을 검토할 때에는 창의적인 대안으로 이어지지 않는 한 실용적이지 않은 아이디어는 진지하게 고민할 필요가 없다(때로는 그렇게 이어지기도 한다). 가능성이 희박하거나 불가능한 대안도 재빠르게 제거해도 좋다. 목록을 약간 다듬은 다음에 각 대안의 예상되는 결과를 생각해본다.

조금 전에 등장한 프래니의 사례를 다시 떠올려보자. 표 9-1은 프래니가 다듬은 아이디어 목록과 함께 각 대안을 선택했을 때 벌어질 가능성이 가장 높은 결과를 보여준다.

프래니가 청구액 납부를 일부 중단한다는 대안은 고려하지 않았다는 점을 눈여겨보

표 9-1 프래니의 대안과 예상되는 결과

대안	예상되는 결과
파산을 선언하고 영점부터 다시 시작한다.	충분히 할 수 있는 일이고 어쩌면 도움이 될지도 몰라. 하지만 파산 기록이 7년 동안 남는다는 점을 고려하면 당분간은 보류해야지.
시간제 일자리를 하나 더 구한다.	이렇게 하면 아이들로부터 더 멀어져야 하는데 지금도 아이들에게는 내가 필요하다는 게 문제야. 어쩌면 나중에 고려해볼 수는 있겠어.
은행 담당자를 소개받아 대출 상담을 받는다.	이 대안의 단점은 없다. 대출을 추가로 해주거나 그러지 않거나 둘 중 하나겠지. 그래도 나는 늘 제때 대출금을 갚았으니까 어쩌면 담당자가 내 이야기를 들어줄지도 모르겠군.
여동생에게 일주일에 하루씩 아이들을 돌보아 달라고 부탁한다.	동생은 지금도 이미 바쁘다. 동생 말대로 했다가 결국에 나를 원망할까 봐 두렵네. 아마 급할 때 이리저리 부탁하는 편이 나을 듯해.
어머니로부터 이자 없이 돈을 빌려서 신용카드 대금을 납부한다.	이 대안이 별로 마음에 들지는 않지만 어머니한테 부담이 안 되고 어머니도 나를 굉장히 돕고 싶어 하시는 것 같네. 어머니의 도움을 받으면 앞으로 몇 년간은 1년에 700달러씩 모으면서 다시 되갚을 수 있어. 아무래도 어머니 말을 들어봐야겠어.
고객센터에 문의해서 각종 서비스를 조기에 해지하면 비용이 얼마나 드는지 알아본다.	이 대안도 별로 단점이 없군. 한두 가지 서비스쯤은 조기에 해지해도 문제가 되지 않을 수도 있어. 약간의 비용을 청구하더라도 장기적으로 보면 오히려 돈을 모으는 길이야.
두세 달 정도의 지출 내역을 점검해서 소비를 줄일 수 있는 항목을 찾는다.	이건 생각만 해도 귀찮군. 하지만 스마트폰 앱을 활용하면 수고를 덜 수 있지. 당분간 모든 지출 내역을 입력해야 한다는 것만 기억하면 돼.
집을 담보로 빚을 차환한다.	집값이 조금 떨어지기는 했지. 하지만 내 상황에 맞게 설계된 상품이 있을 거야. 그러면 한 달에 125달러 가까이 아낄 수 있어.

자. 이 대안이 자신의 윤리적 기준에 부합하지 않는다는 사실을 곧바로 깨달았기 때문이다. 더욱이 신용 등급을 좋게 유지할 필요가 있었다. 그렇기 때문에 이 대안은 포함할 필요가 없었다. 또한 프래니는 도박을 믿지 않기 때문에 복권을 왕창 사는 아이디어도 진지하게 고려하지 않았다.

프래니는 부자인 남자친구를 찾는다는 항목도 내려놓았다. 이 아이디어가 처음에는 굉장히 매력적인 아이디어처럼 느껴졌지만, 진지한 만남을 찾는 데에는 썩 좋은 기준이 아니라는 사실을 알아차렸기 때문이다! 그리고 당연하지만 아이들을 판다는 아이디어는 농담이었다.

예상되는 결과를 평가할 때는 단기적인 결말과 장기적인 결말을 모두 고려해야 한다는 사실을 명심하자. 예를 들어 은행의 대출 담당자를 찾아가는 일은 단기적으로는 불편하거나 약간 부끄러운 일로 느껴질 수 있다. 하지만 만일 담당자가 대출 상품을 잘 설계해주어서 돈을 아낄 수 있다면 그런 불편함은 충분히 감수할 만하다.

다루기 힘든 감정과 믿음을 극복하라

문제 상황을 객관적으로 정의하고 대안적 아이디어를 브레인스토밍한 다음 최고의 대안을 몇 가지 선택했다면 이제 한 단계가 더 남아 있다. 많은 사람이 합리적이고 좋은 결정을 내리지만 이를 실행하는 단계에서 실패한다. 실행으로 가는 길을 감정과 믿음이 가로막고 있기 때문이다. 만일 감정이든 믿음이든 앞길을 가로막고 있다면 이것부터 해결할 필요가 있다. 표 9-2에 제시된, 실행을 방해하는 믿음과 문제적 감정 가운데 당신에게 해당하는 항목이 있는지 살펴보자. 만일 그렇다면 문제 해결을 촉진하는 관점을 읽으면서 그러한 항목을 다른 관점에서 생각해보자.

표 9-2에 분노를 제외하고도 몇 가지 다른 감정이 제시되었다는 데 주목하자. 왜일까? 분노 조절 문제가 있는 사람들은 다른 감정과 관련해서도 문제를 겪는다! 분노를 자주 경험하는 사람들은 대개 불안과 우울로도 고통을 받는다. 여기서 제시하는 효과적인 문제 해결법을 사용하면 다양한 정서적 문제에서 진척을 보일 수 있다.

다음 사례에서 제시된 에디의 이야기를 보면 문제 해결 과정에서 부정적인 믿음이나 감정으로 말미암아 어떻게 난관에 봉착하게 되는지 이해할 수 있으며, 이런 믿음과 감정을 이해하는 일이 그러한 장애물을 극복하는 데 얼마나 도움이 되는지 알 수 있다.

> 에디는 저녁 시간대에 고급 레스토랑에서 근무한다. 어느 날 직원 한 명이 팁을 훔치다가 걸렸다. 지배인이 새로운 지침을 발표한다. 레스토랑 구석구석마다 감시 카메라가 설치된다. 지배인은 모든 직원들에게 교대가 끝날 때마다 각자 받은 팁을 전부 맡기면 나중에 모두에게 공평하게 배분하겠다고 지시한다.

에디는 이곳에서 수년 동안 일해 왔고 단골 고객들이 그를 매우 좋아하는데다가 어느 누구보다 항상 팁을 많이 받기 때문에 굉장히 화가 난다. 더욱이 그는 고지식할 정도로 정직한 사람이다. 에디는 보안을 강화하고 팁 정책을 새로 바꾼 조치가 지독히 불공평하다고 생각한다. 어느 한 사람이 단 한 번 잘못을 저질렀다고 해서 에디까지 손해를 볼 필요는 없다.

에디는 일단 문제 상황을 객관적으로 정의한다('문제를 객관적으로 설명하라'에서처럼). 그러고 나서 다양한 대안을 생각하고 각 대안마다 예상되는 결과를 정리한다('대안을 하나씩 살펴보기'와 '각 대안의 결과를 예측하라'에서처럼). 그는 지배인과 차분하지만 단호하게 논의하면서 지침을 재조정할 수 있는 여지가 있는지 탐색하는 전략이 최선이라고 결정한다. 하지만 에디는 이 대안을 실행에 옮기지 않는다. 상황이 지나치게 부당하다고 생각해서 몹시 화난 탓이다. 에디는 지배인과 다른 직원들에게 보복할 방법을 고민하기 시작한다. 문제를 해결하려고 하는 대신 에디는 쓰라린 원망과 분노를 느낀다. 에디의 단골들도 그의 변화를 알아차리면서 지배인에게 불평하기 시작한다. 몇 주 뒤 지배인은 에디를 해고한다.

표 9-2 문제 해결을 방해하는 요인과 해답

문제 해결을 방해하는 믿음	문제적 감정	문제 해결을 촉진하는 관점
이 문제를 도저히 어떻게 해볼 수가 없어. 너무 압도적이야.	슬픔, 절망, 좌절	아무것도 할 수 없다고 느낄 수는 있지만 사실은 시도조차 해보지 않았잖아. 대안을 하나 골라서 한 번 도전한다고 해서 잃을 건 없지.
이 문제를 내가 감당해야 한다니 부당해.	분노	내가 아니면 다른 누구도 해결할 수 없어. 그래, 부당할 수 있지. 인생이 때때로 그렇잖아.
시도한다고 하더라도 분명 실패할 거고 그러면 바보 취급 받을 거야.	두려움, 불안	바보는 아예 시도도 하지 않아. 그러니 실패하면 좀 어때? 시도조차 하지 않는 게 더 나빠.
내 잘못이 아니야. 내가 이렇게 노력해야 할 이유는 없어.	짜증	그래, 내 잘못이 아니야. 하지만 어느 누가 짠 하고 나타나서 내 인생을 대신 살아주겠어.
유일한 해결책은 복수하는 거야.	격노	복수한다고 해서 나한테 무슨 득이 있을까? 지금 처한 상황보다 더 나빠지기만 하겠지.

원망과 부당함, 보복에 대해 곱씹는 행동의 문제는 상대에게 자신이 당한 만큼 되갚아주면 상대보다 앞서 나갈 수 있다고 생각하도록 우리를 유혹한다는 점이다. 어쩌면 드문 경우에는 그럴 수 있을지도 모른다. 하지만 에디가 그랬듯이 복수를 도모하는 사람들은 대개 시작점보다 더 열악한 위치로 떨어지곤 한다.

최선을 다하라

아무것도 하지 않는 행동은 현상을 있는 그대로 유지하는 선택과 다를 바 없다. 그래서 무슨 일이 벌어지는지는 이제 잘 알 것이다. 기분이 상하고 어쩌면 화가 나며 괴로워진다. 알아서 해결되는 문제는 거의 없다.

어쩌면 최선의 노력을 다했어도 문제를 해결하기 위한 아이디어를 아직 실행하지 못하고 있을 수도 있다. 만일 그렇다면 당신의 전략을 다양한 방식으로 연습하기를 권한다.

✔ 화장실 거울 앞에 서서 하고자 하는 행동을 실제처럼 연습한다.
✔ 친구와 역할을 나누어 당신의 계획대로 예행연습 해본다.
✔ 계획을 실행할 때 예상되는 어려움과 보람 있는 결과를 상상 속에 모두 포함시킨 다음 머릿속으로 리허설 한다.

왜 주저하고 있는가? 움직이라. 실행하라! 미적대면서 미루는 행동은 아무런 이득이 없다. 당신의 계획이 성공하리라는 보장은 없지만, 다른 대안이 최선은 아니라는 점을 당신도 이미 알고 있을 것이다.

결과를 평가하라

문제를 해결하기 위한 최선의 선택을 실행에 옮겼다면, 이제 마지막 단계가 남아 있다. 스스로에게 결과가 어떠했는지 물어보자. 문제가 해결되었는가? 적어도 합리적인 수준에서 기대한 만큼은 효과적이었는가? 만일 그렇다면 이제 끝이다. 수고했다.

하지만 당신의 수행 결과가 충분히 만족스럽지 않았거나 거의 효과가 없었다면 어떻게 해야 할까? 가끔은 그런 결과를 얻을 때도 있다. 이런 경우에는 대안 목록을 작성했던 단계로 돌아가면 된다. 혹시 놓치고 있는 대안은 없는지 고민해보고 만일 생각난다면 목록에 더한다.

그러고 나서 문제를 최대한 해결하거나 개선할 수 있다고 생각되는 대안을 고른다. 계속해서 시도한다. 어떤 문제들은 몇 번이고 시도한 뒤에야 마침내 노력이 결실을 맺는다. 하지만 때로는 그렇게 노력을 쏟았음에도 흡족한 결과를 얻지 못할 수도 있다. 그럴 때면 이상적이지는 못하더라도 그럭저럭 괜찮은 수준의 결과를 받아들여야 할 수도 있다.

chapter

10

느긋하게 분노를 쫓아내는 법

편안한 의자에 느긋하게 앉아 있다고 상상해보자. 김이 피어오르는 따뜻한 차든 핫초콜릿이든 시원한 음료든 가장 좋아하는 음료가 손에 들려 있다. 부드러운 음악이 들려오고 편하게 의자에 등을 기댄다. 과거의 즐거웠던 기억이 떠오른다.

이 장면을 상상하면서 어떤 기분이 드는지 느껴보자. 짜증이 나거나 불쾌하거나 분노가 치밀어 오르는가? 아마도 절대 아닐 것이다. 몸과 마음이 편안하고 느긋한 상태에서는 분노를 느끼기 어렵다. 바로 이러한 원리 때문에 대다수 분노 조절 프로그램은 참가자들에게 몸을 이완시키는 기술을 배우라고 권한다. 기술이라니? 그렇다. 몸과 마음을 느긋하게 만들기 위해서는 몇 가지 기술만 익히면 된다. 많은 사람들은 그저 그 방법을 모를 뿐이다.

이번 장에서는 심지어 분노가 치밀어 오르는 상황에서도 이완 능력을 개발할 수 있는 다양한 전략을 다룬다. 아마도 어떤 기술은 그다지 매력적으로 느껴지지 않는 반면 어떤 기술에는 관심이 갈 것이다. 자신에게 가장 매력적으로 느껴지는 (그리고 가장 효과적인) 기술을 자유롭게 선택하자.

심호흡하기

분노는 인간을 각성시킨다. 화가 나면 자율신경계가 흥분하고 혈관에 아드레날린이 솟구친다. 혈압과 심박 수가 증가하고 근육이 긴장되며 목 뒤의 솜털까지 곤두선다.

분노에 찬 사람은 즉각 투쟁할 태세를 갖춘다. 곧 있으면 다가올 공격으로부터 스스로를 보호하기 위해서다. 바로 이것이 분노라는 반응의 신체적인 측면이다. 분노를 관리하려면 이 과정을 반대로 만들어서 평정심을 되찾아야 한다.

침착해지기 위한 한 가지 방법은 호흡에 주의를 기울이는 것이다. 화난 사람은 대개 빠르고 얕게 숨을 내쉬고 그로써 몸은 더욱 활성화된다. 그러면 어지럽거나 혼란스럽고 몸이 불편해진다. 지금부터는 호흡을 토해 분노를 풀어내는 몇 가지 방법을 살펴보자.

심호흡하는 기술을 사용하기 전후에 몸의 긴장과 스트레스, 분노 수준을 체크해보자. 컴퓨터나 다른 전자기기를 이용해 전후 기분을 기록해서 얼마나 나아지는지 확인해본다.

호흡으로 응급 처치하기

즉각 긴장을 풀려면 잠시 멈추어서 심호흡을 몇 번 하면 된다. 호흡을 통해 분노와 긴장을 내보내고 편안한 기분을 느끼는 일은 숫자를 하나부터 셋까지 세는 일만큼이나 쉽다.

1. 가슴을 부풀려서 깊은 숨을 코로 들이마신다.
2. 4초 동안 숨을 참는다.

3. 입으로 숨을 천천히 내뱉으면서 목으로 쉬하는 소리를 낸다(그렇게 하면 더 천천히 숨을 내쉴 수 있다).

숨을 내쉴 때마다 놓아버리자, 긴장을 풀자, 진정하자, 침착하자 등 당신에게 효과적인 말을 마음속으로 되뇐다. 이 말은 몸으로 하여금 원하지 않는 긴장을 놓아버리도록 만드는 마음의 명령이다. 마음이 명령하면 몸은 그 말을 듣는다. 바로 그렇게 몸과 마음은 함께 움직인다.

이 활동을 적어도 열 번 반복하고(분노의 강도에 따라 더 많이 반복해도 좋다) 그 과정에서 모든 호흡을 온전히 의식한다.

분노를 타파하는 복식 호흡

긴장을 풀 수 있는 또 다른 기술은 바로 복식 호흡(belly breathing)이다. 이 방법에는 약간의 집중력과 연습이 요구된다. 하지만 조금만 노력하면 금방 숙달할 수 있다.

1. 똑바로 앉아서 두 손을 갈비뼈 바로 아래에 올려놓는다.
2. 배를 조이면서 완전히 숨을 내쉰다.
3. 복근에 공기를 불어넣으면서 숨을 들이마신다.
   이때 손가락 끝이 서로 약간 벌어져야 한다. 숨을 몇 초 동안 참는다.
4. 배를 다시 조이면서 천천히 숨을 내뱉는다. 눈과 얼굴을 비롯해 온몸의 긴장을 푼다.

일부 사람들은 복식호흡을 할 때 바닥이나 침대에 누운 다음 배 위에 책을 올려두기도 한다. 숨을 마실 때 책이 들리고 숨을 내쉴 때 책도 따라 움직이면 된다.

어떤 식으로 복식 호흡을 하든 자주 연습해야 한다. 마음이 차분하고 딱히 화나 있지 않을 때 연습을 시작하자. 아마 금방 익숙해질 것이다. 그러다 보면 짜증이 날 때에도 복식 호흡을 할 수 있게 된다. 나중에는 아주 끝장나게 화날 때조차 이렇게 호흡할 수 있다.

명상하며 호흡 세기

명상하며 호흡을 세는 활동은 호흡을 '조절'하는 것과는 사실 별로 관련이 없다. 이 방법은 차분한 마음으로 호흡에 주의를 기울이면서 호흡을 하나씩 세는 활동이다. 그러면서 호흡이 제 나름의 리듬을 찾아가도록 지켜보면 된다. 자리에 앉아서 이 활동에 도전해보자.

1. 심호흡을 여러 번 한다.
2. 바른 자세로 앉는다.
3. 고개를 살짝 아래로 숙인다.
4. 눈을 감는다.
5. 눈과 이마, 목, 얼굴의 긴장을 푼다.
6. 천천히 숨을 들이마시고 내뱉는다.
7. 한 번 호흡을 내뱉을 때마다 숫자를 1부터 하나씩 센다.
8. 숫자가 10이 될 때까지 호흡을 열 번 반복한다.
9. 호흡의 속도를 조절하려고 애쓰지 않는다. 몸이 알아서 하도록 내버려둔다.
10. 몇 분간 심호흡을 계속 하면서 호흡을 1에서 10까지 되풀이하면서 센다.
11. 눈을 뜨고 어떤 기분인지 알아차린다.

하루에 5분만 명상하면서 호흡하는 활동을 연습하자. 그러면 충분하다. 이 활동에 숙달하면 화가 나기 시작할 때 즉시 활용할 수 있을 것이다. 천천히 열 번씩 호흡하면 긴장이 풀리기 시작하면서 분노를 적절히 제어할 수 있을 것이다.

점진적 근육이완법 익히기

점진적 근육이완법(progressive muscle relaxation, PMR)이란 스트레스나 분노와 같은 부정적인 감정을 줄이기 위한 전략으로 수십 년 동안 굉장히 성공적으로 사용되어 왔다. 어떤 경우에는 단 한 번의 연습만으로도 분노를 줄일 수 있다. 물론 연습을 거듭할수록 더욱 도움이 된다.

점진적 근육이완법은 대략 다음과 같은 단계를 거친다.

✔ 신체 한 부위의 근육을 긴장시킨다.
✔ 일정 시간 동안 긴장을 유지한다.
✔ 긴장을 푼다.
✔ 근육이 긴장할 때와 이완될 때의 차이를 느낀다.

PMR을 시도하기에 앞서 신체 어느 한 부위라도 통증이 있다면 반드시 주치의와 상담하자. 부상당했거나 다른 문제가 있는 부위의 근육은 사용하지 않는다. 그리고 절대 특정 부위의 근육을 최대한 꽉 조이지 않도록 한다. 대개는 50퍼센트나 70퍼센트까지만 조여도 충분하다. PMR로 근육통을 겪기를 바라지 않는다. 목표는 결국 몸을 이완하는 것이다.

어떤 사람들은 PMR이 불편하다고 느낀다. 때로는 공황 상태에 빠지기도 한다. 일부 완벽주의자들도 PMR을 시도할 때 힘들다고 느낀다. 모든 것이 자신의 통제 범위에 있어야 한다는 욕구가 강한 사람들 또한 그러하다. PMR을 통해 이완된 상태에 있을 때 통제력을 잃을까 봐 두려워하기 때문이다. 만일 그러한 기분이 들면 멋진 해결책이 있다—중단하라! 대신 호흡법이나 심상화 기법을 시도해보자. 그러면서 차차 PMR을 다시 시도해볼 수 있다(그러면 좋겠지만 반드시 그럴 필요는 없다).

점진적 근육이완법 자세히 알아보기

PMR을 시도할 만한 조용한 장소를 찾고 모든 전자기기의 전원을 끈다. 조용한 환경을 찾기 어렵다면 소음을 차단하는 백색 소음기를 사용해보는 것도 방법이다. 강아지와 고양이는 묶어둔다. 필요하다면 '방해 금지'라는 종이를 써 붙인다. 천천히 심호흡을 몇 번 하고 시작한다(노트 : PMR은 편안한 의자에 앉아서 해도 되고 누워서 해도 된다).

1. **발가락과 발을 밖으로 말면서 힘을 준다. 10초 정도 긴장을 유지한다.**
   발가락과 발, 정강이 근육은 특히 근육통이 오기 쉽다. 근육통을 겪지 않도록 이 부위는 너무 심하게 긴장시키지 말고 살살 힘을 준다.
2. **발가락과 발의 긴장을 푼다. 기존에 긴장이 느껴지던 곳이 이완되는 기분을 느낀다.**

몇 분간 이완된 기분을 느끼면서 근육을 긴장시켰을 때의 느낌과 어떻게 다른지 알아차린다.

3. 종아리 근육을 조이면서 발가락을 머리를 향해 당긴다. 10초 정도 긴장을 유지한다.

4. 긴장을 풀고 종아리 근육을 이완시킨다.
   근육이 긴장되었을 때와 이완되었을 때의 느낌을 비교해본다.

5. 두세 번 깊게 숨을 들이마시고 6초나 8초를 세면서 매우 천천히 숨을 내뱉는다.

6. 무릎을 조이면서 허벅지 근육을 긴장시킨다. 10초 동안 긴장을 유지하다가 이완시킨다. 긴장이 사라지고 몸이 풀어지는 기분을 느낀다.

7. 엉덩이를 조이는 동시에 복부 근육을 긴장시킨다. 10초 동안 긴장을 유지한다.

8. 근육을 이완시키면서 두세 번 천천히 심호흡을 한다. 몸이 이완되는 느낌을 알아차린다.

9. 등 근육을 조인다. 자신에게 편안한 방법이라면 어떤 식이든 상관없다(어떤 사람들은 등을 활처럼 구부리고, 다른 사람들은 등 아래 부분을 단단한 표면에 밀착시키며, 또 다른 사람들은 등 근육에 약간 힘을 준다). 10초 동안 긴장을 유지한다.

10. 긴장을 풀면서 따뜻하고 편안한 느낌이 퍼지는 것을 알아차린다.

11. 주먹을 꽉 쥐고 팔을 구부린 다음 양 손의 주먹을 서로 민다. 10초 동안 유지하다가 긴장을 푼다.
    긴장을 풀 때에는 어깨를 가볍게 으쓱하면 된다. 이완된 기분이 밀려오는 것을 느낀다.

12. 어깨를 귀가 있는 쪽을 향해 끌어올린다(거북이처럼 만들자). 그다음 견갑골을 모으는 듯한 느낌으로 어깨를 끌어내린다. 10초 동안 긴장을 유지하고 이완시킨다.
    이완된 기분이 직전의 긴장된 상태와 어떻게 대비되는지 알아차리는 것을 잊지 말자.

13. 턱을 가슴 방향으로 누른다. 목을 긴장시킨다. 10초 동안 긴장을 유지하고 이완시킨다. 이완된 기분을 느낀다.

14. 고개를 천천히 뒤로 넘기면서 목 뒤의 긴장을 느낀다. 긴장을 유지하다가 이완시킨다.

15. 턱을 악물고 얼굴 전체를 긴장시킨다. 이마 근육을 움직여 얼굴을 찌푸린다.

10초 동안 긴장을 유지한다. 이완한다.

16. 몸 전체를 잠시 느껴본다. 발이나 다리, 허벅지, 팔, 손, 목, 어깨, 등에 긴장이 남아 있는지 살펴본다.

긴장이 남아 있는 부위가 있다면 해당 부위를 긴장시키고 이완하는 연습을 반복한다.

17. **몇 분 동안 깊게 숨을 내쉬면서 이완된 기분의 여운을 느낀다.**

이 순서를 직접 녹음해서 자신만의 특별한 오디오 파일을 만드는 것도 좋은 방법이다. 혹은 온라인으로 이와 비슷한 오디오 녹음 파일이나 CD 등을 구입할 수도 있다. 어쩌면 무료로 구할 수 있을지도 모르겠다. 어떤 사람들은 배경음악이 깔려 있는 파일을 선호하기도 한다.

주변을 둘러보면 여기서 소개한 방식과 다른 PMR 기법도 찾아볼 수 있을 것이다. 아무 문제없다. 필자들이 아는 한 특정 기법이 다른 기법보다 더 우월하다는 명백한 증거는 없다. 자신의 선호에 맞추어 순서를 바꾸는 등 자유롭게 변형해서 사용하자.

PMR 속도 내기

대개는 앞서 소개한 PMR 절차의 모든 단계를 밟으면서 연습하기를 권한다. 이렇게 훈련하는 일이 익숙해진 다음에는 아래와 같이 절차를 간소화할 수 있다.

1. **편안하게 앉거나 누울 공간을 찾는다. 최대한 방해받지 않을 수 있는 환경을 준비한다.**

2. **매우 길고 깊은 호흡을 두세 번 반복한다. 숨을 마시고서 몇 초 참았다가 내뱉는다.**

3. **허리 아래 하반신의 모든 근육을 긴장시킨다.**

발, 종아리, 허벅지, 엉덩이, 아랫배가 포함되어 있는지 반드시 확인한다. 10초 동안 긴장을 유지한다.

4. **긴장을 풀고 그 자리에 대신 밀려드는 이완된 감각에 집중한다.**

5. **손, 팔, 어깨, 등 근육을 긴장시킨다. 근육에 힘을 주고 10초를 유지한다.**

6. **긴장을 푼다. 긴장했을 때의 기분과 이완된 기분을 비교한다.**

7. **턱, 얼굴, 목, 이마 근육을 긴장시킨다. 10초 동안 유지한다.**

8. 긴장을 푼다. 이 부위에 밀려드는 이완된 기분을 느낀다.

9. 몇 분 동안 온 몸의 긴장을 풀고 여운을 느낀다.

어떤 사람들은 단순히 상상만으로도 실제로 몸을 상당히 잘 이완시킬 수 있다. 이런 사람들에게는 체계적인 절차를 거쳐 근육을 긴장시켰다가 이완시키는 과정이 필요하지 않다. 평온한 장면을 상상하기만 하면 바로 근육을 이완시킬 수 있기 때문이다. 몇몇 운 좋은 사람들은 심지어 그저 몸을 이완시켜야겠다는 마음을 먹는 것만으로도 이완된 상태에 도달한다. 그러니 한번 시도해보고 당신도 그런 부류에 속하는지 확인해보자. 스스로에게 "긴장 풀자."라고 말하면서 몸을 이완시킨다.

이미지를 이용해 분노를 초월하라

근육을 이완시키거나 심호흡하는 기법이 그다지 도움이 되지 않았다면 상상력을 활용해서 분노에 대처해보자. 예를 들어 과즙이 가득 찬 노랗고 큰 레몬을 떠올려보자. 레몬을 조각낸다고 상상해본다. 그다음에는 두툼한 조각을 하나 골라 입가로 가져가는 상상을 해보자. 레몬이 혀에 닿으면서 레몬 향이 물씬 풍기는 것을 느끼자. 이제 레몬을 한 입 베어 무는 모습을 상상해보자.

침이 고이는가? 필자들도 그렇다! 침이 고이는 이유는 우리 몸이 실제 벌어지는 사건에 반응하는 것과 비슷한 방식으로 생생한 이미지에 반응하기 때문이다. 몸을 이완시키는 데에도 바로 이 원리를 적용할 수 있다. 살아오면서 휴식 같은 편안함을 안겨주었던 경험이라면 무엇이든 활용할 수 있다. 최대한 또렷하게 그 장면을 상상하면 실제로 몸을 이완시킬 수 있다.

다음 사례를 살펴보자.

> 월터는 60대 초반 남성으로 IT기업의 임원으로 재직하는 등 성공적인 경력을 쌓아왔고 지금은 작은 포도밭을 마련해서 운영하고 있다. 새 삶을 진심으로 즐기는 월터는 밭에서 일하거나 손주들과 놀아주거나 와인 시음회를 주최하는 등 모든 경험에서 의미를 발견한다.

하지만 자동차 사고를 당하면서 월터의 이상적인 삶은 산산조각 난다. 음주 운전자가 신호를 무시하고 달리면서 월터의 트럭을 들이받았고 월터는 심각한 부상을 입었다. 월터는 대체로 건강을 회복하지만 허리에 상당한 통증이 만성적으로 남아 있다.

월터의 가장 큰 문제는 요통이 아니라 부상을 초래한 음주 운전자에 대한 날로 커지는 분노다. 월터는 자신의 고통이 얼마나 부당하고 불공평한지에 대해 생각하기를 멈출 수 없다. 당연히 분노가 치밀 때면 허리 통증도 심해진다. 뿐만 아니라 근육도 긴장하고 혈압도 상승하며 두통이나 불면증에 시달린다.

월터에게는 예전처럼 삶을 즐기지 못할 정도로 심각한 통증과 스트레스를 경감할 수 있는 도구가 필요하다. 월터가 가장 효과를 본 이완 요법은 바로 심상화 기법이다.

월터는 자신이 가장 좋아하는 일을 상상함으로써 마음을 평온하게 다스리는 방법을 터득한다. 월터가 가장 좋아하는 일은 오롯이 혼자서 호숫가에 앉아 낚시하는 일이다. 월터에게는 지상 낙원이나 다름없다. 하루 중 어떤 순간이라도 분노와 통증이 지나치게 심해지려고 할 즈음이면 월터는 주변에 있는 사람에게 이렇게 선언한다. "낚시하러 다녀와야겠어!"

이 말의 뜻을 모르는 사람은 없다. 월터는 포도밭 벤치에 앉아 눈을 감고 "낚시하러 간다." 즉, 낚시하는 모습을 상상한다. 그는 자신의 상상력이 상당히 좋다는 사실을 깨닫는다. 이렇게 상상하는 일이 실제로 낚시하러 가는 일의 차선책이라고 느껴질 정도다. 상상력을 발휘해서 10분 동안 낚시하는 모습을 그려보면 점차 고통이 덜해지고 분노도 다스릴 수 있을 정도로 가라앉는다. 그러면 눈을 뜨고 일어나서 모두에게 이렇게 선언한다. "이제 돌아왔네. 모두 일합시다!" 간단하지만 효과적이다.

당신도 분노에 대처할 때 같은 방법을 사용할 수 있다. 이렇게 하면 된다.

1. 조용한 장소를 찾는다.
주의가 분산되면 심상화에 몰입할 수 없다. 적어도 10분 동안 혼자 있을 수 있는 조용한 장소를 확보한다. 직장에서라면 개인 사무실이 좋은 공간이 된다. 문을 닫고 "방해하지 마십시오."라고 써 붙인다. 전자기기의 전원을 끈다. 혹은 잠시 사무실에서 벗어나 다른 공간에서 안식처를 구할 수도 있다. 야외 벤치가 될 수도 있고, 주차장에 세워둔 자동차 안이 될 수도 있으며, 칸막이 화장실이 될 수도 있다.

2. 심상화에 착수하기 전 분노 수준을 평가한다.

최저 점수인 1점을 약간 짜증난 상태, 최고 점수인 10점을 극도로 격노한 상태로 보았을 때 그 순간 얼마나 화나 있는지 점수를 매긴다.

3. 눈을 감는다.

심상화란 결국 시각화다. 내면의 이미지를 창조하여 이를 분노에 대한 해독제로 사용하고자 한다면, 먼저 눈앞에 실재하는 외부 환경에 대해 시각화하기를 멈추어야 한다. 눈을 감는 행동이 이를 멈출 수 있는 첫걸음이다. 처음에는 이 첫걸음을 떼기가 어려울 수 있다. 하지만 결국은 자기 자신과 주변 세계를 믿어야 한다.

당신이 찾은 조용한 장소에서 눈을 감는 일이 불편하다고 느껴진다면 그곳이 안전하다고 느껴지지 않기 때문일 수 있다. 다른 장소를 찾아보자.

4. 현실에 대한 감각을 내려놓는다.

실제 세계로부터 벗어나 상상력으로 창조된 세계에 진입하려면 단순히 눈을 감는 것 이상의 노력이 필요하다. 곧 수용적인 태도가 요구된다. 분노라는 감정과 이를 촉발한 환경에 대한 집착을 놓을 수 있어야 한다. 이런 노력은 운전하는 순간에 난폭 행동을 피하고자 할 때 운전대를 꽉 붙잡는 대신 느슨하게 쥐는 행동과 다를 바 없다(제23장 참조).

5. 긍정적인 장면을 상상한다.

이제부터가 재미있다. 당신이 원하는 이미지를 자유롭게 떠올려본다. 가장 좋아하는 휴가지가 어디인가? 가장 편안하고 평온한 모습으로 휴식할 수 있는 공간이 어디인가? 많은 사람이 해변이나 산을 떠올린다. 어쩌면 뒷마당 마루가 될 수도 있다. 결코 화날 일이 없는 장소면 충분하다.

6. 머릿속에 장면을 구체적으로 그린다.

이제 방금 전 선택한 상황에서 누가 어디에서 무엇을 하고 있는지 살펴볼 차례다. 혼자 있는가 아니면 다른 누군가와 함께 있는가? 어디에 있는가? 무엇을 하고 있는가? 해먹에 누워 있는가? 부두에 앉아 낚시하고 있는가? 마당 정원에서 꽃을 돌보고 있는가? 무엇을 입고 있는지도 상상해보자. 어떤 색깔의 옷인지 보이는가? 날씨는 어떠한가? 흐린가 아니면 바람이 부는가? 따뜻한가? 비가 내리지는 않는가? 아니면 햇볕이 내리쬐는가?

오감을 전부 활용해서 이미지를 그린다. 후각과 미각, 촉각, 청각, 시각을 동원해서 어떠한 상황인지 상상해본다. 더 자세히 상상할수록 이미지도 더욱 강력해진다.

7. 최소한 5분 동안 그 장면에 머문다.

이 활동의 유일한 목적은 통제 불가능한 방식으로 폭발할 것 같은 분노를 잠재우는 것이다. 오랜 시간 동안 할 필요는 없다. 실제로 실천해보면 단지 5분이나 10분 동안 긍정적인 이미지를 상상하는 것만으로도 기분이 얼마나 상쾌해지는지 깨달으면서 그처럼 짧은 시간에 분노를 쉽게 가라앉힐 수 있다는 사실에 놀라워할 것이다.

8. 현재의 분노 수준을 평가한다.

눈을 감고 몸이 이완된 상태에서 10점 만점에 분노가 얼마나 강렬한지 평가한다. 차이가 있는가? 만일 그렇다면 이 순간 분노를 초월하기 위한 시도는 성공했다.

변화가 없거나 오히려 그전보다 더 화나 있다면 이 활동은 당신에게 효과적이지 않다. 긍정적인 이미지를 몇 분 더 상상해보면 도움이 될 수 있다. 혹은 이번 장에서 소개하는 다른 전략이 더 효과적일 수도 있다. 하지만 말자. 모두에게 효과적인 해결책은 없다.

9. 여운을 즐긴다.

만일 이 활동이 당신이 바라는 결과로 이어졌다면 그 여운에 잠시 머물면서 몸과 마음의 변화를 즐기는 것도 좋다. 긴장이 풀어지고 마음이 평온해지는 기분을 느낀다. 현실로 돌아가려고 너무 서두르지 않아도 된다.

10. 눈을 뜨고 다시 일상으로 돌아간다.

눈을 뜨자마자 세계는 여전히 그대로라는 사실을 즉각 깨달을 것이다. 하지만 당신이 달라졌다. 분노로부터 자유로운, 당신만의 가상 세계로 상쾌하고 짧은 여행을 다녀왔다. 그리고 그 과정에서 분노를 촉발한 상황은 이미 잊혀졌다.

심상화 기법은 두 가지 방식으로 응용할 수 있다.

✔ 긍정적인 상황을 상상하는 대신 분노를 유발한 상황에 그대로 있다고 상상해본다. 단, 그 상황에 대해 아무런 분노도 느끼지 않는 모습을 그려본다.

✔ 분노를 유발한 상황(혹은 다른 상황이라도 좋다)에 놓여 있지만 분노가 아닌 다른 부정적인 감정(예를 들면 슬픔)을 느끼는 모습을 상상해본다. 감정은 서로 경쟁한다. 동시에 분노하고 슬퍼하기는 어렵다(불가능하지는 않다). 사실 많은 사람들이 애초에 분노를 느끼는 이유는 슬픔을 느끼지 않기 위해서다. 예를 들어 방금 누군가가 당신에게 소리를 질렀다면, 당신이 얼마나 멋진 사람이며 그에게 얼마나 도움이 될 수 있는지 상대가 알아차리지 못한다는 사실을 깨닫고(분노하는 대신) 슬퍼하는 장면을 상상해본다.

이완하기 위한 대안적 방법

지금까지 몸과 마음을 이완하기 위해서 심호흡, PMR, 심상화라는 세 가지 주요 기법을 다루었다. 하지만 추가적으로 시도해볼 만한 몇 가지 대안이 있다.

운동하며 분노 승화하기

분노는 몸에 아드레날린을 공급한다. 운동을 하면 아드레날린이 소진된다. 또한 운동은 몸을 이완시키며 엔도르핀(몸이 생성하는, 모르핀과 비슷한 물질)이라는 좋은 호르몬을 내보내게 만든다. 많은 연구에 따르면 우울증이 단일 문제가 아닐 경우 운동은 우울한 증상을 완화시킨다.

일정 시간 동안 심박수를 증가시키는 한 거의 모든 운동이 몸을 이완하는 데 효과적이다. 매일 몇 시간씩 운동할 필요도 없다. 일부 연구에 따르면 하루 7분 정도의 격렬한 운동만으로도 놀라울 정도의 효과를 볼 수 있다.

어떤 운동을 하든 항상 의사와 먼저 상담하자.

흠뻑 물에 젖기

뜨거운 물로 오래 샤워 또는 목욕을 하거나 사우나에 들어가는 일은 모두 몸을 이완시킨다. 뜨거운 물에 몸을 5~10분 정도 담근 뒤에도 여전히 분통을 터트리기는 상당히 어렵다. 긴장을 풀면서 따뜻한 물에 몸을 맡긴다. 편안하게 즐기는 것 외에 해야 할 일은 아무것도 없다. 이보다 더 간단할 수는 없다.

물은 인간에게 진정 효과가 있는 듯하다. 어쩌면 그렇기에 그토록 많은 사람이 물가에 몰려 사는지도 모른다. 만일 주거지 근처에 바다가 없다면 저렴한 실내 분수를 구입하거나 음향기기를 마련해서 물이 흐르는 소리를 조성하는 것도 방법이다.

아름다움에 몰입하기

아름다움과 분노는 물과 기름 같다. 기분 좋은 즐거움을 주는 대상에 주의를 집중하면 분노는 사르르 사라진다. 감정은 서로 경쟁한다. 그리고 대개는 유쾌함이 분노를 이긴다.

무엇이 당신을 특별히 기쁘고 기분 좋게 만드는가? 다음 사례를 포함해서 당신의 흥미와 감각을 사로잡는 일이면 무엇이든 좋다.

- ✔ 클래식 심포니, 헤비메탈 등 모든 장르의 음악 감상하기
- ✔ 맑은 날 숲속을 산책하기
- ✔ 미술관 관람하기
- ✔ 동물원 구경하기
- ✔ 모닥불 앞에 앉아 불 쬐기
- ✔ 북적북적한 시장 활보하기

천천히 음미하기

화난 사람들은 지나치게 많이 먹고 마시거나 아니면 전혀 먹지도 마시지도 않는다. 무엇인가 먹거나 마실 때에도 서둘러 해치우는 편이다. 홀짝이는 대신 벌컥벌컥 마신다.

분노를 줄이고 싶다면 천천히 한 입 한 입을 음미하면서 식사할 필요가 있다. 사랑하고 좋아하는 음식을 먹자. 화가 날 때면 더욱 그래야 한다. 아름다움과 분노 혹은 이완과 분노처럼 즐거움과 분노 또한 물과 기름이 그러하듯이 서로 섞이지 않기 때문이다.

chapter

11

분노하지 않는 연습하기

분노와 관련해서 "이성을 잃었어."라는 표현을 들어보았을 것이다. 이번 장에서는 분노에 대한 이성을 되찾도록 도와줄 것이다. 분노가 당신 대신 운전석을 차지하고서 이성의 끈을 끊어버리도록 내버려두는 대신 다시 운전석을 쟁취할 수 있는 방법을 소개한다.

그 여정의 첫 단계는 반추하는 행위에 대해 살펴보는 데서 시작한다. 이 단계에서는 분노를 곱씹는 행동에 어떤 비용이 있는지 설명하면서 반추를 미루거나 반추에서 벗어나기 위한 팁을 제공한다. 그리고 나서 자기 조절을 연습하는 방법을 다룬다. 이번 장을 읽으면서 당신이 분노를 삶의 일부로 받아들이는 동시에 스스로를 통제하고 앞을 내다보는 데 집중하게 되기를 바란다.

반추하기란

인간에게 반추하기(brooding) 혹은 곱씹기란 소의 되새김질과 비슷하다. 이미 삼킨 음식을 다시 역류시켜서 다시 씹는 행동이다. 역겹다.

분노를 느낀 장소와 시간을 초월하여 분노를 유발한 사건을 되새기면서 마음속에서 재현할 때를 일컬어 반추하거나 곱씹는다고 말한다. 그리고 이렇게 곱씹는 행동은 예외 없이 감정을 격화시킨다. 처음에는 그저 짜증이 날지라도 계속 몰두해서 생각하고 이야기하다 보면 더욱 분노하게 된다. 생각을 놓지 않으면 감정도 놓아버릴 수없다. 꼼짝 없이 갇혀버린다!

게다가 생각은 곱씹을수록 더욱 곱씹게 된다. 같은 일을 두고 마음이 끊임없이 떠들어댄다. 골똘히 생각하다가 불평을 늘어놓으며 투덜대다가 칭얼거리고 훌쩍인다. 다음 사례는 반추가 진행되는 과정과 그로 인한 결과를 보여준다.

크레이그는 전문 운동 드레이너로 유복한 가정에서 자랐다. 그의 아버지는 아들이 선택한 직업에 실망했지만 그래도 아들이 성공하기를 바란다. 아버지가 최신 피트니스 센터를 열 수 있는 돈을 마련해주자 크레이그는 몹시 흥분한다. 그는 자신이 보기 드문 재능을 지닌 특별한 트레이너이기 때문에 피트니스 분야에서 리더가 될 자격이 있다고 믿는다.

크레이그는 새로 개설한 피트니스 센터에 '미국 피트니스 협회'라는 이름을 붙였다. 이 센터는 트레이너 16명과 물리치료사, 마사지사, 식단 상담사가 근무할 만큼 널찍한 공간을 갖추고 있다. 크레이그의 피트니스 센터도 그렇지만 대다수 피트니스 센터는 직원들에게 각자 유치하는 고객 수만큼 성과급을 지급한다. 크레이그는 아버지가 건물 짓는 일을 지원해주었기 때문에 직원들에게 특별히 높은 수준의 성과급을 지급할 수 있다.

크레이그는 도시에서 제일 잘 나가는 트레이너와 상담사들을 구한다. 하지만 센터 문을 연 지 얼마 되지 않아 갈등이 불거지기 시작한다. 자기중심적이고 다른 사람을 쉽게 무시하는 크레이그의 성향은 이미 경력이 풍부한 직원들을 불쾌하게 만들고, 하나둘씩 센터를 떠나기 시작한다. 크레이그는 이제 제대로 된 자격을 갖춘 지원자를 모집하기가 거의 불가능하다는 사실을 깨닫는다. 전문가들에게 센터에 합류하라고 설득하지만 이들도 금세 환멸을 느끼고 다른 기회를 찾아 떠난다.

크레이그는 매일 몇 시간씩 문제를 곱씹는다. 그는 "최근에 그만 둔 세 사람은 나한테 최소한 2년은 일하겠다고 약속했었어. 모두 떠나버렸지. 심지어 전문자격증을 추가로 딸 수 있도록 비용을 대주겠다고 말했는데도 말이야. 내가 이만큼 베풀었는데도 감사할 줄을 몰랐어. 채용되고 석 달 만에 임신을 준비해야겠다면서 그만둔 마사지사도 있었어. 모두 거짓말을 하고 약속을 어긴 거야. 사람들은 늘 거짓말을 하고 속임수를 쓰고 내가 베푸는 관용을 악용해." 라며 현재 남아 있는 직원들에게 불만을 늘어놓는다.

크레이그가 그만 둔 직원들에 대해 과도하게 반추하면서 불평하는 데 너무 많은 시간을 쏟자 남아 있는 직원들도 상당히 불편해하기 시작한다. 그들은 언젠가 자신도 분노의 표적이 되리라는 사실을 깨닫는다. 그러면서 다른 기회를 알아보기 시작한다. 다른 사람이 자신에게 부당하게 대우한 행동만 반추하는 크레이그는 다른 사람을 무시하는 자신의 자기중심적 행동이 문제의 원인일 수도 있다는 생각은 결코 하지 않는다.

반추하고 곱씹는 행동은 거의 절대로 문제를 해결하지 못한다. 대신 이런 행동은 문제를 악화시키며 가능한 대안을 살펴보지 못하도록 만든다.

반추가 문제 해결로 이어지지 않는다면 왜 그토록 많은 사람이 반추하는 것일까? 사람들은 곱씹는 행동이 도움이 된다고 믿기 때문에 반추한다. 그리고 솔직히 말해서 때로는 우리를 화나게 만들고 부당하게 대우한 사람이나 사건에 대해 반추하면 기분이 좋아지기도 한다. 아마 누구라도 언젠가 싫어했던 사람에 대해 곱씹으면서 잠시 동안 만족했던 경험이 있을 것이다. 하지만 그런 만족은 일시적이며 금세 부정적인 감정으로 대체된다.

분노를 곱씹으면서 다시 분노하게 되는 악순환에 빠져 있다면 다음 질문을 던져보자.

✔ 문제를 곱씹음으로써 실제로 구체적인 해결책을 얻은 적이 있는가?
✔ 반추하면 문제가 나아진다고 생각하는가?
✔ 반추하면 미래에 발생할 수 있는 문제를 피할 수 있다고 생각하는가?

✔ 반추하면 기분이 좋아지는가 아니면 나빠지는가?

위 질문들에 대한 답을 솔직하게 분석한다면, 곱씹고 반추하는 행동은 아무런 도움이 되지 않는다는 사실을 깨달을 것이다. 생각에 집착하는 행동은 아무것도 해결하지 못한다. 게다가 기분마저 처음보다 악화되는 경우도 많다.

반추하는 사람들은 그러지 않는 사람들보다 더 많은 문제를 겪는다고 알려져 있다. 그리고 반추한다고 해서 미래의 손해나 재앙을 피할 수 있다는 증거는 발견된 적이 없다. 요컨대 반추에 집착하는 행동은 도움이 된다고 느껴질 수는 있지만 실제로는 그렇지 않다.

곱씹고 반추하는 행동은 이득보다 손해가 더 크다. 곱씹는 행동에는 다음과 같은 비용이 따른다.

✔ 기분이 더 나빠진다.
✔ 집중력이 흐트러진다.
✔ 분노가 격화된다.
✔ 혈압이 상승한다.
✔ 과식하거나 과음한다.
✔ 운동하려는 동기를 잃는다.
✔ 긍정적인 목표를 이루는 데 방해된다.

[분노, 공격성 그리고 반추]

반추는 다양한 모습으로 나타난다. 어떤 사람들은 예전 남자친구나 여자친구, 배우자에 대해 곱씹는다. 다른 사람들은 앞날을 걱정하면서 반추한다. 또 다른 사람들은 부당함이나 복수에 대한 생각을 되풀이해서 곱씹는다. 이를 분노 반추라고 한다.

최근 한 연구는 심리학을 수강하는 대학생 200명의 설문 응답 결과를 분석했다. 연구의 목적은 분노할 때 반추하는 경향이 있는 사람들이 그렇지 않은 사람들보다 물리적 공격성이나 언어적 공격성, 적대성을 보일 가능성이 더 높거나 분노 사건을 경험하는 빈도가 더 잦은지 살펴보기 위한 것이었다.

연구 결과, 분노 반추 성향이 강할수록 신체적, 언어적 공격성과 적대성 수준이 높았다. 다소 놀랍게도 이들이 경험하는 분노 사건의 빈도는 분노 반추를 하지 않는 사람들과 다르지 않았다. 다만 이들의 분노는 더 격렬한 방식으로 폭발했다.

반추 연기하기

분노를 되씹는 많은 사람은 자신을 화나게 만든 문제에 몰두하는 바람에 하루에도 몇 시간씩 낭비한다고 보고한다. 반추 연기(delayed brooding)란 굉장히 제한적인 시간 동안만 반추하는 흥미로운 전략이다. 이렇게 하면 반추에 집착하는 행동이 삶을 집어삼키지 않도록 통제할 수 있다. 반추 연기는 몇 가지 기초적인 단계로 이루어진다.

1. 당신을 짜증나고 심란하게 만들거나 분노하게 하는 문제를 모두 기록한다.
2. 하루에 이 목록에 대해 반추할 시간을 굉장히 구체적으로 할당한다(잠들기 3시간 전부터는 하지 않는다).
3. 15분 동안 반추한 다음 멈추고 주의를 환기할 수 있는 활동을 한다.
4. 5분 정도 지나서 주의가 충분히 환기되면 다시 목록을 펼치고 15분 동안 반추한다.
5. 반추하고 싶은 기분이 아닐지라도 할당된 시간만큼 반드시 반추한다!
6. 적어도 일주일 동안 매일 이 활동을 반복한다.

매우 드물게 어떤 사람들은 이 활동을 하면서 분노를 유발한 문제에 대한 부분적인 해결책을 찾아낸다. 만일 당신에게도 생산적인 아이디어가 떠올랐다면 좋은 일이다. 이 아이디어에 대해 메모한 다음 합리적이고 차분한 방식으로 실행한다. 하지만 좋은 해결책이 떠오를 가능성은 드물다.

다음 사례의 주인공은 전남편에 대해 반추하는 여성이다. 결과적으로 그녀는 전남편에 대해 되새김질하는 행동으로 얼마나 큰 대가를 치러야 하는지 깨닫고, 반추 연기 전략을 이용해 분노에 효과적으로 대처한다.

> 루스는 지독한 다툼 끝에 이혼한 전남편에 대해 여전히 격노한다. 자녀 양육권을 지키기 위한 변호사 비용 때문에 은퇴 자금을 몽땅 써버렸으며 집을 팔고 파산을 선언하기까지 했다. 루스는 전남편이 법정에서 거짓으로 진술하고 루스를 허위 사실로 고발하면서 아이들이 루스에게 등을 돌리도록 갖은 수를 썼던 모습을 끊임없이 곱씹는다.

판사는 결국 공동 양육권을 선고했고 법정에서의 전쟁도 끝났다. 루스의 삶은 다시 규칙적인 일과대로 흘러가고, 전남편과 끔찍하게 다투지 않고서 아이들을 키울 수 있는 합의점도 찾았다. 그럼에도 루스는 그동안 경제적으로 얼마나 큰 대가를 치렀는지 그리고 모든 것이 얼마나 부당했는지 며칠이고 반추한다. 전남편에게 복수할 수 없다는 사실은 알지만 그럼에도 복수하고 싶다는 생각이 마음속에 들끓는다.

전남편에게 애인이 생기자 루스의 집착은 더욱 강렬해진다. 전남편의 생각이 머리에서 떠나지 않는다. 그러던 어느 날 일곱 살 난 아들이 루스에게 엄마는 왜 그렇게 항상 화나 있냐고 묻는다. 아들의 말을 듣고 루스는 정신이 번쩍 든다. 끊임없이 분노하며 반추하는 행동을 고치고자 루스는 심리 상담을 받으러 간다. 상담사는 반추 연기라는 전략을 연습해보라고 권한다. 루스는 이제 과거에 머물기보다 현재 중요한 것들에 집중하며 살아가고 싶기 때문에 어떤 방법이든 시도할 의향이 있다.

루스는 반추 연기라는 전략이 효과적이라는 점을 깨닫고 상당히 놀라워한다. 단지 분노에 찬 생각을 써내려가는 것만으로도 마음이 잠시 홀가분해진다. 어차피 조금 있다가 분노를 곱씹을 수 있다는 사실을 알기 때문이다. 며칠이 지나자 루스는 쓰라린 반추가 쓸모없다는 사실을 깨닫고 할당된 시간에 반추할 필요를 못 느끼기까지 한다. 그러자 상담사는 반추 연기를 그만해도 좋다고 말한다.

반추하고 되새김질하는 행동은 귀중한 시간을 낭비하고 정서적 자원을 상당히 고갈시킨다. 단기적으로는 기분 좋게 느껴질 수도 있지만 장기적으로는 손해다. 얼마나 많은 시간을 아낄 수 있는지 생각하면서 제한된 시간 동안만 반추 연기 전략을 생산적으로 활용해보자.

반추로부터 탈출하기

인간의 가장 위대한 강점 가운데 하나는 사고하는 능력이다. 하지만 사람들은 종종 마음속에 떠오르는 생각을 문제가 될 정도로 지나치게 진지하게 고민한다. 게다가 마음속 생각이 반드시 현실을 대변한다고 생각한다. 예를 들어 이 문장을 써내려가는 지금 이 순간 날씨는 아름답다. 햇볕이 눈부시게 내리쬐고 기온은 22도이며 바람이 시원하게 분다. 하지만 필자들은 사무실에 틀어박혀서 글을 쓰고 있다. 완전히 비참하다. 도대체 무슨 멍청한 생각으로 책을 또 한 권 내겠다고 계약해버린 걸까? 학대받으면서 쾌락을 느끼는 마조히스트라도 된단 말인가?

와우! 이런 생각에 빠지면 필자들은 분명 집필을 포기할 것이다(그런 생각을 아예 하지 않는다는 뜻이 아니다. 필자들은 분명히 그렇게 생각했다. 하지만 그런 기분과 생각이 몇 분 뒤에 바뀌리라는 사실 또한 알고 있다). 사실 필자들에게는 글 쓰는 행동이 즐겁기 때문에 지금 이 순간 생각이 바뀌고 있다! 심지어 필자들은 때때로 스스로 상당히 재미있는 사람이라고 생각하기까지 한다. 그러니 이렇게 작업하는 일도 멋진 날을 보내기에 그다지 나쁜 방법은 아닐지도 모른다. 게다가 우리는 원할 때면 언제든 쉴 수 있다. 게다가 운동복을 입고 출근해도 된다. 그런 직장이 어디 있는가? 행운이 아닌가? 그렇다!

좋다. 이제 깨달았겠지만 생각은 그저 생각일 뿐이다. 생각은 떠올랐다가 이내 사라진다. 우리의 생각은 온갖 종류의 흥미로운 방향으로 흘러간다. 생각이 다른 생각으로 옮겨가는 모습을 보면 약간 재미있기까지 하다.

지금부터는 화나고 불쾌한 생각에 대처할 수 있는 몇 가지 기법을 소개한다. 모두 자신의 생각으로부터 스스로를 떼어놓고 거리를 두도록 도와주는 전략이다. 생각을 분석하기 위한 방법은 제6장에 실려 있다.

구름 바라보기

구름을 바라보듯이 생각을 바라볼 수도 있다. 어떻게 하면 될까? 마음속 생각을 바라보면서 초조해하는 대신 생각이 그저 구름처럼 자연스럽게 흘러가도록 내버려두면서 침착하게 지켜보면 된다. 우선 머릿속을 스치는 생각으로 압도당하는 사례를 살펴보자.

> 루이즈는 지평선이 멋지게 내다보이는 사무실 창문을 내다본다. 구름이 몇 개 뭉치는 모습을 본 루이즈의 생각이 급물살을 탄다. "맙소사, 구름이 몰려오면서 덩어리가 되어가고 있군. 오늘 우산 안 가져왔는데. 바보 같아. 나한테 너무 화가 나. 왜 맨날 똑같은 실수를 반복하는지 모르겠어. 저 구름떼를 보아 하니 곧 있으면 폭우

가 쏟아질 게 분명해. 이미 구름에 회색빛이 도는 걸. 이제 까맣고 흉측한 구름떼로 변하겠지. 작년에도 끔찍한 태풍이 불었는데. 어쩌면 올해도 그러려는지 모르지. 혹은 번개가 칠지도 몰라. 6년 전에 인근 도시에서 일가족이 당할 뻔 했잖아. 어쨌든 나도 참 대단하군. 절대로 제대로 준비할 줄을 몰라. 나도 이런 내가 싫다!"

루이즈의 생각이 그녀를 장악했다는 사실이 보이는가? 이런 생각이 진짜일까? 루이즈의 생각이 그녀의 머릿속을 스쳤다는 사실은 진짜이지만, 앞으로 어떤 일이 벌어질지에 대해서는 그다지 많은 정보를 담고 있지 않다.

이제는 동일한 구름을 본 클로드의 반응이다.

클로드는 책상에 앉아 생각에 잠겨 창밖을 바라보면서 이렇게 생각한다. "맙소사, 저 구름떼는 정말 재미있게 생겼군. 앞으로 하늘에 어떤 일이 벌어질지 아무도 모르겠어. 어쩌면 그저 흘러갈지도 모르지. 혹은 태풍이 될 수도 있고. 어떤 상황이든 잘 대처하면 돼."

동일한 풍경에 대해 서로 다르게 반응하는 모습이다. 루이즈가 구름떼에 몰입해서 앞으로 벌어질 수 있는 재앙을 그려보면서 자기혐오에 빠진 반면 클로드는 그저 한 걸음 물러서서 구름을 관찰했고 만일 필요할 경우 어떤 날씨라도 충분히 대응할 수 있다는 점을 상기했다.

분노나 짜증 등 부정적 생각으로 마음이 가득 차면 그 마음을 구름에 투영해보자. 적극적으로 몰입하지 않고서 생각을 그저 지켜보자. 잠시 시간이 지나면 생각은 천천히 흘러서 사라질 것이다.

생각은 생각일 뿐이다. 반드시 몰입해서 상호작용할 필요는 없다. 어떤 생각이 드는지 그저 알아차리기만 하면 된다.

한 걸음 물러나서 생각을 바라보고 '몰입'하지 않는 행동은 생각을 '억압'하는 행동과 굉장히 다르다. 생각을 억압하는 사람들은 문제가 되는 이슈에 대해서 생각조차 하지 않으려고 적극적으로 생각을 억누른다. 하지만 억압이라는 전략은 전혀 효과적이지 않다. 사실 이 방법은 문제를 악화시키는 경우가 많다. 무엇인가에 대해서 생각하지 않으려고 할수록 대개는 오직 그것에 대해서만 생각하게 되기 때문이다.

밧줄 내려놓기

언쟁할 때 도무지 멈추지 못하는 사람을 본 적 있는가? 대화는 마땅한 합의점에 다다르지 못하고 핑퐁처럼 오가기만 한다. 다음은 몇 가지 이슈가 있는 부부의 대화다.

> 남편 : 왜 신용카드 대금을 제때 내지 않았어?
>
> 아내 : 왜 그걸 맨날 내가 해야 해? 당신은 이 집이 어떻게 돌아가는지 아무런 관심이 없어!
>
> 남편 : 무슨 이야기를 하는 거야? 나 다 알아.
>
> 아내 : 다 안다고? 무슨 이야기를 하는 거야? 다 안다고?
>
> 남편 : 당신 미쳤어. 당신이야말로 아무것도 안 하잖아.
>
> 아내 : 지금 나한테 아무것도 아니라고 그랬어? 당신은 그 이하야.
>
> 남편 : 이게 당신이 지금 나를 대하는 태도야? 욕이나 하고? 감히!
>
> 아내 : 욕 안 했어. 아무것도 아닌 그 이하라고 그랬지.
>
> 남편 : 당신 집안은 그 이하야. 어쩔래?
>
> 아내 : 우리 집이? 당신 집은 어떤데? 당신 집안은 쓰레기야.

좋다. 이만하면 충분할 듯하다. 보이는가? 언쟁만 오가고 아무런 해결책이 없다. 이 사례가 약간 과장된 듯 보일 수 있지만 실제로 사람들은 당신이 상상하는 것보다 훨씬 자주 이런 종류의 언쟁을 벌인다. 사용하는 단어야 조금 더 세련될 수는 있지만 내용은 똑같이 유치하다.

그러면 이런 종류의 세력 다툼에서 어떻게 벗어날 수 있을까? 지금 이 순간 그랜드 캐니언의 한 언저리에 서 있다고 상상해보자. 당신의 친구가 줄다리기를 하자고 도전장을 내밀었고 당신도 수락한 상황이다. 협곡의 다른 한쪽으로 이어지는 두툼한 밧줄이 당신 손에 주어졌다. 그런데 반대편을 보니 친구가 밧줄 끝을 거대한 견인차에 매달아 놓았다. 견인차가 천천히 협곡 반대편으로 움직이기 시작한다. 당신이 쥐고 있는 밧줄이 점차 팽팽해지고 몸이 약간 비틀거리며 앞으로 쏠린다. 그러면 이제 어떻게 해야 할까? 어떻게 해야 이 게임에서 이길 수 있을까? 어차피 당신한테는 트릭이 없다.

이 상황에서 해결책은 단 하나다. 바로 밧줄을 놓는 것이다! 무의미하며 이길 수도 없는 갈등에 빠진 사람들에게 필자들이 권하는 대응책도 바로 이 전략이다. 밧줄을 내려놓는 전략이 위 사례의 부부에게 어떤 효과가 있는지 살펴보자. 먼저 남편이 밧줄을 내려놓는 경우다.

> 남편 : 왜 신용카드 대금을 제때 내지 않았어?
>
> 아내 : 왜 그걸 맨날 내가 해야 해? 당신은 이 집이 어떻게 돌아가는지 아무런 관심이 없어!
>
> 남편 : 글쎄, 지금 이 문제를 가지고 다툴 필요는 없는 것 같아. 그냥 내가 인터넷으로 대금을 바로 결제할게. [남편이 어떻게 줄을 내려놓는지 보이는가?]
>
> 아내 : 그래, 그러면 좋겠어. 고마워.

이제 알겠지만 남편이 한쪽 줄을 내려놓으면 아내도 자신이 쥐고 있던 줄을 내려놓는다. 설사 당신이 옳다고 하더라도 모든 다툼에서 항상 "이겨야 한다"는 법칙은 어디에도 새겨져 있지 않다.

과도한 경계 늦추기

분노에 찬 사람들은 흔히 세계가 위협으로 가득 차 있다고 가정한다. 예를 들면 자존감이나 공정함, 안전을 위협하는 것들이다. 이들은 다른 사람들이 진실하지 못하며 믿을 만하지 않다고 생각한다. 그래서 과도하게 세계를 경계하면서 위험과 위협이 없는지 샅샅이 살핀다.

이런 행동에는 한 가지 문제점이 있다. 나쁜 일들은 필연적으로 발생하지만 아무도 언제 어디서 무슨 나쁜 일이 발생할지 쉽게 예측할 수 없다. 그림 11-1에는 모든 인간이 살아가면서 일상적으로 경험할 수 있는 잠재적 위험이 일부 나열되어 있다.

아마 틀림없이 이런 잠재적 위험 가운데 상당수 혹은 대부분을 당신도 겪어보았을 것이다. 그마저 한두 번이 아니었을 것이다. 이용당하거나 모욕받거나 비난받은 적이 한 번도 없는 사람이 누가 있겠는가? 앞으로 2주 내에 그림 11-1에 제시된 위험 가운데 세 가지가 당신에게 일어나리라는 사실을 알게 되었다고 가정해보자. 그럼에도 어떤 위험이 어디서 어떻게 일어날지는 전혀 알 수 없다. 그렇기 때문에 세상을

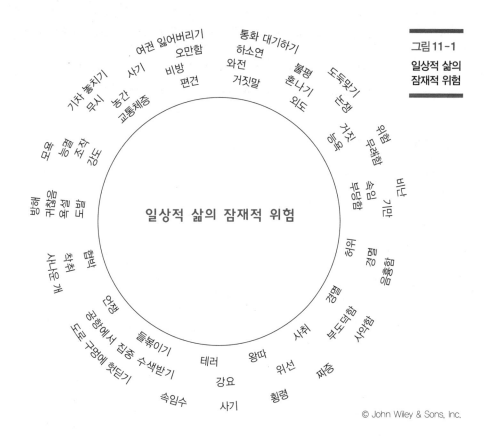

그림 11-1
일상적 삶의
잠재적 위험

일상적 삶의 잠재적 위험

통화 대기하기
하소연
와전
거짓말
불평
혼나기
외도
도둑맞기
논쟁
위험
무책임
속임
부담함
비난
기만
경멸
음흉함
하대
경멸
부도덕함
사의함
사취
위선
짜증
왕따
테러
강요
사기
횡령
속임수
공항에서 집중 수색받기
안전
들볶이기
도로 구멍에 헛딛기
착취
사나운 개
협박
부정직
의혹적
행위
통금
조롱
협박
강도
기차 놓치기
무시
농간
교통체증
사기
여권 잃어버리기
오만함
비방
편견

늘 과도하게 경계하면서 편집증적으로 살아가면 비참해질 뿐만 아니라 쉽게 분노를 느낀다. 피할 수 없다면 받아들여야 한다. 나쁜 일이 일어난 그때 대응하면 된다.

힘겨운 상황에 스스로를 노출하기

분노와 짜증, 반추와 거리를 두기 위한 기술을 이해하는 것도 중요하지만 이것만으로는 충분하지 않다. 포격을 받았을 때에도 거리를 둘 줄 알아야 한다. 그러기 위한 유일한 방법은 힘겨운 상황에 직면했을 때 한 걸음 물러나서 상황으로부터 자기 자신을 분리하는 연습을 하는 것이다.

노출(exposure)이란 분노를 유발하는 현실적인 사건에 대하여 분노를 조절하는 기술이다. 노출 연습을 하면 자신감이 붙으면서 서서히 분노를 줄일 수 있다.

다른 모든 기술이 그렇듯 노출 기술도 연습할수록 실력이 붙는다. 지금부터는 어떤 상황을 직면하든 관계없이 침착하게 반응할 수 있는 세 가지 방법을 소개한다.

 이 장은 분노와 거리를 두고 멀찍이 물러설 수 있는 몇 가지 방법을 설명한다. 분노에 직면했을 때에는 이제부터 이어지는 전략을 활용할 수 있다. 또한 앞에서 소개한 다시 생각하기(제6장), 단호하게 소통하기(제8장), 문제 해결하기(제9장), 이완하기(제10장) 전략을 사용할 수도 있다.

분노 상상하기

노출 연습을 시작하기 위한 좋은 방법 하나는 당신을 자주 분노하게 만드는 상황에 대해 생각하는 것이다. 상상 속에서 그러한 상황에 스스로를 노출하는 연습을 하면, 굳이 다른 사람들과 함께 있을 때 분노를 터트리지 않아도 되고 불필요한 문제를 야기할 위험도 없다.

일단 종이나 전자기기를 사용해서 그 상황을 묘사한다. 장면을 가능한 한 세부적으로 묘사하여 최대한 실감 나게 설명한다. 그러고 나서 상황을 논리적인 전개에 따라 단계별로 기술한다. 하지만 그 상황에서 분노하지 않는 반응을 보이는 모습을 상상한다. 이완 기법을 사용해서든 차분하고 단호한 방식으로 대응해서든 그 상황에서 거리 두는 모습을 그려본다.

이어지는 이야기에서는 분노 조절 문제가 있는 앤디가 등장한다. 그는 아내 브리타니와 있을 법한 시나리오를 상상한다. 앤디가 집안일을 도와주지 않는다는 브리타니의 주된 불만으로 그의 상상이 시작한다.

> 소파에 앉아서 통쾌한 축구 경기를 보고 있다. 늘 그렇듯 브리타니가 부엌에서 나를 부르면서 나에게 맡긴 집안일이 진척되고 있는지 물어본다. 쓰레기를 내다버렸는지, 문고리를 수리했는지, 마당에서 개똥을 치웠는지에 대한 질문이다. 지금 나는 오직 축구 경기를 보고 싶기 때문에 브리타니에게 "이따가 할게!" 라고 말한다.
>
> 벌써 속에서 분노가 치미는 것이 느껴진다. 대개 이런 기분이 들면 서로 사이가 틀

어지기만 할 뿐인 싸움으로 번진다. 하지만 오늘은 다르다. 분노로 기분이 끓어오르지 않도록 조절할 것이다. 그러려면 한 걸음 물러나야 하고, 분노하며 반추하기를 멈추어야 한다. 이번에는 이렇게 행동할 것이다.

1. 천천히 심호흡을 두세 번 한다.

2. DVR이 있으니 경기를 녹화했다가 나중에 돌려보면 된다. 이런 일을 가지고 상황이 감당하기 어려운 상태에 이르도록 만들 필요는 없다. 아내가 부탁한 일을 하는 데에는 30분도 채 걸리지 않는다. 게다가 늘 그렇듯 대판 싸우게 되면 어차피 축구 경기는 못 본다.

3. 스스로에게 이렇게 되뇐다. "축구 경기보다 내 결혼 생활이 더 소중해. 브리타니는 이미 여러 번 나한테 부탁해왔어. 게다가 사실은 정말 사소한 일거리야."

4. 경기가 끝나면 해야 할 집안일 목록을 만들어서 매일 한두 항목씩 실천한다.

앤디는 분노를 느끼자마자 잠시 멈추고 상황에서 한 걸음 물러났다(거리를 두었다). 그는 자기를 조절했다. 그렇기에 이 상황을 극복할 수 있을 만한 좋은 전략을 몇 가지 고안해낼 수 있었다. 과거에는 이런 상황이 필연적으로 폭발적인 싸움으로 이어졌을 것이다. 앤디는 상상 속에서 이 시나리오를 열두 번 반복했고 3주 뒤에 실제로 이와 같은 상황이 벌어졌다. 앤디의 전략은 대성공했다.

 앤디와 같은 시나리오를 최대한 많이 작성해보기를 권한다. 과거에 당신을 분노의 덫으로 내몰았던 상황을 여러 가지 떠올려보자. 이런 상황에서 거리를 두고 분노하지 않는 반응을 하는 모습을 마음속으로 반복해서 상상한다.

방송 보기

정치적 신조를 막론하고 대다수 사람들은 특정 뉴스나 토크쇼를 "싫어하기를 좋아한다." 분노 조절 문제가 있다면 이런 방송은 분노에 스스로를 노출시킬 수 있는 좋은 기회다. 당신이 싫어하는 방송을 하나 시청하면서 분노하지 않고 물러나서 거리 두는 연습을 하자. 방송에서 들리는 단어들이 그저 머릿속을 떠다닌다고 상상하자. 말대꾸하거나 분노에 차서 반응하기를 거부한다. 스스로에게 "말은 그냥 말일 뿐이야. 생각도 그저 생각일 뿐이야."라고 되뇐다.

거리 두는 법에 숙달했다면 편안히 앉아서 다시 한 번 방송을 주의 깊게 듣는다. 분노가 꿈틀대는 것을 느낀다. 이봐, 어떻게 저런 말도 안 되는 악랄한 말을 지껄이는 거지? 왜 저렇게 멍청해? 이때 몸의 어떤 부분에서 분노가 느껴지는가? 이제 다시 한 걸음 물러날 차례다. 심호흡을 몇 번 하고 이완 기법을 연습한다(제10장 참조). 거리를 둔다. 다시 처음부터 반복한다.

어떤 사람들은 이 연습을 굉장히 힘들어한다. 세 번 연달아 시도해본 다음에도 여전히 분노라는 감정으로부터 거리 두기가 어렵다면 이 방법을 포기하라! 심리 상담을 받는 중이라면 상담사와 이런 어려움에 대해 의논하기 바란다.

다른 사람들과 함께 연습하기 : 어디 한번 해봐!

또 다른 중요한 노출 기법은 도발적 발언을 활용하는 것이다. 도발적 발언이란 다른 사람들이 하는 말 가운데 당신의 분노를 일으키는 공격적인 말을 뜻한다. 이런 도발적 발언을 반복해서 들으면서 거리를 두고 차분하게 대응하는 훈련을 해보자.

이 노출 기법은 다양한 방식으로 연습할 수 있다. 글로 적은 문구를 읽을 수도 있고, (당신 스스로 만든) 녹음 파일을 듣거나 몹시 신뢰하는(정말, 정말로 신뢰하는) 친구나 상담사나 코치에게 도발적 발언을 실제같이 퍼부어달라고 직접 부탁할 수도 있다. 가장 좋은 방법은 글로 적은 문구에서 시작해서 녹음 파일을 들으면서 연습한 다음 실제 사람과의 대화를 통해 훈련을 마치는 것이다.

실제 사람과의 연습은 정말로 마음의 준비가 되고 상대방을 진실로 믿을 때에만 시도한다. 먼저 글로 적은 문구나 녹음한 음성 파일을 통해 스스로를 노출하는 훈련을 충분히 하는 것도 좋은 생각이다.

분노를 촉발하는 스위치는 저마다 다르다. 다음 목록에는 많은 사람이 듣기 힘들어하는 도발적 발언이 실려 있다. 이를 참고해서 자유롭게 자신만의 창의적인 목록을 만들자.

✔ 왜 도대체 그걸 이해 못해요?
✔ 너 말고 다른 사람 생각을 하기는 하니?
✔ 넌 쓸모없는 인간이야.

- ✔ 초등학교는 대체 어떻게 졸업했어?
- ✔ 그따위 운전은 어디서 배웠어?
- ✔ 앞을 좀 보고 다니세요.
- ✔ 나 지금 바쁜 거 안 보여?
- ✔ 당신은 임금 인상을 받을 가치가 있는 일을 한 적이 없어.
- ✔ 집안이 돼지우리 같구나.
- ✔ 당신은 내가 아는 가장 지저분한 인간이야.
- ✔ 대체 그 머리는 어디서 한 거야? 전기 콘센트에 손을 처박기라도 했어?
- ✔ 당신 같은 사람 너무 공격적이에요.
- ✔ 도대체 얼마나 더 누려야 직성이 풀리겠어?
- ✔ 누구랑 자서 승진한 거예요?
- ✔ 온 세상이 당신을 중심으로 돌아가지는 않아요.
- ✔ 지금 당신 일로 씨름할 여유 없어.
- ✔ 널 보면 토할 것 같아.
- ✔ 저리 꺼져.
- ✔ 이 자리 전세 내셨어요?
- ✔ 그렇게 여유 부릴 시간 없어요.
- ✔ 제가 먼저 왔어요. 눈을 어디다 두고 다니는 거예요?
- ✔ 대체 당신 뭐가 그렇게 문제예요?
- ✔ 너 때문에 이 이상 짜증날 수는 없을 거야.
- ✔ 아기를 조용하게 다룰 줄 모르면 식당에 데리고 오지 마셨어야죠!
- ✔ 귀 먹었어요? 제가 뭐라고 말했는지 안 들려요?
- ✔ 당신이랑 같은 공간 안에 있는 것을 참을 수가 없어.
- ✔ 자기 월급 몫은 해야 되는 것 아닌가요?
- ✔ 내가 읽은 보고서 중 최악이야. 당신, 그렇게 멍청한가?

이 목록을 읽으면서 불쾌하게 생각하지 않기를 바란다! 애초부터 분노를 유발하고 모욕감을 주기 위한 문구들이다. 이 가운데 일부를 선택하든지 자신만의 목록을 만들어서 노출 연습을 하자.

누군가가 당신을 모욕하거나 비하한다고 해서 반드시 일일이 반응할 필요는 없다.

차분하고 침착할수록 결과적으로 강인한 사람인 법이다. 깊게 숨을 한 번 들이쉬고 무시하자. 그러면 공은 상대에게 넘어간다.

때때로 분노는 기분 좋게 느껴진다. 자신이 바라는 바를 얻을 수 있기 때문이다. 하지만 이는 일시적인 효과다. 예를 들어 부하 직원을 혼냄으로써 당신이 바라는 대로 행동하도록 만들 수도 있다. 하지만 장기적으로는 당신을 향한 적대성과 원망이 쌓이도록 유도한다. 긴 안목으로 보면 분노는 이득보다 대가가 더 크다.

PART 4

분노의 분쟁 지대 관리하기

더미를 위한 팁

가족과 직장, 인간관계에 대해 기억할 다섯 가지 사항

- 사랑하는 사람의 말에 악의가 있다고 해석될 때에는 화를 터트리기 전에 먼저 사실부터 확인한다. 대개 고의가 아니었다는 사실을 깨달을 가능성이 높다.
- 가족이나 친구들과 함께 있을 때 어떤 상황이 주로 분노를 유발하는지 생각해보고 더 적응적인 새로운 대안을 준비한다.
- 사랑하고 아끼는 사람들에게 분노를 덜 터트릴수록 이들도 당신에게 더 깊은 친밀감을 느낀다.
- 남들과 의견이 정말로 다르더라도 화내지 않고 차분하게 자기 의사를 표현할 수 있다는 사실을 발견한다.
- 직장이든 가정이든 친지와 함께든 더 크게 소리 지르며 분통을 터트릴수록 당신의 메시지는 힘을 잃을 것이다.

제4부 미리보기

- 반생산적 업무 행동이 업무 성과나 인간관계를 비롯한 다양한 측면에 어떤 악영향을 미치는지 살펴본다.

- 분노가 가족 기능을 어떻게 방해하는지 깨닫고 이를 어떻게 해결할 수 있는지 알아본다. 침착함을 잃지 않고서 아이들과 대화하는 법을 배운다.

- 긍정적인 소통을 통해 친밀한 관계를 형성하고 분노에 찬 권력 다툼을 줄인다.

직장에서 분노 다루는 법

제12장 미리보기

- 분노가 직장에 침투할 수 있다는 사실을 깨닫는다.
- 반생산적 업무 행동을 살펴본다.
- 직장 생활에 잘 대처할 수 있는 더 좋은 방법을 찾는다.
- 직장에서 더 긍정적으로 생활한다.

이번 장은 분노 조절이 직장 생활에 어떤 역할을 할 수 있는지 보여준다. 직장이란 결국 대다수 사람들이 대부분의 시간을 보내는 곳이다. 본격적으로 시작하기에 앞서 우선 이런 질문을 먼저 던져보자.

✔ 직장에 있을 때 업무보다는 인터넷을 하며 시간을 보내지 않는가?

✔ 사전 허락 없이 늦게 출근한 적이 있는가?

✔ 동료의 사적인 삶을 놀리거나 비웃은 적이 있는가?

✔ 상사가 형편없는 사람이라고 직장 밖 누군가에게 이야기한 적이 있는가?

✔ 직장에서 동료를 깎아내리기 위한 행동을 한 적이 있는가?

위 질문 가운데 어느 하나라도 "그렇다"라고 대답했다면 산업심리학자들이 반생산적 업무 행동(counterproductive work behavior, CWB)이라고 부르는 행위를 했다고 볼 수 있다. 그렇다고 해서 걱정하지 않아도 된다. 이런 행동은 흔하다. 간단히 말해서 CWB란 조직이나 조직 구성원에게 고의로 해를 끼치려는 행동을 말한다. 업무에 태만한 채 험담을 하는 행동부터 물리적인 폭력을 쓰는 행동까지 그 폭은 광범위하다.

CWB가 경제에 미치는 영향은 상당하다. 구성원의 직접적 절도 행위만 해도 1,500만 달러어치를 웃돈다. 거기에다 업무 태만, 오류, 잦은 결근, 소송, 퇴사를 생각해보라. 그런데 사람들이 CWB를 보이는 가장 큰 이유는 과연 무엇일까? 그렇다, 분노다!

이번 장에서는 CWB가 일터에서 어떤 방식으로 작용하는지 살펴보고, 어떤 유형의 성격을 가진 사람들이 CWB를 보일 가능성이 높은지 알아본다. 또한 반생산적인 행동을 보이지 않고서도 직장에서 성공하는 법을 살펴보면서 분노로부터 자유로운 구성원이 됨으로써 동료들과 정중하게 지낼 수 있는 법을 발견한다.

반생산적 업무 행동 알아보기

스스로에 대해서든 다른 사람에 대해서든 반생산적 업무 행동(CWB)을 하는지 파악하기는 쉽지 않다. 부분적인 이유는 이런 행동 가운데 상당수가 '정상적인' 근무 행동이라고 여겨지기 때문이다. 가령 규정보다 늦게 출근하거나 더 오래 휴식을 취하는 행동이 그렇다. 게다가 CWB 행동 대다수가 본질적으로 수동적이며 비폭력적이다. 다음은 CWB의 몇몇 대표적인 사례다.

- ✔ 문제를 보고하지 않고 사태가 악화되도록 방관하기
- ✔ 동료를 무시하기
- ✔ 동료에게 필요한 정보를 알려주지 않기
- ✔ 아프다고 거짓말하고 출근하지 않기
- ✔ 바쁘지 않은데 바쁜 척하기
- ✔ 동료를 도와주지 않기
- ✔ 고의로 회의에 늦게 오기

[제가 늦었어요? 죄송해요]

51세의 광고 회사 부사장인 에디스는 정오에 예정된 미팅에 임원을 포함한 모든 직원이 참석해야 한다는 사실을 알고 있었다. 이 미팅에서는 새로 부임한 CEO가 정식으로 소개될 참이었다. 하지만 에디스는 분노에 차 있었다. 몇 주 전에 대규모 조직 개편이 있을 예정이며 새로운 상사가 부임하리라는 말을 듣고 나서부터 다른 사람들과 마찬가지로 계속 그런 상태였다. 에디스는 분노를 보이지 않으려고 굉장히 노력해왔다. 하지만 결국 에디스는 사람이 가득 찬 강당에 15분이나 늦게 나타나서 CEO의 인사말로부터 모든 이의 관심을 빼앗은 채 제일 앞좌석에 앉았다. 상당히 인상적인 광경이었다! 에디스가 전달하려는 메시지는 의문의 여지가 없었다. "모두 엿 먹이." 그날 에디스의 지각에 대해서는 누구도 언급하지 않았지만, 그로부터 3주 뒤 에디스가 (권고에 의해) 사직서를 제출할 때에는 아무도 놀라지 않았다.

- ✔ 신속하게 마쳐야 하는 업무를 천천히 처리하기
- ✔ 업무 맡기를 거부하기
- ✔ 규정보다 일찍 퇴근하기
- ✔ 이메일이나 전화를 회신하지 않기
- ✔ 의도적으로 지시를 따르지 않기

때때로 CWB는 적극적이고 파괴적인 혹은 해로운 행동으로 나타나기도 한다.

- ✔ 장비 일부를 고의로 파손하기
- ✔ 동료의 물건 훔치기
- ✔ 동료의 업무 성과를 깔보기
- ✔ 동료와 언쟁 벌이기
- ✔ 동료를 모욕하는 제스처 보이기
- ✔ 폭력을 동원해 동료를 위협하기
- ✔ 직장에서 누군가를 밀치거나 때리기
- ✔ 의도적으로 물품이나 재료를 낭비하기
- ✔ 고의로 업무를 부정확하게 처리하기
- ✔ 다른 동료에게 피해가 가는 소문 퍼트리기
- ✔ 동료에게 비열한 농담을 하거나 심하게 장난치기
- ✔ 고객에게 심술궂거나 무례하게 행동하기

한 설문조사는 어느 기업의 구성원 74명을 대상으로 현재 직무에서 일련의 행동을 각각 얼마나 자주 목격했는지 조사했다. 가장 순위가 높았던 15개 행동을 순서대로 소개하자면 다음과 같다.

✔ 사소한 일에 대해 불평하기
✔ 허락 없이 늦게 출근하기
✔ 규정보다 오래 휴식하기
✔ 다른 사람 무시하기
✔ 고객에게 심술궂거나 무례하게 행동하기
✔ 일하지 않고 공상에 잠겨 있기
✔ 허락 없이 일찍 퇴근하기

✔ 바쁘지 않은데 바쁜 척하기
✔ 자신이 실수해놓고 다른 사람 탓하기
✔ 직장 밖의 사람들에게 직장이 얼마나 형편없는지 험담하기
✔ 업무 성과를 놓고 동료를 무시하기
✔ 다른 사람 도와주기를 거절하기
✔ 중요한 전화나 이메일을 회신하지 않기
✔ 동료를 비웃거나 놀리기
✔ 동료에게 언어폭력 행사하기

흥미롭게도 어떤 유형의 업무든 관계없이 CWB에 대해 조사한 설문에서는 거의 동일한 결과(및 순위)가 공통적으로 나타난다.

반생산적 업무 행동의 목록을 살펴보고 최근, 가령 지난 3주간 당신이 보였던 행동을 체크해보자. 비교적 정기적으로, 이를테면 일주일에 한두 번씩 보이는 행동이 있는가? 그 가운데 하나를 골라서 스스로에게 이렇게 말해보자. "이제 더 이상 이런 방식으로 분노를 표출하지 않겠어." 그다음 이런 행동을 보이고 싶을 때면 이 장의 후반부에 제시된 분노 조절 전략을 활용한다.

회피 대 공격

CWB는 조직 구성원의 대응 전략 가운데 하나로서 업무 스트레스에 대처하는 방법이기도 하다. CWB의 동기는 거의 항상 보복이다. 이런 행동을 보이는 가장 큰 이유가 분노라는 점을 고려하면 납득이 간다.

직장에서 누군가가 당신을 분노하게 만들면 그에 응수하기 위한 방식으로 CWB를 선택할 수 있다. 반대로 당신이 다른 누군가를 분노하게 만드는 행동은 상대에게 CWB를 보일 빌미를 제공하는 행동이기도 하다.

대부분 CWB는 동료나 상사 등 대인관계 갈등의 결과로 나타난다. 갈등이 심할수록 CWB를 보일 가능성도 커진다. 갈등을 해결하면 CWB도 사라진다.

사람들은 CWB를 보일 때 주로 두 가지 반응 스타일 가운데 하나를 선택한다. 바로 회피와 공격이다. 회피란 업무를 완수하기 위해 해야 하는 일을 하지 않고 물러나는 행동을 가리킨다. 예를 들어 늦게 출근하거나 상대를 무시하는 행동이 있다. 공격이란 분노할 원인을 제공한 사람에게 덤벼드는 행동이다. 가령 부하직원을 괴롭히거나 고객을 모욕하는 행동이 있다. 분노 반응에서 흔히 볼 수 있는 고전적인 투쟁-회피 반응이 직장에 적용된 경우다.

개인 대 조직

CWB의 대상도 사람마다 다르다. 50퍼센트의 경우 사람들은 개인(person)을 상대로 보복한다. 성과를 가지고 동료를 모욕하거나 험담을 하거나 상대를 곤경에 빠트리는 행동을 예로 들 수 있다. 나머지 50퍼센트의 경우 사람들은 조직(organization)을 상대로 분노를 터트린다. 업무를 비효율적으로 하거나 물품을 절도하거나 장비를 파손하거나 아프다며 출근하지 않는다. 어느 방식이든 이런 행동은 업무에 지장을 주고 성과를 저해한다.

공격적인 구성원들이 같이 일하는 사람들에게 보복할 가능성은 회피적인 사람들보다 세 배나 높다. 반면 회피적인 구성원들은 조직을 상대로 CWB를 보이면서 분노를 표출하는 경향이 있다.

당신은 어떤 유형인가? 스스로를 성찰해보고 왜 그런 행동을 보이는지 생각해보자. "좌절하거나 짜증날 때 왜 항상 팀원들을 공격하는 것일까?", "나는 왜 항상 분노나 이를 유발한 문제로부터 도망갈까?" 회피는 주로 두려움에서 기인한다. 무엇이 두려운가? 직장을 잃거나 화를 터트리기 시작하면서 이성을 잃는 것? 공격은 대개 적을 상정하고 있다. 직장 동료가 당신의 적인가? 직장 생활이 전쟁인가? 혹시 전투적인 성격을 가지고 있어서 모든 것이 필연적으로 전쟁이 되는 것은 아닐까?

어떤 사람들은 세상과 상호작용할 때 다른 사람들보다 더 공격적인 모습을 보인다. 공격적이라고 해서 반드시 다른 사람에게 덤벼들고 해를 입힌다는 의미는 아니다. 다만 세상의 흐름과 어우러지는 대신 이를 거슬러 움직이는 것처럼 보인다는 의미다. 이런 모습이 좋은지 나쁜지는 어떤 유형의 공격적 성격인지에 달려 있다. 다음 사례를 살펴보자.

캐서린은 비영리 조직의 전도유망한 34세의 중견 간부다. 캐서린은 성취 지향적인 성격의 전형을 보여준다. 더 정확히 말하자면 그녀는 단지 성취 지향적인 사람 그 이상이다. 그녀는 성취로부터 삶의 동력을 얻는다. 모든 에너지를 성공적인 경력을 쌓는 데 쏟는다. 캐서린은 극도로 과업 지향적이며, 본질적으로 굉장히 경쟁적이고, 목표를 추구할 때 단호한 모습을 보인다. 직설적으로 소통하는 편이고 이는 분노를 표현할 때에도 마찬가지다. 그래서 특정 이슈에 대해서 캐서린이 어떤 입장인지는 명확히 드러난다. 캐서린과 함께 일하는 사람들은 그녀의 강인한 정신을 부러워한다. 그녀는 말만 많은 이야기꾼이 아니라 실행자다! 캐서린이 분노하는 유일한 상황은 효율적으로 업무를 완수하려는 노력을 저해하는 장애물에 직면했을 때다. 그녀가 일하는 속도에 맞출 수만 있다면 그녀는 최고의 친구이며 같이 일하기에 좋은 동료이자 상사다.

반면 켈리는 업무에 대해 더 전투적으로 접근한다. 그녀 또한 몹시 경쟁적이지만 다른 사람을 대할 때 대립하는 경우가 더 많다. 누군가의 실수로 일이 잘못 돌아가면 켈리는 곧장 그 사람을 호출한다! 그녀는 성격이 급하고 강렬하며, 같이 일하는 사람들에게 상당히 고압적이다. "그 보고서 오늘 중으로 가져와. 징징대지 말고!" 사무실에서 누구를 붙잡고 물어보더라도 켈리가 얼마나 권위적인지 알 수 있다. 어떤 주제든 그녀가 처음 운을 떼고 직접 마무리해야만 대화가 끝난다. 그리고 그녀는 화를 많이 낸다. 하지만 그녀의 분노는 캐서린과 달리 장애물로 인한 좌절 때문이 아니다. 켈리의 분노는 오히려 전투적인 성격을 충족하기 위한 연료로서 기능한다. 켈리는 마치 "아무도 없는 탈의실에서도 싸움을 건다."고 알려져 있는 어느 전설적인 미식축구 감독과 비슷하다.

두 종류의 공격성은 모두 심리학에서 A유형 행동 패턴이라고 부르는 특성과 관련 있다. 이 행동 패턴은 미국을 비롯한 서구 산업화된 사회의 근로자들에게 지배적으로 나타난다. A유형 행동 패턴을 보이는 대다수 사람들은 켈리처럼 전투적인 특성을 보이지 않는다. 하지만 A유형 행동 패턴을 보이면서 동시에 굉장히 공격적인 사람들은 관상 동맥성 심장 질환을 비롯한 다수의 질환을 앓을 위험이 더 높다.

누가, 무엇을, 누구에게 하는지 이해하라

모든 사람이 반생산적 업무 행동(CWB)을 보이지는 않는다. 하지만 직장에서 만성적인 분노를 느낀다면 좋은 후보자임이 분명하다. 업계에서는 절반이 넘는 근로자들이 좀도둑질을 하거나 고의로 타인의 업무를 방해하고 괴롭히는 것으로 추정한다.

CWB는 틀림없이 중요한 문제다!

불만을 품은 구성원

CWB를 보일 가능성이 높은 조직 구성원들은 종종 다음과 같이 분노를 위장해서 표현한다.

- ✔ 업무에 흥미를 느끼지 못하는 듯하다.
- ✔ 일반적으로 직장에서 대인관계가 원만하지 못하다.
- ✔ 괴로워하는 징후가 분명히 드러난다.
- ✔ 자신의 경력이 나아가는 방향에 대해 실망한다.
- ✔ 다른 구성원들과 거리를 둔다.
- ✔ 상사를 굉장히 불신한다.
- ✔ 업무를 수행할 때 종종 주의가 딴 데 가 있는 듯하다.
- ✔ 조직에서 더 높은 지위에 있는 사람들을 무시한다.
- ✔ 조직의 미션에 대해 환멸을 느낀다.
- ✔ 급여와 승진 문제로 실망하고 있다고 직접적으로 말한다.
- ✔ 근무일 동안 벌어지는 모든 것들에 대해 불만과 혐오를 느끼며 낙담한다.

대다수 사람들은 짜증이나 화가 난다고 하더라도 모든 사람의 귀에 들리도록 크게 떠들고 다니지 않는다. 대신 분노를 훨씬 은근하면서도 정치적으로 올바른 방식으로 표현한다. 하지만 그럼에도 분노이기는 마찬가지다.

> 애런은 58세의 도시 설계자로 의심의 여지없이 불만에 차 있는 직원이다. 그리고 애런 스스로도 이를 거리낌 없이 인정한다. 22년 동안 애런은 대단히 만족스러운 직장에서 근무했고 그가 쏟은 노력에 대해 지속적으로 보상을 받았다. 그러던 중 애런은 조기 퇴직을 신청하기로 결정했다. 오랫동안 그는 가족과 함께 기후가 더 따뜻한 지방으로 이사하기를 바랐고, 은퇴를 즐기기 위해 준비하고 싶었다.
>
> 처음에는 일이 계획대로 진행되는 듯했다. 애런은 남쪽으로 이사를 갔고 기존에 다니던 직장과 연봉이 비슷한 직장을 구했다. 하지만 2년 뒤 회사에서 예기치 못하게 조직 개편이 일어났고 다수의 근로자가 해고되었다. 애런도 그 가운데 하나였다.

온갖 노력을 쏟았지만 그 지역에서 애런의 경력을 살려 찾을 수 있던 유일한 직장은 급여가 훨씬 적었다. 애런은 열심히 일해서 늘 그랬던 대로 120퍼센트의 성과를 올리면 결과적으로 상당한 보상을 받으리라는 기대로 그 직장을 다니기로 선택했다. 하지만 알고 보니 그럴 가망이 없었다. 2년제 대학을 졸업했다는 교육 배경 때문에 급여 등급이 상향 조정될 수 없었다.

애런은 회사의 정책이 마음에 들지 않았다. 하지만 자신의 나이를 고려해볼 때 무작정 회사를 그만둘 수는 없었고, 그렇다고 다시 이사하기를 바라지도 않았다. 애런은 꼼짝할 수가 없었다! 그저 할 수 있는 일이라고는 사소한 모든 일에 대해 불평을 늘어놓으며 시간을 보내는 것뿐이었다. 그 결과는 모두가 상상할 수 있을 것이다. 애런의 불평이 마음에 들지 않았던 사장은 마침내 애런에게 불평하기를 그만두거나 아니면 회사를 그만두라고 말했다.

애런은 갈림길에 서 있었다. 그는 즉각적인 도움이 필요했다. 5년씩이나 걸려 정신과 치료를 받을 여유가 없었다. 그래서 찾아간 상담사는 애런에게 분노를 조절하기 위한 활동 계획을 수립하라고 말하면서 다음과 같은 단계를 밟으라고 제안했다(당신도 똑같이 따라할 수 있다).

✔ **상황을 인정한다.** 애런이 불만에 차 있는 주된 원인은 자신이 회사 정책이라는 '부동의' 대상을 상대로 싸움을 벌이려고 한다는 사실을 스스로 인정하지 않았기 때문이었다. 그가 불평을 늘어놓았던 이유는 그의 사례를 예외로 만들도록 사장에게 압력을 주기 위해서였다.

✔ **상황을 감정적으로 받아들이지 않는다.** 애런은 회사 정책이 자신을 표적으로 삼는다고 생각했기 때문에 화나 있었다. 상담사가 애런에게 "모든 근로자가 이 정책을 따라야 하나요?"라고 묻자 그는 망설임 없이 그렇다고 대답했다. 그러자 상담사는 "그렇다면 이 일은 당신에게만 적용되는 일이 아니군요. 그저 회사가 사업을 운영하는 방식일 뿐이죠." 애런도 동의했다.

✔ **자신의 기분을 기술한다.** 불평이라는 형태로 표출되고 있는 애런의 분노를 진정시키기 위해서 상담사는 그에게 매일 20분 동안 자신이 품고 있는 분노에 대해 써보도록 제안했다(제9장 참조).

✔ **과다한 노력을 철회한다.** 애런은 회사에서 120퍼센트의 노력을 쏟는 행동

을 그만둘 필요가 있었다. 보수도 받을 수 없는데 초과 근무할 필요는 없기 때문이다. 애런이 초과 근무했던 유일한 이유는 초과 근무가 임금 인상이라는 목적을 이룰 수 있는 수단이라고 생각해서였다. 회사가 그를 착취한 게 아니라 자기가 자신을 착취한 셈이었다. 그리고 이런 행동은 건강하지 않다.

✔ **긍정적으로 사고한다.** 애런이 분노하는 또 다른 이유는 이 모든 상황이 마음에서 떠나지 않기 때문이다. 이를 심리학에서는 반추(rumination)라고 한다(제11장 참조). 임금 인상과 관련된 문제로부터 주의를 분산하기가 매우 어렵다고 애런이 인정하자 상담사는 마음을 쏟을 수 있는 다른 대상을 찾아보라고 권했다. 긍정적이면서도 약간은 그의 통제 아래에 있는 주제에 관심을 쏟든지 아니면 더 바람직하게는 곱씹는 행동 자체를 그만두거나 지연시킬 필요가 있다.

✔ **현재 하는 일에서 얻는 이득을 발견한다.** 애런은 현재 다니고 있는 직장의 긍정적인 측면을 생각해볼 필요가 있다. 다시 말해 "불평하지 않는 측면에 무엇이 있을까? 임금을 제외하면 무엇이 만족스러운가?"라고 질문해보아야 한다. 분노 어린 감정을 진정시키기 위해서 애런은 현재의 직장 생활에 대해 보다 균형적인 관점을 가질 필요가 있다.

✔ **운동한다.** 정기적으로 운동하는 일은 신체의 독소뿐 아니라 분노와 같은 정서적인 독소를 배출할 수 있는 좋은 수단이다. 일주일에 사흘씩 헬스클럽에서 45분간 운동하는 일은 성격적 기질을 진정시키는 데 놀라운 효과를 발휘한다.

✔ **용서하고 용서하며 또 용서한다.** 애런은 어제의 분노를 이고 다녔고 그러한 짐은 애런뿐 아니라 사장에게도 부담이 되었다. 이 짐을 덜 수 있는 유일한 방법은 바로 용서하는 것이다(제16장 참조). 애런은 조기 은퇴하는 바람에 이런 불상사가 벌어졌다는 데 대해서 스스로를 용서할 필요가 있었고, 구식이라고 생각되는 승진 제도를 운영하는 사장도 용서할 필요가 있었다.

이런 제안을 실천하면서 애런은 현재 직장의 경제적 문제뿐 아니라 여기에 수반되었던 분노라는 부정적 감정으로부터 '꼼짝할 수 있게' 되었다. 물론 여전히 주머니 사정을 지켜봐야 하지만 애런은 더 이상 불만에 가득 찬 남자가 아니었다.

자기중심적 구성원

특권적이고 자기중심적인 직원들이 성마르다는 사실은 놀랍지 않다. 제7장은 지나치게 과도한 자존감과 분노의 관계에 대해 다루었다. 여기서는 이 문제가 직장에서 어떤 문제를 일으키는지 살펴본다.

사우스플로리다대학교의 리사 페니 박사는 자아가 지나치게 큰 사람들(나르시시스트라고 부른다)과 분노, 반생산적 업무행동 간 관계를 연구했다. 연구 결과 자아가 클수록(다시 말해 자기중심적일수록) 직장에서 분노를 더 쉽게 느꼈으며 그 결과 CWB를 보일 가능성도 높았다. 일터에서는 다른 사람에게 방해받거나 충분히 훈련받지 못하거나 일을 완수하는 데 필요한 자원을 얻지 못하는 등 여러 가지 제약이 있기 마련이다. 하지만 자기중심적인 근로자들은 이런 제약을 감정적으로 받아들이고(대체 나한테 왜 그래?) 쉽게 분노를 느낀다.

자신이 이런 유형의 사람인지 어떻게 알 수 있을까? 다음 단서를 참고하자.

- ✔ 자신이 하는 일에만 몰입해서 다른 동료들을 의식하지 않는다(그리고 개의치 않는다). 협력적이지 않다는 뜻이다.
- ✔ 명확한 특권의식이 있다. "저는 마땅히 존중받아야 해요."라거나 "저는 승진하거나 임금 인상을 누릴 자격이 있어요."라는 말을 예로 들 수 있다.
- ✔ 갈등이 있거나 의견 차가 발생할 때 다른 사람의 입장을 고려하지 않는다. 그저 자신이 원하는 요구 사항이나 자신이 바라보는 관점, 자신의 제안이 옳은 이유만 반복한다.
- ✔ 스스로 우월하다고 느끼는 경향이 있다. 다른 사람과 함께 일하거나 프로젝트를 완수할 때 자신이 상당히 특별한 존재라고 느낀다. 자신의 힘과 놀라운 아이디어, 카리스마 때문에 사람들이 자기를 따르리라고 기대한다.
- ✔ 직장에서 다른 사람을 이용하는 경향이 있다. 동료들이 어떤 대가를 치르든 관계없이 자신의 목표를 달성하기 위해 항상 동료를 이용한다. 게다가 한 술 더 떠서 자신이 그들을 선택했다는 사실에 고마워하지 않으면 화를 낸다!
- ✔ 자기 자신을 자주 언급한다. 어떤 주제를 놓고 이야기하든 나라는 단어가 끊임없이 등장한다.

더 이상 자기중심적이고 싶지 않다면 어떻게 해야 할까? 변화를 위해 어떤 노력을 기울일 수 있을까? 다음에 몇 가지 전략을 제시한다.

- ✔ 스스로 자기중심적으로 생각한다는 깨달음을 얻었다면("왜 사람들은 **내 앞길을 방해할까?**") 이렇게 생각해본다. "이 사람들에게도 나처럼 중요한 업무가 있겠지. 문제는 우리가 서로 원하는 일만 한다는 거야. 내가 먼저 도와주면 그들도 나를 도와주겠지."
- ✔ 동료들에게 당신 뜻대로 행동하도록 강요하지 않는다. 이 또한 특권의식이다. 그 대신 당신이 원하는 바를 요청한다. 상대가 얼마나 더 수용적으로 받아들이는지 보면 놀랄 것이다!
- ✔ 다른 사람의 관점에서 바라보려고 노력한다. 주변 사람들이 어떻게 생각하고 무엇을 느끼는지 더 관심을 기울이자.
- ✔ 인생은 주고받는 것이라는 사실을 기억한다. 함께 일하는 사람들을 더 배려하고 공감할수록 당신도 똑같이 대우받을 것이다. 그렇게 나쁜 거래는 아니지 않은가?
- ✔ 일할 때 일어나는 모든 상호작용에 대해 어머니가 항상 가르치듯이 "부탁합니다."와 "감사합니다."를 덧붙인다. 이런 예의는 조직의 질서를 세우는 아교와 같다.

협상 기술을 훈련하라

매일 출근해서 하는 대다수 일에는 어떤 식으로든 협상이 필요하다. 협상이란 결국 두 명 이상의 구성원이 상호 이익 간 갈등을 해결하려는 노력이라고 할 수 있다. 그러나 많은 조직은 구성원들의 마음이 서로 맞아야 정상이라고 생각하면서 그렇지 않을 경우 종종 놀라워하는(그리고 때로는 순전히 분노하는) 듯하다.

협상은 항상 감정을 수반한다. 협상가들이 인간이기 때문이다. 하지만 이는 수반되는 감정이 부정적인 경우에만 문제가 된다. 협상가들이 낙관적이거나 신나는 긍정적인 감정 상태에 있으면 협력적이고 회유적인 경향을 보인다. 그러면 서로 이득을 보는 해결책이 도출되고, 양측은 저마다 바라는 바를 얻어간다고 느낀다. 하지만 만일 양측 가운데 어느 한쪽이라도 비관적이거나 화를 내는 부정적인 감정 상태에 있으면, 협상은 훨씬 경쟁적인 양상으로 흘러가고 누구도 양보하려고 하지 않는다. 아무도 양보하지 않으면 협상은 교착 상태에 빠진다. 그러면 아무도 승자가 되지 못한다!

협상가들은 상대방의 감정에 반응한다. 협상에서 긍정적인 결과를 보장하기 위한 최고의 방법은 미소로 시작하는 것이다. 믿을지 모르겠지만 미소는 이후 이어지는 모든 과정의 전반적인 분위기를 형성한다. 얼굴에 짜증을 담고 시작하는 일은 고생길의 시작이다.

합의할 수 있다는 가능성을 일부 내비치면서 협상을 시작하자(화나 있을 때에는 어렵겠지만 분명 시도할 만한 가치가 있다). 그렇게 하면 서로 의견 차를 본격적으로 보이기 전에 긍정적인 분위기가 조성된다. 상대가 반대 의견을 보이더라도 계속해서 상대는 적이 아니라고 되뇐다. 만일 협상에 들어갈 때 반드시 화나 있어야 할 경우에는 분노를 건설적으로 표현하기 위해 노력하자. 차분한 목소리로 천천히 그리고 단호하게 주장을 전개한다(제8장 참조).

긍정적인 업무 환경을 조성하라
- -

일터에서의 분노는 어느 특정한 구성원이나 특정 거래, 상황, 이슈에 국한되지 않는다. 개인의 감정은 전반적인 업무 환경이라는 일반적인 맥락에서 출발한다. 그리고 그 환경이나 분위기는 일터마다 상당히 다르다.

공장이든 기업 임원 회의실이든 어느 업무 환경에서도 그곳에서 일하는 사람들을 5분만 관찰하면 조직 분위기가 적대적인지(사람들이 서로 물어뜯는지) 슬픈지(조직이 너무 많은 기회를 놓치고 있거나 사직하는 사람들이 너무 많은지) 긴장되어 있는지(불확실성이 지나치게 높은지) 아니면 화목한지("여기에서 일하는 게 완전 좋아요!") 알 수 있다. 이는 명민한 연구자가 아니더라도 누구나 쉽게 파악할 수 있다.

미시건대학교의 바버라 프레드릭슨 박사와 브라질 가톨릭대학교의 마셜 로사다 박사는 일터의 정서적 분위기가 구성원의 생산성에 미치는 영향에 관한 놀라운 이론을 제안했다. 연구자들은 분노와 같이 어느 특정 감정에 집중하는 대신 다양한 감정이 얼마나 긍정적이고 부정적인지 분류했다. 그러고 나서 긍정적 감정과 부정적 감정 사이의 관계에 주목하여 긍정 지수라는 개념을 제안했다. 지금까지 이들은 다음과 같은 결과를 발견했다.

✔ 구성원들이 일터에서 만족하며 성장하려면 업무 환경에서 긍정적 감정이 부정적 감정보다 약 세 배 더 많이 표현되어야 한다.

✔ 만일 3 : 1이라는 비율이 달성되지 못하면 구성원들은 허둥대는 경향이 있다. 구성원들은 직장에서의 삶이 공허하며 만족스럽지 않다고 생각한다.

✔ 긍정적 감정이 지나쳐도 문제가 될 수 있다. 업무 패턴이 경직되고 침체되거나 지루하여 지나치게 지겨워지지 않기 위해서는(그 결과 구성원 간 짜증으로 이어지지 않기 위해서는) 최소한의 부정적 감정이 필요하다. 하지만 대다수 조직의 경우 부정적 감정이 너무 적을까 봐 걱정하지는 않아도 무방하다!

✔ 부정적 감정이 이롭게 작용하려면 적절하게 표현되어야 한다. 구성원들이 서로를 경멸하거나 악에 받쳐 행동하는 분위기는 적절하지 않다.

✔ 긍정적 감정의 표현은 강요되는 게 아니라 자발적으로 나오는 진실한 표현이어야 한다. 다시 말해 모든 구성원에게 다음과 같은 이메일을 보내는 행동은 바람직하지 않다. "이제부터는 무조건 미소를 띠고 일하도록 합니다!"

표 12-1에는 직장에서 흔히 경험할 만한 감정이 나열되어 있다. 표를 살펴보면서 다음 활동을 수행해보자.

1. **일터에서 가장 흔히 느끼는 감정 혹은 지난주 일터의 분위기를 가장 정확하게 설명하는 감정을 10가지 골라 동그라미 친다.**
   어느 열에서 동그라미를 치든 관계없다. 다 합해서 10개면 된다.
2. **긍정적 감정의 개수를 센다.**
3. **부정적 감정의 개수를 센다.**
4. **긍정적 감정의 개수를 부정적 감정의 개수로 나누어 긍정 지수를 계산한다.**
   예를 들어 긍정적 감정(positive emotions) 가운데에서 3개의 감정을 동그라미 쳤고 부정적 감정 가운데에서 7개의 감정을 동그라미 쳤다면, 3÷7 = 0.43이라

표 12-1 일터에서 긍정적 감정과 부정적 감정	
긍정적 감정	부정적 감정
놀라운	두려운
흥미로운	초조한
감탄하는	긴장된
신나는	화나는
만족스러운	불안한
궁금한	부끄러운
기쁜	쓰라린
열정적인	지겨운
신나는	우울한
관대한	좌절하는
감사한	자책하는
행복한	짜증난
희망찬	무서운
유쾌한	후회하는
친절한	원망스러운
사랑스러운	슬픈
낙천인인	괴로운
흡족한	불행한
열광적인	걱정스러운

는 결과를 얻는다.

긍정 지수가 2.9 이하인가 아니면 이상인가? 긍정 지수가 2.9 이하라면 당신을 비롯해 같은 일터에서 일하는 사람들은 일하면서 부정적 감정을 느낄 가능성이 크다. 만일 긍정 지수가 최소 3.0 이상이라면(하지만 11.0 이하여야 한다. 이를 초과한다면 긍정성이 지나치게 높다는 뜻이다) 업무 환경은 건강한 편이다.

만일 당신이 고용주라면 더욱 긍정적인 업무 환경을 조성하기 위해 다음 팁을 참고하라.

✔ 구성원들의 생산성이 아니라 얼마나 긍정적으로 고객이나 동료와 관계 맺는지를 토대로 '이 달의 직원'을 선정하여 보상한다.

✔ 일터에서 긍정적인 태도를 보이는 직원에게 작은 보상을 지급한다. 가령 놀이공원 입장권이나 레스토랑 식사권이나 지역 콘서트 티켓도 좋다.

✔ 모든 직원의 생일을 축하하고, 생일을 맞으면 전 직원에게 사탕을 준비하도록 한다.

✔ 복장을 가볍게 입는 금요일 말고 전 직원이 가장 긍정적인 행동을 보임으로써 '기운을 가볍게' 하는 금요일을 만든다.

만일 당신이 근로자라면 더욱 긍정적인 업무 환경을 조성하기 위해 다음 팁을 참고하라.

✔ 매일 출근하면 동료들에게 "오늘 좋은 하루 보내세요!"라며 반긴다.

✔ 일하면서 대화할 때 약간의 유머를 섞는다. 웃음을 지으면 상대는 당신에게 악의가 없다고 받아들인다.

✔ 동료에게 불편함을 야기할 수 있는 행동을 하면 항상 사과한다. 그러면 당신 스스로도 기분이 나아지지만 상대와의 긴장도 풀어지기 때문에 상대도 불만을 털어버릴 수 있다.

✔ 직장에서 친구를 만든다. 여러 설문에 따르면 직장에서 친구, 특히 단짝을 만들면 출근하는 길이 훨씬 즐거워질 뿐 아니라 직장에서 벌어지는 일에 대해 더욱 만족할 가능성이 높다.

조직 시민성을 기르라

일터에서는 친절함이 중요하다. 동료를 정중하게 대할 때, 다시 말해 공정하고 예의 바르며 기분 좋게 존중하며 대할 때 거의 항상 자기 자신도 정중하게 대우받을 수 있다. 그 반대도 마찬가지다. 다른 사람에게 무례하고 적대적으로 굴면 그들도 당신을 동일한 방식으로 대우한다(혹은 아예 외톨이로 만들 것이다!).

분노는 종종 무례한 대우를 받을 때 느끼는 감정이다. 그럴 때는 대개 반생산적 업무 행동이 뒤따른다.

조직 내 무례함이 얼마나 문제일까? 엄청난 문제다! 전체 근로자의 약 90퍼센트가 일터에서의 무례함이 (물리적인) 폭력으로 이어지지는 않더라도 심각한 문제라고 생각한다. 무례함은 직장을 그만두는 주요 원인이다. 무례한 대우를 받은 직원 가운데 절반 정도가 이직을 고려하며, 여덟 명 가운데 한 명은 실제로 사직한다.

만일 당신이 고용주이고 조직 시민성이 일터에서 표준으로 자리 잡도록 만들고 싶다면 다음 제안을 살펴보라.

✔ 무례한 행동은 용인되지 않는다는 점을 조직 상층부부터 하층부로 전달한다. 과거에 어떤 행동이 허용되었든지 관계없이 직무나 직위를 막론하고 이 원칙은 동등하게 적용된다고 확실히 전한다.

✔ 새로 직원을 뽑고 교육시킬 때 시민성을 훈련하는 과정을 포함한다.

✔ 어떤 행동이 시민적이고 어떤 행동이 그렇지 않은지 규정하는 정책을 문서화한다. 비시민적인 행동에 어떤 대가가 따르는지도 명시한다. 전 직원의 의견을 수렴하여 함께 담는다.

✔ 인력 개발 프로그램에서 시민성을 훈련하는 과정을 필수로 포함한다.

✔ 정기적인 설문을 통해 일터에서 시민성이 실천되는지 조사한다.

✔ 무례한 행동을 발견하고 제재하기 위한 동료 평가 시스템을 수립한다.

✔ 건설적인 비판과 건설적인 분노 표현, 건설적인 경쟁을 강조한다.

만일 당신이 근로자이고 조직 시민성이 일터에서 표준으로 자리 잡도록 만들고 싶다면 다음 제안을 살펴보자.

✔ "대접받기 원하는 대로 대접하라."라는 격언을 일터에서 개인적인 지침으로 삼는다.

✔ 동료 직원을 비판할 때에는 건설적인 관점에서 비판한다. 어떻게 하면 더 잘할 수 있는지 이야기하라!

✔ 만일 직장 분위기가 지나치게 무례하다고 생각된다면 긍정적인 변화를 주

도적으로 시작한다. 다른 사람이 나설 때까지 기다리지 말자.

✔ 함께 일하는 사람들에게 당신이 늘 정중하게 대우받기 바란다는 점을 확실히 전달하고, 필요할 때에 교정적 피드백을 주는 것을 두려워하지 않는다.

✔ 시민성은 누가 옳고 그른지, 누가 높고 낮은지와 관련 없다는 사실을 스스로와 동료들에게 상기시킨다. 시민성이란 상호 존중을 의미한다.

✔ 동료에게 문제를 제기하거나 비판할 때에는 다른 사람이 없는 장소에서 함으로써 동료의 체면을 지켜준다. 그렇게 하면 덜 위협적일 뿐 아니라 상대도 덜 창피하다.

✔ 낙관적인 태도를 유지하며, 함께 일하는 사람들이 최선을 다하고 있다고 항상 믿는다. 반대의 증거가 없는 한 항상 동료를 신뢰한다.

✔ 동료를 비판할 때에는 항상 직접 얼굴을 보고 말함으로써 예의를 지킨다. 만일 얼굴을 보고 말할 자신이 없다면 차라리 말하지 말자!

거침없이 말하기보다 당당하게 말하라

분노는 항상 감정을 거침없이 토로하도록 만든다. 말로도 그렇지만 행동으로도 그렇다. 기분대로 거침없이 행동하는 것이 결국 반생산적 업무 행동의 본질이다.

거침없이 말하기보다 당당하게 마음속 감정이나 머릿속 생각을 말하는 편이 더 낫다. 심리학자들은 후자를 단호함이라고 부른다. 단호한 직원은 면대면, 일대일 피드백을 통해 자신의 욕구를 밝히고("저는 이곳에서 더 정중하게 대우받기를 원합니다.") 자신이 느끼는 감정을 설명한다("네, 저는 화나 있고 충분히 그럴 만하다고 생각해요."). 또한 상황의 긍정적인 면과 부정적인 면을 모두 인정하면서("제가 여기서 일하기를 좋아한다는 사실을 알고 계시겠지만 사실……") 결과가 긍정적으로 흘러가리라고 예상한다. 모두 전혀 공격적이지 않은 방식으로 보여준다.

단호함은 태도라기보다는 행동에 가깝다. 반대로 자기 주장을 펼치지 못하면 같이 일하는 동료나 상사에게 나약한 사람(소위 말해 밟고 지나가도 되는 발 매트같이 만만한 사람)이라고 인식된다. 또한 굳이 존중하거나 진지하게 생각하지 않아도 되는 사람 취급을 받는다. 그 결과 푸대접을 받는다. 직장에서 "그 사람 참 멋져. 만만하잖아!"라고 이야기하는 경우는 거의 없다.

단호하게 자기 주장을 하려면 어떻게 해야 할까? 아래 제시된 팁을 참고하자(제8장에 더 자세히 실려 있다).

- ✔ **문장을 주체적으로 구성한다**–항상 '나'라는 단어로 시작한다. 예를 들면 다음과 같다. "제가 신경 쓰이는 문제가 있어서 이야기를 나누고 싶어요.", "오늘 아침 회의와 관련해서 제가 개인적으로 드리고 싶은 말씀이 있어요.", "제 뜻을 충분히 전달하지 못한 것 같으니 다시 설명할게요."
- ✔ **긍정적인 말로 시작한다.** 예를 들면 "제가 여기서 일하는 것을 얼마나 좋아하는지 짐작하시리라고 생각합니다. 그런데……"라거나 "제가 생각하기에 이제까지 저를 늘 공정하게 대우해주셨어요. 하지만……"이라고 말을 꺼낼 수 있다.
- ✔ **변죽을 울리지 말고 핵심을 이야기한다.** 당신의 마음을 불편하게 만들고 화나게 하는 것에 대해 구체적으로 이야기한다. "저 화났습니다!"라고만 말해서는 아무 의미가 없다. 상대에게 왜 화가 났는지 정확히 설명하라.
- ✔ **상대의 공감을 산다.** 예를 들면 다음과 같이 말할 수 있다. "저번에 저한테 하셨던 말씀이 저한테 어떤 영향을 미쳤는지 잘 모르시는 것 같아서요.", "일부러 저를 화나게 만들려고 하신 게 아니라고 생각하고 싶은데 제가 느낀 바로는 아무래도……", "제가 잘못 들었을 수도 있어요. 왜냐하면 말씀하실 때 약간 무례하다고 느껴졌거든요."
- ✔ **욕설을 피한다.** 심지어 욕설을 퍼붓는 사람도 욕설을 듣기는 싫어한다. 게다가 욕설을 사용하면 진짜 전달하려는 메시지가 불분명해진다.
- ✔ **인내심을 가진다.** 한 번 단호하게 행동했다고 해서 세상이 바뀌지는 않는다. 우선 대화를 바꾸는 것부터 시도하면 곧 세상도 달라질 것이다. 필자들을 믿으라.

가정에서 분노 다루는 법

제13장 미리보기

- 갈등에 숨겨진 함정을 이해한다.
- 분노에서 한 걸음 물러난다.
- 자신의 양육 방식을 살펴본다.
- 아이들과 대화한다.
- 단란한 가정을 만든다.

가 정에 전쟁이 아닌 갈등이 존재할 수 있을까? 당연히 그럴 수 있다. 이번 장에 서는 종종 극심한 정서적 동요를 유발하며 때로는 가정폭력으로도 이어지는 파괴적인 분노를 최소화하기 위해 건강한 가족이 어떻게 대처하는지 소개한다. 걱정 하지 않아도 된다. 분노 조절 기술은 가정에서도 유효하다.

가령 윌슨씨 가정은 분노라는 악순환에 빠진 대표적인 사례다. 부모와 십 대인 딸 은 모두 혼란에 빠져 있다. 가정 내에서 온종일 이루어지는 상호작용에서 분노는 거의 항상 핵심을 차지한다. 이들은 불평을 터트리고 소리를 지르며 각자에게 필 요한 것을 얻기 위해 서로를 강요한다. 이들은 가족으로서 미래에 희망이 없다고 느낀다. 어머니는 가족 내 갈등에 대해 평화로운 해결책을 찾으려고 끊임없이 노력하지만, 아버지는 이미 포기한 상태. 그는 집 밖에서 대부분 시간을 보내고 집에 있을 때면 성내기만 한다. 딸은 건건이 부모와 전쟁을 벌인다.

오래 전에 윌슨씨 부부는 딸의 분노 문제가 원인이라고 생각하면서 이를 고쳐야겠다고 판단했다. 두 사람은 딸을 데리고 정신건강 관리자를 수소문해서 찾아다녔지만 모두 헛수고였다. 윌슨씨 가족이 하지 않은 한 가지는 바로 가족 역학을 살펴보는 일이었다. 서로를 대하고 소통하는 스타일을 점검할 필요가 있었다. 윌슨씨 가족에게 필요한 것은 3인분에 달하는 분노 조절 기술이었다.

가정 내 분노에는 권력 다툼이 개입한다. 권력 다툼은 협력의 대립 항이다. 에너지, 시간, 돈을 비롯한 가족의 자원이 낭비되며 적대성이나 원망과 같은 감정을 남긴다. 가족 구성원들은 싸움을 이기는 데 너무 몰입한 나머지 알고 보면 가족으로서는 모두가 패배하고 있다는 사실을 보지 못한다. 관계는 산산조각 나고 이제는 각자의 삶을 살아간다. 서로를 믿거나 도움받고 의지하는 일은 더 이상 없다. 명색만 가족이다.

이번 장에서는 윌슨씨 가족과 같은 지경에 이르지 않을 수 있는 실용적인 팁을 제안한다. 그러기 위해 분노를 건설적인 방식으로 이용해서 더욱 친밀하고 서로 사랑하는 관계를 형성할 수 있는 방법을 소개한다. 그리고 효과적인 양육을 통해 분노를 최소화하는 법도 보여줄 것이다.

만일 실제 폭력이 개입된다면 가족과 함께 최대한 빨리 전문가의 도움을 구하라.

혼자서는 싸울 수 없다
- -

가족 구성원이 분노에 차서 싸움을 도발할 때 가장 쉽게 대응하는 방법은 똑같은 반응을 보이는 것이다. 분노는 분노로 받아치면 된다. 하지만 이 방법이 유일한 대안은 아니다. 분노를 분노로 받아치면 어떤 결과가 이어질까? 더 큰 분노다. 그렇게 되면 아무것도 해결되지 않는다. 대신 다음을 고려해보자.

✔ 손을 뗀다. "미안, 이번에는 넘어갈래."라고 말한다. 예를 들어 십 대들은 종종 억눌린 긴장을 해소하기 위한 수단으로 부모에게 싸움을 건다. 대개는 또래들 사이에서 겪는 어려움 때문에 생기는 긴장이다. 그럴 때 대다수 부모는 어떻게 반응할까? 즉각 반응해서 일단은 자녀에게 "그렇게 생각하면 안 돼."라고 말하고 막상 자기 말을 듣지 않으면 분노한다. 이런 상황에서 최고의 대응책은 공감을 표현하지만 다른 사람의 분노에 개입하지 않는 것이다. 상대의 분노는 상대의 분노일 뿐이다. 당신이 분노할 필요는 없다. 그러면 상대의 분노도 더 빠르게 사그라진다.

✔ 덜 극적인 방식으로 대화한다. 상대의 감정을 확인한 다음 상대가 스스로 해결할 기회를 준다. 다음 사례를 참고하자.

> 부모 : 오늘 학교는 어땠니?
>
> 자녀 : 나 좀 내버려두세요. 맙소사, 맨날 현관문을 열자마자 오늘은 어땠는지 물어보지 마세요!
>
> 부모 : 좀 화난 것처럼 들리는데(확인하기).
>
> 자녀 : 맞아요. 하지만 더 이상 이야기하고 싶지 않아요.
>
> 부모 : 알겠어. 하지만 네가 이야기하고 싶을 때 엄마랑 아빠는 항상 네 곁에 있어. 그리고 우리도 혼자서 해결하고 싶을 때가 있단다.
>
> 자녀(더 큰 목소리로) : 전 엄마나 아빠가 아니에요! 게다가 이해도 못하실 거예요. 절대 못해요.
>
> 부모(차분한 목소리로) : 당연히 너는 내가 아니지(확인하기). 그렇다고 말하려는 게 아니었어. 너도 너의 분노를 다루는 너만의 방식이 있지. 엄마랑 아빠는 그저 이해하고 싶었을 뿐이야.
>
> 자녀 : 망할 젠 때문이에요. 저보다 자기가 훨씬 우월하다고 생각해요. 죽여버리고 싶어요. 그 애는 저를 너무 화나게 만들어요.
>
> 부모 : 젠 때문에 화가 났구나(확인하기). 이번에는 뭐라고 했니?

이제 부모와 자녀는 분노 어린 대화가 아니라 분노에 대한 대화를 나누고 있다.

위에서 아래로 관리하라

부모든 자녀든 가족 구성원은 서로를 보고 배운다. 만일 부모가 분노에 차서 고래고래 고함을 지르면서 욕하고 서로를 때린다면, 이 모습을 보고 자란 자녀는 분노를 적절하게 다루는 법을 배우지 못할 것이다. 반대로 매번 자녀가 원하는 대로 일이 돌아가지 않을 때 부모가 적절히 제어하지 않고 자녀가 화내면서 성질을 부리도록 내버려두면, 자녀는 성질부리는 일이 효과적이라고 인식할 것이다. 그다지 훌륭한 전략이 아니다.

부모는 가정환경의 분위기를 조성하는 역할을 수행해야 하며, 분노가 반드시 정중하고 건설적인 방식으로 표현되도록 만들 책임이 있다(자녀에게 자기 방을 치우도록 책임지울 수는 있지만, 가정에서 일어나는 분노를 책임지울 수는 없다).

가정환경은 배움이 일어나는 실험실이다. 인생과 생존에 대한 모든 중요한 교훈을 습득하는 교실이다. 그 가운데 최고의 교훈은 가족 구성원 간 갈등을 극복하고 그로부터 의미를 찾는 법에 대한 배움이다. 갈등은 모든 가정에 존재한다.

간단히 말해서 흥미나 성격, 기질, 가치, 욕구, 선호, 불안의 원인은 가족 구성원마다 다르다. 그럭저럭 조화를 이루며 살고 싶다면 이러한 차이를 놓고 협의해야 한다. 건강한 가정과 그렇지 않은 가정의 주된 차이는 애초에 갈등이 존재하는지 여부가 아니라 바로 갈등을 어떻게 해결하느냐에 달려 있다.

당신이 부모라면 건강한 가족을 위해 어떤 분위기를 조성하겠는가? 다음은 가족 간 갈등에서 야기된 분노를 관리할 수 있는 몇 가지 팁이다.

✔ **갈등과 분노를 수용한다.** 가족 구성원 간 갈등을 근본적으로 반대하거나 외면해서는 안 된다. 구성원들의 관심을 문제로부터 흐트러트리는 일도 바람직하지 않다.

✔ **분노에 대하여 편안하게 대화한다.** 분노를 금기시하지 않는다. 분노를 금기시하면 마치 '거실의 코끼리'처럼 누구나 그 존재를 알고 있으면서도 아무도 드러내놓고 이야기하지 못하는 주제가 된다.

✔ **분노와 갈등의 정도를 구분한다.** 단순히 짜증나는 것과 '완전 열받는 것' 그리고 격노하는 것이 어떻게 다른지 구성원들이 구별하도록 도울 필요가 있다. 짜증이나 화는 괜찮지만 격노는 괜찮지 않다.

✔ **침착함을 잃지 않는다.** 부모로서 당신이 냉정을 잃으면 아이들 또한 침착할 수 없다. 설사 침착함을 유지하기 위한 능력이 다소 부족하다고 느낄지라도 당신은 성인이기에 아이들이 침착하도록 만드는 것보다는 스스로 냉정을 유지하는 편이 더 쉽다.

✔ **분노와 갈등은 새로운 배움의 기회라고 생각한다.** 한 걸음 물러나서 서로를 바라보고 상대방에 대해 새로운 점을 발견한다. 그러면(진정한 자아를 공유함으로써) 굉장한 친밀감을 형성할 수 있다

✔ **처벌하지 않는다. 대신 문제를 해결한다.** 서로 왜 화났냐며 소란을 피우는 대신 서로에게 두 가지 간단한 질문을 물어본다.

- 무엇 때문에 화가 났는가?
- 어떻게 하고 싶은가?

첫 번째 질문을 던지면 문제를 정의할 수 있다. 두 번째 질문은 해결책을 정의하도록 도와준다. 만일 상대가 문제가 무엇인지는 알지만 해결책이 없다면 찾도록 도와준다. 어떤 식으로든 증오와 복수심에 불타서 분노를 분출하지 않을 수 있는 방식을 찾는다.

✔ **상호 이득이 되는 해결책을 추구한다.** 지고 싶어 하는 사람은 아무도 없다. 게다가 이미 분노를 터트리고 있는 경우 지게 되면 화만 증폭될 뿐이다! 가족 간 분노를 해결하는 요령이란 결국 타협안에 대해 구성원 모두가 저마

다 얼마간의 긍정적인 측면이 있다고 느끼도록 만드는 데 있다. 비공격적 접근은 서로 경쟁적이거나("내가 이겼어. 넌 졌어!") 대립적이지 않으며 어느 한 명이 나머지 사람들을 지배하려고 하지 않을 때 가장 효과적이다.

분노는 해결되어야 한다는 사실을 알려주는 신호다. 이런 신호는 필요하다. 만일 이런 신호가 없거나 충분히 그에 주의를 기울이지 않으면 분노는 더욱 자랄 뿐이다.

시도해보지 않았던 변화를 선택하라 : 가족의 행동 패턴을 변화시키기

알베르트 아인슈타인은 "광기란 똑같은 일을 반복하면서도 과거와 다른 결과를 기대하는 것이다."라는 말로 유명하다. 인간은 습관의 존재이며 가족도 마찬가지다. 시간이 흐르면서 가족은 굉장히 예측 가능한 행동 패턴을 발달시키며, 이런 가족 역학은 그 자체의 생명력이 있다. 가족들은 저마다 의사결정하거나 문제를 해결하는 패턴이 있으며, 삶의 주요한 변화에 반응하는 방식을 규정하는 패턴 그리고 서로에게 정서적으로 반응하는 패턴도 존재한다.

일단 이런 패턴이 구축되면 가족 구성원들은 반사적으로 그리고 무의식적으로 그 패턴에 따라 행동한다. 설사 그 패턴이 효과적이지 않을지라도 마찬가지다. 어제의 행동이 그다지 효율적이지 않았을지라도 오늘도 그대로 행동한다. 사실 필자들은 가족들이 느끼는 분노의 적어도 부분적인 이유는 그러한 행동 패턴이 효과적이지 않다는 사실을 인지하기 때문이라고 생각한다.

그렇다면 어째서 행동 패턴을 바꿀 수 있는 다른 대안을 선택하지 않을까? 다음 사례를 살펴보자.

젠트리씨 가족이 장기 자동차 여행을 떠났을 때 예측 가능하게 불가피한 것들이 몇 가지 있었다. 딸이 좋아하는 라디오 채널을 틀면 아들이 화를 낼 것이었다. 그렇다고 아들이 좋아하는 음악을 틀면 딸이 화를 낼 터였다. 그다음에는 아들과 딸이 옥신각신하며 계속 다투는 모습을 보고 아버지가 화를 낼 게 분명했다.

부모가 무엇을 해도 아이들 싸움에는 차도가 없는 듯했다. 답답한 상태였다. 그러던 어느 날 버지니아 주와 플로리다 주 사이 어딘가에서 아버지에게 훌륭한 아이디어가 떠올랐다. 아버지는 이제까지 한 번도 해보지 않았던 시도를 해보자고 제안했다. 목적지에 도달할 때까지 가족 네 명이서 차례대로 돌아가면서 각자가 원하는 음악을 30분 동안 틀자는 제안이었다. 어떤 일이 벌어졌을까? 아무도 반대하지 않았다. 그 순간 이후로는 라디오를 둘러싼 적대적 싸움이 사라졌다. 모두가 승자였다. 사소한 일처럼 들리지만 이 제안이 자동차 안의 정서적 분위기에 거대한 변화를 만들어냈다.

당신의 가족에게 분노가 가장 일어나기 쉬운 상황을 목록으로 만들어보자. 각 상황에서 가족 구성원들이 저마다 어떻게 반응할지 생각해본다. 이제 당신의 반응을 바꾸기 위해서 어떤 행동을 할 수 있을지 떠올려본다. 다음에 똑같은 상황이 벌어지면 이제까지 시도해보지 않았던 변화를 솔선해서 선택해본다. 창의적으로 도전하기를 두려워하지 말자.

예측하기 어려운 시도를 하여 가족을 놀래주자. 그러고 나서 가족들이 어떻게 반응하는지 살펴본다. 때로는 판에 박힌 일상을 한 사람만 바꾸어도 나머지 사람들이 알아서 그러한 변화에 맞추기도 한다. 당신이 조화로운 가족을 만들기 위해 실험을 수행하는 과학자라고 상상해보자. 한 가지 시도가 효과적이지 않으면 또 다른 시도를 하면 된다. 마침내 원하는 결과를 얻을 때까지 계속해서 실험하자.

시도해보지 않았던 변화에 도전하는 일은 단지 부모만을 위한 일이 아니다. 아이들, 특히 십 대들은 가족이라는 역학을 이미 깨닫고 있다. 무엇이 자신들을 화나게 하는지 알고 있다. 그렇다면 주도적으로 색다른 시도를 해보고 무슨 일이 벌어질지 지켜보면 어떨까?

양육 스타일을 살펴보라

사람들은 저마다 옷을 입거나 집을 꾸미거나 서명하는 고유의 스타일이 있다. 자녀를 키울 때도 마찬가지다. 아이들을 어떻게 기르느냐는 단지 가정 내 갈등의 강도에만 영향을 미치지 않는다. 양육 스타일은 자녀의 정서나 학교 성적뿐만 아니라 어떤 친구들과 어울리는지, 흡연을 시작하는지, 위험한 성적 행동에 관여하는지 등 광범위한 측면에 영향을 끼친다.

양육 스타일에는 네 가지 종류가 있다. 이 가운데 자신이 어디에 속하는지 살펴보자 (단지 한 가지 스타일만 있지 않고 여러 스타일이 조합될 수도 있다는 점을 염두에 두자).

✔ **권위적 스타일** : 권위적 부모는 자녀의 삶에 깊이 개입하며 자녀의 행동을 상당 부분 통제하기를 주저하지 않는다. 아이들이 무엇을 누구와 하는지 다 알고 있다. 아이들의 삶에 실제적인 존재감을 굳건히 행사하며, 아이들과 일체감이나 유대를 쌓을 수 있는 활동을 함께 한다.

무엇보다 자녀에게 **자율성**(autonomy : 자기를 스스로 통제하는 능력과 자유)을 강조한다. 아이들이 자라면 자유에는 책임이 따른다는 메시지를 분명하게 가르친다. 아이들이 말을 듣도록 만들기 위해서 거의 혹은 결코 위협이나 말다툼, 최후통첩 등의 처벌을 사용하지 않는다. 대신 아이들이 말을 듣지 않을 경우 일어날 수 있는 결과를 일깨워준다.

이런 부모 아래에서 자란 아이들은 어떻게 행동할까? 협력적이고 긍정적이며 학교에서도 잘 적응하고 좋은 친구들을 사귄다. 또한 자존감이 높고 자기를 적절히 통제할 줄 알며 어려운 상황에서도 끈기를 보인다. 그리고 과도한 분노를 경험하거나 표현하지 않을 것이다.

✔ **허용적 스타일** : 허용적 부모 또한 자녀를 사랑한다는 사실에는 의문의 여지가 없다. 자녀의 가장 친한 친구가 되기를 바란다는 사실에도 의심의 여지가 없다. 그러기 위해서 허용적 부모는 자녀에게 거의 아무런 행동도 요구하지 않으며, 자녀의 사회적 · 정서적 행동에 거의 제한을 두지 않고 본질적으로 자녀 스스로 자라도록 내버려둔다. 자유를 허락하고 자녀가 성공해낼 수 없는 영역에서도 자율적으로 행동하도록 한다. 십 대인 자녀에게도 통금 시간을 정해두지 않는다. 집에 올 때가 되면 알아서 오리라고 생각하기 때문이다.

허용적 스타일이 좋게 들리기는 하지만, 그러한 부모 아래에서 자란 아이들은 충동적이고 신경질적일 뿐 아니라 반항적이고 반사회적인 모습을 보이며 자기를 거의 통제하지 못한다. 부모와 자녀의 관계는 적대적이면서도 의존적인 경향이 있다. 굉장히 부모에게 의존하다가도 어느 순간에는 다루기가 굉장히 어렵다. 허용적인 부모를 둔 아이들은 종종 분노하고 격분하는 모습을 보인다.

✔ **독재적 스타일** : 독재적인 부모는 스스로도 분노가 많은 경향이 있다. 또한 자녀에게 요구 사항이 많다. 아이들이 부모의 기대를 만족시키지 못하면 소리를 지르고 비난하며 처벌한다. 자녀와 대화를 나눌 때에도 부모의 생각이나 욕구가 자녀의 생각이나 욕구와 상호작용하는 일이 없다. 이런 부모의 기본 원칙은 "내 방식을 따르든지 아니면 나가!"이다. 좋은 청자는 분명히 아니다. 자녀가 독립성이나 자율성을 표현하는 것도 허락하지 않는다.

독재적 부모 아래에서 자란 아이들은 두려움 속에서 살며, 부정적 감정을 억압하거나 반대로 격렬하게 표출하는 경향이 있다. 부모가 깨닫든 아니든 아이들은 부모가 차갑고 가혹하며 자신들을 받아들이지 않는다고 생각한다. 부모처럼 아이들도 종종 원하는 것을 얻기 위해 힘이나 공격성에 의존한다. 특히 남자 아이들은 학교에서든 친구들과 있을 때든 집 밖에서 높은 수준의 분노를 보인다.

✔ **비관여적 스타일** : 비관여적인 부모는 이름만 부모다. 비관여적 부모에게 아이들이 지금 어디서 무엇을 하고 있냐고 물으면 즉각 "모르겠는데요."라는 대답이 돌아온다.

이 대답은 진실을 함축하고 있다. 이런 부모는 아이들을 수용하지 않는 편이며, 아이들의 삶에 무슨 일이 일어나는지 알지 못하고, 낮이든 밤이든 아이들이 필요할 때 그 자리에 있어주지 않으며, 아이들의 삶에 관여하지 않는다. 어떤 행동을 하든 아이들은 부모가 아닌 다른 사람과 함께 하고 있다. 비관여적 스타일의 부모 아래에서 자란 아이들은 다른 어른이든 친구든 사람을 극도로 멀리하는 경향이 있다. 다른 사람과 거리를 두기 위해 종종 분노를 사용한다. 정서적으로 불안정하며 격분하기 쉽다. 사회적 기술이나 문제 해결 기술도 굉장히 제한적인 경우가 많다. 요컨대 부모의 사랑 없이 스스로 자란 아이들은 제대로 자라지 못한다.

가정에서 부모의 분노든 자녀의 분노든 최소화하려고 할 때 사용할 만한 최고의 양육 스타일은 권위적인 스타일이다.

로스와 재니스 부부의 예를 들어보자. 두 사람에게는 십 대인 자녀가 둘 있다. 이들은 자녀에게 학업과 운동, 합창단, 음악 밴드, 교회 활동 등 온갖 종류의 활동에 도전하도록 장려한다. 그리고 매 순간에 부모는 아이들을 지지해주기 위해 함께 한다. 매일 저녁 식사를 할 때면 대화 주제는 세계적 이슈부터 "요즘에는 누구랑 같이 어울리니?" 와 같은 질문을 모두 포괄한다.

로스와 재니스는 아이들이 어떤 감정을 느끼고 어떤 문제를 경험하는지 자유롭게 털어놓기를 권한다. 심지어 아이들이 다니는 고등학교에서 최근 자살한 학생에 대한 이야기처럼 대화하기 어려운 주제에 대해서도 마찬가지다. 로스와 재니스는 이따금씩 아이들과 다투지만 항상 아이들을 존중하며, 마찬가지로 아이들도 부모를 존중한다. 가족에 대한 의사결정은 비록 로스와 재니스에게 최종 결정 권한이 있더라도 가급적이면 가족 구성원 전체가 관여한다.

아이들은 당연하게도 가정환경을 좋아하고 그 속에서 편안함을 느낀다. 항상 친구들을 집에 데려와서 가족과 함께 하는 활동에 참여시킨다. 그렇다고 로스와 재니스가 아이들에게 화낼 때가 전혀 없을까? 절대 아니다. 아이들이 부모에게 회내는 일은? 당연히 있다. 하지만 이런 순간은 드물며 분노는 절대로 혼란이나 모욕, 폭력으로 번지지 않는다.

조쉬는 로스와 재니스의 아들과 잘 어울리는 친구다. 조쉬는 부모와 매우 다른 관계를 가지고 있다. 조쉬의 부모는 항상 아들에게 가혹했고, 학교에서 우수한 성적을 기대했으며, 조쉬가 어떤 친구와 어울려야 하는지를 두고 끊임없이 조쉬와 싸운다. 또한 부모가 하고 싶은 활동에 조쉬가 참여하도록 강요하고, 조쉬가 행동할 수 있는 여지를 최대한 제한한다(다시 말해 조쉬의 부모는 독재적이다).

결과적으로 조쉬는 정서적으로 갈등한다. 부모를 사랑하지만 동시에 싫어한다. 그렇기 때문에 조쉬는 가급적 집에서 멀리 떨어져 시간을 보내며, 자신의 불합리한 부모에 대해 들어줄 사람이 나타나기만 하면 끊임없이 불평을 늘어놓는다. 조쉬는 똑똑한 아이지만 학교 성적은 나쁘다. 부모에게 복수하기 위해서다. 담배를 피우고 술을 마시며 자동차 사고도 여러 번 냈다. 조쉬와 부모는 끝이 보이지 않는 분노의 악순환에 빠졌다.

지배적 스타일이 최악의 양육 스타일일까? 어떤 측면에서는 그렇지만 다른 두 양육 스타일(허용적, 비관여적)도 만만치 않다.

세상이 완벽했다면 모든 부모는 앞서 설명한 권위적 양육 스타일을 보였을 것이다. 하지만 심지어 권위적인 부모조차도 때로는 기분 나쁜 순간이 있고 이따금씩 성질을 낸다. 대다수 부모는 자신이 선호하는 양육 스타일이 있지만 때때로 다른 스타일을 보이기도 한다.

당신의 지배적인 양육 스타일이 허용적(permissive) 스타일일 경우 아이들이 원하는 것이라면 거의 무엇이든 다 줄 가능성이 크다. 그렇게 하는 일이 현명하지 않을 수 있다는 생각이 들더라도 그렇게 한다. 안타깝지만 끊임없이 아이들을 위해 희생하는 과정에서 당신 스스로 화를 내거나 아이들을 원망하기 쉽다. 그럴 때면 최소한 그 순간에는 분노에 차서 적대적이고 독재적인 스타일을 보일 확률이 매우 높다.

양육은 정적인 과정이 아니다. 양육 초기에는 당연하지만 아이들을 안전하게 하기 위해서 직접적으로 통제할 필요가 있다. 그렇기에 우리는 두 살배기 아기를 앉혀 놓고 횡단보도를 건널 때 양 옆을 보아야 한다며 혼내지 않는다. 아이들이 성질을 부리기 시작하면 아이들을 잡고서 굉장히 단호하게 "안 돼!"라고 말해야 하는 순간도 있다. 나중에 아이들이 자라서 스스로를 조금 더 돌볼 수 있게 되면 부모도 조금 더 느슨하게 통제할 필요가 있다. 아이들이 생각하고 느끼고 행동하는 방식을 조금 더 간접적으로 통제해야 한다. 예를 들어 십 대인 자녀가 있다면 통금 시간이나 섹스, 마약, 술, 담배, 옳고 그름의 차이 등을 두고 함께 대화를 나누어야 한다. 부모는 자녀에게 세상에서 일어나는 일들과 그 속에서 자신이 하고 싶은 일에 대해 자녀가 스스로 견해를 형성하도록 장려해야 한다. 그렇다고 해서 반드시 자녀의 생각에 동의할 필요도 없으며, 자신의 가치에 위배되는 행동을 허용할 필요도 없다.

자녀가 중요한 의사결정을 스스로 내리도록 점진적으로 허락하자. 그러지 않으면 자녀는 성인이 되어서 우유부단해지거나 그릇된 결정을 하며 살아간다. 독재적인 부모 아래에서 자란 똑똑한 아이들이 집을 떠나 대학에 들어가면서 이런 일이 벌어지기도 한다. 가령 아이들은 그전까지는 허용되지 않았던, 심지어는 말하는 것조차도 허락되지 않았던 온갖 행동을 마음껏 하면서 대학 초년기를 보낸다. 그리고 이러한 행동은 때로는 끔찍한 결과로 이어진다.

당연하지만 아이들이 성인이 되면 더욱 허용적인 부모가 되는 편이 좋다. 서른세 살 먹은 아들을 쫓아다니면서 인생을 이러저러하게 살라고 말해서 무슨 소용이 있겠는가? 상담자로서 혹은 자문가로서 성인이 된 자녀의 삶에 계속 관심을 가지면서 성공적인 삶을 누리기 위한 자녀의 노력을 지지해주어야 한다. 더 이상 뭐라고 지시하는 일은 소용없으니 잊어버려라!

가장 현명한 부모는 자녀의 나이와 성숙도에 따라 양육 방식을 언제 어떻게 조정해야 할지 아는 부모다.

가족 모임을 주관해서 다양한 양육 스타일을 함께 검토해본다. 각 구성원에게 부모와 가장 가깝다고 생각되는 스타일을 찾아보도록 한다. 의견이 일치되는가 아니면 저마다 다른가? 한 명씩 돌아가면서 왜 그런 스타일이 가깝다고 생각했는지 예를 들어 설명해보도록 한다. 모두 발언을 마칠 때까지 기다린 다음 다함께 논의를 시작한다. 방어적인 태도를 보이지 않도록 조심한다. 그러면 이 활동의 의미가 퇴색된다. 논의 결과를 보면 깜짝 놀랄 것이다.

아이들과 대화하라

종종 아이들과 부모가 각자의 휴대폰에서 시선을 떼지 못하거나 심지어 어린 아기조차도 부모가 장을 볼 때 전자기기를 달라고 소리 지르는 모습을 본다. 며칠 전에 필자들은 기념할 일이 생겨서 굉장히 근사한 레스토랑에 갔다. 그런데 지팡이를 곁에 둔 어느 노부부가 테이블에 몸을 기대고 앉아 있는 모습에서 눈을 뗄 수 없었다. 두 사람 모두 식사하는 내내 휴대폰을 손에서 놓지 않았기 때문이다. 둘 사이에는 한마디 말도 오가지 않았다. 어쩌면 서로 메시지를 주고받고 있었을지도 모르겠다. 부디 그랬기를 바란다.

젊은 세대에 대해 불평하는 고지식한 늙은이처럼 보이고 싶지는 않지만, 심리학자로서 필자들은 이 모든 전자기기가 사람들 사이의 관계에 어떤 영향을 미칠지 우려된다. 특히 부모와 자녀 간 관계에서 그렇다.

그래서 지금부터 이어질 내용은 다소 빤하지만 극도로 중요한 문장 하나로 시작하려고 한다. 제발 아이들과 대화를 나누라. 아이들에게 대화의 기술을 알려주자. 아이들이 학교든 친구든 옷이든 교사든 어떤 문제든 자신이 이야기하고 싶은 주제에 대해 수다 떠는 모습을 지켜보면서 경청하자. 자동차 안에서는 전자기기 전원을 *끄자*. 가족 간 대화를 나누기에 훌륭한 시간이다. 잠들기 전에 몇 분씩 대화를 나누자. 전자기기 없이 식사를 하자. 산책하면서 이야기를 나누자. 질문하되 강요하지 말자. 침묵의 여지를 남겨두고 관심을 기울이자.

아이들의 일상에 대해 이야기를 나누지 않으면 아이들과의 거리는 점점 멀어진다. 그리고 그 거리감은 더 까다로운 주제에 대해 이야기를 나누지 못하도록 가로막는다. 그리고 이런 어려운 주제를 회피하면 원망과 분노, 적대성이 자라난다.

일관성을 확립하라

아이들은 무슨 일이 벌어지고 있고 무엇을 기대해야 하며 이 상황에 어떤 규칙이 있는지 알면 더 잘 적응한다. 사실 생각해보면 아이들은 매일매일 많은 변화에 적응해야 한다.

- ✔ 가정 : 어른들마다 다른 규칙이 있을 수 있다. 어떤 아이들은 실제로 하나 이상의 가정에 속해 있을 수 있으며, 그 가정마다 기대 수준이 다를 수 있다.
- ✔ 학교 : 교사의 지침은 가정에서 부모가 기대하는 바와 다를 수 있다. 그리고 하루에 여러 명의 교사를 상대해야 하는 경우에는 각 수업마다도 지침이 다르다.
- ✔ 방과 후 활동 : 운동할 때는 운동 코치와 친구들을, 집에서는 보모를, 동아리에서는 또 다른 사람들을 만나야 한다. 각 활동마다 규칙도 다 다르다.
- ✔ 종교 활동 : 교회나 절, 모스크에 다니는 아이들은 평소와 다른 지침을 따라야 한다.
- ✔ 친척 집 : 이모와 삼촌, 할아버지, 할머니는 저마다 다른 가치관과 방침을 가지고 있다.

그러므로 대다수 상황에 일관되게 적용할 수 있는 보편적 규칙 몇 가지를 부모가 합의하면 도움이 된다. 이런 규칙은 다소 일반적이고 광범위하게 적용될 수 있다. 예를 들면 다음과 같다.

✔ 다른 사람들을 정중히 대하기
✔ 다른 사람에게 예의 바르고 친절하게 대하기
✔ 안전하게 행동하기
✔ 자기 자신과 소유물을 소중히 대하기
✔ 책임감 있게 행동하기(학업, 집안일 등)

이 정도면 충분하다. 정중히 대하기에는 식사할 때 방귀를 뀌지 않는다든가 말대답하지 않는다든가 부모나 교사가 부탁한 일을 수행하는 것이 포함될 수 있다. 예의 바르게 행동하기에는 친구를 때리지 않기가, 친절하게 행동하기에는 여동생을 놀리지 않기가 포함된다.

안전하게 행동하기는 안전벨트를 매고 자전거 탈 때에는 헬멧을 쓰며 허락 없이 집을 나가지 않는 행동을 포함한다. 자기 자신과 소유물을 소중히 대하기는 아이들에게 장난감을 정리하거나 청소를 하거나 이를 닦거나 머리를 빗거나 목욕을 하도록 부탁할 때 적용되는 규칙이다. 책임감 있게 행동하기는 학업에 신경 쓰고 숙제를 하거나 집안일을 돕거나 맡은 일을 완수하거나 신중하게 판단하거나 믿음직스럽게 행동하는 것을 포함한다.

어린 시절은 학습의 계절이다. 아이들은 실수하게 마련이다. 또한 아이들은 부모나 양육자의 말이 진심인지 확인하기 위해 일부러 규칙을 어기기도 한다. 고의로 규칙을 어기는 행동이든 자기도 모르게 저지른 실수든 모두 아이들에게 배움의 기회가 될 수 있도록 해야 한다.

인생이 항상 일관적이지는 않다(공평하지도 않다). 많은 아이가 여러 종류의 상황에 직면하며 살아간다. 때때로 교사와 운동 코치, 양육자가 저마다 다른 규칙과 기대를 가지고 있을 수 있다. 하지만 삶의 현실적 측면에 적응하는 법을 배워가는 것도 성장의 일부분이다. 아이들은 다양한 종류의 규칙에 적응하는 법을 배워가겠지만, 부모로서 당신은 가능한 한 일관된 모습을 보여주어야 한다.

침착성을 유지하라

모든 분노 조절 프로그램에는 목소리를 낮추어서 천천히 말하는 법을 배우는 과정이 포함되어 있다. 가정에서의 분노 조절을 상담할 때 필자들은 정서적 중립성(emotional neutrality)을 강조한다. 정서적 중립성이란 침착성을 유지한다는 뜻이다. 아이들을 지도할 때에는 차분하고 침착하게 말해야 한다. 다음은 그러기 위한 몇 가지 팁이다.

✔ 말하기 전에 아이들이 주의를 집중하는지 확인한다. 아이의 관심이 다른 대상에 쏠려 있다면 주의를 돌려 당신을 똑바로 바라보게 한 다음 바람직한 행동을 짧고 간결하게 요구한다.
✔ 아이들이 이해하는지 확인한다. 당신이 한 말을 따라서 반복하도록 한다.
✔ 바람직한 행동을 완수하기 위한 시간 제한을 설정한다. 지금 당장 또는 5분 안에 또는 오늘 중으로 등 적절한 시간을 부여한다.
✔ 들어주어서 고맙다고 말한 뒤 행동을 완수하면 긍정적인 피드백을 준다.

아이들은 주변 사람을 보고 배운다. 만일 아이들에게 분노 문제가 있기를 바란다면 아이들에게 당신이 얼마만큼 분노를 터트릴 수 있는 사람인지 보여주면 된다. 반면 아이들이 스스로를 조절할 수 있기를 바란다면 몸소 자기 조절의 모범이 되어야 한다.

한계를 설정하라

아이들이 규칙을 따르고 부모와 교사 말을 듣는, 마치 예의 바른 작은 어른처럼 행동한다면 참 좋겠지만 현실은 그렇지 않다. 아이를 기르는 데 있어 작은 즐거움은 아이가 성장하면서 변화하는 과정을 지켜보는 일이다. 아이들은 모든 규칙을 숙지한 채로 태어나지 않는다.

아이들에게 한계를 설정해주는 일은 양육할 때 필수적인 부분이다. 많은 사람이 굉장히 어려워하는 한 가지가 바로 명료하게 선 긋기다. 다음 사례를 살펴보자.

다섯 살 난 대니얼은 누나가 수영을 연습하는 모습을 지켜본다. 엄마인 마리아가 대니얼에게 장난감을 가져다주어도 대니얼은 금세 지겨워져서 짜증을 낸다. 이제 대니얼은 다른 가족들이 함께 수영 연습을 구경하기 위해 앉아 있는 관중석으로 인형을 마구 던진다.

대니얼이 장난감으로 관중석에 있는 사람들을 거의 칠 뻔하자 몇몇 사람이 마리아를 쳐다본다. "대니얼, 사람들한테 장난감 던지지 마. 아니면 엄마가 가져갈 거야."

대니얼은 장난감을 가지고 엄마에게서 멀리 떨어진다. 마리아는 다시 휴대폰을 만지작거린다. 30초 뒤에 대니얼은 다시 장난감을 계단 아래로 던지기 시작한다. 누군가가 "얘, 그만해!" 라고 말하는 소리를 듣자 마리아는 대니얼을 바라본다.

"대니얼! 엄마 진심이야. 당장 이리 와서 엄마 옆에서 가지고 놀지 않으면 장난감 뺏을 거야."

이 이야기를 더 이어나갈 수도 있겠지만 이제 마리아가 무슨 행동을 할지는 충분히 유추할 수 있다. 대니얼에게 기회를 주고 또 주기를 반복할 것이다. 그러고 나서는 결국 분노가 폭발할 것이고, 대니얼은 토라지거나 울음을 터트리고 말 것이다. 이 상황에서 마리아가 대니얼에게 준 교훈은 무엇일까? 적어도 두세 번은 엄마 말을 안 듣고 못된 짓을 해도 돼다는 것이다. 배워서 좋을 일 없는 교훈이다.

아주 어린 아이에게는 한 번의 기회나 경고를 해도 좋다. 그렇게 해서 아이는 무엇을 지켜야 하는지 배운다. 하지만 일단 규칙을 알고 있는 아이에게는 더 이상 기회를 주면 안 된다. 계속 기회를 주는 행동은 "내가 정말, 정말 화가 나기 전까지는 잘못해도 좋아." 라는 메시지를 주는 행동이기 때문이다.

거짓된 위로를 삼가라

많은 사람들은(아이들도 마찬가지다) 삶이 불공평해보일 때 화를 낸다. 만일 당신도 삶이 공평하다고 믿는 사람이라면 종종 좌절하거나 짜증날 가능성이 많다. 인생은 실제로 불공평하기 때문이다.

아이들이 삶이 불공평하다고 불평할 때에는 모든 일이 잘될 것이고 결국 정의가 승리하리라고 위로하고 싶은 유혹이 든다. 그런 경우도 많기도 하다. 하지만 아이들에게 나쁜 일이란 결코 일어나지 않으며 일어나서도 안 된다고 생각하도록 만드는 행동은 아이들에게 분노를 길러주는 일이나 마찬가지다. 아이들도 현실에 직면할 필요가 있다.

떼쓰는 아이 다루는 법

거의 모든 아이가 이런저런 상황에서 떼를 쓴다. 그런데 흥미로운 사실은 자신을 지켜보는 사람이 없으면 거의 떼를 쓰지 않는다는 사실이다! 왜냐하면 떼를 쓰는 행동에는 자기가 원하는 대로 하고 싶다는 목적이 있기 때문이다. 아이가 성질부리는 것을 다 받아주는 부모는 "원하는 것이 생기면 떼를 써서 부모 기분을 끔찍하게 만들어. 그러면 네가 바라는 대로 해줄게."라는 메시지를 던지는 것과 다를 바 없다.

당연하지만 떼쓰는 행동을 다 받아주는 일은 절대 좋은 생각이 아니다. 대신 침착한 모습으로(다시 말해 정서적 중립성을 지키면서) 아이를 들어 다른 장소로 옮긴다. 만일 상점이나 레스토랑에 있다면 불편하더라도 아이를 밖으로 데리고 나갈 준비가 되어 있어야 한다.

아이가 어릴 때 부모가 일관된(consistent) 행동을 취하지 않으면 아이에게 지독한 습관을 들일 수 있다. 하지만 더 나이가 많은 아이들에게도 이 전략은 효과적이다. 다만 인내심과 시간이 더 필요할 뿐이다.

하나라는 강력한 힘 발견하기

로버트 마우어 박사는 『오늘의 한걸음이 1년 후 나를 바꾼다(One Small Step Can Change Your Life)』라는 책에서 간결하지만 심오한 메시지를 전달한다. 삶에서 중요한 변화를 만들고자 한다면 작은 걸음부터 시작해야 한다는 메시지다. 분노로부터 자유로운 가정환경을 만들기 위해 오늘부터 한 가지 행동, 단 한 가지 행동만을 실천하자. 가족 일체감과 조화를 일구는 데 조금이라도 도움이 될 가능성이 있다면 어떤 행동이든 좋다. 약간의 변화가 생길 때까지 그 행동을 꾸준히 실천한다. 지금부터는 어떻게 하면 그러한 변화를 시도할 수 있는지 살펴보자.

하루 한 끼

심리학 연구에서는 하루 한 끼를 함께 식사하는 가족이 그러지 않는 가족보다 더 사이가 좋다는 사실이 반복적으로 확인되고 있다. 물론 오늘날처럼 바삐 돌아가는 사회에서 모든 구성원을 하나의 목표 아래 한 시점에 한 자리로 모으기란 벅찬 일이다. 하지만 가족 간 식사야말로 가족 일체감과 유대의 핵심이라는 사실은 변함이 없다.

식사를 함께 한다는 말은 단순히 음식을 함께 먹는다는 의미보다는 가족이라는 공동체 의식을 강화한다는 의미에 가깝다. 식사는 다음과 같은 활동을 함께 할 기회다.

- ✔ 생물학적 뿌리 찾기
- ✔ 긍정적 순간 공유하기
- ✔ 생각과 감정 표현하기
- ✔ 가정 내 규칙을 변화시킬지 논의하기
- ✔ 구성원이 거둔 성취를 칭찬하기
- ✔ 앞으로의 계획 세우기
- ✔ 영적인 시간 갖기
- ✔ 현재의 사회적 이슈에 대해 의견 나누기
- ✔ 가족의 역사에 대해 살펴보기
- ✔ 다른 사람의 관점에서 생각하는 연습하기

이처럼 상호작용하면서 가족만이 참여할 수 있는 친밀한 시간을 매일 보낸다면, 어느 구성원도 가족에게서 멀어져 고립됨으로써 완전히 낯선 사이가 되는 일이 없을 것이다. 또한 매일 함께 식사하면서 서로를 잘 아는 상황에서는 독기 어린 분노가 발생할 가능성도 낮다.

일주일에 한 번

일주일에 한 번 저녁 시간을 가족과 함께 보내보도록 노력한다. 하루에 한 끼 식사할 때 이룰 수 있는 성과를 여기서도 동일하게 얻을 수 있다. 다만 조금 더 심층적일 뿐이다. 이 시간을 활용해서 구성원 간 긴장을 해소할 수도 있고, 그저 함께 있기를 즐길 수도 있다. 다음 사례를 살펴보자.

루디는 가정 폭력과 관련된 분노 조절 문제로 치료받고 있는 중년 남성이다. 그는 최근 일주일에 한 번 가족 모임을 열어서 자신의 분노 문제를 공유하고, 자신의 분노가 다른 구성원에게 미치는 영향에 대해 귀담아 듣기 시작했다. 그에게는 이런 모임이 쉽지 않다. 수년 동안 루디는 스스로 분노 문제가 있다는 사실을 부정해왔기 때문이다. 가족 모임이 쉽지 않은 또 다른 이유는 루디의 분노가 아내와 아이들에게 정서적으로 너무 큰 상처를 주었기 때문이다.

첫 번째 가족 모임에서 루디는 자신에게 분노 조절 문제가 있으며 그에 관해 치료를 받으면서 어떤 깨달음을 얻고 있는지 모두에게 공유했다. 그러자 십 대인 아들은 평생 아버지가 얼마나 두려웠는지 설명하면서 그로 말미암아 오직 어머니에게만 애착을 느낄 수밖에 없었다고 고백했다. 또한 아버지가 가까이 있을 때면 남매가 모두 끊임없이 아버지를 경계하게 되며, 아버지가 집에 돌아올 때가 되면 얼마나 긴장되고 무서운지 이야기했다. 마지막으로 루디의 아내는 루디가 분노로 폭발할까 봐 중요하고 개인적인 사안을 결혼 생활 내내 모두 숨겨왔다고 이야기했다.

두 시간에 걸쳐 이어진 격렬한 이야기 끝에 루디는 눈물을 터트리면서 깊은 죄책감을 느꼈다. 좋은 일이다. 분노 때문에 사랑하는 사람들에게 수년 동안 상처 준 행동은 반드시 후회해야 한다. 이 후회는 루디가 분노 조절 프로그램에 끝까지 참여하게 만드는 동기가 되기 때문이다. 분노 조절 문제에 직면하고 가족들이 그 문제에 대해 자유롭게 이야기하도록 만든 행동은 아마도 루디가 가족과 자기 자신에게 준 가장 큰 선물일 것이다.

한 달에 하루

한 달에 하루를 가족끼리 같이 보내는 일은 정서적으로 건강한 가정환경을 조성하는 데 큰 투자라고 보기 어렵다. 한 달에 하루는 고작 1년의 3퍼센트밖에 되지 않는다! 이런 날은 가족끼리 외출해서 흥미를 자극하거나 새로운 경험을 할 수 있는 좋은 기회다. 가령 강으로 래프팅을 하러 가거나 박물관을 방문하거나 등산을 갈 수도 있고, 극장에 가거나 피크닉을 가거나 자전거를 타고 30킬로미터를 달리거나 스포츠 경기를 관람할 수도 있다.

구성원끼리 차례대로 돌아가면서 매달 무슨 활동을 할지 결정하자. 그러면 구성원

[로제타의 교훈]

40여 년 전 스튜어드 울프 박사를 필두로 한 연구진은 펜실베이니아 동부에 있는 작은 이탈리아계 미국인 마을 로제타에서 심장 질환으로 인한 사망률이 유달리 낮다는 사실에 흥미를 느꼈다. 근방의 다른 도시나 미국 전체와 비교했을 때 로제타 사람들은 심장 질환으로 사망할 확률이 절반 이하에 불과했다. 역설적이게도 로제타 사람들의 심장 질환 발병률은 이웃 사회에 비해 크게 다르지 않았다. 그저 그로부터 죽지 않을 뿐이었다. 더 역설적인 사실은 로제타 사람들이 평균적으로 과체중이었으며 담배를 많이 피웠고 콜레스테롤 수치도 높았을 뿐 아니라 정적인 생활을 했다는 점이었다. 모두 치명적인 심장마비를 일으키는 위험 요인으로 익히 알려져 있다. 로제타 사람들의 비밀은 무엇이었을까?

비밀은 로제타라는 마을이 그 자체로 하나의 거대하고 행복한 가족이었다는 점이다. 가족끼리 유대가 끈끈하고 상호 지지했을 뿐더러 종교적 신념이 강했고 노인을 공경했으며 사회적으로 상호의존(건강하고 의미 있는 방식으로 서로에게 의존하는 정도)하는 경향이 강했다. 로제타 사람들은 집단으로서 강력한 정체성과 충성심으로 무장했으며 공통의 가치관을 가지고 서로 친밀한 관계를 맺었다. 울프 박사의 말을 인용하자면 궁극적으로 이러한 유대는 삶과 목적에 있어 '개인의 안전과 영속에 대한 흔들림 없는 믿음'으로 이어졌다.

안타깝게도 울프 박사는 생전에 로제타 마을의 구세계적인 전통과 유대감이 쇠퇴하는 모습까지 지켜보게 되었다. 개인의 성취가 공동 활동을 대체했고, 영적이고 도덕적인 가치보다 물질적 이득이 더 중요해졌으며, 일상생활에서도 예전처럼 상호의존적이지 않았다. 그래서 무슨 일이 벌어졌을까? 로제타 마을이 치명적인 심장마비를 겪을 확률은 즉시 미국 평균 수준을 따라잡기 시작했다. 로제타 마을의 이점이 사라진 것이 확실했다!

로제타의 달라진 '신세계'에서는 굉장히 분노에 찬 사람들이 나타나기 시작했다. 어쩌면 로제타 마을의 비밀은 지역사회의 끈끈한 가족 구조가 아니라 그 모든 결과 모두가 누릴 수 있었던, 분노로부터의 자유였을지도 모른다. 분노는 심장질환의 주요 위험 요인이기 때문에 충분히 그럴 만하다.

당신 가정에서는 구세계적 행동이 얼마나 남아 있는가? 예를 들어 당신의 가족은

✔ 협력적으로 과제를 함께 수행하는가?
✔ 정기적으로 종교 행사에 함께 다니는가?
✔ 물질적 성공보다 가족으로서 일체감을 중시하는가?
✔ 노인을 공경하는가?
✔ 가족 전체의 건강과 행복에 모든 구성원이 필수적인 역할을 한다고 간주하는가?
✔ 건강하지 않은 외부적 영향으로부터 서로를 보호하는가?
✔ 스트레스를 받을 때 서로를 지지하는가?
✔ 가족 간 갈등이 있을 때 서로를 지지하는가?
✔ 분노가 가족 일체감을 방해한다고 생각하는가?
✔ 다른 가족 구성원의 정신적 건강에 서로 책임이 있다고 생각하는가?

매일 식사를 함께 할 때 혹은 매주 하루씩 저녁을 함께 보낼 때 함께 논의할 만한 멋진 질문이라고 생각되지 않는가? 한번 시도해보자.

각자가 흥미를 느끼고 재미있어 하는 활동을 가족 전체가 즐길 기회를 모두가 누리게 된다. 이 시간을 즐기자. 기쁨이야말로 분노와 대립하는 감정이기 때문이다!

1년에 일주일

함께 휴가를 떠나는 가족은 더 끈끈하다. 1년에 불과 일주일을 보내는 것만으로도 가족 간 유대가 단단해지고 관계가 친밀해질 뿐 아니라 생물학적 뿌리와 가까워지고 지난 시간 동안 즐거웠던 기억을 되새기게 된다. 이런 시간은 가족에게 활력을 불어넣는다. 그러면 1년의 나머지 시간 동안 얼마나 바쁘게 사는지 관계없이 자신은 혼자가 아니며 항상 가족이 곁에서 지지해주고 있다는 사실을 깨닫게 된다.

가족끼리 함께 보내는 일주일은 치유를 거듭하는 시간이기도 하다. 긍정적인 감정으로 마음을 채우고 과거의 슬픔을 버리는 시간이다. 또한 이 시간은 과거와 현재, 미래가 하나가 되면서 가족이 우리의 삶에 어떤 선물을 가져왔는지 감사할 기회가 된다.

가족끼리 여행을 떠나는 데는 상당한 비용이 들며 계획하기가 복잡할 수 있다. 모든 가족이 이런 비용을 감당할 수 있지는 않다. 그런 경우에는 짧은 휴가가 더 적절할 수도 있다. 주말여행을 떠나거나 비성수기를 택하는 것도 방법이다. 또한 가족과 함께 하는 시간을 매년 계획한다고 해서 반드시 모든 구성원이 매번 참여해야 하는 것도 아니다. 마지막으로 집에서 휴가를 보내는 '스테이케이션['머물다'는 의미의 스테이(stay)와 '휴가'를 뜻하는 베케이션(vacation)의 합성어-역주]'도 고려해보자. 집에 머물면서 집 근처의 관광지를 찾아다니기도 하며 마음껏 시간을 보내보자.

사랑하는 관계에서 분노 다스리는 법

제14장   미리보기

- 사랑과 분노를 이해한다.
- 친밀한 관계에서 분노를 관리한다.
- 사랑하는 사람의 분노에 대처한다.

파티에 있다고 상상해보자. 어느 두 사람 사이에서 목소리가 점점 더 격해지는 것이 들린다. 정치에 대해 논쟁을 벌이는 듯하다. 어떤 기분이 드는가? 약간 언짢은가? 그런 분위기가 다소 불편한가?

하지만 만일 논쟁을 벌이는 사람 가운데 한 명이 당신의 배우자나 연인이라면 어떠한가? 아마도 당신의 반응은 조금 더 증폭될 것이다. 당황해하거나 심지어 언쟁을 진정시키기 위해 대화에 개입해야겠다고 생각할 수도 있다. 다시 말해 분노와 사랑이 섞이면 분노라는 감정 또는 감정적 괴로움은 한층 심화된다.

이번 장은 친밀한 관계에서 분노를 조절하는 법을 다룬다. 그래서 분노에 찬 커플이 되지 않기 위해서 어떻게 해야 하는지 소개한다. 이를 통해 상호 간 경계를 명확히 설정하는 법을 배우고, 더 건강한 관계로 발전하기 위해 어떻게 생각하고 행동해야 하는지 알게 될 것이다. 또한 이번 장은 사랑하는 사람의 분노에 대처할 때 빠질 수 있는 위험한 덫에 대해서도 다룬다. 마지막으로 분노를 돋우거나 분노의 피해자가 되지 않기 위한 법을 살펴본다.

사랑하지만 분노하는 관계

가정폭력에 대해서 생각하면 가장 먼저 무엇이 떠오르는가? 대개는 분노에 차서 폭력적인 언행을 보이는 두 사람의 이미지가 즉각 떠오를 것이다. 두 사람은 부부가 될 수도 있고 두 남자 혹은 두 여자가 될 수도 있으며 동거인이 될 수도 있다. 가정폭력은 어떤 유형이든 서로 헌신하며 함께 살아가는 동반자적 관계에서 발생한다.

이런 관계에서는 분노를 조절하기가 가장 어렵다. 상대의 곁을 떠날 수 없으며(적어도 쉽게 그러지는 못한다) 사랑하는 사람에게는 그렇지 않은 사람과 다른 잣대를 들이대기 때문이다(다른 사람보다 사랑하는 사람의 행동을 더 잘 참는다).

예를 들어 모르는 사람이 다가와 따귀를 때리면 아마도 경찰을 부를 것이다. 반면 여자 친구가 똑같은 행동을 하면 참거나 아니면 화를 내더라도 경찰을 부르지는 않을 것이다.

친밀한 관계에서의 폭력

친밀한 관계에서의 폭력(intimate partner violence, IPV)은 현재나 과거의 파트너가 저지르는 공격적인 행동을 망라하는 용어다. IPV의 피해자는 남성일 수도 있고 여성일 수도 있다. IPV의 유형은 다음과 같다.

- ✔ 육체적 폭력 : 여기에는 상대를 주먹이나 손바닥으로 때리거나 밀치거나 물체를 던지거나 날카로운 것으로 찌르거나 총을 쏘는 등 상해를 입히기 위해 의도한 행동이 모두 포함된다.
- ✔ 심리적 공격 : 이런 행동으로는 경멸하는 표정을 짓거나 소리를 지르거나

고함을 치거나 욕을 하거나 해코지하겠다고 위협하거나 모욕하거나 책임을 전가하는 행동이 있다. 또한 상대가 떠나는 것을 막기 위한 수단으로서 자살하거나 자해하겠다는 위협도 포함된다. 불합리하고 강압적인 방식으로 강요해서 상대를 가족과 친구로부터 고립시키거나 특정 옷을 입도록 만들거나 원하지 않는 행동을 하도록 만드는 행동도 심리적 공격의 하나다.

✔ **성적 학대** : 종류를 막론하고 합의되지 않은 성행위를 하도록 강요하는 행동을 모두 포괄한다.

✔ **스토킹** : 스토킹이란 개별 행동으로 보았을 때에는 딱히 위협적이지 않을 수도 있지만, 패턴으로 보면 명확하게 상대방에게 공포를 주기 위한 의도로 행해진 일련의 불쾌한 행동을 말한다. 대표적으로는 사랑한다는 편지를 반복적으로 보내거나 불쑥 나타나거나 원하지 않는 문자와 음성 메시지, 꽃과 선물을 주거나 집에 무단으로 침입하는 행동이 있다.

어떤 스토커들은 매일 몇 시간씩 고민해서 자신이 옳다고 믿는 행동을 계획한다. 다수의 스토커가 수년 동안 이런 범행을 지속한다. 만일 당신이 스토킹의 피해자라면 경찰의 도움을 받거나 가정폭력 보호소를 찾아가자.

IPV는 사람들에게 어떤 영향을 미칠까? 미국 질병관리센터에 의하면 IPV 피해자들은 건강 측면에서 다음과 같은 다양한 문제에 노출될 위험이 증가한다.

✔ 과도한 흡연
✔ 과음
✔ 약물 남용
✔ 안전하지 않은 섹스(다수의 파트너, 콘돔 미사용)
✔ 공황 발작
✔ 식이장애
✔ 우울증
✔ 자살

그다지 바람직한 결과는 아니다.

분노에 찬 사랑

결혼을 비롯한 헌신적인 파트너 관계는 아마도 가장 친밀한 관계일 것이다. 이상적으로 이런 관계는 신뢰와 상호 존중, 상호보완적인 요구, 비슷한 가치관, 진실한 사랑에 기초한다. 하지만 많은 결혼 및 파트너 관계가 이상과는 거리가 멀다. 더없이 행복했던 연인도 분노에 찬 이별로 헤어지기도 한다.

여기서 '분노에 찬 관계'란 이따금씩 분노의 순간을 경험하는 커플을 의미하지 않는다. 그러지 않는 관계가 어디 있겠는가? 분노에 찬 관계란 분노가 관계의 정서적 분위기를 지배할 뿐 아니라 당사자들이 상호작용하는 **주요한 스타일**이 되는 관계를 일컫는다.

전통적인 결혼 외에 다양한 유형의 관계에 대한 우리 사회의 법적, 도덕적, 정서적 수용도는 급속히 증가하고 있다. 그렇기에 이 책에서 배우자, 파트너 그리고 결혼이라는 단어를 쓸 때에는 모든 유형의 헌신적인 관계를 통칭하고자 한다. 배우자(spouse) 혹은 **결혼**(marriage)이라는 용어는 일반적으로 법적으로 또는 그에 덧붙여 종교적으로 승인받은 관계를 일컫는다. 반면 **파트너**(partner)라는 단어는 통상 덜 공식적이지만 똑같이 헌신적인 관계를 가리킨다. 이 책에서는 이런 용어를 모두 혼용했다.

당신과 당신의 파트너가 분노에 찬 커플인지 아닌지 구별하려면 아래 질문을 던져보면 된다.

- ✔ 당신 혹은 파트너가 적어도 하루에 한 번 화를 내는가?
- ✔ 당신 혹은 파트너가 경험하는 분노 수준을 1점(매우 가벼움)에서 10점(굉장히 강렬함)까지의 척도로 평가할 때 7점 이상이라고 생각되는가?
- ✔ 일단 화가 나면 당신 혹은 파트너의 분노가 30분 넘게 지속되는가?
- ✔ 화가 났을 때 한 번이라도 서로를 밀치거나 때린 적이 있는가?
- ✔ 당신 혹은 파트너가 화를 터트린 다음 우울하거나 불안해진 적이 있는가?
- ✔ 서로를 만난 뒤 당신 혹은 파트너가 훨씬 화를 잘 내는 사람이 되었다고 말할 수 있는가?
- ✔ 서로 분통을 터트릴까 봐 걱정하는가?
- ✔ 파트너와 대화할 때 도발적인 언어(욕설)를 종종 사용하는가(혹은 파트너가 당

신과 대화할 때 그런 언어를 자주 사용하는가)?

✔ 서로를 하찮게 보거나 비하하거나 폄훼하는 등 경멸하며 대한 적이 있는가?

✔ 상대를 진정으로 사랑하는지 의문이 들기 시작하는가?

✔ 상대가 분노를 터트리면 당신도 분노를 터트리는 식으로 대처하는가?

✔ 당신 혹은 파트너가 결혼 관계에서 안전하지 않다고 느끼는가?

✔ 상대와 다툴 때면 당신 혹은 파트너가 끝까지 한 마디를 해야 직성이 풀리는가?

✔ 서로에게 지나치게 많은 것을 요구하는가?

✔ 당신 혹은 파트너에게 결혼 생활의 특정 측면에 대한 권리가 있다고 생각하는가?

✔ 파트너와의 관계가 경쟁적이라고 생각되는가?

✔ 당신 혹은 파트너가 충동적인 사람이라고 생각하는가?

✔ 대화할 때 당신 혹은 파트너가 대화를 독점하는 경향이 있는가?

✔ 분노로 인한 문제 때문에 상담을 받을까 고민을 했거나 실제로 상담을 받으려고 했던 적이 있는가?

이 질문들에 여러 번 그렇다고 대답했다면 당신과 당신의 파트너는 분노에 찬 관계일 가능성이 있다. 어떻게 하면 바꿀 수 있을까? 이번 장을 비롯해 이 책 전반에 제안된 아이디어를 활용하자.

사랑하는 사람에게 화날 때

이 책에서 소개한 모든 다양한 분노 조절 전략이 이 경우에도 그대로 적용된다. 친밀한 관계에서 분노 문제가 다른 점은 상대가 단지 낯선 사람이나 가볍게 알고 지내는 사람이 아니라 사랑하는 사람이라는 점뿐이다. 어떤 측면에서는 사랑하는 사람에게 화나는 것이 문제를 해결하도록 만드는 유인(incentive)이 되기도 한다. 직장에서 분통을 터트리는 것보다 잃을 것이 더 많기 때문이다. 직장에서는 해고당하면 그만이지만 사랑하는 사람에게 분노를 터트리다가는 인생에서 가장 중요한 사람을 잃을 수 있다.

이제부터는 분노가 자라도록 내버려둘 때 일어날 수 있는 일에 대해 다루면서 친밀한 관계에서 당신이 분노에 찬 사람일 때 사용할 수 있는 몇 가지 팁을 제공한다.

두려워하고 싫어하던 바로 그 사람이 당신일 수 있다

친밀한 관계를 맺으면 사람들은 변한다. 때로는 더 좋은 사람이 되기도 하고 때로는 더 나쁜 사람이 되기도 한다. 유감스럽게도 사랑하지만 분노를 느끼는 관계에서는 자신이 싫어하고 두려워하던 바로 그 사람으로 변할 수 있으며 종종 그렇게 변한다. 애초부터 분노한 채로 관계를 맺지는 않지만, 시간이 흐르면서 스스로를 보호하고 상대에게 지지 않기 위해서 그런 사람으로 변해간다. 이런 변화는 하루아침에는 아니지만 결국에는 일어난다. 다음 사례를 살펴보자.

> 아만다는 20대 후반에 결혼한 젊은 여성으로 며칠에 한 번씩 분노가 치미는 것을 느낀다. 아만다에게 크게 모욕당한 적이 있는 남편은 그녀를 두려워한다. 아만다의 가족이 그녀에게 전문가의 도움을 구하라고 설득한 끝에 마침내 아만다는 상담사를 찾아간다.
>
> 초기 상담 단계에서 상담사는 아만다에게 "부모님은 어떤 분들이셨나요?"라고 묻는다.
>
> 즉각 아만다는 "저희 엄마는 저보다도 더 성질이 더러워요."라고 대답한다. 아만다는 어머니가 항상 지나치게 비판적이었으며 아만다가 일을 완벽하게 끝내지 않으면 굉장한 분노를 터트렸다고 회상한다.
>
> "마치 지금 당신이 남편을 대하는 모습 같군요."라고 상담사가 말한다.
>
> 아만다는 상담사의 말에 충격을 받는다. 이제까지 한 번도 해보지 못한 생각임이 틀림없다. 아만다는 스스로 알아차리지도 못한 사이 자신이 가장 사랑한(하지만 동시에 두려워한) 사람, 곧 어머니가 되어버렸다. 그러고는 한 친밀한 관계(어머니-딸)에서 배운 것을 그대로 다른 친밀한 관계(남편-아내)에 옮겨 적용했다. 이를 관찰한 상담사는 아만다에게 선택권을 준다. 친밀한 관계에서의 폭력을 반복하든지 아니면 변화를 단행할 시점이다.

둘 다 화나면 아무도 이기지 못한다

친밀한 관계에서 한 명이 화나면 문제가 된다. 하지만 둘 다 화나면 그건 재앙이다! 어떤 사람들은 분노를 분노로 받아치면 기분이 나아지리라고 생각하는데 이는 틀린 생각이다. 매사추세츠대학교의 심리학자인 제임스 애버릴 박사에 따르면 분노를 터트린 다음 '의기양양하다'라고 느낀 사람은 전체의 채 20퍼센트도 되지 않았다. 반면 60퍼센트가 넘는 사람들이 분노를 터트리고 나서 적대적이거나 우울한 기분을 느꼈다. 서로 분노를 터트리는 상황은 아무도 이기지 못하는 상황이 틀림없다.

많은 남성이 화난 아내(혹은 전처)에게 분노로 대응하다가 법적 문제에 휘말린다. 다음 대화가 그러한 대표적인 예다.

> 내담자 : 또 다시 엉망이 되어버렸어요. 체포되고 나서 폭행죄로 기소되었어요. 제가 이렇게나 멍청하다니 믿을 수가 없어요.
>
> 상담사 : 어쩌다가 그렇게 된 거죠?
>
> 내담자 : 이상해요. 친구 몇 명이랑 즐겁게 저녁 식사를 하고 있었는데 아내가 전화해서(둘은 별거 상태였다) 곧장 아이들을 데려가라고 말했어요. 약간 심란한 목소리였어요.
>
> 상담사 : 그래서 어떻게 했어요?
>
> 내담자 : 친구들이 말렸지만 양해를 구하고 식당을 나섰죠. 아내가 보자고 했던 공동묘지 앞으로 갔어요.
>
> 상담사 : 공동묘지요? 왜 그곳에서 본 거죠?
>
> 내담자 : 저도 몰라요. 그래도 그냥 갔어요. 도착하자마자 아내가 분노에 차서 고래고래 소리를 지르면서 저에게 다가오더군요. 진정하라고 했지만 아내는 점점 더 동요되는 듯했어요. 아이들을 자동차에 태우는데 그 순간 아내가 저에게 얼굴을 가져다 대고서 저를 도발했죠. 그 순간 너무 화가 나서 아내를 밀쳤어요. 그러고는 차를 타고 집에 왔죠.
>
> 상담사 : 그다음에는 어떤 일이 벌어졌나요?
>
> 내담자 : 집에 도착하니까 경찰이 기다리고 있었어요. 아내가 저에게 폭행당했다면서 경찰에 신고한 거예요. 경찰이 저를 체포해서 구류하더군요.

상담사 : 그래서 이번에 얻은 교훈이 있군요. 분노에 대해서요. 그죠?

내담자 : 우선 식당에 그대로 머물면서 친구들과 식사를 끝냈어야 했어요. 둘째는 지나다니는 사람이 아무도 없는 장소에서 아내를 만나지 말았어야 했어요. 마지막으로 아내가 이성을 잃었을지라도 저는 침착함을 유지해야 했어요. 그랬다면 이런 곤경에 처하지 않았을 거예요.

상담사 : 바로 그거예요!

[보복을 포기하라]

우리는 남에게 받은 그대로 돌려주는 세상에 살고 있다. 가까운 사람이 상처를 주면 자연스럽게 그 사람에게도 상처를 입히고 싶다. "나를 열받게 했으니 나도 너를 열받게 할 거야!" 이렇게 서로 짜증이 난 상태에서 시작한 상호작용은 종종 가정폭력으로 치닫는다. 정서적 보복(emotional reciprocity)에 대한 욕구는 독기 어린 분노를 격화시킨다. 물에 기름을 붙는 격이다.

누군가가 당신을 화나게 만들었을 때 똑같이 대응하는 일은 그저 곧이곧대로 반응하는 격이다. 그리고 반응이란 매우 예측 가능하고 어리석으며 충동적인 행동으로서 종종 부정적인 결과로 이어진다. 이런 상황에서는 사랑하는 사람에게 충동적으로 반응하는 대신 신중하고 의식적인 방식으로 대처할 필요가 있다.

건강한 경계선을 세우라

경계선이란 곧 한계선이다. 도를 넘었을 때를 알려주는 기준이다. 경계선을 세우면 분노가 통제를 벗어났는지 알 수 있다. 격노란 곧 선을 넘어서 통제할 수 없는 상태에 다다른 분노라고 할 수 있다. 모든 정서적, 신체적, 성적 폭력은 완전히 선을 넘은 행동이다.

분노에 대해 건강한 경계선을 세우는 행동이란 바로 이런 행동을 말한다.

✔ 분노가 지나치게 격렬해지면 지금 하는 행동을 멈추고 돌아선다.

✔ 물리적 폭력은 절대 용납될 수 없다는 사실을 명심한다.

✔ 당신이 상대를 존중하는 만큼 상대에게도 당신을 존중해달라고 요구한다.

✔ 목소리를 낮춘다. 목소리가 커지고 빨라지면 전달하려는 메시지가 실종된다.

✔ 지나치게 화가 나면 사랑하는 사람이 최후의 발언을 하도록 하고 대화를 끝낸다. 그러면 당신과 상대의 분노를 효과적으로 차단할 수 있다.

✔ 지나치게 화가 치밀면 망설이지 말고 잠시 대화를 중단하자고 요청한다.

사랑하는 사람의 분노를 감당해야 할 때

만일 사랑하는 사람의 분노를 감당해야 한다면 가장 중요한 일은 위험한 상황을 피하는 것이다. 당신의 임무는 사랑하는 이의 분노를 고치는 것이 아니다. 그건 당사자의 몫이다.

사랑하지만 분노하는 관계에서 피해자 측에 선 대다수 사람들은 다음 네 가지 행동 가운데 하나를 선택한다.

✔ 분노에 찬 파트너가 달라지기를 희망하고 기도한다.

✔ 전문가의 도움을 구해서 폭력적인 분노로 말미암아 망가진 관계를 일부라도 회복한다.

✔ 상대와 효과적으로 소통하기 위해 모든 노력을 다한다.

✔ 모든 선택이 실패로 돌아가면 관계를 종료하고 이별을 고한다.

비록 이 책에서 분노에 찬 파트너에 대응할 수 있는 다양한 방법을 제안하고 있기는 하지만, 그렇다고 해서 당신이 파트너의 분노를 '고칠' 수 있거나 당신의 통제 아래둘 수 있다고 해석해서는 안 된다. 문제가 개선되지 않으면 당신의 한계를 깨닫고 상대를 떠날 준비를 하라. 분노 어린 사람과 함께 하면 어떤 정신적이고 감정적인 비용이 드는지 깨닫자.

마음의 덫에서 벗어나라

사랑하지만 분노하는 관계에 처해 있다면 아마도 몇 가지 마음의 덫에 빠져 꼼짝 못하고 있을 가능성이 높다. 이런 덫은 사랑과 분노라는 두 가지 강력한 감정과 관련있다. 이런 덫에 빠지면 사랑과 분노에 대한 확고한 믿음 때문에 가장 중요한 목표를 달성하지 못한다. 가장 중요한 목표란 바로 친밀하면서 동시에 안전한 관계를 구축하는 것이다.

마음의 덫에서 벗어나기 위해서는 심리학자들이 인지적 재구조화(cognitive restructuring)라고 부르는 활동을 연습해야 한다. 다시 말해 사랑과 분노 사이에서 관계를 어떻게 생각할지 마음속으로 다시 설계할 필요가 있다. 이제부터 제시되는 관계에 대한 잘못된 믿음을 하나씩 살펴보자. 예를 들어 마음속에서 "남편이 나를 충분히 사랑한다면 화내는 것을 멈출 거야."라는 생각이 든다면, 이런 생각을 다음과 같이 재구조화한다. "내 남편은 틀림없이 분노 조절 문제가 있어. 도움이 필요해. 내가 고쳐줄 수는 없어. 스스로 고칠 마음이 있어야 해. 남편이 분노하는 이유가 무엇이든 나는 잘못이 없어. 남편의 분노에 대한 해결책은 그 사람이 알고 있어. 그리고 나를 사랑한다고 해서 모든 일을 합리화할 수는 없어."

다른 사람의 분노를 억제할 수 있다는 믿음

가장 뿌리 깊은 마음의 덫은 바로 사랑이라는 노력을 통해서 사랑하는 이를 덜 화나게 만들 수 있다는 믿음이다. 얼토당토않은 생각이다. 사랑하는 이를 덜 화나게 만들 수 있는 방법은 없다. 당사자가 노력하는 수밖에 없다! 예를 들면 다음과 같다.

> 티나는 수년 전 이런 마음의 덫에 빠져서 연인의 간헐적 폭발장애를 사랑과 헌신으로 고치려고 했다. 티나는 이렇게 회상한다. "그 사람과 함께 사는 건 마치 화산 꼭대기에 사는 것과 같았어요. 언제 폭발할지 절대 알 수 없었죠."

> 결국 티나가 쏟은 노력은 그녀가 응급실에 실려 가면서 수포로 돌아갔다. 두개골에 금이 갔고 치료비가 어마어마하게 들었으며 상대에게는 접근 금지 명령이 내려졌다. 티나의 연인은 의심의 여지없이 분노 조절하는 법을 배울 필요가 있었다.

분노는 금방 사라지지만 사랑은 영속한다는 믿음

두 번째 마음의 덫은 분노는 있다가도 사라지지만 사랑만은 영속한다는 믿음이다. 그럴 리 없다. 인구의 상당수(이조차도 점점 증가하고 있다)에게 있어 분노는 결코 일시적이지 않다. 분노는 만성적이며 게다가 해롭기까지 하다. 사랑이 사라진 뒤에도 분노는 여전한 경우가 비일비재하다.

당신을 진정 사랑한다면 달라지리라는 믿음

분노와 사랑에 대한 또 다른 신화는 만일 상대가 당신을 충분히 사랑한다면 달라지리라는 믿음이다. 전혀 그렇지 않다. 당신을 향한 사랑이 분노로부터 벗어나기 위한 유인이 될 수는 있지만, 사랑 그 자체는 분노와 같이 복잡하고 오래되었으며 대단히 두드러지는 정서적 패턴을 바꾸는 동기가 될 수 없다.

오직 사랑만 있다면 충분하리라는 믿음

비틀즈는 우리에게 필요한 건 사랑이 전부라고 노래했지만, 사실 이 상황은 사랑만으로는 충분하지 않다. 많은 사람은 두 사람이 서로 사랑하기만 한다면 다른 건 중요하지 않다고 믿는다. 심지어 어떤 사람들은 사랑하는 사람에게 폭행당해서 응급실에 입원한 다음에도 그러한 믿음을 여전히 포기하지 않는다.

우리 삶에는 사랑 외에도 에너지, 건강, 직장, 우정, 활동, 취미, 이웃처럼 많은 것이 중요하다.

분노는 애정을 표현하는 징표라는 믿음

마지막 마음의 덫은 상대가 당신에게 화를 내는 행동의 밑바탕에는 당신에 대한 애정이 있다는 믿음이다. 때때로 부모나 배우자는 으레 사랑해야 할 사람에게 터무니없는 행동(폭력 등)을 하면서 "다 너를 위해서 하는 거야."라고 말한다.

엉터리 같은 소리다! 분노하는 사람들은 오로지 자기 자신에게만 관심이 있다. 자신이 원하고 자신이 바라며 자신이 요구하고 자신이 생각하는 것이 중요하지 당신에게는 관심이 없다. 그들이 분노를 표출하는 이유는 스스로를 위해서다. 이들은 울분을 발산하고 긴장을 완화하며 부당한 대우라고 생각되는 것들에 저항하기 위해서 화를 낸다. 만일 상대가 당신의 행복과 안전, 정신건강을 실제로 배려하고 있다면 분노를 줄이기 위해 즉각적인 조치를 취할 것이다.

분노를 부채질하지 말라

사랑하는 이의 분노를 해결할 수 없다면 적어도 문제에 일조해서는 안 된다. 관계란

양방향 도로와 같아서 사랑하는 이의 분노가 당신에게 영향을 주고, 당신의 행동이 상대의 분노에 영향을 미친다. **분노 조력자**(anger facilitator : 상대가 돌이킬 수 없을 만큼 분노하도록 촉진하는 사람)만큼은 절대로 되어서는 안 된다.

격노한 상태에서 상대방이 "경고하지만 단 한 마디도 하지 마."라고 말할 때에는 상대의 말을 듣고 가만히 있자. 이성을 잃을 듯이 화내고 있는 사람이 "저리 비켜. 여기서 나가야겠어."라고 말하면 옆으로 물러서자. 그러지 않으면 다칠 가능성이 높다. 이미 화나 있는 사람은 자극해봤자 좋을 일이 없다.

다음은 화내는 상대를 자극하지 않기 위한 몇 가지 방법이다.

- ✔ **상대의 분노에 대해 사과하지 않는다.** 이는 상대가 자신의 감정에 책임지지 않도록 돕는 행동에 불과하다. "당신을 화나게 만들어서 미안해."라고 말하는 대신 "당신 화나 있는 것 같아. 왜 그런지 이야기해볼래?"라고 말해 본다.
- ✔ **상대의 나쁜 행동을 참지 않는다.** 지나치게 분노를 터트리는 사람들에게는 객관적인 피드백이 필요하다. 과도하게 소리를 지르거나 다른 사람을 두렵게 만들 때 자신이 그런 행동을 하고 있다는 사실을 알아차려야 한다. 만일 당신이 침묵하면서 상황을 방관하면 상대는 자신의 행동에 문제가 없다고 생각할 수 있다.
- ✔ **문제를 축소하지 않는다.** 많은 사람이 격렬하게 화내는 파트너를 보고서 스스로에게 이렇게 말한다. "음, 그래도 그렇게 최악은 아니었어. 나도 약간은 잘못했잖아."
- ✔ **자신의 삶에 집중한다.** 지나치게 많은 사람이 사랑하는 사람의 분노를 자기 삶의 중심에 놓는다. 상대의 분노를 고치려고 노력하는 동안 다른 모든 것은 방치한다. 그러지 말고 자기 관심사를 챙겨야 한다. 만일 함께 농구하는 친구들이 있거나 최근 출간된 베스트셀러에 대해 이야기 나눌 수 있는 친구들이 있다면, 사랑하는 사람이 벌컥 화를 터트릴 때 어딘가 갈 곳이, 무엇인가 할 일이 생긴다.
- ✔ **상대의 체면을 살려주려고 노력하지 않는다.** 분노가 과도한 사람들은 자신의 문제를 직접적으로 대면할 필요가 있다. 상대의 분노에 대해 대신 변명

하려고 하지 말자.

✔ **상대가 모르는 사람인 척한다.** 사랑하는 사람이 당신을 대하듯이 모르는 사람이 당신을 대한다고 생각해보자. 과연 용납할 수 있을까? 모르는 사람이 했다면 대다수 사람은 결코 참지 않을 것이다.

[스스로 면역 훈련하기]

워털루대학교의 심리학자 도널드 마이켄바움은 스트레스 면역 훈련(stress inoculation training, SIT)이라는 기법을 개발했다. 이 기법은 사랑하지만 분노하는 관계에 빠진 사람들이 도움을 얻을 수 있는 기법이다. 애초에 마이켄바움은 주로 불안이 과도한 사람들이 효과적으로 불안에 대처할 수 있도록 이 기법을 개발했다. 하지만 사랑하는 사람의 분노로부터 스스로를 보호하기 위해서도 활용할 수 있다. 분노에 분노로 대처하지 않을 수 있는 대안적 방법이라고 생각해도 좋다.

소아마비나 천연두, 독감에 대한 면역접종처럼 스트레스 면역 훈련은 누군가의 분노에 대처해야 할 때 그러한 스트레스(와 잠재적 위험)에 대한 저항력을 향상시킨다. 이 기법은 예방적 조치로서 다음 세 가지 기초적인 과정으로 이루어진다.

1. 사랑하는 사람의 분노에 자신이 주로 어떻게 대처하는지 인식한다.

예를 들어 낸시는 남편이 차고로 자동차를 몰고 들어오는 소리가 들리기 전까지는 마음이 평온하다. 하지만 그 소리가 들리는 즉시 몸이 얼어붙고 어찌할 수 없는 남편의 분노를 예측하면서 잔뜩 긴장한다. 그녀는 "하느님, 제발 오늘은 저한테 화내지 않도록 해주세요."라고 빈다. 그러고는 이미 남편의 짜증에 대한 잘못을 덮어쓸 준비를 한다("나란 인간은

대체 무슨 일이든 제대로 하는 법이 없어.").

2. 사랑하는 사람과 갈등이 생길 때 느껴지는 긴장(투쟁-도피 반응)을 진정시킨다.

다가올 긴장을 줄이기 위해 낸시는 이렇게 되뇐다. "할 수 있어. 이미 여러 차례 그 사람의 분노에 맞선 적이 있잖아. 어렵지 않아. 당황하지 말자. 그 사람의 언행을 감정적으로 받아들이지 않을 거야. 남편의 분노는 자기 자신 때문이지 나 때문에 생긴 게 아니야. 진정해야 돼. 진정해. 진정."

3. 상황에 적절한 해결책을 도출한다.

이제는 낸시가 어떻게 대응할지 고민해야 하는 시점이다. 예전 그대로 반응해야 할까(남편이 자동차를 몰고 들어오자마자 움츠러들어야 할까)? 아니면 남편이 성질을 내기 시작할 때 더 효과적인 대처 전략이 있을까? 예를 들면 남편의 분노를 그저 인정할 수도 있다("오늘 좀 화가 나있는 것 같네."). 또는 남편의 분노에 대해 질문할 수도 있다("그렇게 화나 있으면 당신 마음이 엄청 괴로울 것 같아. 지금 마음이 어때?"). 남편의 분노에 대해 경계선을 설정할 수도 있다("내가 여기 앉아서 당신이 분통을 터트리는 걸 감당할 필요는 없는 것 같아"). 혹은 남편에게 약간의 공감을 불러일으키려고 시도할 수도 있다("그런 목소리로 말하면 나는 긴장되고 무서워."). 만일 하나의 전략이 효과적이지 않다면 다음에는 다른 전략을 사용해보자.

분노의 피해자가 되지 말라

사랑하는 사람의 분노에 직면할 때는 분명 분노가 주된 문제다. 하지만 분노 때문에 무력한 피해자가 된 것처럼 느낄 필요는 없다. 그러지 않으려면 다음 팁을 활용하자.

✔ **도움을 청한다.** 가족과 친구들은 훌륭한 지원군이다. 하지만 사랑하는 사람이 과도하게 분노할 때 가족과 친구는 객관적인 관점에서 조언해주지 못한다. 객관성은 심리상담사를 비롯한 전문가의 도움으로 확보할 수 있다.

✔ **희망을 잃지 않는다.** 사랑하는 사람에게 분노 문제가 있으면 절망의 덫에 빠지기 쉽다. 계속 희망을 품기 원한다면, 당신이 무가치한 사람이 아니라고 상기해주고 지지해줄 수 있는 친구와 시간을 보내보자.

✔ **무력하다는 기분을 피하기 위해 무슨 일이든 한다.** 예를 들어 조금 전 소개한 '스스로 면역 훈련하기'를 참고하면서 스트레스 면역 훈련을 연습한다.

✔ **스스로의 안전을 지키기 위해 도움을 청할 수 있는 자원을 활용한다.** 만일 '은신처'가 필요한 상황이라면, 지금은 도움을 청하기가 부끄러워서 망설일 때가 아니다. 친구에게 전화를 걸어서 보호해달라고 부탁하자. 혹은 변호사에게 전화를 해서 조언을 구한다. 필요하다면 경찰을 불러서 보호를 요청한다. 가정폭력 상담전화를 이용하면 훈련된 전문가의 도움을 구할 수 있다 (우리나라의 경우 여성긴급전화는 국번 없이 1366이며, 웹사이트 www.women1366.kr에는 전국 205곳 가정폭력 상담소의 주소 및 연락처가 실려 있다-역주).

✔ **단호해진다.** 용기를 내고 목소리를 높여서 스스로를 두둔한다. 당신은 존중받을 자격이 있다는 사실을 상기하자. 다른 사람의 언어적, 신체적 샌드백이 되는 일만은 피해야 한다! 사랑하지만 분노하는 사람에게 "나를 이렇게 대하는 것은 정말 참을 수 없어!"라고 말하는 것과 "이제 더 이상 이런 행동은 참지 않을 거야."라고 말하는 것 사이에는 커다란 차이가 있다. 할 수 없는 것은 능력에 달려 있지만 하지 않는 것은 의지에 달려 있다.

✔ **스스로에게 솔직해지고 자신이 문제적 상황에 빠져 있다는 사실을 인정한다.** 사랑하지만 분노하는 관계의 현실을 부인하는 한 지금 상황에서 꼼짝도 할 수 없다. 문제를 해결하기 바란다면 우선 문제를 인정해야 한다. 이 책은 당신이든 상대든 분노와 관련된 문제를 해결할 수 있는 법을 담고 있다. 하지만 진실을 직면하지 않는다면 한 걸음도 앞으로 나아갈 수 없다.

PART

5

과거에 대한 분노 다루기

더미를 위한 팁

분노를 놓아버려야 하는 다섯 가지 이유

- 용서와 망각은 다르다. 용서는 어렵지만 과거를 놓아버리고 앞으로 나아가는 데 도움이 된다.
- 과거에 대한 분노를 만성적이고 장기적으로 반추하는 일은 건강을 해친다. 게다가 때로는 심각한 악영향을 미치기도 한다.
- 아무리 분노해봤자 과거는 달라지지 않는다.
- 과거의 원망에 초점을 맞추면 현재의 삶이 망가진다. 그다지 바람직한 맞교환은 아니다.
- 분노를 일으키는 과거에 대해서 글을 써본 다음 이때 살아난 열정을 가지고 현재와 미래에 긍정적인 변화를 시도한다.

제5부   미리보기

● 과거의 상처와 분노를 놓아버리고 삶의 이야기를 다시 쓴다.

● 당신에게 잘못한 이를 용서한다는, 한 번도 상상해보지 않았던 행동의 가치를 깨닫는다.

● 과거에 대한 분노에 다시 휩쓸리지 않기 위해 할 수 있는 행동을 찾아본다.

chapter

15

과거에 대한 분노 놓아버리기

제15장 미리보기

- 해소하지 못한 분노를 받아들인다.
- 분노를 새로 쓴다.

분노는 감정이고 감정은 가변적이다. 흥분, 두려움, 슬픔, 놀라움, 짜증과 같은 감정은 하루 종일 우리 마음을 오간다. 하지만 어떤 사람들에게 분노는 사라지지 않고 지속되면서 당사자에게 해를 끼친다. 다음 사례를 살펴보자.

메릴린은 55세의 기혼 여성이다. 그녀는 15년 전에 직장에서 부당하게 대우받았던 경험으로 여전히 분노를 느낀다. 그때 당시 메릴린은 일터에서 부상을 당했고 그 결과 직무를 바꾸어야 했을 뿐더러 끊임없는 허리 통증에 시달려야 했다. 잔인할 정도로 매정했던 사장 때문에 메릴린은 더 큰 분노를 느꼈다.

몇 년 동안 메릴린의 불평에 시달린 동료들은 그녀가 분노를 터트리는 것에 대해 불만을 늘어놓기 시작했고, 결국 사장은 메릴린을 해고했다. 십수 년간 메릴린이 품어온 원망과 분노는 그녀의 건강을 망쳤고 결혼 생활에도 악영향을 미쳤다. 그녀는 영구적인 부상을 입었다는 측면에서 피해자이지만, 자신이 해소하지 못한 분노의 피해자이기도 하다.

이번 장에서는 메릴린과 같은 사람들이 분노에 매달리는 몇 가지 이유를 설명한다. 이들은 과거에서 비롯한 해소되지 않는 분노를 품고 있으며, 이를 어떻게 극복해야 할지 알지 못한다. 마지막으로는 습관적인 분노를 떨쳐낼 수 있는 몇 가지 해결책을 제안한다.

분노가 해소되지 않는 삶

어쩌면 당신도 분노를 촉발한 문제가 해결될 때까지 분노를 그대로 간직하는 유형의 사람인지 모른다. 그 문제가 해결 가능한 문제라면 멋진 접근이다. 하지만 전혀 해결될 수 없거나 적어도 완전히 해결될 수는 없는 문제라면? 그때에도 분노를 계속해서 품는 일이 효과적일까?

살아가면서 우리는 최선의 노력을 쏟아도 절대로 행복하거나 만족스러운 결과를 얻을 수 없는 상황과 갈등, 문제에 직면한다. 이런 상황이 벌어지면 해결책이 없더라도 그저 그대로 살아가는 수밖에 없다. 그런 상황을 예를 들면 다음과 같다.

- ✔ 어린 시절 학대받은 경험
- ✔ 알코올 중독 가정에서 자라는 일
- ✔ 성적 학대 경험
- ✔ 선천적 질환
- ✔ 중대한 범죄의 피해자가 되는 일
- ✔ 사랑하는 이를 상실하는 경험(죽거나 이혼하거나 버림받는 등)
- ✔ 만성 질환
- ✔ 자연 재해(홍수, 허리케인, 태풍 등)
- ✔ 전쟁 또는 테러
- ✔ 기형
- ✔ 사랑하는 이가 심각한 피해를 입는 일

- ✔ 사고
- ✔ 심각한 급성 질환 또는 부상
- ✔ 장애
- ✔ 돌이킬 수 없는 금전적 손해
- ✔ 가족 구성원의 약물 중독

다음번에 분노를 경험할 때에는 아래 질문을 던져보자.

- ✔ 지금 느끼는 분노로 이 상황을 개선할 수 있는가?
- ✔ 지금 느끼는 분노가 이미 벌어진 상황을 돌이킬 수 있는가?
- ✔ 이 상황이 '엎지른 물'과 같은 상황은 아닌가?

만일 분노가 상황을 개선할 수 없다면, 이미 벌어진 상황을 돌이킬 수 없다면, 그리고 역사를 새로 쓸 수 없다면 이제는 어쩌면 분노를 **놓아버려야** 하는 시점인지도 모른다.

외상 후 스트레스 장애와 분노

극도로 충격적인 사건을 경험하거나 목격한 거의 모든 사람이 사건 당시에 두려움과 공포, 분노, 불안과 같은 강력한 감정을 느낀다. 이 가운데서 특히 소수의 사람들은 외상 후 스트레스 장애(post-traumatic stress disorder, PTSD)라고 알려진 정서적 문제를 경험한다. 대개는 사건 발생 후 1년 안에 자연적으로 호전된다. 하지만 시간이 지나도 나아지지 않는 경우도 많다.

정신적인 외상을 입을 정도로 심각한 사건을 경험한 뒤 발생하는 PTSD에는 다음과 같은 증상이 뒤따른다.

- ✔ **반복적이고 집요하게 떠오르는 생각이나 이미지** : 사건이 떠올랐을 때 고통을 느낀다. 플래시백이나 악몽을 예로 들 수 있다.
- ✔ **회피** : 외상을 입힌 사람을 떠오르게 하는 장소나 사람, 사물을 회피한다. 또한 약물이나 술에 의존함으로써 그 사건에 대해 생각하기를 회피하는 시도도 포함된다.
- ✔ **기분과 생각의 고통스러운 변화** : 다른 사람들로부터 고립되었다고 느끼며,

즐거움을 더 이상 경험하지 못한다. 삶에 흥미를 느끼지 못하고 그 사건에 대해 자기 자신이나 다른 사람을 탓한다. 세상이 지나치게 위험하다고 끊임없이 생각하며 두려움이나 수치심, 죄책감, 분노 속에 과도하게 빠져 있다. 그리고 실제 사건을 자세히 떠올리지 못한다.

✔ **세상에 대한 반응의 변화 :** 짜증이나 공격성, 자기 파괴적 행동이 증가하며 쉽게 당황하고 겁에 질린다. 가상의 위험에 집착하고 수면 문제가 있거나 집중하는 데 어려움을 겪는다.

이 목록을 토대로 자기 자신이나 다른 누군가를 진단하려고 해서는 안 된다. 스스로 생각하기에 PTSD가 있는 것 같다면 전문가의 도움을 구해서 당신이 경험하는 문제를 진단받고 치료받도록 한다.

전쟁과 테러를 비롯해 다양한 종류의 끔찍한 일들이 언론에 끊임없이 노출되는 오늘날의 세계에서 PTSD는 날로 증가하고 있다. PTSD가 있는데 분노 조절 문제까지 있으면 문제는 더 심각해진다. 이런 기분이 대인관계뿐 아니라 PTSD 치료를 더욱 까다롭고 덜 효과적으로 만들기 때문이다. 따라서 PTSD에 분노 문제까지 중첩되어 있는 경우에는 분노 조절 훈련이 유용한 치료적 접근이 될 수 있다.

PTSD로 고통받고 있다면 노출 기법(제11장에 더 자세히 소개되어 있다) 등 인지행동치료에 기반을 둔 접근이 효과적일 수 있다. 하지만 혼자 노력하기보다는 이런 접근에 숙

[긴급 구조대와 PTSD]

경찰과 긴급 의료원, 간호사, 소방관 그리고 응급실 의료진은 굉장히 충격적인 사건을 반복적으로 경험한다. 외상에 노출되면 이들은 모두 슬픔과 괴로움, 불안, 스트레스를 느낀다. 그렇다고 모두가 PTSD를 경험하지는 않지만 그럴 위험이 높다. 때로는 의학적으로 PTSD라고 진단받지 않고서도 수백 번의 외상 경험에 성공적으로 대처한 사람들도 있다.

하지만 수년 동안 외상에 성공적으로 대처한 사람이라도 단 한 번의 유난히 충격적인 사건으로 PTSD를 겪는 경우가 이따금

씩 있다. 외상 경험이 당사자에게 특별히 의미 있을 때 이런 일이 벌어진다. 가령 어린 아이의 죽음을 경험하거나 동료의 심각한 부상 혹은 죽음을 겪었을 때 그럴 수 있고, 보스턴 마라톤 테러 사건이나 9.11 테러 등 극도로 끔찍한 사건을 목격했을 때도 그런 일이 생길 수 있다. 이러한 사건을 경험한 지 한 달 뒤에도 PTSD 증상이 지속되거나 그 전이라도 이 사건으로 삶에 지장을 받는다면 즉시 전문가의 도움을 구해야 한다.

련되어 있는 전문가를 찾아 도움받기를 권한다.

PTSD에 종종 동반되는 분노는 딱히 해결할 방법이 없는 과거에 뿌리를 둔 분노인 경우가 많다.

분노를 억압하지 않고 받아들이기

무언가에 대해 생각하지 않으려고 노력해본 적이 있는가? 5분 동안 분홍 코끼리에 대해 생각하거나 상상하지 않는 연습에 대해 들어본 적이 있을지 모르겠다. 어떤 일이 벌어질까? 생각하지 않으려고 저항하면 할수록 그 이미지는 더욱 강력해진다. 분홍 코끼리, 분홍 코끼리, 분홍 코끼리! 다시 말해 생각을 억압하려는 시도는 보통 역효과를 낸다.

분노와 같은 감정도 마찬가지다. 스스로에게 "난 화나지 않아. 상처받지 않았어. 괴롭지 않아."라고 되뇔수록 더 오래 분노를 느낀다. 그리고 시간이 충분히 지나면 이 기분은 곪아터지기 시작한다. 다음 사례를 살펴보자.

> 제이슨은 성인이 된 이래 만성적인 편두통에 내내 시달렸다. 아내가 60세의 이른 나이로 세상을 뜨기까지는 그랬다. 그런데 아내가 죽은 뒤 얼마 지나지 않아 두통이 깨끗이 사라졌다. 더 이상 아내를 향한 분노를 표현하지 못하고 억압하지 않아도 되었기 때문이다. 제이슨은 아내에 대해 "거의 모든 일에 대해 항상 화나 있었고 늘 저에게 분풀이를 했죠."라고 회상한다.
>
> 제이슨의 아내는 분노가 폭발해서 폭언을 퍼붓다가도 5분이 지나면 멀쩡해지곤 했다. 하지만 제이슨은 그렇지 않았다. 그는 침묵과 고통이라는 자신만의 방식으로 분노를 표출하면서 며칠을, 때로는 몇 주를 보냈다. "아내가 저에게 비난과 질타를 쏟아붓기 시작하면 도저히 그냥 흘려들을 수가 없었어요. 계속 화나 있음으로써 저는 아내에게 '빠져나갈 생각하지 마!'라는 메시지를 전했던 거죠."
>
> 하지만 제이슨이 분노를 놓지 않고 버틴 끝에 가장 상처 입은 사람이 누굴까? 바로 자기 자신이다.

이제는 당신 삶에서 분노를 경험하고 표현하기를 억압하는 일을 그만둘 때가 되지는 않았을까? 그렇다고 생각한다면 다음 다섯 가지 단계를 거쳐 분노를 손에서 놓아 버리기 시작하자.

1. **분노의 출처를 파악한다.**
   누가, 언제, 어떤 상황에서 당신에게 분노를 유발했는가? 얼마나 오래된 일인가?

2. **분노라는 감정을 인정한다.**
   큰 목소리로 "내가 분노하는 이유는……"이라고 말해본다. 그러고 나서 얼마나 화가 나는지 평가해본다. 1점(약간)에서 10점(극도로)까지의 척도로 감정이 얼마나 격렬한지 생각해본다. 1점부터 3점 정도라면 짜증이 난 상태로 볼 수 있고, 4점에서 6점까지는 화가 난 상태라고 말할 수 있으며, 7점 이상은 격노한 상태라고 볼 수 있다.

3. **분노에 정당성을 부여한다.**
   즐거움이나 재미를 느낄 권리가 있듯이 분노할 권리가 있다는 사실을 상기한다. 분노하는 이유를 해명할 필요는 전혀 없다.

4. **분노를 표현함으로써 잠재적인 이득이 있다고 생각된다면 분노를 표출할 기회를 스스로에게 준다.**
   사람들이 너무나 자주 분노를 폭력이나 버릇없고 무례한 행동과 연관 지어 생각하기 때문에 분노라는 감정은 억울한 누명을 쓴 측면이 있다. 하지만 분노는 얼마든지 건강하고 단호하며 건설적인 방식으로 표현할 수 있다(제8장에 몇 가지 사례가 제시되어 있다). 때로는 직접적이고 언어적인 방식으로 표현하는 것이 효과적이지 않을 수 있다. 그럴 경우 이 장 후반부의 '자기만의 방식으로 이야기하기'에서 소개하듯이 분노를 글로 표현하는 방법을 시도해보자.

5. **분노를 놓아버림으로써 당신 삶이 더 나아질 수 있는 세 가지 이유를 찾는다.**
   어떤 사람들에게 분노를 놓아버린다는 것은 더 좋은 인간관계를 즐길 수 있다는 의미다. 또 다른 사람들에게는 더 차분해질 수 있다는 측면에서 불안이나 스트레스, 고통을 덜 느껴도 된다는 뜻이다. 혹은 더 생산적으로 활동할 수 있게 되는 사람들도 있다. 또한 습관적 분노로부터 해방되면 즐거움과 같은 감정을 위한 여유 공간이 생긴다.

친절함과 무력함은 다르다

과거에 대한 분노에 고착되어 있는 사람들은 분노를 포기할 경우 나약하고 무력해 보일까 봐 걱정하기도 한다. 예를 들어 어떤 사람들은 친절함이란 자동적으로 무력하다는 의미로 이어진다고 생각한다. 틀림없이 당신도 "사람이 좋으면 꼴찌를 면치 못한다."는 말을 들어보았을 것이다.

사전에 정의된 바에 따르면 친절한 사람이란 유쾌하고 상냥하며 예의 바르면서도 사려 깊고 온화한 사람을 뜻한다. 다른 사람의 나쁜 행동에 대한 피해자라는 뜻은 어디에서도 찾아볼 수 없다. 또한 당연하지만 친절하다고 해서 스스로를 위해 단호하게 행동하지 못한다고 볼 수도 없다. 다른 사람에게 존중받고 공정하게 대우받을 자격이 없다는 뜻도 아니다.

친절함이 무력함을 의미한다고 생각한다면 분노를 놓아버리는 대신 쌓아두게 된다. 매우 친절한 사람으로 보이기 위해 노력하는 사람은 다음에 제시된 마크의 사례와 같이 실제로는 짜증이 나더라도 "나는 괜찮아."라고 말한다. 그러한 짜증은 해소되지 않고 남아 있으며 서서히, 하지만 틀림없이 쌓여서 분노가 된다.

> 마크는 이 마을에서 가장 친절한 사람 가운데 하나라고 공공연하게 인정받는다. 60대에 접어든 마크는 신사란 모름지기 다른 사람 앞에서 절대로 화를 내어서는 안 된다는 미국 남부의 전통 아래 자랐다. 낮 동안에 그는 다정하고 유쾌할 뿐 아니라 매력적이면서도 싹싹한 남자였다. 얼마나 나쁜 대우를 받든 그는 이렇게 응답하곤 했다. "괜찮아요. 신경 쓰지 마세요."
>
> 하지만 밤이 되면 마크의 분노가 터져 나왔다. 고요하게 자는 동안에 그는 사납게 이를 갈았다(심지어 낮 동안 그에게 잘못한 모든 사람들이 꿈속에 나타나기도 했다). 한번은 잠에서 깨자 치아가 3개나 부러져 침대보가 온통 피로 물들어 있기도 했다. 치과 진료비가 갈수록 많이 들었다. 마크는 평온해 보이는 얼굴과 행동도 예의 발랐지만 실제로는 걸어 다니는 분노의 시한폭탄이었다.
>
> 하지만 심리 상담이 모든 것을 바꾸어놓았다. 마크는 무력하지 않고서도 여전히 친절할 수 있다는 사실을 깨달았다. 그래서 몇 주 전에 계획되었던 점심 약속을 친구가 바람맞히자 마크는 평소처럼 한 시간 동안이나 참을성 있게 기다리면서 속으

로는 얼마나 짜증나는지 반추하지 않았다. 15분이 지나자 집으로 돌아간 마크는 친구에게 무슨 일이 있느냐고 전화를 걸었다. 친구는 약속을 잊어버렸다고 설명했다. 마크는 이렇게 대응했다. "음, 솔직히 말하자면 조금 걱정이 되다가 약간 짜증도 났어. 다음번에는 더 조심해서 달력에 우리 약속을 적어두는 게 어때?"

그래서 어떤 결과가 나타났을까? 치과 의사에게 유감일 만큼 밤에 이를 가는 일이 완전히 사라졌다. 심지어 하루는 치과의사가 "대체 자네 인생에 무슨 변화가 있었는지는 모르겠지만 치아 문제로 내원한 지 1년도 더 됐어. 계속 이러다가는 나도 장사를 접어야 할 지경이야!" 라고 말할 정도였다.

과거에 대한 분노를 놓지 못하면 그 분노는 현재의 그리고 내일의 분노가 된다.

자기만의 방식으로 이야기하기

해결할 수 없는 과거에 대한 분노를 놓아버릴 수 있는 가장 강력한 방법은 글쓰기다. 일기에 자신이 다루기 어려운 감정에 대해 꾸준히 쓰는 작업은 감정을 극복하고 앞으로 나아가도록 도와준다. 분노를 비롯한 다른 불쾌한 감정에 대해 일기를 쓰는 행동은 당신만의 이야기를 써내려가는 작업이다. 하지만 그러한 이야기를 어떻게 구성하는지에 따라 이 작업은 효과적일 수도 있고 아닐 수도 있다. 다음 가이드라인에는 이야기를 구성하는 방식이 제시되어 있다.

적어도 2~3주 동안 매일 분노에 대한 일기를 기록한다. 도움이 되는 한 계속해서 일기를 쓴다. 이 전략은 평생에 걸쳐 필요할 때마다 실천할 수 있다.

자신의 이야기에 스스로 독자가 되라

당신의 하루를 지배한 감정을 표현할 때 당신은 작가이자 동시에 독자가 된다. 당신의 생각과 기분을 누구와도 공유하지 않아도 되며, 이 활동을 마칠 때 당신의 고백도 끝날 것이다. 사실상 당신만이 엿볼 수 있는 내밀한 대화를 지켜보는 행동과 다름없다. 다시 말해 일기에 기록한 내용은 누군가에게 감동이나 교훈, 위안을 주기 위한 목적이 아니다.

분노 일기는 자기 자신과의 대화이지 다른 사람과 나누는 대화가 아니다.

1인칭을 사용하라

1인칭으로('나'를 주어로) 글을 쓰는 것은 분노 일기를 쓸 때 직면하는 가장 큰 어려움이다. 대다수 사람들은 정서적 경험을 다른 사람의 행동이라는 측면에서 정의하고 이해하는 데 지나치게 익숙하기 때문에 3인칭으로 감정을 받아들일 때 더 편안하게 느낀다. 이 점을 이해하려면 당신이나 주변 사람들이 분노에 대해 어떻게 이야기하는지 생각해보면 된다.

> "우리 **엄마**가 나를 너무 화나게 했어."
>
> "내 **상사**는 나를 정말 짜증나게 만들어!"
>
> "**그 사람들**이 나를 자극하지 않았다면 그렇게까지 화나지 않았을 거야."

당신의 감정에 대해 이런 식으로 생각하고 일기에 기술하면, 당신이 얻게 되는 정보는 다른 사람들에 대한 정보이지 당신 자신에 대한 정보가 아니다. 1인칭을 사용해서 글을 쓰면 당신의 감정이 당신의 책임 아래에 있다는 사실이 명확해진다.

> "**나는** 엄마한테 너무 화가 나."
>
> "**나는** 상사가 너무 짜증나."
>
> "**나는** 사람들이 나를 자극할 때 화가 나."

스스로의 감정에 대해 3인칭 시점에서 글을 쓸 경우 자신이 더욱 피해자인 것처럼 느껴진다. 다른 사람의 행동으로 인한 피해자라고 느끼면서 글을 쓰면 글을 마무리할 때쯤 더 큰 분노를 느끼게 된다. 이 활동을 통해 달성하고자 하는 것과는 정반대의 효과다.

문법은 따지지 말라

대학에서 모국어를 전공해야만 분노 일기를 쓸 수 있는 것은 아니다. 여기서 핵심은 진실한 기분을 언어로 표현하는 일이다. 글을 쓰는 행위는 감정을 미처 표현하지 못하고 억누를 때 느껴지는 신체적인 긴장을 즉각적으로 해소하는 효과가 있다. 또한 자신의 정서적 자아에 대해 깨닫게 되는 기회가 되기도 한다.

문법이나 맞춤법, 구두법은 전적으로 무관하다(부사가 주렁주렁하거나 동사가 흐지부지하다고? 알 게 뭔가!). 대신 필자들은 아래와 같이 시도해보기를 권한다.

- ✔ 즉흥적으로 쓴다.
- ✔ 무심하게 쓴다.
- ✔ 되는 대로 쓴다.
- ✔ 쉼 없이 쓴다.
- ✔ 명확한 목적 없이 쓴다.
- ✔ 머리가 아니라 마음으로 쓴다.
- ✔ 관찰하지 않고 열정만으로 쓴다(관찰하기에 대해서는 차후에 다룰 것이다).
- ✔ 오직 자신 자신만을 위해 쓴다.
- ✔ 지구상에서 나누는 마지막 대화라고 생각하면서 쓴다.
- ✔ 오직 글 쓰는 행동 그 자체를 위해 쓴다.
- ✔ 일단 쓰고 나중에 읽는다.

부정적 감정에 초점을 맞추라

기쁨이나 만족과 같은 기분은 쌓아둔다고 해서 마음이 병들지 않는다. 하지만 분노나 슬픔과 같은 감정을 쌓아두면 마음이 병든다. 그렇기 때문에 분노 일기의 초점은 분노를 비롯한 부정적인 기분이 되어야 한다. 일기를 쓰는 목적은 당신 삶을 서서히 파괴할 수 있는 생각과 감정을 다시 검토하면서 재처리하는 것이다. 이렇게 생각해 보자—긍정적인 기분을 꼭 쥐고 있으면 만족감으로 이어진다. 반면 부정적인 감정을 꼭 쥐고 있으면 원망으로 이어진다. 분노 일기의 목표는 후자를 피하는 데 있다.

느낌(감정)을 생각이나 행동과 구분하는 일이 혼란스러울 수도 있다. 이는 마치 어떤 느낌이 들었냐고 질문했을 때 "음, 그 인간이 바보 같다고 생각했어요!"라고 대답하거나 "그녀가 점심 약속을 잊어버렸다는 사실을 깨닫고서 자리를 떴어요."라고 대답하는 것과 같다. 감정은 당신이 얼마나 행복하고 화나며 슬프고 기쁜지에 대한 진술

문이다. 왜 그런 느낌이 드는지 혹은 그런 느낌으로 말미암아 어떤 행동을 할지와는
다르다.

 감정과 관련된 단어를 사용하는 일이 익숙지 않을 수도 있다. 사실 SAT의 언어 영역
에서 우수한 성적을 거두었다고 하더라도 당신이 사용하는 정서적 단어는 '짜증난',
'귀찮은', '긴장된' 등을 비롯한 몇 가지 포괄적인 단어에 국한될 수 있다. 다음은 분
노라는 감정을 설명할 때 사람들이 종종 사용하는 단어의 목록이다. 스스로 느끼는
감정에 대해 설명하기가 난감하다면 이 목록에서 몇 가지를 참고해도 좋다. 더 자세
한 내용은 제5장을 살펴보자.

- ✔ 짜증난
- ✔ 실망스러운
- ✔ 혐오스러운
- ✔ 불쾌한
- ✔ 불만족스러운
- ✔ 격노한
- ✔ 열받은
- ✔ 성난
- ✔ 격분한
- ✔ 분개한
- ✔ 뿔난
- ✔ 골치 아픈
- ✔ 화난
- ✔ 욱하는
- ✔ 못마땅한
- ✔ 성가신

인과관계를 찾아 연결하라

분노 일기를 기록할 때 마음속에 부정적인 기분이 드는 이유를 파악하려고 노력하
자. 다시 말해 일기를 쓰면서 왜 화가 나고 슬프며 상처받았는지 스스로에게 질문해

보자. 일기를 작성하면서 불편한 감정을 인정하는 행동은 그러한 기분은 물론 그로 말미암아 생기는 몸과 마음의 긴장을 해소하는 데 충분히 도움이 된다.

그러나 단지 생각과 느낌을 표현하는 것만으로는 당신의 정서적 삶에서 분노가 어째서 그토록 강력한 역할을 하는지에 대한 이해와 통찰을 얻을 수 없다. 그러한 통찰이 있어야만 분노를 훨씬 잘 다룰 수 있으며, 그러기 위해서는 분노와 관련된 생각과 느낌에 의미를 부여해야 한다.

다음은 칼의 분노 일기에서 발췌한 내용이다. 칼은 혼자 아이들을 키우는 32세의 남성이다. 그는 너무나 자주 짜증이 나는 이유를 이해하기 위해 이 활동을 수행했다.

> "내가 굉장히 짜증나는 **이유**는 내가 아무리 집에서 뛰어다니지 말라고 해도 애들이 내 말을 듣지 않기 때문이다."

> "**왜** 항상 화를 내야지만 사람들은 비로소 내가 온갖 일들을 혼자서 감당하는 데 도움이 필요하다는 사실을 이해하는 걸까?"

> "나보고 **화낼 이유**가 없다고 말하는 사람이 한 사람이라도 더 나타나면 미쳐버릴 것 같다. 이유야 넘쳐난다고!"

> "아이들에게 화낸다고 해서 **내가 진정으로 바라는 것**을 얻을 수는 없다."

> "내가 진정으로 바라는 것은 아이들이 내 말을 듣는 일이지만 그러기 위해서 어떻게 해야 하는지 **잘 모르겠다.**"

> "**도움이 필요하다**는 사실을 **깨달았다.** 다만 누구를 찾아가야 할지 모를 뿐이다."

> "어쩌면 애들이 다니는 소아과 의사에게 괜찮은 육아 교육과정이 있는지 **물어봐야겠다.**"

진하게 표시한 글씨는 칼이 자신에게 꼭 필요한 자기 성찰을 하도록 돕는 단어들이다. 이런 자기 성찰은 궁극적으로 스스로를 교정하는 결과로 이어진다. 이 사례에서 칼은 누군가의 지지 없이는 자신에게 던져진 삶의 도전에 대처하기 어렵다는 사실을 인정하고 있다. 그리고 나서 칼은 일단 시도해 볼만한 자원(소아과 의사)을 하나 생각해낸다.

제5부 과거에 대한 분노 다루기

만일 칼이 분노 일기를 통해 얻은 깨달음을 실천한다면 그가 받는 스트레스는 훨씬 경감될 것이며, 분노하기 일보 직전의 상태에 머물게 되는 원인도 훨씬 줄 것이다. 하지만 분노 일기에서 깨달은 의미를 귀 기울여 듣지 않는다면 칼의 정서적 삶은 그대로일 것이다.

시간을 충분히 들이라

일기를 의미 있는 방식으로 쓸 수 있도록 충분한 시간을 확보하자. 15~20분 정도를 권한다. 당신이 편한 방식대로 타이머(혹은 다른 기기)를 이용해서 알림이 울릴 때까지 글을 쓴다. 알림은 곧 멈추어도 좋다는 신호다. 알림이 울리면 쓰고 있던 문장까지 완성한다.

문법과 문장 구조는 중요하지 않다(쉿! 필자들의 편집자에게는 비밀이다!) 여기서 중요한 것은 시간이 다 될 때까지 계속해서 쓰는 것이다. 할당된 시간이 끝나기 전에 쓸 거리가 떨어졌다면 이제까지 쓴 내용을 읽어보면서 부연할 부분은 없는지 살펴본다. 마음속에서 약간의 자극만 있으면 언제든 표출될 기회를 기다리는 감정을 손쉽게 끄집어낼 수 있을 것이다.

분노가 길을 가로막지 않도록 하라

그날그날 분노 일기를 쓴 다음에는 안도감과 만족감을 느끼면서 긴장이 해소될 가능성이 높다. 결국 그것이 이 활동의 목표다. 하지만 때로는 슬픔이나 짜증, 불안, 분노, 초조함 같은 부정적인 감정을 경험할 가능성도 있다. 특히 일기를 처음 기록하기 시작할 때 더 그럴 수 있다.

이런 기분은 상당히 강력할 수 있으며 심지어 그 순간에는 이런 감정으로 압도된다고 느껴질 수도 있다. 이 활동이란 결국 하루 종일(때로는 훨씬 오랫동안) 꽁꽁 숨겨둔 불편한 감정을 직면하는 일이므로 이런 느낌이 드는 것은 자연스럽다. 하지만 대개는 시간이 흐르고 연습을 거듭할수록 사라진다는 사실을 기억하자.

일기를 쓰는 와중에 마음이 몹시 심란해진다고 하더라도 중단하지 말고 마무리해야 한다. 울어도 좋다!

일기를 쓸 때 떠오르는 부정적 감정이 혼자서 감당하기에 지나치게 강력하거나 일상생활을 방해할 정도로 지속된다면 이 활동을 멈추고 심리 상담을 받는 대안을 고려해보자. 심리 상담을 받으면 안전하고 구조화되어 있으며 지지적인 환경에서 당신의 힘든 감정에 대해 이야기할 수 있다. 그리고 이런 이야기를 누군가에게 하고 싶다고 해서 정신적으로 문제가 있다고 볼 수는 없다. 누구나 때때로 다른 사람의 도움을 필요로 한다.

판단을 유보하라

인간이란 본질적으로 판단하는 동물이다. 우리는 살아가는 매일매일 수천 번의 판단을 내린다. 오늘 무엇을 입을까? 아침으로 무엇을 먹을까? 어떤 길로 출근할까? 점심은 무엇을 먹지? 어떤 감정을 외적으로 표현하고 또 어떤 감정을 혼자서 간직해야 할까?

안타깝게도 분노는 사람들이 냉정하게 판단하는 경향이 있는 감정 가운데 하나다. 그렇기에 우리는 분노를 '나쁜' 감정의 하나라고 생각하면서 주변 사람 아무도 우리의 이런 감정에 대해 듣고 싶어 하지 않는다고 가정한다. 기분이 신나고 행복하거나 기쁘다면 누군가가 기분이 어떤지 물어보았을 때 솔직하게 답하는 일이 괜찮다고 생각할 것이다. 하지만 대답이 "화나고 열받는데다 미친 듯이 분통이 터져요!"라면 누구라도 이런 기분을 숨김 없이 진솔하게 대답하지는 못하리라고 필자들은 장담한다.

다시 말해 우리는 정서적으로 부정적인 소식은 아무도 그다지 듣고 싶어 하지 않는다고 생각한다. 오직 좋은 소식만을 바랄 뿐이라고 가정한다. 그렇기에 좋은 소식이 없으면 차선책은 입을 닫거나 아니면 "전 괜찮아요."라고 거짓말을 하는 것이다.

때로는 그 방식이 최선일 수도 있다. 재수 나빴던 하루에 대해서 듣고 싶은 사람은 많지 않다는 생각도 맞을 수 있다. 하지만 솔직한 마음을 믿고 표현할 수 있는 친구가 최소한 한 명이라도 있으면 도움이 된다. 혹은 매일 기록하는 일기에라도 마음을 털어놓자.

일기를 쓸 때는 비판적으로 스스로를 판단하려는 시선을 거두어야 한다. 마음을 열고 스스로에게 진솔하고 정직해지자. 유명한 스포츠캐스터 하워드 코셀이 "저는 있는 그대로 말합니다."라고 즐겨 언급했던 바로 그 원칙을 분노 일기를 쓸 때에도 적용하자.

일기에 마음을 털어놓는 행동은 익명으로 글을 쓰는 행동이나 마찬가지다. 당신이 쓰는 글은 오직 당신밖에 볼 수 없다. 아무도 당신이 무엇이라고 쓰는지 보지 않을 것이며, 그렇기에 당신의 글을 보고 무어라고 판단할 수도 없다. 그러므로 당신 또한 스스로를 판단할 이유가 없다. 판단하지 않는 글쓰기는 생각보다 어려울 수 있다. 감정을 경험할 때 이를 비판적으로 바라보는 데 너무 익숙해져 있다면, 감정이 자유롭게 흐르도록 내버려두는 일이 처음에는 힘들 수 있다. 괜찮다. 사실은 당신이 감정적인 속박에서 조금 더 벗어나도록 돕는 일 또한 이 활동의 목표이기도 하다.

연필이나 펜을 들거나 혹은 아니거나

그렇다면 이 분노 일기라는 것을 어디서 어떻게 기록해야 할지 궁금할 수 있다. 컴퓨터에 전자 문서로 작성해도 될까? 당연히 된다.

하지만 처음에는 손으로 쓰는 법과 컴퓨터로 쓰는 법을 모두 시도해보기를 권한다. 어떤 사람들은 손으로 쓸 때 훨씬 내밀하게 자신을 표현할 수 있다고 느낀다. 이런 사람들에게는 컴퓨터로 작성할 때보다 손으로 기록하는 일기가 더욱 가깝게 느껴진다. 반면 오늘날 세계에서 많은 사람들은 손 글씨로 작업하는 일이 지루할 정도로 느리다고 생각한다. 키보드를 사용하면서 자란 세대에게는 이 방식이 자신을 가장 편하게 표현할 수 있는 방법이다. 무엇이 되었든 자신에게 효과적인 방법을 선택하자.

글로 쓰는 일이 잘 맞지 않고 대신 직접 말로 구술하는 편이 더 자신 있고 편하다면, 음성을 녹음할 수 있는 기기를 구하는 것도 방법이다. 하지만 다른 규칙은 그대로 지켜야 한다. 오직 스스로를 위해서 이야기하고 1인칭 시점에서 말하되 15~20분 정도 이야기를 이어가고 원인에 집중하며 판단을 유보하자.

글을 쓰든 타이핑을 하든 녹음을 하든 다른 사람의 눈초리를 피해서 당신의 이야기를 조심스럽게 보호해야 한다. 당신의 일기는 오직 당신의 일기다. 일기의 내용을 철저히 분석했다면 종이를 파쇄하든지 전자 문서를 완전히 삭제해도(어떻게 삭제하는지는 확실히 숙지하도록 한다) 좋다.

조용한 공간을 찾으라

분노 일기를 쓰기 위해서는 오롯이 혼자서(방해받지 않고) 자신의 생각과 느낌을 들여 다볼 수 있는 조용한 공간을 찾아야 한다. 일기를 쓰는 행위는 사회적 활동이 아니다. 다른 모든 사람의 욕구가 충족되고 모든 할 일을 해치운 다음에야 개인적인 시간이 난다면 일기 쓰는 일을 가장 마지막 순서로 정하자. 모두가 침대에 든 다음에 일기를 꺼내든다.

때때로 사람들은 분노 일기를 작성하면서 다소 각성되거나 심란해지기도 한다. 만일 당신도 그렇다면 잠들기 한두 시간 전부터는 일기를 쓰지 않도록 한다. 분노 문제가 있는 사람들이 흔히 겪는 수면 문제에 대해서는 제19장에 더 많은 조언이 담겨 있다.

가끔은 시간을 확보하기가 까다롭지만 일기를 쓰기 좋은 또 다른 시점은 퇴근하고 집에 돌아온 직후다. 다시 말해 저녁에 해치워야 할 일들에 착수하기 직전의 순간을 말한다. 실제로 낮 동안 쌓인 달갑지 않은 감정을 마음에서 먼저 몰아내면 사랑하는 가족과 더 좋은 관계를 즐길 수 있다.

하루가 마무리될수록 더욱 지긋지긋해지는 일을 하고 있다면 점심시간을 활용해서 일기를 쓰는 것도 방법이다. 그러면 남은 하루가 더 부드럽게 흘러갈 수 있으며 그 과정에서 일어날 법한 폭발적 분노도 피할 수 있다.

가만히 성찰하라

일기(혹은 녹음기)에 자신의 분노 문제에 대해 최대한 표현했다고 느꼈다면 그다음에는 분노로부터 어떤 깨달음을 얻었는지 덧붙여보자. 분노로부터 무엇을 배웠는가? 더 건강한 방식으로 앞으로 나아가는 법을 어떻게 깨달았는가? 분노는 우리를 밑바닥으로 끌어내릴 수도 있지만 과거에 무엇이 잘못되었는지 깨닫고 미래에 어떻게 더 잘할 수 있을지 생각해보게 만드는 동기가 되기도 한다. 자, 어떤 선택을 하고 싶은가?

용서하는 법

제16장 미리보기

- 스스로에게 용서할 기회를 준다.
- 용서하겠다는 마음을 먹는다.
- 용서의 이점을 알아차린다.
- 앞으로 나아간다.

용서란 복잡한 심리 작용이다. 용서하려면 과거를 인지하면서 미래를 내다볼 수 있어야 한다. 용서한다고 해서 과거에 끔찍하고 부당한 사건이 일어났다는 사실을 부정하라는 뜻은 아니다. 마찬가지로 그때 일어났던 일이 괜찮다고 생각하라는 의미도 아니다. 용서에는 희망과 자신감, 용기가 필요하다. 용서는 피해의식에서 벗어나 주도적인 미래로 나아가는 길의 빛이 된다. 이해를 돕기 위해 다음 사례를 살펴보자.

잭은 이제 50대에 접어들었다. 건강이 좋지 않다. 일하다가 장애를 입었기 때문이다. 잭은 또한 외롭다. 자기 삶에서 이렇다 내보일 거리도 없다. 그는 낙담해 있다. 과거를 돌이켜보면 후회할 일이 많다. 가장 후회되는 일은 오래전 가족과 소원해진 일이다. "저도 제가 틀렸었다는 걸 알아요. 제 가족은 단지 저를 도우려고 했을 뿐이었어요. 하지만 제가 거절했죠. 가족의 도움이 필요했지만 모두 물리쳤어요. 그 점에 대해서 회한을 느껴요." 라고 잭은 한탄한다.

하지만 잭이 후회하지 않는 한 가지는 어머니를 향해 평생 동안 짊어온 분노다. 어머니는 잭이 아주 어렸을 때 잠시 동안 잭을 보육원에 맡겨야 했다. "어머니는 저를 버렸어요. 모르는 사람들 한가운데 내버려두었죠. 그 사실에 대해서는 절대 용서하지 않을 겁니다!" 라고 그는 말한다.

상처가 된 기억을 언급하는 것만으로도 잭의 목소리가 커지면서 눈가에 눈물이 고인다. 무려 45년이나 지난 일이다. 이제 알츠하이머 병을 앓고 있는 80대 후반인 그의 어머니는 당시 잭 형제를 보육원에 맡기고 형제를 돌볼 안정적인 환경을 꾸린 뒤 1년이 지나서 데리러왔다. 그 뒤로 어머니는 잭이 고등학교를 졸업하고 군대에 갈 때까지 뒷바라지했다. 하지만 그 사실은 잭에게 중요하지 않았다. 어머니가 용납할 수 없는 죄를 저질렀다고 생각하는 잭은 그 하나의 행동 때문에 여생 동안 어머니와 자기 자신에게 벌을 줄 작정이었다.

잭은 어머니에 대한 분노를 평생 짊어지고 살았고 결국 그로 말미암아 삶은 엉망이 되었다. 분노 때문에 잭은 물리적인 폭력을 몇 차례나 사용했고, 두 번의 결혼뿐 아니라 유일한 아들과의 관계와 직업적 경력이 실패로 돌아갔다. 궁극적으로는 건강도 악영향을 받았다. 하지만 심지어 지금까지도 잭은 어머니를 용서하지 않고 있다.

이번 장은 과거의 고통에서 비롯한 오래된 분노와 상처를 놓아버릴 수 있는 전략을 담고 있다. 과거에 대한 분노는 어쩌면 가장 다루기 힘든 분노일지도 모른다. 이번 장은 그러한 분노를 상대하기 위한 근거와 지침을 제시한다.

분노에 찬 사람들이 끝까지 하고 싶어 하지 않는 일이 있다면 바로 자신을 부당하게 취급한 사람을 용서하는 일이다. 이들은 도대체 왜 그래야 하는지 이해하지 못한다. 그런 반응은 충분히 이해할만하다. 하지만 이번 장을 다 읽기 전까지는 책을 덮지 않고 용서에 대한 판단을 잠시 보류하기를 권한다.

용서는 결코 쉽지 않다

어느 누구도 그 이유를 헤아릴 수는 없지만 용서는 인간에게 쉬운 행동이 아니다. 분노는 쉽게 경험할 수 있지만 용서는 절대 그렇지 않다. 우리는 분노할 수 있는 본능적인 능력을 타고 났지만 용서는 배워야 한다. 용서란 결국 기술이다. 자전거를 타거나 축구를 하거나 외국어로 말하는 능력과 다를 바 없다.

어쩌면 당신은 전통적으로 용서를 중시하는 가정에서 자란 행운아일 수도 있다. 부모가 서로를 용서하는 모습을 보면서 용서하는 법을 배웠을지도 모른다. 혹은 교회나 모스크, 절 등 종교 단체에 참여하면서 용서하기를 배웠을 수도 있다. 만일 그렇다면 당신에게는 용서하기가 다른 사람들보다 쉽게 다가올 것이다.

가장 용서하기 어려운 인생 경험으로는 신체적, 정서적, 성적 학대가 있다. 또한 배신이나 모욕 또는 다른 누군가의 과실이나 악의로 말미암아 발생한 죽음이나 부상은 용서를 가로막는 큰 장애물이다.

용서에는 시간이 걸린다

용서란 하나의 행동이 아니라 과정이다. 여정이라고 표현할 수도 있겠다. 다른 일에는 하나의 행동이 마술 지팡이처럼 작용해서 문제를 해결할 수 있지만, 자신을 부당하게 취급한 사람을 용서하는 일에는 그런 마술 지팡이가 존재하지 않는다. 분노에 오래 붙들려 있을수록 용서라는 해소책에 다다르기까지 더 오랜 시간이 걸린다. 오

[지지받기 위해서는……]

진정으로 지지받기 위해서는 지지를 받겠다는 마음이 있어야 한다. 지원망이란 삶의 역경에 대처할 때 도움을 얻을 수 있다고 믿는 사람들의 수를 말한다. 반면 지지는 그러한 도움을 받으려는 의지와 관련 있다. 어떤 사람들은 지원망 자체는 작더라도 삶의 고난을 이겨나가면서 주변 사람들로부터 광장한 지지를 받는다고 느낀다. 다른 사람들은 지원망이 광대하더라도 혼자 고립되어 있다고 느낀다. 역설적이게도 분노와 원망으로 가득 찬 사람들은 가장 지지가 필요함에도 그러한 지지를 받으려는 의사가 가장 작은 경향이 있다.

늘이 과연 어제의 분노로부터 스스로를 자유롭게 하는 여정을 시작하는 날이 될 수 있을까?

분노에는 지지가 필요하다

누군가를 용서하려면 용기와 힘, 성숙함이 필요하다. 그러기 위한 도움은 주변 사람들로부터 얻을 수 있다. 용서라는 여정에서 누가 당신의 아군이 되어줄 수 있을까? 과거에 대한 분노를 놓아버리라고 격려해온 사람들이 누가 있던가? 누가 긍정적인 모범이 될 수 있을까? 과거의 상처를 용서하고 앞을 향해 나아가는 사람이 누가 있을까?

용서가 자발적인 행동이라는 사실은 틀림없다. 아무도 당신에게 다른 사람을 용서하라고 강요할 수 없으며 그래서도 안 된다. 용서는 마음의 평화를 얻기 위해 노력하는 과정에서 고려해야 하는 선택이다. 그리고 그 선택은 오롯이 자기 자신에게 달려 있다.

이 여정을 시작하는 데 필요한 지원군을 확보했는가?

지원군이 있으면 용서하기가 더 쉽다. 지원군은 다양한 곳에서 찾을 수 있다. 어떤 사람들은 위대한 문학이나 역사적 인물, 강렬한 이야기로부터 용서의 본보기를 찾는다. 또 다른 사람들은 친구나 가족, 심리상담사에게 의지한다.

분노에는 희생이 요구된다

이제부터는 조금 까다롭다. 누군가를 용서하려면 다른 무엇을 희생해야 한다. 다시 말해 무엇인가를 포기해야 한다. 때때로 용서는 자신에게 잘못한 사람을 '용납'하는 일처럼 느껴지기도 한다. 하지만 용서란 스스로에게 선물을 주는 행동에 더 가깝다. 상처받기 전에 느꼈던 평화와 고요함을 되찾을 기회다. 그러기 위해서는 다음을 포기해야 한다.

- ✔ 피해의식
- ✔ "삶은 언제나 부당하다."라는 믿음
- ✔ 정서적 고통으로부터 스스로를 보호하기 위해 분노를 사용하는 행동
- ✔ 상처받은 사건을 매일매일 기억 속에서 재생하는 행동

✔ 가해자에 대한 생각을 놓지 않음으로써 그 사람이 자신을 지배하도록 만드는 행동

✔ 복수할 '권리'가 있다는 믿음

✔ 분노하면 자신에게 벌어진 부당한 일을 어떻게든 되돌릴 수 있다는 생각

✔ 좋은 인생, 즉 스트레스나 불운, 고통, 상처로부터 자유로운 삶을 살 자격이 있다는 생각

✔ 다른 사람들, 특히 가장 가까운 사람들이 항상 당신을 인정하고 정중히 대우해야 한다는 믿음

✔ 용서란 나약함의 상징이라는 생각

이런 생각이나 행동을 포기할 준비가 되어 있는가?

용서를 위한 준비

"시기가 성공을 좌우한다."라는 말이 있다. 용서라는 여정을 진정으로 시작하려면 여러 가지 조건이 갖추어져야 한다. 최근에 외상이나 모욕, 폭력적 범죄나 다른 끔찍한 사건을 경험했다면 아직 이 여정을 시작해서는 안 된다. 시간을 갖자. 일단은 분노를 경험하고 살펴볼 시간이 필요하다. 시간을 정해놓고 시작하는 일이 모두에게 효과적이지는 않다.

안전을 확보하라

분노는 삶의 여건이 안전하지 않을 때 우리를 보호하는 역할을 한다. 부당한 대우를 받거나 다른 사람의 잠재적으로 위험한 행동을 경계해야 할 때 또는 육체적이고 심리적인 생존이 위협받는다고 믿을 때 그렇다. 현시점에서 당신에게 실제로 해를 끼치고 있는 사람을 용서하라는 요구는 필자들도 지나치다고 생각한다. 우선은 안전을 확보해야 한다. 다음 사례를 살펴보자.

트루먼은 56세 남성으로 아버지의 임종을 지키라는 호출을 받는다. 트루먼의 아버지는 평생을 폭력적인 알코올 중독자로 살았다. 트루먼은 수십 년 넘게 아버지를

만나지 않았다. 아버지를 용서하는 일은 한 번도 생각해보지 않았다. 아버지는 지나치게 잔인했고 물리적으로 위협적이었으며 자신의 만행을 뉘우치지 않았다.

호스피스 침대에 누워 있는 아버지를 본 트루먼은 아버지를 거의 알아보지 못한다. 아버지는 연약하고 쭈글쭈글하며 두려워하고 있다. 놀랍게도 아버지는 트루먼의 손을 쥐고서 흐느끼기 시작한다. "내가 아버지로서, 남편으로서 그리고 한 인간으로서 끔찍한 실패자였다는 사실을 이제 알겠다. 정말, 정말 미안하다. 네 용서를 받는 일이 불가능하리라는 걸 알지만 정말 미안하다." 라고 아버지는 말한다.

트루먼의 눈에도 눈물이 고인다. 무심코 그는 "아버지, 아버지를 용서할게요." 라고 말한다. 그날 밤 아버지는 세상을 뜬다.

가족 곁으로 돌아간 트루먼은 수십 년 동안 얻지 못했던 평화를 느낀다. 분노하며 성내던 모습도 누그러졌다. 이제는 가족과 함께 더 오랜 시간을 보내는 트루먼은 얼마나 가족을 사랑하는지 매 순간 표현한다.

아버지가 파괴적이고 폭력적인 알코올 중독자였을 때 트루먼은 아버지로부터 떨어져 있어야겠다는 현명한 선택을 했다. 아버지 곁에서 트루먼 자신이나 가족이 희생당할 위험을 무릅쓰지 않았다. 당연하게도 그는 안전하다고 느끼지 않았기 때문에 아버지를 향한 분노는 안전을 확보하도록 만드는 보호막이 되었다. 그러나 근본적으로 선한 사람이었던 트루먼은 아버지의 연약한 모습을 보고서 아버지를 용서할 수 있었다.

당신 또한 당신에게 잘못한 이들이 죽기 전에 그들을 용서할 수 있기를 바란다. 그러나 일단 안전이 문제라면 상대와 화해하지 못할 것이다. 하지만 그러한 경우조차도 마음속에서는 상대를 용서한다는 선택의 여지가 있을 수 있다.

지금 용서라는 여정을 시작할 수 있을 만큼 안전한가?

인간 본성의 연약함을 받아들이라

다른 사람을 용서해야 하는 가장 큰 이유는 누구나 인간이기 때문이다. 놀라운 기술적 성취를 이루었지만 실제로 인간은 굉장히 연약한 존재다. 사람은 누구나 실수한다. 누구나 고의든 아니든 다른 사람에게 이따금씩 상처를 준다. 때때로 사람들은 지나치게 자기중심적이다. 그렇다고 말해야 할 때 아니라고 말하기도 한다.

사람들의 의도는 대부분 악하지 않다. 대다수는 자신이 처한 상황에서 최선을 다한다. 하지만 때로는 그것만으로 충분하지 않다. 그래서 사람들은 서로를 탓한다. 왜일까? 바로 인간이라는 사실 때문이다!

다른 사람에게 화나는 이유는 주로 우리가 기대하는 대로 상대가 행동하지 않기 때문이다. 하지만 어쩌면 우리가 너무 많이 기대하는 것은 아닐까? 절대적으로 완벽한 부모나 아이, 상사, 배우자, 친구가 있는 사람은 없다. 스스로를 용서하지 못하겠다면("내가 혐오스러워. 나는 패배자야. 아무것도 제대로 하는 게 없어.") 어쩌면 스스로에게 비현실적이고 이분법적인 기준을 들이밀기 때문이 아닐까?

재기 넘치는 우디 앨런은 "우리는 모두 같은 배를 탄 바보들이다."라는 명언을 남겼다. 우리 중 일부는 가난한 바보고 어떤 이들은 똑똑한 바보며 또 다른 이들은 아름다운 바보다. 사려 깊지 못한 바보도 있고 까다로운 바보도 있다. 하지만 결국 우리는 모두 바보다.

어쩌면 도무지 용서할 수 없었던 사람을 두고 보복당해 마땅한 악당이 아니라 그저 '바보', 어쩌면 굉장한 바보로 바라보면서 용서할 수 있지는 않을까?

[좋은 결혼을 망치는 법]

건강한 결혼의 역동에 대한 선도적인 전문가인 존 가트맨 교수는 이혼의 주된 원인은 상대를 향한 일방적이거나 쌍방적인 경멸이라고 결론 내렸다. 이런 경멸은 상대에게 모멸감을 주는 다양한 행동으로 표출된다. 경멸은 상대보다 자신이 더 나은, 더 가치 있는 사람일 뿐 아니라 성격적 결함이나 잘못이 더 적으며 (혹은 없으며) 모든 측면에 비추어봤을 때 자신이 더 우월하다는 믿음을 내포한다. 친밀한 관계에서 경멸은 평등함이나 동등함의 여지를 없애버린다. 오직 누가 주인이고 누가 노예인지만 남길 뿐이다.

용서할 이유 찾기 : 비용-편익 분석

누군가를 용서하려 한다면 그런 행동에 무엇이든 이득이 있어야 한다. 오래된 분노를 놓아버리면 스스로에게 어떤 혜택이 있다고 믿어야 한다. 제3장에서는 분노에 대처하는 방식을 변화시킬 준비가 되었는지 판단하는 과정에서 비용-편익 분석을 활용했다. 여기서는 용서하는 행동이 가치 있는지 판단하기 위해서 동일한 기법을 사용한다.

필자들은 용서할 때 가장 수혜받는 사람은 바로 당신이라고 주장할 것이다. 상대는 잊어버려라. 오직 당신 자신을 위해 용서하자! 용서의 대상은 당신이어야지 상대가 되어서는 안 된다. 잘못한 상대에게 좋은 일을 베푼다는 생각은 사실 용서라는 여정을 시작하는 데 방해가 된다.

그렇다면 오래된 분노를 끌어안고 있을 때 발생하는 비용을 분노를 내려놓았을 때 발생하는 이득과 비교해보자. 표 16-1은 용서의 비용과 이득을 예시로 보여준다. 당신만의 고유한 생각을 자유롭게 덧붙여보자.

어쩌면 이제는 분노를 내려놓을 때가 되지 않았을까? 필자들은 당연히 그렇다고 생각한다. 당신은 행복해질 자격이 있기 때문이다. 하지만 이 질문에 대한 대답은 오직 스스로 결정해야 한다. 필자들의 생각에 동의한다면 과거의 부당한 대우에 대한 반복적인 기억, 상대의 행동에 대한 원망, 복수하고 싶다는 생각 일체를 놓아버려야 한다. 원망과 행복은 공존할 수 없다. 마음속에 하나를 간직한다면 다른 하나는 완전히 내려놓아야 한다.

행복의 기회를 누릴 자격이 있다고 느끼지 않을 이유가 있는가?

과거의 불가역성 받아들이기

용서라는 여정에서 또 다른 장애물은 어떤 식으로든 과거의 나쁜 경험을 돌이킬 수 없다는 사실을 받아들이는 것이다. 분노가 치미는 순간에 이렇게 생각해본 적 없는

표 16-1 용서의 비용과 이득

용서하지 않을 때의 비용	용서할 때의 이득
고통스러운 과거 속에서 산다.	자유로워진 에너지를 건설적인 목적으로 사용할 수 있다.
현재와 미래의 대인관계에 오래된 분노가 침투한다.	삶의 초점이 과거가 아닌 현재로 이동한다.
온갖 분노로 말미암아 소진된 기분이 든다.	더 이상 취약하다고 느끼지 않는다.
인생의 긍정적인 측면을 볼 수 없게 된다.	인생에 대한 전망이 더 낙관적으로 변한다.
끊임없는 비통 속에 남겨진다.	먼저 용서하면 다른 사람에게서 용서받기도 더 쉽다.
건강을 해치게 된다.	자기 자신도 인간이기에 스스로를 더 쉽게 용서할 수 있다.
끊임없는 초조와 긴장 속에서 산다.	건강이 호전된다.
원망에 가득 차 적대적으로 행동한다.	오랫동안 혹은 평생 느껴보지 못했던 내면의 평화를 누린다.
	스스로 더 성숙한 사람이 되었다고 느낀다.
	과거의 나쁜 경험으로 인한 고통을 극복하고 앞으로 나아갈 수 있다.

가? "정의가 바로 세워지지 않을 때까지, 모든 것이 제자리로 돌아갈 때까지, 복수할 때까지 화를 풀지 않을 거야!"

흠, 행운을 빈다. 그런 날은 절대로 오지 않을 것이기 때문이다. 예를 들면 다음과 같다.

- ✔ 자녀가 술 취한 운전사 때문에 죽었을 때 부모가 대체 어떻게 복수할 수 있을까?
- ✔ 외도한 남편이 정의의 심판을 받게 하려면 아내가 무엇을 할 수 있을까?
- ✔ 사업이 망하는 바람에 최고의 직장을 잃어버렸다면 어떻게 해야 일을 바로잡을 수 있을까?
- ✔ 자신을 학대하고 무시한 부모에게 보상받으려면 어떻게 해야 할까?

상대가 잘못했다는 사실을 받아들이라는 말은 절대 상대의 잘못을 묵과하라는 의미가 아니다. 또한 상처를 안겨준 상대의 행동을 보고 괜찮은 행동이라며 용인하라는 의미도 아니다. 상대의 죄를 덮어두라는 뜻도 아니다. 그럴 필요는 없다. 하지만 어떤 일이 일어났는지 받아들이고 앞으로 나아가야 한다.

과거를 잊어버리지 않아도 된다

부당한 대우를 받은 사람들은 필자들을 찾아와서 종종 이런 질문을 가장 먼저 던진다. "제가 언제쯤이면 극복할 수 있을까요?" 그러면 필자들은 질문을 던진 그 누구도 좋아하지 않거나 곧바로 이해하지 못하는 솔직한 대답을 한다. "절대 그럴 수 없어요."

그러고 나서 필자들은 인간이란 존재는 나쁜 일을 극복하지 않는다고 말한다. 다만 운이 좋으면(혹은 올바른 도움을 받으면) 그런 일을 넘고 앞으로 나아간다고 대답한다. 요컨대 용서하기 어려운 기억을 잊어버리는 일은 절대 일어나지 않을 것이다. 하지만 그럴 필요가 없다. 기억은 여전히 남을 것이다.

우리에게 일어난 일을 넘고 앞으로 나아간다는 뜻은 분노하지 않고 기억할 수 있는 지점에 도달한다는 의미다. 그리고 그러기 위한 유일한 방법은 용서를 통해서다.

[용서와 나이]

용서하려면 일정 수준의 성숙함이 요구된다. 그리고 이상적으로는 나이가 들수록 성숙해진다. 어린 아이들은 용서하기를 상당히 어려워할 수 있다. 『건강한 분노 : 어린이와 청소년이 분노에 잘 대처하도록 돕는 법(Healthy Anger : How to Help Children and Teens Manage Their Anger)』의 저자 버나드 골든 박사는 그 이유를 '유아적 논리' 때문이라고 설명한다. 유아적 논리란 자기중심적이고 비현실적이며 감정에 좌우되는 사고방식이다. 어른의 세계를 이제 막 접하기 시작하는 청소년도 비슷한 사고를 보일 수 있다. 청소년이 접하는 어른의 세계란 복잡하고 불완전하며 부당하지만 그럼에도 살아야 하는 세계다. 대체로 이런 유아적 논리는 어린이와 청소년에게서 분노가 증가하는 이유가 되기도 한다.

나이가 들면 용서할 수 있는 여지가 증가한다. 유아적 논리는 지배력을 잃는다(적어도 일부 사람들에게는). 스스로와 다른 사람들에 대해서 더 균형적이고 현실적인 관점을 갖게 된다. 또한 우리는 모두 연약한 생명체라는 사실은 인정하고 받아들이기 시작한다. 세계는 이분법적이지 않다. 우리는 모두 인생이라는 여정을 살아가면서 고의든 아니든 서로에게 상처를 준다. 원래 그렇지 않다는 생각은 버리자. 원래 그렇다! 어쩌면 용서할 수 있는 능력이란 나이가 우리에게 선사하는 진정한 선물인지도 모른다.

무언가를 잊어버리기 위해 열심히 노력할수록, 다시 말해 그 기억을 떠올리지 않기 위해 노력할수록 더 선명히 기억하게 된다. 생각을 억누르기 위해서는 그 생각에 집중할 수밖에 없기 때문이다. 그러면 얻고자 하는 것과는 정반대의 결과를 얻게 된다.

분노보다 고통을 선택하라

대다수 사람은 고통을 피하기 위한 방책으로 오래된 분노를 계속해서 품는다. 완벽히 납득이 가는 현상이다. 분노(특히 격노)는 강력한 감정이기 때문에 가장 심각한 신체적, 정서적 고통을 가려버린다. 하지만 언젠가는 그 고통에 직면해야 하는 날이 온다. "뛰어야 벼룩"이라는 속담을 연상시킨다.

> 헤더는 승마를 좋아하는 18세 소녀다. 어느 날 말이 겁먹는 바람에 헤더는 낙마해서 척수를 다쳤고 휠체어 신세를 지게 되었다. 헤더는 원망과 분노에 빠진다. 그녀는 헬멧 제조사와 승마 강사를 응징할 방법을 강구한다. 하지만 자신의 사례를 맡아줄 유능한 변호사를 찾지 못한다. 모두 헤더에게 누구의 탓도 할 수 없다고 말한다. 그녀의 사고는 비극이었지만 어느 누구의 태만이 빚어낸 결과가 아니었다.

> 헤더는 분노 탓에 과거 속에 산다. 그녀는 스스로 피해자라고 느끼면서 자신에게 도움의 손길을 내미는 모두를 외면한다. 상당한 액수의 장학금을 포기하며, 신체적 기능을 향상시킬 수도 있는 물리치료도 거부한다.

> 이제 헤더는 선택의 기로에 서 있다. 상실에 대한 슬픔에 직면하기를 거부하면서 분노한 채로 살든지 아니면 정서적 고통을 외면하기 위해 분노를 이용해왔다는 사실을 인정해야 한다. 헤더는 스스로를 그리고 말과 강사, 심지어 헬멧 제조사도 용서할 필요가 있다.

때때로 분노는 이런 식으로 작동한다. 슬픔과 같은 힘든 감정을 외면하게 해준다. 솔직히 말해서 정서적 고통에 놓이기보다는 분노하는 일이 차라리 낫다. 하지만 장기적으로 봤을 때 상처를 치유할 수 있는 유일한 방법은 분노를 내려놓고 그때 드러나는 부정적 감정을 오롯이 느끼면서 궁극적으로는 용서하기를 선택하는 것이다.

chapter

17

재발 방지하기

제17장 미리보기

- 위험한 상황을 주의한다.
- 재발 방지 계획을 작성한다.

지금까지 분노 문제에 대처하는 데 있어 탁월한 성과를 거두었다고 가정해보자. 멋지다. 이제까지 거둔 성취에 대해 마땅히 깊은 자부심을 느껴야 한다.

하지만 나쁜 소식이 있다—삶은 여전히 공정하지 않다. 부당한 일은 계속해서 벌어질 것이고, 도로 위에서도 사람들은 여전히 끼어들 것이며, 틀림없이 굉장히 무례한 대우도 받게 될 것이다(분노를 유발하는 대표적인 상황에 대해서는 제2장 참조). 그렇기에 앞으로 분노를 절대 느끼지 않을 확률은 0에 가깝다.

그렇다면 좋은 소식을 하나 전한다—분노를 느낀다고 해서 반드시 심각한 분노 조절 문제로 이어진다는 법은 없다. 여전히 분노를 느끼면서도 감정을 건설적으로 표현할 수 있다. 또는 기분을 더 나아지게 만드는 방식으로 분노라는 감정을 다시 생각할 수도 있다. 그러나 분노를 얼마나 훌륭히 조절하는지에 관계없이 때때로 한 번씩 분통을 터트릴 것이다.

다시 분통을 터트렸다고 해서 분노 문제가 재발한 것은 아니다. 다시 말해 두세 번 실수했다고 해서 재발했다고 보지는 않는다. 재발이란 곧 원점으로 되돌아갔다는 의미다. 그러기는 어렵다. 그러려면 이제까지 읽은 모든 내용과 이루어낸 모든 변화에 대해 잊어버려야 하기 때문이다.

이번 장에서는 앞으로 어떤 결과가 이어질지 설명한다. 또한 그 과정에서 분노를 터트리는 실수에 어떻게 대처할지 논의하며, 위험한 상황을 주의할 수 있는 방법을 소개한다.

길은 평탄하지 않다

늘 고르게 진척을 보일 수는 없다. 앞으로 나아가고 어쩌면 더 나아가더라도 어떤 순간에는 불가피하게 비틀거리게 마련이다. 두 발 앞으로 나아갔다가 한 발 뒤로 갔다가 다시 세 발 앞으로 나아가더라도 한두 발 뒤로 가는 일을 반복할 것이다. 때로는 정체기도 있을 것이다. 사람이 하는 일이 다 그렇다. 분노를 조절하는 일도 마찬가지다.

실수와 헛디딤에서 교훈을 얻어야 한다. 이를 기회로 삼아 무엇이 당신의 분노 스위치를 누르고 또 어떤 자극이 스트레스가 되는지 발견하자. 그러고 나면 미래에 비슷한 일이 벌어질 때 훨씬 더 잘 대처할 수 있다.

정신적으로든 신체적으로든 상태가 좋지 않을 때 침착성을 잃을 위험이 증가한다. 그리고 때때로 사람들은 무엇 때문에 그렇게 분통을 터트리는지 이해하지 못하기도 한다. 지금부터는 일반적으로 어떤 상황이 기분을 엉망으로 만들고 분노하기 쉬운 상태로 만드는지 살펴보자.

제3장에서는 변화라는 단계를 자세히 다루었다. 변화의 과정은 무관심 단계(변화에 대해서 생각조차 않는 상태), 심사숙고 단계(일단 생각해보기), 준비 단계, 실행 단계, 유지 단계, 종료 단계로 이어진다. 아주 소수의 사람들만이 최종적인 종료 단계에 다다른다. 이 단계에 다다른 사람들은 재발할 위험이 아주 적거나 없으며, 분노를 조절하는 행

동 자체가 자신의 일부가 되는 상태에 이른다. 하지만 대다수 사람들은 언제나 실수할 위험이 있다.

아프거나 다쳤을 때

몸과 마음은 동시적으로 움직인다. 그중 하나가 제대로 돌아가지 않으면 다른 하나도 비슷한 상태가 되기 쉽다. 심한 감기나 독감, 복통에 시달릴 때 어떤 기분이 드는가? 그리 멋진 기분은 아닐 것이다. 신체적 에너지가 건강을 낫게 하는 데 사용되고 있으면 분노 조절과 같은 다른 활동에 쓰일 에너지가 부족해진다.

너무 아파서 몸져 누워 있을 때에는 다른 사람들과 짜증나는 상호작용을 할 일이 별로 없다. 사실 분노할 에너지조차 충분하지 못할 수도 있다! 진짜로 위험한 상황은 건강이 좋지 않더라도 몸져 누워 있는 대신 힘겹게 하루를 버텨내려고 할 때다.

수면이 충분하지 않으면 약간 아픈 상태와 비슷해진다. 피로하면 분노를 터트리기 쉬운 상태에 처할 위험이 커진다. 피곤할 때면 조심해야 한다! 제19장에는 수면을 개선하기 위한 방법이 담겨 있다.

스트레스에 직면해 있을 때

스트레스는 몸과 마음의 귀중한 자원을 고갈시킨다. 하지만 분노와 달리 스트레스는 굉장히 미묘한 방식으로 드러난다. 약간 압박을 받거나 조금 불안하다고 느낄 수있다. 마감일이나 친척을 방문하는 일에 대해 걱정할 수도 있다. 모두 일상적인 이슈들이다.

스트레스를 조심해야 한다. 스트레스가 나타나면 짜증과 분노를 경험할 확률이 크게 증가한다. 스트레스를 관리하고 재발하거나 실수할 위험을 줄이는 방법은 제18장에나와 있다.

상실의 기억이 사라지지 않을 때

인생을 얼마나 잘 살든 그 과정에는 언제나 상실이 뒤따른다. 상실에는 다음과 같이 굉장히 다양한 형태가 있다.

✔ 사랑하는 사람과의 이별

✔ 재정적 손실

✔ 실직

✔ 인간관계의 파탄

✔ 동심의 상실

✔ 건강의 상실

✔ 매력의 상실

✔ 부상

✔ 젊음과 활력의 상실

거의 모든 상실은 슬픔으로 이어진다. 그리고 많은 사람은 슬픔보다는 분노가 낫다고 생각한다. 슬픔은 분노보다 우리를 상처에 더 직면하도록 만든다. 그렇기에 많은 사람들은 슬픔 대신 짜증이나 적대적인 감정을 느끼는 편을 선택한다.

슬픔을 차단하기 위해 분노를 선택할 때의 문제는 상실을 제대로 처리하지 못한다는 점이다. 슬픔은 상실에 대해 생각하면서 그림에도 계속해서 살아가는 법을 발견하도록 만드는 기능을 한다. 분노는 그러한 건강한 과정을 차단한다.

그렇다고 해서 분노가 상실에 대한 정상적인 반응이 아니라는 뜻은 아니다. 사실 그렇다. 하지만 어떤 시점에 이르면 슬픔을 경험하면서 분노를 놓아버리는 것이 중요하다.

아래 사례의 주인공 윌리엄은 분노 문제를 정복하는 데 굉장히 성공했다. 그럼에도 다양한 상황으로 말미암아 몸과 마음이 소진되었다고 느낀다. 윌리엄은 사소한 일로 분노를 터트리지만 이전에 이야기했듯이 실수는 재발이 아니다.

> 윌리엄은 격동의 사춘기를 보냈다. 학교에서 문제가 끊이지 않았고 가족과도 갈등이 있었으며 몇 번 체포되기까지 했다. 마침내 윌리엄은 분노 문제를 해결하기 위해 솜씨 좋은 상담사에게 보내졌다. 두 사람의 노력은 매우 성공적이었다. 이제 윌리엄의 친구들은 그를 보고 온화하며 느긋하다고 말한다. 인생을 바꾸겠다고 마음먹은 윌리엄은 대학으로 돌아갔고 심지어 짜증내는 일도 거의 없다. 윌리엄의 좌우명은 "사소한 일에 목숨 걸지 말자." 이다.

오늘 윌리엄은 졸업 전 마지막 기말고사를 보고 공대 건물을 나선다. 주머니에서 휴지를 한 장 꺼내 코를 푼다. 목구멍이 간질간질하다. 아프지 않기를 바란다. 다음 주가 되자 첫 직장에 출근하기 위해 서부로 날아간다. 이미 직장과 가까운 곳에 아파트를 구해두었고 상사와 동료들도 만나보았다. 굉장히 바쁜 한 주가 예상된다.

윌리엄은 자동차 시동을 켜고 도로 위로 나아간다. 기쁘고 신나야 하는데 그저 얼떨떨한 기분이다. 신호등이 녹색으로 변했지만 윌리엄 앞에 있는 차가 꼼짝할 생각도 안 한다. 운전자를 보니 아래를 내려다보고 있다. 문자를 보내는 모양새다. 윌리엄은 갑자기 분노가 엄청나게 치솟는 것을 느낀다. 그는 욕설을 퍼부으면서 경적을 내리친다.

윌리엄은 왜 그렇게 화가 났을까? 흠, 몇 가지 위험 요인이 있었다. 몸이 약간 편치 않다고 느끼지만 앓아 누울 정도로 아프지는 않다. 딱 신체적, 정신적 에너지가 고갈될 정도다. 또한 취직과 이사, 새 삶을 시작한다는 사실로 스트레스를 받고 있다. 물론 기쁜 마음으로 대학을 졸업했겠지만 이제 더 이상은 학생 신분이 아니다. 이제 윌리엄은 잠시 쉬어가면서 어떤 일이 벌어졌는지 살피고 다시 나아가야 한다.

특별한 이유 없이 화가 날 때

때때로 사람들은 딱히 특정 지을 수 없는 이유로 화를 내기도 한다. 유독 스트레스를 받지도 않았고 아프지도 않으며 특히 피로할 일도 없다. 어쩌면 과거에 심각한 어려움에 처했던 일과 비슷한 사건을 예기치 않게 겪었을지도 모른다. 아니면 누가 알겠는가? 인간은 실수하는 법이다. 정말이지 분노 문제는 그 정도로 단순할 수도 있다.

특정한 이유 없이 화가 날 때에는 자신에게 효과적이었던 분노 대응책을 골라들자. 불가피한 일로 스스로를 질책하려는 유혹에 빠지지 말자. 실수는 삶의 일부라는 사실을 받아들이자.

재발 방지 계획을 세우라

실수와 뒷걸음질, 헛걸음질은 사실상 불가피하기 때문에 이를 대비한 계획을 세워두어야 한다. 그러면서 문제가 될 법한 상황을 예측하고 정신적으로 대비하면 장애물에 걸려 넘어지는 횟수를 줄일 수 있다. 지금까지 전문가의 도움을 구한 경험이 없다면 전문가의 도움을 받는 것도 한번 고려해보기 바란다.

이미 상담을 받았다면 때로는 추후 회기가 놀라운 효과를 발휘한다. 추후 회기란 상담이 종료된 뒤에 상담사를 다시 만나서 현재 당면한 문제를 놓고 추가적인 노력을 기울이는 과정이다. 상담사와 함께 분노 조절 전략을 검토하고 현재 삶에서 무엇이 스트레스가 되는지 파악하면서 객관적인 조언을 듣는 일은 정말 효과적이다. 추후 회기를 진행한다고 해서 실패했다고 생각하지 말자.

실수를 달리 생각하라

실수했을 경우에는, 물론 틀림없이 그러겠지만, 스스로에게 어떤 말을 하는지 관심을 기울이자. 실수에 대한 생각은 상황을 개선할 수도 있고 훨씬 악화시킬 수도 있다. 만일 몹시 자책한다면 분노 문제가 더 심각해질 가능성이 크다. 사람들이 흔히 생각하는 바와 달리 학대에 가까운 자기비판을 한다고 해서 앞으로 더 잘하겠다는 동기가 생기지는 않는다.

표 17-1은 실수에 흔히 뒤따르는, 자신에 대한 몇 가지 비합리적인 생각들이 제시되어 있다. 또한 표의 오른편에는 더 합리적이고 타당한 생각의 사례가 제시되어 있다.

이미 효과적이었던 전략을 시도하라

분노 조절에는 다양한 기술이 필요하다. 이완하기나 분노에 대한 믿음 다시 생각하기, 분노를 촉발하는 사건에 스스로를 노출시키기, 단호하게 소통하기, 용서하기, 반추를 멈추기 등이 대표적이다. 만일 분노를 조절하는 과정에서 다소간 성과가 있었다면 이러한 전략 가운데 몇 가지가 특히 효과적이었을 가능성이 크다.

그런데 더 이상은 필요하지 않다면서 효과적이었던 대처 전략을 그만 사용했을 수

표 17-1 분노를 터트리는 실수에 대한 비합리적인 생각과 합리적인 생각

비합리적인 생각	합리적인 생각
결국 원점으로 돌아왔어.	나는 많은 측면에서 나아졌어. 여러 기술을 익혔고 다양한 상황에서 그전에는 하지 못했던 방식으로 분노를 다루게 되었어.
나 자신이 끔찍해.	나도 인간일 뿐이야.
결코 나아지지 못할 거야.	그건 절대 사실이 아니야. 앞을 향해 나아가고 있었어. 매번 약간씩 뒷걸음질할 수는 있지만 나아가고 있다는 사실이 중요한 거야.

도 있다. 말도 안 되는 소리다! 당장 돌아가서 애초에 효과적이었던 기술을 다시 적용하자. 어쩌면 이 기술을 영구적으로 그만둘 수 있는 지점까지는 결코 도달하지 못할지도 모른다. 당연히 이따금씩 이런 전략을 서랍에서 꺼내 들어서 먼지를 털고 다시 활용해야 한다.

기존과 다르게 시도하라

이 책을 다시 한 번 살펴보면서 이제까지 시도해보지 않았거나 그다지 관심을 기울이지 않았던 전략을 찾아본다. 이런 전략을 다시 살펴보고 한 번 시도해본다. 밑져야 본전이다.

피드백을 구하라

배우자나 신뢰하는 친구를 비롯하여 당신 삶에서 의미 있는 사람들은 사실상 당신의 구조대원이 되어줄 수 있다. 짜증내거나 화내는 옛 습관이 튀어나올 때 이런 사람들은 당신에게 구명조끼를 던져줄 수 있다. 당신이 인지하지 못하는 순간에도 그렇다. 다시 말해 구조대원은 당신의 분노가 감당하기 어려워지기 전에 당신이 감정을 통제할 수 있도록 도와준다. 하지만 이들은 오직 당신이 도움을 요청할 때에만 당신을 도와줄 수 있다. 그러니 잘하고 있다고 생각되는 때에도 잠재적 구조대원에게 부탁해서 당신이 짜증내기 시작하거나 기분이 언짢아지려고 할 때를 포착해달라고 말하자. 그리고 이런 메시지를 전달할 수 있는 차분하고 중립적인 언어나 신호를 개발한다. 몇 가지 예를 들면 다음과 같다.

✔ 손을 아래로 내리는 행동

✔ "잠깐 쉬었다 가자."라는 말

✔ 어깨를 부드럽게 두드리는 행동

✔ "지금 괜찮아?"라는 간단한 질문

이런 신호를 받으면 가장 먼저 반사적으로 부인하게 된다. 방어적으로 반응하지 않도록 노력하자. 구조대원은 당신을 최우선으로 생각하고 있으며 당신보다 더 객관적으로 당신의 행동을 바라볼 수 있으리라는 사실을 상기하자. 다음 사례를 살펴보자.

엘리자베스는 분노 문제가 있지만 상당히 좋은 발전을 이루었다. 하지만 친척 모임이 있을 때면 가끔씩 분노가 치민다는 사실을 깨달았다. 그런 모임의 소란이나 혼란과 관련된 힘든 기억이 너무도 많기 때문이다. 그래서 엘리자베스는 오빠인 마이클에게 분노 구조대원이 되어달라고 부탁한다. 마이클은 "당연하지! 기꺼이 도와줄게."라고 대답한다.

엘리자베스와 마이클은 계획을 세운다. 엘리자베스가 평정을 잃거나 초조해지기 시작한다고 느껴지면 마이클이 그녀의 팔꿈치를 부드럽게 쥐기로 한다. 친척 열여덟 명이 다음 추수감사절 저녁에 참석한다. 엘리자베스는 부엌일을 관리하는 데 집중한다. 늘 그랬듯 여러 친척들이 끊임없이 그녀를 방해하면서 뭐가 어디에 있는지 묻고 무얼 도와주어야 하는지 궁금해 하면서 수다를 떨기 시작한다.

마이클은 엘리자베스가 눈에 띄게 스트레스를 받고 짜증이 나 있는 것을 발견한다. 마이클은 부드럽게 엘리자베스의 팔꿈치를 쥔다. 그러자 엘리자베스는 팔꿈치를 홱 잡아당기더니 버럭 소리 지른다. "내 몸에 손대지 마. 나 바쁜 거 안 보여?"

엘리자베스는 어쩌면 구조대원을 잘못 선정했는지도 모른다. 그녀와 마이클 사이에는 어린 시절부터 시작된 오랜 갈등의 역사가 있다. 또는 그녀는 굉장히 쉽게 매우 방어적으로 반응한다는 측면에서 이런 종류의 도움을 받기에 적합한 사람이 아닐 수도 있다.

진정으로 적합한 구조대원이 곁에 없을 수도 있다. 어떤 사람들은 엘리자베스처럼 이런 종류의 피드백을 감당하기를 매우 어려워한다. 당신도 그렇다면 이 전략은 사용하지 말자!

차분해지라

당신의 기분이 행동을 장악하도록 내버려둘 필요는 없다. 분노가 치민다고 해서 반드시 분노를 터트려야 하는 것은 아니다. 그리고 누구나 분노를 자제할 수 있는 능력은 충분하다.

스스로를 차분하게 만들기 위해 노력하자. 심호흡을 몇 번 하고 천천히 열까지 센 다음 한두 가지 단어를 마음속으로 반복한다(침착해, 진정해, 괜찮아 등). 그러면서 실질적인 공격을 받지 않는 한 분노 어린 반응을 표출하는 일은 거의 유용하지도 생산적이지도 않다는 사실을 계속해서 상기한다.

스스로에게 보상을 주라

분노가 더 이상 당신 삶을 지배하도록 내버려두고 싶지 않은 이유를 세 가지 떠올려본다. 이 세 가지 이유는 분노를 차단할 수 있는 강력한 유인이 된다. 예를 들어 스스로를 부끄럽게 만드는 일이 지긋지긋할 수도 있다. 혹은 불필요하게 친구를 잃었을 수도 있다. 또는 긍정적인 모범이 되고 싶을 수도 있다. 아마도 10가지 이유는 족히 떠올릴 수 있을 것이다. 하지만 가장 중요한 세 가지 이유를 골라서 그 목록을 끊임없이 마음속으로 반복하기를 권한다. 잠시 쉬어가면서 각각의 이유를 살펴보고, 왜 그것이 당신 삶과 가치관에 중요한지 생각해보자.

PART

6

분노를 넘어선 삶

분노하지 않는 균형적인 생활을 위한 다섯 가지 요소

- 잠을 충분히 잔다.
- 매일 운동하는 것을 최우선으로 생각한다.
- 친구를 사귀고 사회적 관계망을 확장한다.
- 매일 감사할 수 있을 만한 거리를 반드시 찾는다. 감사 일기를 쓰는 것도 좋다.
- 날마다 겪는 스트레스 수준을 점검하고 가급적 스트레스를 예방한다.

제6부　미리보기

- 스트레스가 몸에 어떤 영향을 미치며 분노에 어떤 작용을 하는지 깨닫는다. 스트레스를 관리할 수 있는 방법을 발견한다. 재앙과 같은 사건을 도전적인 기회로 탈바꿈한다.

- 더 깊이 숙면하고 더 많이 운동하는 법을 배운다. 분노뿐 아니라 전반적인 기분을 더 잘 관리할 수 있도록 건강을 유지한다.

- 균형적인 삶에 있어 사회적 지지가 얼마나 중요한지 깨닫는다. 새로운 친구를 사귀고 오랜 친구를 잘 관리한다.

- 감사하는 습관을 기르고 가치가 이끄는 의식적인 삶을 살기 위해 노력한다.

chapter

18

스트레스를 완화하기

제18장　미리보기

- 스트레스를 정의한다.
- 스트레스의 비용을 정리해본다.
- 무엇이 스트레스를 주는지 찾는다.
- 스트레스를 관리한다.

혹시 분노가 이렇게 드러나지는 않는가?

"나를 좀 내버려둬, 젠장!"

"이제 그만두는 편이 좋아. 나도 참을 만큼 참았어!"

"제발 적당히 좀 해! 당신의 얼토당토않은 짓을 내가 얼마만큼 참을 수 있을 것 같아?"

"두 번은 얘기 안 해. 나 좀 그만 괴롭혀!"

만일 그렇다면 비단 분노만이 문제가 아닐 수도 있다. 스트레스와 과부하로 괴로워하고 있을 가능성이 높다. 스트레스가 지나칠 수도 있고 잘못된 종류의 스트레스를 받고 있을 수도 있지만 어찌되었건 스트레스를 받고 있는 상태다. 그리고 분노는 그러한 스트레스를 표출하는 방식이 된다. 어떤 사람들은 스트레스의 폭격을 받을 때 조용히 동굴 속으로 들어간다. 다른 사람들은 마구 화를 낸다. 안타깝게도 두 전략 모두 그다지 효과적이지 않으며 건강에 위협적인 결과를 낳는다.

이번 장에서는 스트레스가 과도할 때 어떻게 해야 할지 보여주며, 다가올 위험을 경고하는 신호를 알아차리도록 도와준다. 또한 스트레스를 유발한다고 생각되지만, 이미 짜증이 나 있지 않더라면 스트레스가 되지 않았을 자극을 발견하는 법을 소개한다. 스트레스로 인한 번아웃을 예방하는 법을 안내하며 일상생활의 작은 골칫덩이들이 가장 치명적인 이유도 설명한다. 그리고 가장 중요하게도 스트레스 아래에서도 번영할 수 있는 방법, 곧 성격을 단단하게 만들 수 있는 법을 보여준다. 생각보다 쉽다.

스트레스와 압박감 검토하기

믿을지 모르겠지만 우리의 증조부모들은 스트레스를 받지 않았다. 정확히 표현하자면 스트레스를 느끼기는 했지만 이를 스트레스라고 부르지 않았다. 스트레스 혹은 압박감이란 공학에서 사용하던 용어로서 1930년대 들어서야 인류에게 적용되기 시작했다.

스트레스는 일상생활의 정상적인 일부다. 스트레스란 생존에 위협이 되는 사람이나 환경, 사건에 대해 우리 자신을 보호하는 데 도움이 되며, 우리가 타고난 투쟁-도피 반응에 기름을 붓는 역할을 한다. 스트레스는 선택할 수 있는 종류의 것이 아니다. 스트레스는 오히려 선물이다(물론 그렇게 느껴지지는 않지만).

다음은 스트레스를 받을 때마다 몸에서 일어나는 변화의 사례다.

✔ 동공이 확장된다.
✔ 혈당 수치가 증가한다.
✔ 혈압이 높아진다.

- ✔ 혈액이 더 빠르게 응고된다.
- ✔ 온몸의 근육이 긴장한다.
- ✔ 호흡이 가빠진다.
- ✔ 심박 수가 증가한다.
- ✔ 뇌하수체가 활성화된다.
- ✔ 시상하부가 활성화된다.
- ✔ 아드레날린이 막힘없이 움직인다.
- ✔ 손바닥에 땀이 난다.
- ✔ 혈중 코르티솔 농도가 증가한다(코르티솔이란 몸의 투쟁-도피 반응을 자극하고 유지하는 스트레스 호르몬이다).
- ✔ 지방이 혈류로 방출된다.
- ✔ 간이 지방을 콜레스테롤로 변환한다.

장기간 스트레스를 받으면 우리가 흔히 압박이라고 생각하는 현상으로 이어진다. 압박이란 우리 신체가 스트레스를 만성적으로 과도하게 받을 때 일어난다. 매해 끊임없이 자동차가 가로지르는 다리를 떠올려보자(이미 언급했지만 스트레스와 압박이라는 단어는 공학 분야에서 유래했다). 자동차의 무게는 스트레스 자극이 된다. 더 많은 자동차가 다리를 오갈수록 스트레스도 커진다.

이제 수십 년 뒤에 다리에 균열이 가기 시작한다고 상상해보자. 작은 균열이 시간이 흐르면서 벌어진다. 이런 균열은 다리의 안정성을 위협한다. 이를 구조적 결함이라고 부른다. 이때의 균열은 지나친 스트레스로 말미암아 불가피하게 발생한 압박을 상징한다. 다리가 곧 당신이다. 당신의 몸, 당신의 건강이다. 몸에 구조적 결함이 생기기를 바라지는 않을 것이다!

이제 다리가 압박의 징후를 보이기 시작하면서 삐걱거리고 신음하는 모습을 상상해보자. 당신이 얼마나 큰 압박을 받고 있는지 세상에 소통하기 위한 방법으로서 분노가 하는 역할을 깨달을 수 있을 것이다. 분노는 삐걱거리고(짜증내고) 신음하는(격노하는) 당신만의 방법이다.

스트레스와 압박은 우울이나 심혈관 질환과 관련 있다고 알려져 있다. 또한 사실상 모든 만성 질환을 악화시킨다.

다른 사람을 돌보는 사람은 특히 스트레스를 받을 위험이 높다. 장애가 있거나 나이가 든 가족 구성원을 돌보고 있다면 잠시 간병을 위탁하고 스스로를 돌볼 시간을 갖자. 지지 모임에 합류하는 것도 방법이다.

어떤 사람들은 분노의 도화선이 갈수록 짧아진다고 느끼면서 왜 그런지 궁금해한다. 이런 사람들의 경우 갈수록 더 큰 스트레스를 경험하며 이 스트레스가 압박으로 진화하는 경우가 많다. 서서히 하지만 반드시 삶에 과부하가 걸린다. 스트레스에 대한 인내심이 줄어들고 분노의 도화선이 짧아진다. 예전에는 그저 사소한 골칫거리였던 일도 견딜 수 없어진다. 이런 일은 정상적인 일상생활에서는 일어나지 않는다. 스트레스가 만성적이고 극단적일 때 발생한다.

스트레스 보균자 멀리하기

어느 공간에 들어서는 순간 주변의 모든 것을 파괴시키는 듯한 사람을 아는가? 그 사람이 도착하기 전까지 사람들은 기분 좋은 상태에서 웃고 떠들며 일하고 삶을 즐

[운동으로 스트레스 줄이기]

캐서린 슬러터는 동료 연구진과 함께 직장에서의 스트레스와 신체 활동 간 관계에 대해 연구했다. 이들은 연구 결과를 「국제 스트레스 관리 학술지」(그렇다. 이런 학술지가 실제로 존재한다)에 보고했다. 152명의 간호사가 이 연구에 참여했다. 간호사들은 까다로운 환자를 돌보거나 업무가 과다하거나 인력 부족 등 흔히 예상할 수 있는 이유로 스트레스를 받았다. 연구진은 간호사들에게 설문지를 배포해서 현재의 기분 상태와 일터 밖에서 하는 신체 활동, 삶의 만족도, 일에 대한 헌신의 크기를 측정했다. 연구진은 신체 활동을 하는 간호사들이 덜 우울하고 더 헌신적이며 삶에 대해서도 더 큰 만족을 느끼리라고 예상했다. 그리고 간호사들의 응답은 이런 세 가지 가설을 모두 충족했다.

다른 연구 결과에서도 운동이 기분을 나아지게 하며, 에너지를 증가시키고, 삶의 질을 향상시키며, 스트레스를 줄인다는 사실이 밝혀졌다. 이 연구의 저자들은 신체 활동이 부분적으로는 사람들로 하여금 스트레스와 관련된 생각을 반추하지 못하도록 만들기 때문에 효과가 있지는 않은지 확인하고자 했다. 연구진은 신체 활동이 업무와 관련된 괴로움에서 주의를 분산할 기회를 제공할 가능성이 있다는 결과를 얻었다. 그렇기에 신체 활동은 건강에 미치는 긍정적인 효과 외에도 스트레스를 받을 때 반드시 요구되는 휴식을 취하게 해준다. 개를 데리고 산책하거나 헬스클럽에 등록해야 하는 또 다른 이유가 여기 있다.

기지만 그 사람이 등장하는 순간 이 모든 것이 달라진다. 사람들은 웃음을 멈추고 분위기가 변하며 갑자기 긴장이 맴돈다. 바로 이 사람이 **스트레스 보균자**다.

어떤 사람이 스트레스 보균자인지는 다음을 보면 알 수 있다.

- ✔ 목소리의 톤(빠르고 병적이며 거슬리는 등)
- ✔ 공격성이나 방어성을 드러내는 자세(몸을 부풀리거나 팔짱을 끼는 등)
- ✔ 긴장된 표정(입을 꽉 다물거나 찡그리거나 눈을 가늘게 뜨는 등)
- ✔ 주먹 쥐기
- ✔ 욕설 사용하기
- ✔ 다른 사람의 대화에 끼어드는 경향
- ✔ 거슬리는 웃음소리
- ✔ 경직되고 분노에 찬 의견
- ✔ 눈을 빠르게 깜빡이는 행동
- ✔ 한숨 쉬기
- ✔ 과도하게 땀 흘리기
- ✔ 손가락으로 표면 두드리기
- ✔ 움찔거리는 움직임
- ✔ 빠르게 걷는 경향
- ✔ 빠르게 먹는 경향
- ✔ 시간을 자주 확인하는 경향
- ✔ 대화를 빠르게 마무리 짓기 위해 "그래," "응," "맞아," "알아"와 같이 말참견하는 경향
- ✔ 말하거나 듣는 것처럼 행동하면서 끊임없이 공간을 훑어보는 행동

스트레스 보균자로부터 가능한 한 멀리 떨어져 있자. 이들의 스트레스에는 전염성이 있다. 이들 곁에 오래 머무르면 당신도 스트레스를 느낄 것이다. 게다가 스트레스 보균자의 스트레스가 분노라는 방식으로 폭발하면 어떤 일이 벌어질까? 당신까지도 왜 그런지 이유도 모른 채 화가 날 것이다.

어쩌면 당신이 스트레스 보균자일 수 있다. 이 목록을 다시 확인하면서 스트레스 보균자의 특성이 당신에게서도 드러나는지 살펴보자. 정말 용감하다면 당신을 잘 아는

사람에게 이 목록을 보여주면서 어떻게 생각하는지 물어보자. 진정한 자아를 판단하기에 스스로는 적임자가 아닐 수도 있다.

스트레스의 출처 찾기

스트레스 인자란 스트레스를 유발하는 사람, 사건, 환경을 의미한다. 스트레스 인자에는 온갖 유형과 형태가 있다. 어떤 인자는 물리적이며(냄새, 오염) 다른 인자는 사회적이다(시끄러운 이웃, 참견하는 친척). 정서적인 인자도 있고(사랑하는 이의 죽음) 법적인 인자도 있으며(이혼) 재정적인 인자도 있다(파산). 어떤 인자는 심지어 새로운 직장을 구하거나 결혼하거나 대학을 졸업하는 등 긍정적이기도 하다. 그리고 이런 긍정적인 인자는 부정적인 인자만큼이나 우리의 신경계를 흥분시킨다.

심리학자들은 스트레스 인자를 크게 두 가지 부류로 나눈다. 부차적인 자극(성가신 골 첫거리)과 중대한 생활 사건이 그것이다.

일상적이고 부차적인 스트레스 인자 가운데 우리가 흔히 경험하지만 궁극적으로는 분노의 토대가 되는 인자의 사례는 다음과 같다.

- ✔ 마감 기한을 맞추기 위해 서두를 때
- ✔ 이야기하는 도중에 누가 끼어들 때
- ✔ 누군가가 당신의 물품을 허락 없이 빌려갔다는 사실을 알아차릴 때
- ✔ 낮잠을 자는데 누가 방해할 때
- ✔ 줄 서서 기다리는데 다른 사람이 끼어들 때
- ✔ 교통체증이 심할 때
- ✔ 중요한 물건을 엉뚱한 곳에 두어서 찾지 못할 때
- ✔ 아픈 아이를 돌볼 때
- ✔ 달갑지 않은 사람과 어울려야 할 때
- ✔ 자동차를 수리해야 할 때
- ✔ 입 안이 헐 때
- ✔ 새로 구입한 차 유리창에 새똥이 붙어 있을 때

- ✔ 약속 시간에 상대가 늦게 나타날 때
- ✔ 다른 사람이 당신을 향해 무례한 발언을 할 때
- ✔ 지나치게 한가할 때(맞게 읽었다. 지나치게 한가한 사람들은 지루함을 느낀다. 일터에서 이런 일이 일어날 때를 학자들은 '과소이용'이라고 부른다. 필자들은 집에 틀어박혀 있는 청소년들도 마찬가지라고 생각한다. 아무것도 하지 않은 채 보내는 시간이 과도하게 지속되면 불가피하게 이런저런 문제로 이어지게 마련이다)

삶에 훨씬 큰 영향을 미칠 수 있는 주요 스트레스 인자는 다음을 포함한다.

- ✔ 해고당할 때
- ✔ 징역형에 처해질 때
- ✔ 만성적이거나 치명적인 질환을 진단받을 때
- ✔ 가까운 친구를 죽음으로 잃을 때
- ✔ 은행이 담보권을 행사해서 집을 잃을 때
- ✔ 배우자와 이별할 때
- ✔ 임신할 때
- ✔ 아이들이 집에서 독립할 때
- ✔ 이사할 때
- ✔ 복권에 당첨될 때
- ✔ 실직했을 때
- ✔ 새로운 직장을 얻을 때
- ✔ 승진할 때

짐작하기에 어떤 스트레스 인자가 가장 해로울까? 대다수 사람들은 주요 인자 가운데 하나를 언급한다. 하지만 실제로는 사소한 삶의 자극도 주요 인자만큼이나 해로울 수 있다. 왜일까? 사소하지만 날마다 발생하기 때문이다. 사람들은 부차적 스트레스 인자가 너무 보편적이기 때문에("이봐, 그런 건 삶의 일부라고!") 진지하게 생각하지 않지만 그건 실수다.

중대한 방식으로 삶에 영향을 미칠 수 있는 주요 스트레스 인자에 대한 좋은 소식이 있다. 바로 이런 인자는 자주 일어나지 않는다는 것이다. 그렇기에 사람들은 이런 사건이 한 번이라도 벌어지면 그에 효과적으로 대응하기 위해 모든 가능한 자원을 투자하는 경향이 있다. 심지어 어떤 사람들은 역경이 닥친 뒤에 긍정적인 방식으로 성숙했다고 보고하기도 한다.

스트레스 유형 살펴보기

모든 사람은 저마다 스트레스의 수용력이 다르다. 다시 말해 심각한 압박의 징후를 보이지 않고서 감당할 수 있는 스트레스 수준은 개인마다 편차가 있다. 심지어 가장 회복력이 높은 사람들조차도 때때로 과부하 상태에 놓였다고 느낀다. 바로 그럴 때면 자기 삶에 무슨 일이 벌어지고 있는지 자세히 진단하면서 삶의 균형을 회복하기 위해 노력해야 한다.

스트레스도 중독될 수 있다. 매일 해치워야 하는 일들로 압도되지 않았던 적이 언제였는지 기억나지 않거나 목표를 하나씩 달성할 때마다 아드레날린이 샘솟으면서 고양된 상태에 있는 것을 즐기는가? 스트레스가 없는 상태에서도 일부러 스트레스를 만드는 것 같거나 주변이 지나치게 조용하면 좀이 쑤시고 지루한가? 그렇다면 당신도 스트레스 중독자일 수 있다.

스스로 스트레스 중독자라고 생각한다면 서서히 스트레스를 끊는 법을 익힐 필요가 있다. 다음과 같은 시도로 시작해보는 것도 좋다.

- ✔ 평소라면 바쁘게 보냈을 저녁 시간을 할애해서 경쟁적이지 않고 말수도 적은 친구와 시간을 보낸다.
- ✔ 평일 저녁 그리고 주말 중 일정 시간에는 시계를 차지 않고 휴대폰 전원도 끈 채 보낸다.
- ✔ 일주일에 서너 번 요가 수업을 듣거나 따뜻한 물에 목욕한다.
- ✔ 명상 수업을 듣거나 집에서 명상을 연습한다.
- ✔ 정기적으로 산책한다.

누적 또는 만성 스트레스

곧바로 뜻을 알아차렸겠지만 누적 스트레스 혹은 만성 스트레스란 시간이 흐르면서 축적되는 스트레스다. 하나의 스트레스에 또 하나가 쌓이고 또 다시 하나가 더 쌓이다가 이윽고 견딜 수 없을 정도에 이른다. 스트레스가 누적되어서 만성화되면 제대로 사고하거나 문제를 해결하는 데 어려움을 겪는다. 다시 말해 무슨 일이 벌어지는지 파악하는 대신 곧바로 짜증을 낸다.

헨리도 똑같다. 얼마 전 은퇴한 헨리는 황혼을 보내게 되리라고 생각했다. 수입도 안정적이고 집도 있는데다가 부부 모두 건강했다. 혹은 그래 보였다.

이제 헨리는 불안하다. 수십 년을 함께 보낸 아내가 물건을 어디에 두었는지 잊어버리기 시작하고 이따금씩 혼란스러워하며 간단한 일조차도 능숙하게 해내지 못한다. 무슨 일이든 잊어버리지 않게 하려면 아내에게 반복해서 일러주어야 한다. 예를 들면 일주일 전에 헨리는 자원봉사자 모임에 참석할 예정인 날짜를 아내에게 말했다. 하지만 바로 그다음 날 아내는 "그 자원봉사자 모임이 언제라고 그랬지?" 라고 물었다.

헨리는 누구든 그럴 수 있다고 생각하면서 다시 일러준다. 하지만 채 하루가 지나자마자 아내는 또 묻는다. "그 자원봉사자 모임이 언제라고?"

이제 굉장히 좌절한 헨리는 세 번째로 일러준다. 다음날에도 똑같은 일이 벌어진다. 엿새 연속으로 똑같은 일이 반복되자 마침내 헨리는 분노가 폭발한다. 헨리가 고함을 지르자 아내는 울면서 방으로 피하고 둘 다 내내 기분이 좋지 않다. 헨리는 모임이 언제인지 아내가 물어봐서 스트레스를 받지 않았다. 아내가 계속 반복해서 물어보았기 때문에 스트레스를 받았다. 한두 번은 괜찮지만 여섯 번은 문제다.

하지만 아내에게 고함지르는 행동은 그다지 좋은 전략이 아니다. 대신 헨리는 아내를 병원으로 데려가 진단을 받도록 해서 아내의 기억 문제가 무엇 때문인지 찾아야 한다. 이런 일이 헨리에게도 스트레스를 주겠지만, 아내에게 어떤 일이 벌어지고 있는지 더 잘 이해하고 분노도 더 효과적으로 조절할 수 있는 방법이다.

오래된 파트너와의 이별은 삶에서 스트레스와 고통이 가장 극심한 경험 가운데 하나다. 어떤 측면에서는 그 비통함을 정확히 측정할 방도가 없다. 누군가의 고통에 어떻게 객관적인 잣대를 들이댈 수 있을까? 그럼에도 어떤 사람들은 슬픔에 완전히 압도되는 것처럼 보이는 반면 다른 이들은 상대적으로 가벼운 슬픔을 느끼는 듯하다.

최근 학술지 「외상학(Traumatology)」에는 사랑하는 이를 잃고 슬픔에 잠긴 이들을 대규모로 분석한 연구가 실렸다. 연구에 따르면 일부 사례에서 사람들은 상실을 딛고 긍정적인 심리적, 영적 성숙을 실제로 경험했다. 슬픔으로부터 성숙한 사람들은 상실 뒤 스트레스 수준이 심각하지 않았다고 보고했다. 반면 슬픔으로 압도된 이들과 슬픔의 강도가 낮았던 이들은 삶에 대한 감사와 영적 유대감의 정도, 대인관계의 개선 등 성숙을 대표하는 지표에서 상대적으로 더 낮은 수준을 보고했다.

파국적 스트레스

테러나 쓰나미, 허리케인과 같은 사건은 사람들의 삶을 파괴한다. 일차적인 영향권 내에 있는 경우에 더욱 그렇다. 이런 종류의 사건은 끔찍하고 삶을 뒤엎는 유형의 스트레스, 곧 파국적 스트레스의 하나다. 어떤 사람들은 파국적 스트레스로부터 영영 회복하지 못한다(예를 들면 베트남 전쟁에 참전했지만 50년 가까이 지난 지금도 외상 후 스트레스 장애로 여전히 전쟁 중과 같은 상태에서 살아가는 사람들이 있다). 파국적 스트레스에서 회복한다고 하더라도 치유되기까지는 대개 오랜 시간이 걸린다.

멀티태스킹으로 인한 스트레스

오늘날 문화는 멀티태스킹하는 능력의 미덕과 가치를 칭송하는 듯하다. 헤드셋을 끼고 통화하는 동시에 이메일에 답하고 문자까지 보내는 사람들을 종종 본다. 학생들은 TV를 보고, 게임을 하고 문자를 주고받으면서 숙제를 한다.

이들 중 상당수가 스스로 멀티태스킹을 극히 효과적으로 하고 있으며 이런 능력 덕분에 대다수 사람보다 더 많은 일을 할 수 있다고 자랑스럽게 주장한다. 하지만 연구 결과는 이와 다르다. 우리 뇌는 효율성을 희생하지 않고서는 하나 이상의 활동에 집중할 수 없다.

스탠퍼드대학교의 심리학자들이 수행한 연구에서는 스스로 멀티태스커라고 주장한 실험 참가자들이 주기적으로 멀티태스킹을 하지 않는 참가자들보다 기억 및 주의를 요하는 과제에서 더 낮은 성적을 받았다. 멀티태스커들은 주의가 더 쉽게 산만해지며, 한 번에 한 가지 일에 집중하는 이들보다 덜 효율적이었다. 요컨대 멀티태스킹을 하면 더 많은 일을 성취할 수 있을 듯하지만 사실은 그렇지 않다. 스트레스만 유발할 뿐이다.

번아웃 예방하기

번아웃(burnout)이란 장기적이고 강렬하며 해결할 수 없는 스트레스로 말미암아 불가 피하게 야기되는 압박의 한 종류다. 사전에 따르면 번아웃이란 "로켓의 연료가 소진 되어 자유 비행하는 상태"를 말한다.

여기서 로켓은 무엇을 뜻할까? 바로 당신이다. 그렇다면 연료란? 신체적, 심리적 에 너지다. 그리고 자유 비행이란 부쩍 정신이 흐트러지고 불안정하며 비효율적으로 행 동하는 상태를 말한다.

번아웃을 예방하는 최선의 방법은 번아웃을 조기에 발견하는 것이다. 아래 목록 가 운데 얼마나 많은 증상을 현재 보이고 있는가? 만일 평소보다 더 많은 항목에 체크 하게 된다면 번아웃으로 가는 길목에 있을 수 있다.

- ✔ 만성 피로
- ✔ 억지로 간신히 출근함
- ✔ 식욕 상실
- ✔ 불면
- ✔ 모든 일을 마냥 미룸
- ✔ 일에 대한 흥미가 사라짐
- ✔ 두통이나 근육통
- ✔ 속 쓰림이나 소화 불량
- ✔ 불안

- ✔ 업무 수행도나 평가가 하락함
- ✔ 냉소주의
- ✔ 절망감
- ✔ 지루하고 무엇에도 흥미가 없음
- ✔ 알코올 남용
- ✔ 일을 제때 하지 못함
- ✔ 공격성, 짜증, 분노
- ✔ 초조함
- ✔ 직장에서 종종 비판적인 태도를 보임
- ✔ 갑자기 눈물을 터트림
- ✔ 갑자기 성질을 부림
- ✔ 일이나 인생 전반에 열정이 사라짐
- ✔ 금요일 저녁만큼이나 월요일 아침이 피곤함
- ✔ 집중하지 못함
- ✔ 직장과 가정에서 일상적인 일에 혼선이 생김

번아웃 증후군의 다양한 증상을 겪고 있다면 이를 심각하게 받아들여야 한다. 한 걸음 물러나서 이런 증상이 무엇에서 유래하는지 생각해보자. 어떻게 대처할 수 있는지 고민해보자. 절망에 빠져서는 안 된다.

미셸의 사례를 보자. 젊고 총명한 여성인 미셸은 마케팅 분야에서 촉망받는 신예로서 멋지게 경력을 시작했다. 그러던 중 미셸이 일하는 회사가 대규모 조직 개편을 단행했다. 그 결과 직속 상사도 없이 업무량이 두 배로 늘어났고(추가적인 보상도 없이) 업무에서 요구되는 수준을 맞추기에 허락된 자원은 턱없이 모자랐다. 무엇보다 최악은 미셸이 가장 잘하는 업무에 헌신할 시간이 사라졌다는 점이다.

일반적으로 미셸은 에너지가 넘치고 긍정적이며 활발한 성격이지만 조직 개편 이후 매사에 모든 에너지가 소진되는 것처럼 느껴졌다. 게다가 출근하기가 두려워지고 짜증이 늘었으며 편두통과 복통에 시달리기 시작했다. 번아웃 증후군을 겪고 있는 미셸의 삶은 통제하기 어려운 방향으로 흘러가고 있었다.

미셸은 번아웃에 대한 해결책을 찾아야 한다. 어쩌면 새 직장을 구해야 할 수도 있다. 하지만 새로운 직장을 알아보기 전에 다른 모든 가능성을 살펴보아야 한다. 가령 담당 임원이나 인사 부서, 동료들을 만나보면서 대안을 구해볼 수 있다(문제해결 전략에 대해서는 제9장 참조). 또한 더 단호한 방식으로 소통해보는 것도 도움이 될 수 있다(제8장 참조). 번아웃을 피하기 위한 가장 좋은 방법 가운데 하나는 문제가 되는 이슈에 주도적으로 접근하는 것이다.

번아웃을 예방하고 싶다면 지금 처한 상황과 자신의 능력에 대한 기대치를 현실적으로 조정해야 한다. 번아웃은 통상 상황과 능력 간 차이가 지나치게 크게 벌어질 때 발생한다. 상황이 '어떠해야 하는지' 생각하지 말고 실제 있는 그대로의 상황에 대처하는 데 집중하자. 그리고 스스로에게도 합당한 수준 이상의 노력을 요구하지 말자.

당신의 일이 무엇이든 혼자서 세상(혹은 당신이 일하는 회사)을 구할 수는 없다. 일터와 관련된 문제에 대해서는 현실적으로 대응할 수 있는 만큼만 하자. 하지만 어떤 시점에 다다르면 잠시 멈추어 서서 한계를 설정해야만 스스로를 보호할 수 있다.

강인해지는 법 발견하기

1970년대 중반 살바토르 매디가 이끄는 연구진은 거대 통신사에서 근무하는 직원들을 추적 연구하기 시작했다. 통신사는 여러 차례 대규모 구조조정을 거쳤고 조직 구조에도 큰 변화가 있었다. 삼분의 이가량 되는 직원들이 심각한 신체적, 정서적 문제를 보였다. 스트레스 증가가 주된 원인으로 나타났다. 직원들이 겪는 문제로는 심장마비, 약물 남용, 발작, 기분 장애 등이 있었다.

놀랍게도 나머지 삼분의 일에 해당하는 직원들은 굉장한 회복력을 보였다. 고난과 스트레스에도 이 직원들은 부정적인 여파를 겪지 않고 폭풍 속을 무사히 헤쳐나갔다. 연구진은 스트레스에 잘 대처한 사람들에게서 세 가지 특징이 공통적으로 나타나는 것을 발견했다.

✔ **통제감** : 자신의 운명을 움직일 힘이 자신에게 있다는 믿음
✔ **헌신** : 자신에게 벌어지는 일에 관심과 호기심을 보이고 적극적으로 개입하는 행동
✔ **도전** : 부정적 사건을 정상이라고 받아들이면서 성장의 기회를 포착하는 능력

진실로 강인한 사람들은 버거운 도전에 굳센 마음과 단호한 결의, 인내심을 가지고 직면한다. 이들은 무너지기를 거부한다. 끔찍한 일들이 일어나도 거의 불평하지 않는다. 다음 사례가 이를 보여준다.

> 릴리언은 강인한 영혼을 지녔다. 유행성 독감으로 갑작스럽게 부모를 잃은 릴리언은 고아원에서 자랐다. 명랑하고 활달한 그녀는 20대 초반에 음주 운전 차량과 정면으로 부딪혀서 거의 죽을 뻔했다. 사고로 무릎이 크게 다쳤고 평생 다리를 움직일 수 없게 되었다.
>
> 릴리언은 매력적인 여성이었지만 부상 때문에 배우자를 선택할 여지가 크게 없어서 훨씬 나이 많은 남성과 결혼했다. 릴리언은 아이를 가지기 원했지만 그럴 수 없었기 때문에 많은 아이들을 후원하는 이모가 되었다. 여성이 가정이라는 속박에서 자유로워지기 훨씬 전부터 이미 그녀는 정규직으로 고용되어 평생 일했다.
>
> 그녀와 남편은 검소하게 생활했지만 돈은 언제나 걱정거리였다. 몇 번의 심한 발작 끝에 릴리언은 몸의 절반이 마비된 채 휠체어 신세를 지면서 생애 마지막 10년을 요양원에서 보냈다. 릴리언은 88세의 나이로 조용히 세상을 떠났다.
>
> 놀라운 사실은 신체적 제약에 대해서 혹은 삶이 부당하다며 릴리언이 한 번도 불평하지 않았다는 사실이다. 그녀는 장애인으로서 제한된 삶을 살기를 거부했다. 그리고 결코, 단 한 번도 다른 사람에 대한 분노를 표출하지 않았다. 심지어 충분히 그래도 될법한 상황에서도 그러지 않았다. 대신 그녀는 관대함과 유머 감각, 무엇이든 가능하다는 긍정적인 믿음 그리고 삶을 용서하는 방식으로 유명했다.

참고하기

강인한 성격을 지닌 사람들은 변혁적 대처 전략(부정적 상황을 개인적으로는 성장하고 사회적으로는 이득이 되는 기회로 탈바꿈시키는 방식)을 활용할 가능성이 높다. 또한 직면한 어려움을 부인하거나 회피하거나 도망가려고 시도할 가능성이 낮다.

강인하지 않은 사람들은 주변 세계로부터 괴리되어 있다고 느끼는 경향이 있다. 이들은 강인한 사람들이 누리는 사회적 유대감과 지지를 느끼지 못한다. 이런 유대감은 일상생활에서 스트레스의 영향력을 최소화하는 효과가 있다. 삶에 가치와 목적의식이 없기 때문에 문제를 해결해야겠다는 진정한 유인도 없다. 그러니 쉽게 화나는 것도 당연하다.

강인함은 유전적으로 타고나는 성향이 아닌 듯하다. 강인함은 삶이라는 경험의 부산물인 스트레스에 대처하는 스타일이다. 다시 말해 강인함은 길러진다. 아직 충분히 기르지 않았다고 하더라도 늦지 않았다.

운명의 주인이 되라

스트레스에 대처할 수 있는 강인한 성격을 가지기 원한다면 스스로 역경에 대응할 수 있다는 믿음이 필요하다. 이를 자존감이라고 부르든 자신감, 자기 효능감이라고 부르든 원하는 대로 불러도 된다. 결국은 삶의 주인이 되어야 한다.

거대한 스트레스의 피해자가 된다면 어떻게 할 것인가? 이를 피해서 도망치는가? 문제에 대해서 혹은 이를 해결할 방법에 대해서 아예 생각조차 하기 싫은가? 담배나 맥주, 과도한 쇼핑으로 마음을 흐트러트리는가? 그러지 말고 스스로에게 "이 상황을 나에게 유리하도록 만들기 위해서 어떻게 해야 할까?"라고 묻고 그에 따라 행동하자.

다음과 같은 말을 반복하면서 강인한 사람처럼 생각하는 법을 연습하자.

- ✔ 사람들은 살아가면서 응당 받아야 하는 존중을 대체로 받는다.
- ✔ 좋은 학교 성적은 우연이 아니다. 노력의 결과다.
- ✔ 운은 인생이 흘러가는 데 거의 영향을 미치지 않는다.
- ✔ 유능한 사람은 마주친 기회를 잘 이용하기 때문에 리더가 된다.
- ✔ 나에게 벌어진 일은 대체로 나의 실수 때문이다.
- ✔ 사람들은 내가 여지를 줄 때만 나를 이용할 수 있다.

관객이 아닌 주인공이 되라

강인한 사람들은 삶에 깊이 몰입하면서 목적의식을 찾아낸다. 강인한 성격의 요소

가운데 헌신과 관련된 측면이 바로 이 부분이다. 삶이라는 게임에서 우리는 주인공이 될지 관객이 될지 결정해야 한다.

강인하지 않은 사람들은 삶이 나아지기를(다시 말해 스트레스가 줄어들기를) 가만히 앉아서 기다리는 반면 강인한 사람들은 이렇게 행동한다.

- ✔ 모든 종류의 공적 투표에 참여한다.
- ✔ 다른 사람을 돕기 위한 시민 단체에 합류한다.
- ✔ 마라톤에 참가한다.
- ✔ 고속도로 미화 캠페인에 참여한다.
- ✔ 지역사회 봉사활동에 자원한다.
- ✔ 일터에서 아무도 원하지 않는 프로젝트와 씨름한다.
- ✔ 사소한 일에도 의미를 부여한다.
- ✔ 실수를 하더라도 이를 새로운 능력을 개발할 기회로 삼는다.
- ✔ 리더 역할을 맡는다.
- ✔ 자기 자신과 타인을 위해 기도한다.
- ✔ 자기 개발을 하기 위해(혹은 그저 재미를 위해!) 다양한 수업을 듣는다.
- ✔ 가족과 함께 하는 활동에 온전히 몰입한다.
- ✔ 정기적으로 건강 검진을 받는다.
- ✔ 새로운 사람들과 교류를 추구한다.
- ✔ 만나는 모든 사람들에게서 흥미로운 점을 발견한다.

재앙을 도전으로 바꾸라

삶은 끊임없이 변화한다. 때로는 이런 변화가 우리에게 유리하게 작용하기도 하지만 다른 때에는 그렇지 않다. 어느 쪽이든 변화는 스트레스다. 결국 핵심은 이런 변화를 재앙으로 볼지 아니면 도전으로 볼지에 대한 것이다. 사람들은 도전에는 적극적으로 대응하지만 재앙은 피하려고 한다.

두 사람이 예기치 않게 직장을 잃었다고 해보자. 한 사람은 사실상 이 사건이 세상의 종말이라고 생각한다. 집에 가서 술을 퍼마신 다음 가족에게 성질을 내고 다음 두 주 동안 집에 틀어박혀서 잠을 자거나 TV만 본다. 두 번째 사람은 스스로에게 "좋아, 더 안정적이고 보수도 많은 곳을 찾아낼 기회야."라고 말하고서 다음에 무엇을 할지(가족의 지지를 받으며) 계획을 수립한다.

인생에서 큰 스트레스를 직면했을 때 당신은 어떤 유형에 속하는가?

다음번에 주요 스트레스가 발생해서 이것이 세상의 끝이라는 생각에 도망치고 싶다는 생각이 든다면 다음 단계를 천천히 밟아보자.

1. **문제를 명료하게 정의한다.**
   직장에서 해고되었는가? 가장 어린 자녀까지 모두 독립하는 바람에 집이 텅텅 비었는가? 배우자가 매우 아픈가?

2. **스스로에게 묻는다 : 무엇에 도전해야 할까?**
   해고되었다면 다른 직장을 찾아야 한다. 자녀가 모두 독립할 예정이라면 열정을 쏟을 다른 일을 찾아야 한다. 사랑하는 사람이 치명적인 질환을 선고받았다면 다가올 상실에 대해 애도할 준비를 하고 혼자 살아가는 데 천천히 적응해야 할 것이다.

3. **그러한 도전에 대응할 만큼 주변의 지지가 충분한지 판단한다.**
   주변 사람들이 보내는 지지는 삶에서 중요한 도전에 대응할 때 가장 중요한 역할을 한다. 얼마나 견고한 지지를 받을 수 있는지 생각해보자. 스스로에게 이렇게 물어본다—"도움을 청하고 의지할 수 있는 사람이 누가 있을까?", "이들이 나를 어떻게 도울 수 있을까?", "정서적 지지를 주거나 일손을 거들거나 아니면 괜찮다고 이야기해줄까?", "도움이 가깝고 친밀한 사이에서 올까 아니면 먼 곳에서도 올까?", "법적 도움이나 상담처럼 새로운 종류의 지지를 확보해야 할까?"

4. **실천 계획을 수립한다.**
   스스로에게 물어보자—"이 도전을 극복하려면 어떤 구체적인 과정을 거쳐야 할까?", "어디서부터 시작해야 할까?", "어디까지 해내야 할까?", "내 목표는 무엇일까?", "목표를 달성했는지 어떻게 판단할 수 있을까?" 각 단계마다 시간 계획을 함께 짠다. 단계를 하나씩 완수해가는 과정에서 스스로에게 보상을 준다. 도전을 극복하면 축하하는 시간을 가진다. 이를 통해 삶의 스트레스가 줄어든다.

[웃음이 고통을 덜어준다]

어느 심리학 연구에서는 압력에 의한 통증 인내력을 측정하는 실험을 시작하기에 앞서 실험 참가자들에게 세 가지 오디오 테이프 중 한 가지를 들려주었다. 하나는 웃음을 짓게 하는 종류의 오디오였고, 다른 하나는 마음을 진정시키는 부류였으며, 나머지는 교육적인 주제와 관련된 것이었다. 실험 결과 통증 인내력은 충분히 웃었던 사람들에게서 가장 높게 나타났다. 다음번에 스트레스를 유발하는 사건이나 상황으로 말미암아 고통을 느껴야 한다면 웃음 짓도록 만들어줄 사람이나 대상을 찾자. 웃음은 실로 훌륭한 약이다! 웃음은 몸을 변화시킨다. 산소를 들이쉬는 양을 늘리고, 엔도르핀(자연적으로 생성되는 진통제다) 농도를 증가시키며, 혈액순환을 자극하고, 근육을 이완시킨다. 상당히 근사한 효과다.

이런 단계를 밟으면 진짜 재앙(허리케인으로 가진 모든 것이 파괴되거나 비행기 사고로 가족을 잃는 사건 등)을 경험할 때든 더 흔히 직면하곤 하는 스트레스에 대처할 때든 모두 효과를 볼 수 있다. 중요한 것은 사건이 실제로 진정한 재앙인지 여부가 아니라 당신에게 재앙처럼 느껴진다는 사실이며, 이를 의미 있는 도전으로 변환할 수 있다는 사실이다. 사건이 외상에 가까울수록 이런 도전에 직면하려면 더 많은 도움이 필요하다. 하지만 틀림없이 어떤 사건이든 극복할 수 있다.

스트레스에 대처하기 : 무엇이 효과적이고 무엇이 아닌가

하루를 보내기 위해 하는 모든 일, 모든 생각과 노력은 전부 스트레스에 대처하기 위한 행동이다. 출근하거나 술에 취하거나 빚을 갚거나 울고 웃는 모든 일이 그렇다. 그 가운데 어떤 대처 방식은 스트레스를 유발하는 원인을 직접적으로 해소하는 데 초점을 맞춘다. 반면 다른 대처 방식은 스트레스로 야기된 압박을 관리하는 데 주력한다.

다음에 제시된 몇 가지 대처 전략은 기분을 좋게 만들어주고 스트레스로부터 일시적인 위안을 주지만 가장 문제가 되는 원인을 해결하지는 못한다.

✔ **회피하기** : 회피는 근본적으로 스트레스에 대처하지 않음으로써 스트레스에 대처하는 방법이다(가령 폭식하거나 흡연하거나 알코올을 남용하는 등).

✔ **책임 전가하기** : 책임을 외면함으로써 스트레스에 대처하는 전략은 다른 사람을 책망하거나 스스로를 학대하는 행동이다.

✔ **마냥 기다리기** : 어떤 사람들은 가만히 앉아서 문제가 사라지기만을 기다린다.

✔ **충동적으로 행동하기** : 불확실한 상황에 처하면 어떤 사람들은 성급하게 행동한다. 생각하지 않고 먼저 몸을 움직인다.

다음은 스트레스를 관리할 수 있는 효과적인 대처 전략이다.

✔ 상황을 더 잘 이해하기 위해 노력한다.

✔ 자신을 괴롭게 하는 것에 대해 배우자나 가족, 친구에게 이야기한다.

✔ 한 번에 한 단계씩 일을 처리한다.

✔ 신에게 올바른 길로 인도하고 필요한 만큼 힘을 달라고 기도한다.

✔ 현재 직면한 어려움과 유사한 과거의 경험을 활용한다.

✔ 전문가의 도움을 받는다(의사, 변호사, 성직자 등).

✔ 긍정적인 측면을 찾으려고 노력한다.

✔ 정서적 반응이 아니라 문제 자체에 초점을 맞춘다.

✔ 인내심을 가진다. 한 번에 문제를 해결할 수 있다고 기대하지 않는다.

✔ 끈기를 보인다. 해결책을 찾기까지 얼마나 오랜 시간이 걸리든 계속해서 시도한다.

✔ 해결책을 발견하기까지 겪어야 하는 불확실성을 받아들인다.

✔ 문제를 해결할 수 있는 몇 가지 대안을 개발한다.

✔ 소통의 문을 열어둔다.

✔ 타협할 여지를 남겨둔다.

✔ 낙관적으로 생각한다.

chapter

19

몸의 균형을 찾기

제19장 미리보기

- 일어나서 움직인다.
- 긍정적인 수면 습관을 길들인다.
- 화학물질이 하는 역할을 살펴본다.
- 식단을 체크한다.
- 약물 치료를 고려한다.

몸의 균형이 맞지 않으면 기분도 불안정해질 확률이 높다. 피로하거나 슬프거나 짜증이나 화가 날 수 있다. 사소한 일에도 욱한다. 몸을 잘 돌보면 분노를 유발하는 상황에서도 인내심을 발휘할 수 있다. 다음 사례를 살펴보자.

최근 이혼한 리카르도는 생계를 유지하려면 부업을 해야 한다는 사실을 깨닫는다. 리카르도의 분노 문제가 결혼 생활을 망가트렸기 때문에 그는 교회에서 운영하는 분노 조절 프로그램에 참여하고 있다. 가정을 되찾는 데 집중하기 위해 자조 모임에도 가입했다. 그는 과거의 행동을 용서받기를 희망한다. 자신이 쏟은 노력과 일구어낸 변화를 본다면 가족이 다시 자신을 받아 주리라고 확신한다.

부업을 시작하자 여유 시간이 사라진다. 운동도 그만두고 수면에도 어려움을 겪는다. 세 아이의 양육을 공동으로 책임지게 되자 아이를 돌보아야 하는 새로운 책임이 큰 부담으로 다가온다. 일은 일대로 하면서 아들들과 축구하며 놀아주고, 딸은 무용 수업에 데려가야 하며, 세 아이 모두의 숙제까지 봐주어야 한다. 리카르도의 분노 문제가 다시 고개를 들기 시작한다. 게다가 '마음을 풀기 위해' 술을 마시기 시작한다. 식단도 마음대로다. 아이들에 대한 짜증이 증가한다. 결국 아이들이 그에게 "아빠는 하나도 안 변했어요!" 라고 말하자 리카르도는 폭발한다.

이번 장에서는 분노 조절에 있어서 운동과 수면, 약물 남용, 식단이 하는 중요한 역할을 살펴본다. 또한 약물 치료를 고려하고 싶은 이들을 위해 이에 대해서도 논의한다.

운동을 통해 기분을 누그러트리라

많은 연구에서 규칙적인 운동이 기분을 개선한다는 증거가 발견되었다. 규칙적으로 운동하면 다음과 같은 효과를 기대할 수 있다.

- ✔ 집중력이 강화된다.
- ✔ 수면의 질이 개선된다.
- ✔ 섹스에 대한 흥미가 증가한다.
- ✔ 에너지가 많아진다.
- ✔ 긴장이 감소한다.
- ✔ 전반적으로 삶을 더 즐긴다.
- ✔ 주변과의 괴리감이 줄어든다.
- ✔ 더 쉽게 의사결정을 내린다.
- ✔ 더 낙관적으로 생각한다.
- ✔ 작은 통증에 대해 덜 불평한다.
- ✔ 자아도취가 줄어든다.
- ✔ 더 명료하게 생각한다.
- ✔ 덜 집착한다.

✔ 더 활동적으로 행동한다.

✔ 짜증이나 화를 덜 낸다.

운동하면 이런 모든 이득을 누릴 수 있는데도 사람들은 운동하지 않는 다양한 변명을 둘러댄다. 지금부터는 그런 변명 가운데 몇 가지를 살펴볼 것이다. 스스로 어떤 변명을 사용하는지 더 잘 이해하면 그런 습관을 극복하는 데 도움이 된다.

시간을 확보하라

그렇다, "물론 운동이야 하고 싶지. 그런데 정말이지 시간이 없어."라고 대답하는 소리가 벌써 여기까지 들린다. 이해한다. 혼란스럽고 빠르게 변화하는 오늘날 여러 활동에 시간을 내기는 어렵다. 그래서 많은 사람이 시도조차 하지 않는다. 하지만 연구에 따르면 10분 이내의 고강도 운동을 일주일에 다섯 번 이상 하면 상당한 효과를 거둘 수 있다. 제대로 읽었다. 하루 10분이면 충분하다.

만일 하루에 10분 동안 무슨 운동을 할 수 있을지 궁금하다면 7minuteworkout.jnj.com에 접속해서 무료 애플리케이션을 다운로드 받자. 하루에 7분이면 충분한 운동 프로그램이 소개되어 있다. 이 프로그램의 또 다른 장점은 벽과 바닥만 있으면 된다는 점이다. 자, 이제 시간이 없다고 변명하지는 못할 것이다.

어떤 운동이든 착수하기 전에(특히 7분 운동과 같이 고강도 운동인 경우에는 더더욱) 의사와 상담을 하자. 만일 운동하면서 통증을 느낀다면 그만하자. 통증(정상적인 뻐근함과는 달리)은 무엇인가가 잘못되었다는 신호다.

무릎이나 관절이 좋지 않거나 다른 건강 문제가 있다면 그에 맞추어 운동 프로그램을 조정한다. 만일 건강 문제가 복합적이라면 운동 상담사의 도움을 받자. 다시 운동을 시작할 수 있도록 당신을 도와줄 좋은 아이디어를 틀림없이 발견할 수 있을 것이다.

동기를 찾으라

만일 운동을 하지 않는 이유가 시간이 없어서가 아니라 운동을 계속할 동기가 없어서라면 앞서 언급했던, 운동이 가져다주는 이득을 살펴보기 권한다. 또한 많은 사람은 '활동성 측정' 기기가 도움이 된다고 느낀다. 이런 기기들은 주로 걸음 수를 측정하거나 심박 수를 기록해준다. 심지어 어떤 기기는 사용자가 지나치게 오래 앉아 있으면 정말로 건강에 위험할 수 있기 때문에 경보를 발하기도 한다.

함께 운동할 친구를 구하는 것도 운동을 꾸준히 하는 데 도움이 된다. 자기 자신을 실망시키기보다 친구를 실망시키기가 더 어렵기 때문이다. 매주 얼마나 진전이 있었는지 친구와 함께 기록해가면서 운동해야 더 효과적이다. 마지막으로 스피닝이나 필라테스 등 집 근처 헬스클럽에서 운영하는 수업을 듣는 일도 영감을 주며 스스로와 약속을 지킬 수 있도록 도와줄 수 있다.

운동하는 일을 '할 수 있는 일'이 아니라 '해야 하는 일'로 만들면 더 꾸준히 할 수 있다. 움직이자. 기분도 나아질 것이다.

운동의 종류를 탐색하라

시간을 쪼개서 규칙적으로 운동할 동기를 찾았지만 막상 무슨 운동을 해야 할지 모르는 사람들도 있다. 이런 사람들은 얼마나 강렬한 운동을 얼마나 자주 해야 하는지 궁금해한다. 혹은 시작부터 완벽한 틀을 갖추어야 한다고 생각한다. 이런 걱정은 기본적으로 불필요하다. 다음을 고려해보자.

✔ 어떤 유형의 운동을 고르든 중요하지 않다. 필자들의 친구는 헬스클럽을 하나 운영하고 있는데 "어떤 운동이 제일 좋아요?"라는 질문을 받으면 이렇게 대답한다. "당신이 하려는 바로 그 운동이요!"

✔ 운동이 격렬해야만 효과적이지는 않다. 핵심은 운동이 추가적인 선택으로 인식되어서 시간이 있거나 하고 싶을 때에만 하는 것이 아니라 생활방식에 깊숙이 뿌리 내리도록 만드는 일이다.

기분을 개선하기 위해 운동을 활용하고 있다면 다음과 같은 조합이 최적이다.

✔ 걷기, 뛰기 등 지구력을 기를 수 있는 유산소 운동
✔ 근육을 강화하기 위한 근력 운동
✔ 유연성을 기를 수 있는 스트레칭

힘든 운동을 한 뒤에도 여전히 화를 내기는 쉽지 않다. 한번 시도해보라.

충분히 숙면하라

주변이 어떻든 전혀 아랑곳하지 않고서 소리를 지르고 몸부림치는 아이를 본 적이 있는가? 아마도 피곤하거나 화나 있기 때문일 것이다. 그럴 때면 부모가 무슨 일을 하든 마음에 들지 않는다. 하지만 1초라도 가만히 있을 수만 있다면 아이는 헝겊 인형처럼 어머니의 품에 안겨 깊은 잠에 빠질 것이다.

이 상황을 20년 혹은 30년 앞으로 빨리 감는다면 무수히 많은 성인들도 똑같은 행동을 보이는 모습을 확인할 수 있을 것이다. 지치거나 잠이 부족해서 짜증을 부리는 모습이다. 수면의 양이 부족하거나 수면의 질이 떨어지면 짜증이 는다. 이는 곧 분노가 탄생하는 도가니가 된다.

지금부터는 분노 조절에 있어서 휴식과 제대로 된 수면이 어떤 중추적인 역할을 하는지 살펴본다. 수면 위생이란 무엇이며 수면 위생 상태를 양호하게 만들 수 있는 방법에 무엇이 있는지 소개한다. 이 정보를 알게 되면 꿈자리가 사나워서 아침부터 기분 나쁠 일이 쉽게 벌어지지 않을 것이다.

수면의 역할 이해하기

우리가 흔히 생각하는 바와 달리 수면은 시간 낭비가 아니다. 수면은 인간이 생존하기 위해 신경계가 노력하는 과정에서 필수적으로 활용되는 도구다. 수면은 신체적이고 심리적인 회복을 돕는 기능을 한다. 전날 벌어진 일로부터 몸과 마음을 복구하고 다가올 날에 직면할 도전에 응할 준비를 하도록 도와준다. 무엇보다 수면은 에너지를 복원해준다.

수면이 어떤 역할을 하는지 이해할 수 있는 가장 쉬운 방법은 수면이 부족할 때 어떤 일이 벌어지는지 살펴보는 것이다. 다음은 만성적인 수면 부족 상태에서 나타나는 몇 가지 징후다.

- ✔ 질병과 싸우는 면역 체계 기능이 억압된다(다시 말해 감기나 독감에 걸릴 가능성이 높아진다).
- ✔ 짜증이 늘어난다.

- ✔ 창의성이 떨어진다.
- ✔ 집중하기 어렵다.
- ✔ 기억력이 저하된다.
- ✔ 살이 찐다.
- ✔ 고혈압 증세가 나타난다.
- ✔ 문제 해결 능력이 떨어진다.
- ✔ 직장에서 효율성이 떨어진다.
- ✔ 사고 당하기 쉽다.
- ✔ 운전할 때 피곤하다.
- ✔ 도로 위에서 난폭 행동을 벌인다.
- ✔ 비관에 빠지고 슬픔에 젖는다.
- ✔ 당뇨 초기 증세가 나타난다.
- ✔ 발음이 불분명해진다.
- ✔ 스트레스에 대한 인내력이 떨어진다.
- ✔ 적응력이 손상된다.
- ✔ 반응 시간이 길어진다.
- ✔ 의사 결정 능력이 떨어진다.
- ✔ 사고 패턴이 경직된다(상황을 한 방향으로만 보려고 한다).
- ✔ 환각을 본다.
- ✔ 감정이 폭발한다.
- ✔ 폭력을 휘두를 가능성이 증가한다.
- ✔ 근력이 떨어진다.
- ✔ 체력과 근성이 줄어든다.

더미를 위한 팁

수면 부족에 시달리는지 점검하고 싶다면 다음 여덟 가지 질문에 대답해보자. 만일 세 가지 이상의 질문에 그렇다고 대답했다면 틀림없이 수면이 부족한 상태다.

- ✔ 아침에 침대에서 일어나기가 힘든가?
- ✔ TV를 보다가 곧잘 곯아떨어지는가?
- ✔ 직장에서 회의가 지루해지면 조는가?
- ✔ 거나하게 식사하면 금방 졸음이 오는가?

제6부 분노를 넘어선 삶

✔ 눈가에 다크 서클이 있는가?

✔ 대체로 주말에 수면을 보충하는가?

✔ 자동차를 운전하거나 자동차에 탈 때면 종종 졸리는가?

✔ 하루를 버티기 위해 낮잠이 종종 필요한가?

주의력결핍 과잉행동장애(ADHD)나 코골이 및 수면 무호흡, 알코올 중독, 임상적 우울증이 있는 사람들 그리고 교대 근무를 하는 사람들은 수면 부족 고위험군이다.

수면의 질 평가하기

수면의 양보다 더 중요한 것이 바로 수면의 질이다. 침대에서 여덟 시간 잤다고 해서 반드시 숙면했다고는 볼 수 없다. 음주하고 나서 잠을 오래 잔 사람에게 아침에 일어났을 때 과연 기분이 상쾌한지 물어보라. 아니라고 대답할 가능성이 크다.

수면의 질을 판단하려면 10점 만점의 척도로 자고 난 뒤 얼마나 상쾌하고 피로가 풀렸는지 스스로 평가하면 된다. 1점이 '전혀 아니다.'를 의미하고 10점은 '굉장히 상쾌하다.'이다. 아침에 일어난 직후의 기분에 초점을 맞춘다(화장실로 달려가기도 전에!). 열흘 동안 수면의 질을 기록하고 평균을 계산해본다(열 번 측정한 점수를 전부 더한 다음 10으로 나눈다). 이 숫자가 바로 당신이 전반적으로 숙면을 취하고 있는지 알려주는 지표다. 평균 수면의 질이 7점 이상이라면 긍정적이다. 7점 아래라면 곤란해진다.

수면의 질은 수면 위생과 직접적으로 연결된다. 수면 위생이란 건강한 수면 습관을 유지하는 것을 말한다(마치 구강 위생이 치아와 잇몸에 건강한 습관을 지니고 있는지 보여주듯이). 수면 위생을 떨어뜨리는 몇 가지 사례는 다음과 같다.

[왜 스스로를 고문하는가?]

제네바 협정, UN 고문방지위원회 그리고 국제 엠네스티는 모두 장기적인 수면 부족이 일종의 고문이라고 보며, 모든 문명화된 사회에서 금지되어야 한다고 생각한다. 하지만 역설적이게도 수백만 명의 사람들이 적정 수준의 수면을 취하지 않음으로써 매일같이 자발적으로 스스로를 고문하고 있다. 스스로를 고문하는 사람들을 누가 보호해줄 수 있을까?

- ✔ 2시간 이상 낮잠 자기 (건강에 이상이 있거나 굉장히 나이가 많은 경우는 제외)
- ✔ 날마다 제각기 다른 시간에 잠에 들거나 깨기
- ✔ 잠자기 직전에 운동하기
- ✔ 술, 담배, 카페인을 남용하기 (특히 잠들기 전에)
- ✔ 잠들기 직전에 자극적인 활동하기 (비디오게임 등)
- ✔ 화가 나거나 심란하고 스트레스 받은 채로 잠들기
- ✔ 수면과 섹스 이외의 목적으로 침대 사용하기 (일하기, TV 보기 등)
- ✔ 불편한 침대에서 자기
- ✔ 부적당한 침실 환경에서 자기 (지나치게 밝거나 춥거나 덥거나 소란스러운 등)
- ✔ 침대에 누워 중요한 정신적 활동에 적극적으로 몰입하기 (침대는 내일 아침 직원회의에서 연설할 내용을 예행 연습하기에 적당한 장소가 아니다)

수면의 질을 향상시키는 법

수면의 질을 향상시키겠다는 목표는 틀림없이 달성할 수 있는 목표다. 불면(곧 탈진과 짜증)의 희생자로 남기보다 그리고 수면제 복용을 고려하기에 앞서 수면 위생을 개선하기 위해 먼저 노력해보자. 이제부터 본격적으로 살펴보자.

자극과 술 피하기

잠들기 전 4시간 전부터 반드시 피해야 하는 두 가지 주요한 자극은 카페인과 니코틴이다. 둘 다 중추신경계, 특히 뇌를 활성화시키고 주의를 경각시키므로 잠들기 위해 준비할 때 피해야 한다.

알코올은 자극제가 아니지만 알코올도 수면의 질을 종종 악화시킨다. 또한 알코올은 분노와 같은 감정적 폭발과 관련 있기 때문에 숙면을 유도하기 어렵다. 일부 사람들은 특별한 부작용 없이 잠들기 전 술을 한 잔씩 마시기도 한다. 하지만 많은 사람은 그렇게 하면 수면의 질이 떨어진다고 느낀다.

취침 전 일과 만들기

신경계는 규칙적인 일과를 필요로 한다. 대체로 비슷한 방식으로 하루하루를 보낼

때 신경계는 가장 효과적으로 작동하며 건강에도 더 좋다. 우리는 판에 박힌 일과를 지루하다고 느끼지만 우리 몸은 이를 사랑한다!

그렇기 때문에 숙면을 취하고 싶다면(그리고 분노를 조절하고 싶다면) 취침 전 일과를 만들 필요가 있다. 취침 전 일과는 침대에 들기 최소한 4시간 전에 시작되어야 한다. 오후나 이른 저녁에 운동을 마치면 더 이상 카페인과 알코올 섭취하기를 중단하고 하루 중 마지막 끼니를 먹는다. 공복으로 잠을 청하는 것도 좋지 않다. 잠들기 한 시간 정도 전에 가벼운 간식을 먹는다. 여기서 간식이란 요구르트나 과일 한 조각 정도를 일컫는 것이지 피자 한 쪽이나 아이스크림을 말하지 않는다!

편안한 공간 조성하기

자극이 최소화된 수면 환경을 만든다는 의미는 음식을 섭취하는 일이나 흡연을 조절하는 것뿐만 아니라 물리적인 공간 자체를 바꾸는 일도 포함된다. 이상적으로는 숙면을 단지 가능하게 하는 공간이 아니라 숙면할 가능성을 극대화하는 공간을 조성해야 한다.

다음은 긍정적인 수면 환경을 조성할 수 있는 몇 가지 방법이다.

- ✔ 외부에서 흘러들어오는 빛을 차단하기 위해 커튼이나 블라인드를 사용한다.
- ✔ 실내 온도가 극단적이지 않도록 조절한다. 대다수 사람들은 기온이 시원할 때 잘 잔다. 몇 번의 시행착오를 거치면 당신에게 어떤 온도가 최적인지 찾을 수 있다.
- ✔ 함께 자는 사람이 코 고는 문제가 있다면 귀마개를 사용한다.
- ✔ 수면에 지장을 주는 소리를 가리기 위해 선풍기나 작게 켜 둔 라디오, 백색소음기 등에서 나는 배경 잡음을 활용한다.
- ✔ 좋은 매트리스에 투자한다. 몸에 딱 들어맞으면서(침대가 너무 작아 발이 둥둥 떠 있으면 안 된다) 충분히 몸을 지지해주는 매트리스를 찾자.

수면과 경쟁하는 자극 제거하기

인간의 뇌는 연상의 법칙에 따라 작동한다. 만일 두 가지 사건이 같은 시공간에서 함께 자주 일어나면 우리 뇌는 두 사건을 연결 짓는다. 일단 그러한 연결고리가 생기면

한 사건만 발생하더라도 다른 사건에 대한 생각이 자동적으로 촉발된다(바로 그렇기 때문에 멕시칸 레스토랑에 들어서자마자 차가운 맥주를 떠올리게 된다. 파블로프의 개는 인간에게도 성립한다!).

수면 환경에 들어설 때 우리 뇌에는 오직 하나의 연상, 하나의 생각, 하나의 충동, 하나의 열망만이 있어야 한다—"만세! 마침내 잘 시간이군!" 어쩌면 "그럼 섹스는 어떡하고?"라고 생각할 수도 있다. 걱정하지 않아도 된다. 우리 뇌가 침실과 연관해서 생각할 수 있는 마지막 하나의 활동이 바로 섹스다. 하지만 수면이야말로 침실에 가는 주된 이유다.

수면 문제를 겪는 이유는 우리 뇌가 침실에서 수면과 경쟁하는 다른 활동들을 많이 연상하기 때문일 수도 있다. 예를 들어 침실은 다음과 같은 활동을 하는 장소가 될 수 있다.

✔ TV 시청
✔ 배우자와의 말싸움
✔ 야식
✔ 업무
✔ 요란한 음악 감상
✔ 수업이나 다가올 시험에 대비한 공부
✔ 그날 속상했던 일들에 대한 수다
✔ 해야 할 일에 대한 목록 점검
✔ 화나게 만든 사람에 대한 반추
✔ 내일 할 일에 대한 계획
✔ 반려동물과의 시끌벅적한 놀이
✔ 밤늦게까지 전화나 문자로 나누는 대화

침실을 다목적 공간으로 활용하는 일이 낯익게 들린다면, 당신이 수면 문제로 어려움을 겪고 있으며 늘 피로한 데다 쉽게 짜증내는 것까지도 전혀 놀랍지 않다. 이런 활동은 모두 다른 공간에서 할 수 있고 해야 하는 활동들이다. 어디서 하냐고? 자는 공간만 빼면 어디든 좋다. 침실은 몸과 마음이 휴식하고 회복할 수 있는 성역이 되어야 한다.

만일 스튜디오(원룸)에 산다면 어떡해야 할까? 책장이나 스크린, 칸막이를 이용해서 잠자는 공간을 다른 공간으로부터 분리해보자. 그러고 나서 수면과 관련 없는 모든 활동은 전부 다른 공간에서 수행하겠다고 다짐한다.

 만일 침대에 누운 지 20분이 지나도 잠이 오지 않는다면 일어나서 잠시 다른 활동을 한다. 어느 정도 필요한 활동이지만 몸과 마음을 자극하지 않는 지루한 활동을 고른다. 진정으로 피곤하기 전까지는 침대에 다시 눕지 않는다. 다시 누운 뒤 20분이 지나도 잠이 오지 않으면 한 번 더 일어나자. 마음이 항상 침대를 수면과 관련지어 연상하도록 만들어야 한다.

일과 거리 두기

많은 사람에게 일이란 하루 중 가장 많은 에너지를 소비하는 활동이 되었다(어떤 이들은 이를 강박이라고 부르기도 한다). 심지어 몸이 직장에 가 있지 않더라도 집에서도 마음에는 늘 일에 대한 생각이 자리 잡고 있다. 사실 수면과 경쟁하면서 수면을 가장 방해하는 자극은 바로 일이다.

 깨어 있는 모든 순간을 일이 지배한다면 일에 대한 생각을 마음에서 쫓아내는 데 충분한 시간을 투자해야 숙면할 수 있는 희망이 생긴다. 잠들기 두세 시간 전부터 일과 관련된 모든 자극에서 벗어나기를 추천한다. 그러기가 불가능하다면 일과 수면 사이에 최소한 한 시간을 확보하자. 일에서 벗어나 있는 시간을 오래 확보할수록 더 좋다는 사실을 염두에 두자. 밤에 일하곤 했던 시간을 아낀 만큼 다음 날이 되면 훨씬 효율적으로 일할 수 있을 것이다.

마음 정리하기

숙면하는 데 어려움을 겪는 또 다른 이유는 잠들 즈음이 되면 마음이 심리적 '쓰레기'로 어지럽혀져 있기 때문이다. 주변이 고요해지고 침실이 어두워지는 순간부터 뇌는 우리 마음을 구성하는 온갖 미해결 문제와 슬픔, 불안, 걱정, 좌절에 주의를 집중한다. 그렇기에 잠들기 20분 전이나 한두 시간 전에 이런 이슈에 대해 일기를 기록하면 마음이 차분해지면서 잘 준비가 된다고 느끼기도 한다.

취침 전 일과로서 다음날 할 일 목록을 종이에 기록하는 활동을 시도해보자(이를 위해

[수면제 복용에 대하여]

질 낮은 수면으로 말미암아 며칠, 몇 주, 몇 달, 몇 년을 고생한 사람들에게는 수면제 복용이 좋은 대안이라고 생각한다. 수면제를 복용하고 숙면을 취하는 것이(그리고 피로와 분노를 줄이는 일이) 효과적일 수는 있지만 우선 의사와 상담해야 한다. 많은 종류의 수면제에 부작용이 따른다(낮 동안의 졸림, 불안, 몽유병, 기억력 악화, 중단 시 재발 등). 게다가 수면제 복용은 자신이 통제할 수 없는 장애의 피해자라는 생각을 강화한다. 하지만 이는 사실이 아니며, 의사의 지도 아래 부작용 없이 수면제를 복용하고 있는 사람들도 많다.

숙면을 취하도록 도와주지만 중독이나 재발 문제가 없는 약물에는 항우울제가 있다. 항우울제는 건강한 수면을 증진하기 위한 목적에서 소량 처방될 수 있다. 당신의 경우에도 숙면을 돕기 위해 항우울제를 복용하는 선택이 적절할지 여부는 의사와 상담해서 결정하자.

침대 옆 테이블에 작은 메모장을 비치하자). 그러면 다음날에 메모를 참고하면 되니까 내일 할 일을 잊어버릴까 봐 걱정하면서 밤새도록 머리를 굴리지 않아도 된다.

최선을 다해 노력했는데도 숙면이 어려울 때

수면을 유도하는 환경을 조성하고, 적절한 취침 전 일과를 수립했으며, 일에 대한 강박을 내려놓고, 수면과 경쟁하는 자극을 제거했는데도 숙면을 취하기가 어려울 수 있다. 그러면 어떻게 해야 할까? 이제부터는 최선을 다해 노력했는데도 숙면이 어려울 때 어떻게 해야 할지 소개한다.

재앙화하는 습관 버리기

잠을 방해하는 가장 흔한 원인은 바로 머릿속에 있다. 그 속에는 스스로를 비참하게 만들고 잠을 제대로 잘 수 없도록 만드는 다양한 생각이 존재한다. 다음은 흔히 볼 수 있는 몇 가지 재앙적인 생각의 사례.

- ✔ "내일은 정말 중요한 날이야. 지금 자지 않으면 망칠 거야."
- ✔ "잠이 오지 않으면 견딜 수가 없어."
- ✔ "아기가 새벽 3시에 울면서 나를 깨우겠지. 그러면 내일 완전히 녹초가 될 거야."

✔ "충분히 자지 않으면 내일 하루 종일 예민하고 신경이 곤두설 거야."

✔ "금방 잠들지 않으면 정말 짜증나."

이런 생각이 머릿속에 메아리처럼 울려대면 누가 제대로 잠을 잘 수 있겠는가? 적어도 필자들은 아니다. 우리도 비슷한 생각을 과거에 겪어보았기 때문이다. 하지만 대안이 있다. 다음과 같이 잠 못 드는 상황을 재앙화하지 않는 생각을 반복해서 되뇌면 된다.

✔ "잠 못 드는 게 싫기는 하지만 전날 밤 제대로 잠을 자지 못해도 많은 날들을 잘 견뎠어. 잠을 못 잔다고 세상이 끝나지는 않아."

✔ "아기가 배고파서 깨면 먹을 걸 주고 꼭 껴안아주지, 뭐. 그 느낌이 난 항상 좋더라."

✔ "시간이 지나고 노력을 투자하면 전반적인 수면의 질이 향상되겠지. 그래도 누구나 때로는 쉽게 잠들지 못하는 밤이 있기 마련이야."

다시 말해 수면이 얼마나 중요한지 의식할수록 그런 생각이 수면에 방해가 될 가능성이 높다. 잠에 들더라도 충분히 이완된 상태에서 그리고 최악을 상상하지 않으면서 잠을 청해야 한다.

잘 자기 위해 덜 자기

잠을 잘 자기 위해 덜 잔다고? 여러 연구에 따르면 수면 문제가 있는 사람들은 충분히 잠을 자고 싶다는 생각에 가능한 한 오래 침대에 머무는 경향이 있다. 이런 접근은 우리 뇌로 하여금 수면과 침대를 분리시켜 생각하도록 만든다는 점에서 문제가 있다. 이는 숙면에 악영향을 미친다.

그러한 경우에는 평소보다 한두 시간 이후에 침대에 들기를 권한다. 이 방법이 직관과 어긋난 것 같더라도 이렇게 접근하면 더 빨리 잠들고 더 효율적으로 수면할 수 있는 가능성이 증가한다.

너무 오랫동안 뒤척이며 잠을 이루지 못한다면 침대에서 일어난다. 침대는 반드시 수면과 짝지어져야 한다.

수면 치료 받기

수면과 관련해서 우리가 제안한 모든 방법을 시도했는데도 여전히 불면증으로 시달린다면 더 적극적인 조치를 취할 때다. 우선 주치의를 찾아가서 수면 문제에 대해 논의하자. 그러면 의사는 수면 클리닉을 방문해서 정확한 진단을 받기를 권하면서 수면무호흡증이나 아니면 현재 복용 중인 약, 역류성 식도염, 하지불안증후군 등 다른 문제가 수면을 방해하고 있지는 않은지 살펴보라고 조언할 수 있다.

수면 문제의 신체적 원인이 해결된 이후에도 여전히 불면증을 겪을 수 있다. 그럴 경우에는 불면증을 잘 다루는 인지행동 상담사를 찾아가보기를 추천한다. 인지행동치료는 수면 문제에 아주 효과적이다(인지행동치료의 원리에 대해서는 제5, 6장 참조).

화학 물질이 분노와 얽혀 있는지 판단하기

지금부터는 신체 내부에 분노와 덜 친화적인 환경을 조성함으로써 분노를 효과적으로 관리할 수 있는 법을 소개한다. 니코틴이나 카페인, 알코올 같이 흔한 화학 물질이 몸(과 분노)에 어떤 영향을 미치는지 다룬다. 마지막으로 충동성과 분노, 약물 남용의 관계에 대해서도 설명한다.

분노와 화학 물질 섭취의 관계

어떤 사람들은 합법적인 것이라면 해롭지 않다고 생각한다. 하지만 이는 상식과 위배된다. 다양한 유형의 화학 물질이 몸에 영향을 미쳐 분노를 촉발한다. 예를 들어 담배는 합법적이지만 누구나 니코틴이 중독적인 약물이며 흡연으로 말미암아 결과적으로 수백만 명의 사람들이 죽음에 이른다는 사실을 잘 안다. 술도 합법적이지만 과다하게 남용될 경우 가정 폭력부터 치명적인 교통사고와 심장 마비, 간 질환에 이르는 다양한 문제를 유발한다. 그리고 아마도 가장 널리 섭취되는 약물인 카페인 또한 당연히 합법적이지만 수면을 방해하고 혈압을 높일 수 있다.

여기서 커다란 문제는 흔히 접하는 화학 물질이 '진짜' 마약과 같다고 대다수 사람들이 생각하지 못한다는 점이다. 사람들은 헤로인이나 코카인, 암페타민, 마리화나를 생각하듯이 니코틴이나 카페인, 알코올을 생각하지 않는다. 사람들은 이런 흔한 화학 물질이 건강에 해로운 영향을 끼치지 않는 '안전한' 약물이라고 생각한다. 대다수 사람들은 '매일 섭취하는 화학 물질'이 분노와 같은 감정과 연관된다는 점을 잘 알지 못한다.

소위 '무해한' 약물로 불리는 아래의 화학 물질은 알고 보면 다양한 방식으로 분노 폭발의 역치를 낮춘다.

✔ 카페인과 니코틴은 중추신경계를 활성화시켜 환경적 자극에 더 쉽게 반응하도록 만든다. 번역 : 중추신경계가 자극되면 고속도로에서 옆에 달리던 차가 끼어들 때 평정심을 유지하기가 어려워진다.

✔ 소량이라도 알코올을 섭취하면 우리의 지각을 왜곡시키거나 과장시켜서 다른 사람의 행동이나 의도를 오해하도록 만든다. 번역 : 술을 너무 많이 마시면 여자친구가 바텐더에게 화장실이 어디인지 물어보는 행동을 보고 바텐더에게 추파를 던지고 있다고 잘못 생각할 수 있다.

✔ 알코올을 마시면(감정에 대해서든 행동에 대해서든) 통제력이 줄어드는 경향이 있다. 그래서 멀쩡한 상태였더라면 하지 않았을 방식으로 생각하고 행동하게 된다. 번역 : 술에 취하면 자신을 화나게 만든 사람에게 폭언을 퍼붓거나 주먹을 날릴 가능성이 높아진다(술집에 문지기가 있는 이유도 그래서다).

✔ 알코올은 기분에 영향을 미친다. 특히 더 우울하게 만들곤 하는데 이는 슬픔이나 분노와 같은 감정으로 이어진다. 번역 : 만일 친구들과 건배한 지 몇 분 지나지 않아 맥주잔에 눈물을 쏟고 있다면 이는 아마도 알코올로 말미암아 기분이 엉망이 되었기 때문일 것이다.

화학 물질 섭취를 조절하는 법

분노에 중독되어 있으면 곧잘 화학 물질에도 중독된다. 게다가 카페인과 니코틴은 신경계를 과도하게 자극하기 때문에 좌절하거나 누군가가 도발하면 쉽게 분노하게 된다. 그 결과 분노가 약물 중독을 유도하고 약물이 다시 분노를 유발하는 악순환에 빠진다.

담배를 끊거나 줄이기

흡연은 습관이다(습관이란 행위자의 의식적이고 의도적인 생각과 의도가 없더라도 반복하도록 조건화되어 있으며 예측 가능한 행동을 말한다). 흡연자들은 기본적으로 담배를 피우고 싶다는 충동을 느끼기 때문에 담배를 피운다. 그리고 그 충동은 특정 순간에 더 강렬하다. 담배를 피우고 싶다는 충동을 가장 강력하게 느끼는 순간을 참는 데서부터 시작해보자. 만일 하루 중 가장 강한 충동을 이겨냈다면 다른 순간들에 느끼는 더 약한 충동을 이겨내기가 더 수월해진다.

하루 중 가장 강력한 충동이 드는 때가 언제인지 파악했다면, 그러한 충동을 꾸준히 잠재울 수 있는 계획을 만들어야 한다. 그런 계획의 일부로 다음을 고려해보자.

✔ **흡연하면서 보내는 시간에 다른 유형의 쾌락을 추구한다.** 건강에 위협이 된다고 하더라도 흡연자들이 니코틴을 섭취하면서 쾌락을 느낀다는 사실은 부정할 수 없다. 그렇기에 이를 대신할 대체재를 찾아야 한다.

✔ **충동이 들 때면 말로 마음을 다스린다.** 필자들이 가장 좋아하는 만트라(영적 또는 물리적 변형을 일으킬 수 있다는 말-역주)는 "이 또한 지나가리라." 라는 말이다.

✔ **신에게 기도하여 흡연하고 싶은 충동에 저항할 힘을 구한다.** 흡연하려는 충동을 극복할 수 있을 만큼 신앙이 강한가?

✔ **편안하게 앉아 눈을 감고 긍정적인 이미지에 몰입한다.** 담배를 피우는 행동 말고 다른 무언가에 주의를 집중한다. 담배를 피우지 않는 장소에서 스스로 좋아하는 일을 하는 모습을 상상하자.

✔ **담배 말고 알사탕을 입에 문다.** 이 전략은 분노를 다스릴 때에도 효과적이다. 흡연이라고 왜 아니겠는가?

✔ **1, 2분 시간을 내서 일기를 쓴다.** 흡연에 대한 충동이 사라지기까지 걸리는 몇 분의 시간은 현재의 기분에 대해 기록하기에 안성맞춤인 시간이다. 담배가 그립다고 고백해도 괜찮다!

담배를 끊거나 줄이는 데 가장 성공을 거둔 흡연자들은 자기만의 자기 개발 프로그램을 고안한 사람들이다. 그렇기에 전반적인 분노 조절 과정의 일부로서 금연 프로그램을 추가하면 성공 가능성이 더 높아진다. 주저하지 말고 창의성을 발휘하자! 상자 밖으로 나와 생각하면 기발한 대안이 떠오를 것이다.

카페인 조절하기

만일 카페인을 복용했을 때 분노가 더 쉽게 끓어오른다고 생각된다면 다음을 시도해보자.

✔ 애용하는 음료를 커피에서 차로 바꾼다(둘 다 카페인이 있지만 차에 함유된 카페인이 더 적다).

✔ 카페인이 함유된 커피와 그렇지 않은 디카페인 커피를 번갈아가며 마신다.

✔ 카페인 커피와 디카페인 커피가 반씩 섞인 '하프 앤 하프' 커피에 도전한다.

✔ 처방전이 필요 없는 약을 살 때에는 카페인이 들어 있지 않은지 확인한다.

✔ 식당에서는 탄산음료 대신 레몬 넣은 물을 주문한다. 사실 이쪽이 더 유행이다!

✔ 청량음료를 마시지 않는다. 상당수가 카페인을 함유하고 있으며 거의 대다수가 건강에 정말 해롭다. 다이어트용으로 나온 음료도 포함된다.

음주 스타일 바꾸기

음주 문제가 심각하지 않은 경우 몇 가지 상식적 규칙만 염두에 두면 충분히 책임감 있게 술을 마실 수 있다. 다음 내용을 참고해보자.

✔ 혼자 마시지 않는다. 결혼한 사람들은 흡연하거나 술 마시거나 과음할 가능성이 결혼하지 않은 사람들보다 낮다. 신기하게도 혼자 있을 때보다 좋은 동반자와 함께 있을 때 알코올을 남용할 가능성이 더 낮다.

✔ 술 마시기 전에 그리고 술 마시는 동안 음식을 충분히 섭취한다. 음식은 알코올을 흡수하며 알코올이 신경계에 미치는 영향을 감소시킨다(특히 고기와 치즈 같은 고단백 음식이 좋다).

✔ 알코올 음료와 일반 음료를 돌아가며 마신다. 그러면 알코올 섭취량이 반으로 준다.

✔ 천천히 마신다. 공격적으로 술을 마시는 사람들은 모든 음료를 더 빠르게 마시고 당연하지만 술도 더 많이 마신다. 한 시간에 한 잔씩 마시도록 노력

해본다(우리 몸이 알코올을 분해하는 속도가 대략 이 정도다).

✔ **가끔씩 운전하겠다고 자청한다.** 그러면 친구들에게서 사랑받을 수 있을 뿐 아니라 아침에 친구들보다 기분이 훨씬 멀쩡할 것이다.

✔ **기분이 안 좋을 때에는 절대 술을 마시지 않는다.** 기억하라 : 대다수 사람들은 알코올이 자극제라고 생각하지만(긴장이 풀리면서 흥이 나기 시작한다!) 사실 알코올은 진정제다. 행복에 젖은 잠깐의 시간이 지나면 기분이 처지기 시작한다.

위 항목을 모두 실천했는데도 여전히 과음하고 있다면 전문가의 도움을 구하자.

음식에 대한 욕구를 조절하라

식단과 식습관 또한 분노 문제에 기여하며, 반대로 분노 문제에 영향을 받기도 한다. 식단을 지나치게 제한적으로 유지하면 다른 때보다 신경이 예민해진다. 반면 분노를 터트린 다음에는 많은 사람이 기분을 진정시키기 위해 음식에 의존한다.

또 다른 연구들에 따르면 혈당치가 곤두박질칠 때 사람들은 끔찍한 의사결정을 내리곤 한다. 분노를 폭발적으로 터트리는 행동이 대표적이다.

다음은 하루 종일 혈당 수준을 더 안정적이고 건강하게 유지할 수 있는 몇 가지 방법이다.

✔ 천천히 먹는다.

✔ 과일과 채소를 많이 섭취한다. 단, 주스가 아닌 자연 식품에 한한다.

✔ 탄수화물을 먹을 때는 복합 탄수화물인지 확인한다.

✔ 식사량을 적게 유지하지만 하루에 한두 번씩 건강한 간식을 소량 먹는다.

충동이라 부르든 열망이라 부르든 배고픔이라 부르든 관계없다. 우리 행동 대다수는 충동에 따라 일어난다. 충동이란 몸이 우리에게 무엇인가를 원하거나 무엇인가가 필요하다고 신호를 주는 방식이다. 그리고 우리의 임무는 그런 욕구를 만족시키는 것이다. 이 과정은 모두 무의식적으로 일어난다.

어떤 사람들은 음식에 대한 충동이 지나치게 강해서 비만해진다. 또 어떤 사람들은 알코올을 섭취하려는 욕구가 지나쳐서 알코올 중독자가 된다. 흡연하려는 충동이 지나치게 강해서 폐암에 걸리는 사람들도 있으며, 또 다른 사람들은 쇼핑에 대한 충동이 지나치게 강해서 파산 상태에 이른다. 하루 중 몇 번이나 이런 충동이 우리 마음을 가로지르는지는 그런 욕구가 우리 삶의 얼마나 많은 부분을 정의하고 있는지를 대표한다. 여기서 좋은 소식은 충동이란 일시적이라는 사실이다. 충동은 일었다가 사그라진다. 내버려두면 신경계를 지나 사라진다. 충동을 느끼지만 이를 만족시키지 않는 방식으로 행동할 때마다 충동의 강도는 조금씩 약해진다. 만일 흡연자라면 하루 중 담배가 가장 당기는 순간을 생각해보자. 그 순간에 담배를 피우지 않을 때마다 그 순간에 담배 피우는 일은 덜 중요해지고, 마침내 가장 당기는 순간으로서의 의미가 사라질 것이다. 술을 끊으려고 할 때도 동일한 전략이 효과적이다. 과거에 늘 술을 마셨던 상황에 의도적으로 스스로를 던져놓고서 술을 마시지 않을 때마다 그 상황과 술과의 연결고리는 점점 약해져서 마침내는 그 상황에 처하더라도 전혀 술을 마시고 싶은 생각이 들지 않게 될 것이다(28일 동안 입원해서 알코올 중독을 치료받는 전통적인 프로그램이 일반적으로 효과적이지 않은 이유도 바로 이 때문이다. 몇 주 동안 현실 세계로부터 고립시켜서 술을 먹지 않은 다음 술 마시고 싶은 충동이 그 어느 때보다도 강렬한 순간에 늘 술을 마셨던 현실 세계로 복귀시키면 사실상 선택의 여지가 없다!).

많은 사람이 의존하는 음식은 바로 설탕이다. 설탕을 먹으면 기분이 좋아진다. 하지만 그 또한 일시적이다. 많은 연구에 따르면 설탕을 섭취해 혈당치가 치솟고 난 다음에는 혈당이 갑작스럽게 떨어져서 설탕을 더 갈구하는 상태에 놓인다.

약물 치료를 고려하라

대다수 분노 조절 프로그램은 약물 치료라는 이슈를 거의 언급하지 않는다. 아마도 부분적으로는 약물 치료를 받는다는 행동 자체가 분노를 실제로 조절하는 행동이 아니기 때문이다. 또한 분노에 대한 약물 치료의 효과성을 분석한 연구 결과가 그다지 일치된 결론에 도달하지 못하기 때문이기도 하다. 하지만 약물 치료는 일부 사람들에게 있어서는 고려해볼 만한 선택이다. 특히 우울이나 불안 등 정서적 장애가 분노에 수반되는 경우가 그렇다. 분노에 폭력성이 동반되는 경우에도 약물 치료는 상당히 효과적인 역할을 할 수 있다.

분노 문제가 있는 사람들에게 처방되는 약물의 종류는 크게 다음과 같이 나눌 수 있다.

- ✔ **비정형 항정신병약** : 주로 진정시키는 역할을 하는 강력한 종류의 약물이다. 심각한 부작용이 동반될 수 있는데, 예를 들면 포도당 대사와 관련된 문제가 생겨서 당뇨병이 생길 위험이 증가할 수 있다.
- ✔ **항정신병약** : 비정형 항정신병약보다 오래되었다. 환자들이 환각이나 망상, 편집증 등 현실 세계와 괴리를 보일 때 사용한다. 이 종류의 약물은 극심한 부작용이 있다. 근육이 비정상적이고 불규칙하게 움직이거나 경련이 일어날 수 있고, 걸음걸이가 이상해지거나 마음이 극도로 불안해질 수 있다.
- ✔ **항우울제** : 우울증과 분노가 혼재된 경우에 특히 효과적이다. 항우울제 가운데에서도 상당수가 체중 증가, 메스꺼움, 피로를 비롯한 부작용이 있다.
- ✔ **항경련제** : 주요 기분 변화나 통제할 수 없는 감정 폭발을 줄이는 데 도움이 되는 경우가 있다. 부작용에는 피로, 메스꺼움, 혼란스러움 등이 있다.
- ✔ **베타 차단제** : 주로 고혈압을 치료하기 위해 사용되는 약물이다. 분노 폭발에 수반되는 호르몬인 노르에피네프린의 행동을 차단하기 때문에 분노가 물리적 폭력으로 나타나지 않도록 조절하는 데 도움이 될 수 있다. 앞서 언급한 약물들보다 부작용은 적지만 피로나 어지러움 등이 수반될 가능성이 있다.

벤조디아제핀과 같은 항불안제도 때때로 분노 문제를 치료하기 위해 사용된다. 하지만 항불안제는 탈억제를 유발할 수 있는데, 이는 분노 문제를 악화시킬 수 있다. 게다가 의존성이 강하며(시간에 따라 더 많은 양을 복용해야 한다) 중독되기 쉽다.

분노 문제를 해결하기 위해 약물 치료를 받을 때는 반드시 향정신성 약물을 처방할 권한이 있는 전문가를 찾아야 한다. 분노 문제와 관련해서 약물을 처방하기를 불편해하는 의사들도 있다. 분노와 관련된 약물 치료에 전문적인 의사를 찾아가는 방법도 고려해보자.

사회적 지지를 구축하기

제20장   미리보기

- 분노 조절 계획에 지지 집단을 포함시킨다.
- 새로운 친구를 사귀고 좋은 친구가 되어준다.

인간은 사회적 동물이다. 개가 그렇듯이 사람도 집단적 동물이라고 할 수 있다. 혼자 사는 것은 인간 본성의 일부라고 볼 수 없다. 그렇다고 해서 혼자 생존할 수 없다는 의미는 아니다. 그러기가 훨씬 더 지루하고 괴로우며 어렵다는 뜻이다. 인생이 힘들 때는 훨씬 그렇다.

분노를 조절하기 위해 노력할 때 사회적 지지를 탄탄하게 구축하면, 낙관적인 전망을 유지할 수 있으며 장기적인 성공 가능성도 높아진다. 진심을 다해 항상 곁에 있다고 믿는 사람들이 있으면 자신이 피해자라고 느끼기가 훨씬 어렵다. 그리고 자신을 신경 써주는 사람들에게 둘러싸여 있으면 화낼 일도 줄어든다. 마지막으로 무수한 연구들에 따르면 사회적 지지는 심혈관 질환이나 치매의 위험을 감소시키며 전반적인 건강을 개선한다.

이번 장에서는 사회적 지지의 폭과 깊이를 더할 수 있는 아이디어를 제안한다. 또한 사회적 지지를 구축하기 위한 방법을 차근차근 보여줄 것이다. 그리고 주변에 딱 맞는 사람들을 둘 때 얻을 수 있는 이득을 배가시키는 법도 소개한다.

관계의 양이 아닌 질을 추구하라

종종 사람들은 사회적 지지와 사회적 네트워크를 혼동한다. 지지란 가족이나 배우자, 친구, 자녀, 이웃 등 가장 가까운 사람들과 맺는 관계의 질을 의미한다. 또한 다른 사람과 친밀하게 정서적으로 연결된 상태를 가리킨다. 반면 네트워크란 다만 얼마나 많은 관계를 맺고 있는지 의미한다(양적 측면).

어떤 사람들은 아주 적은 수의 사람들과도 풍부한 사회적 네트워크를 유지한다. 다른 사람들은 친구와 지인이 무수히 많아도 정작 필요할 때 부를 수 있는 사람이 하나 없다. 물론 가끔씩 만나서 어울리는 가벼운 지인들의 존재 또한 인생의 큰 기쁨이다. 하지만 그것도 다른 관계에서 강력한 지지를 얻을 수 있을 때 그렇다. 이처럼 단단하고 의미 있는 관계는 힘들고 어려운 시기에 우리를 보호해주고 역경을 이겨내도록 해준다.

다음은 당신만의 든든한 지지층을 모으기 위한 몇 가지 방법이다.

1. 삶이 지나치게 힘들 때 의지할 수 있는 사람들의 명단을 작성한다.
2. 각 이름 옆에 그 사람이 가까이 사는지(운전해서 갈 수 있는지) 멀리 사는지(전화나 이메일, 문자로만 연락할 수 있는지) 적는다.
3. 각 사람과 연락한 지 얼마나 오래 되었는지 메모한다. 이틀? 아니면 6개월? 아니면 그보다 더 오래되었는가?
   연락한 지 지나치게 오래되었다면 전화를 하든지 문자나 메시지를 보내서 다시 관계를 다지자.
4. 목록의 각 지지자로부터 어떤 유형의 지지를 얻을 수 있는지 판단한다.
   예를 들면 다음을 포함한다.

- 정서적 지지 : 포옹, 수다
- 물리적 지지 : 차편이나 해결책 제공
- 정보적 지지 : 조언, 상담
- 의견과 피드백 : 건설적 비판, 칭찬

5. **명단의 각 지지자에게 자신이 어떤 유형의 지지를 베풀 수 있는지 생각한다** (**결국은 이 또한 쌍방향 거래다**). **그리고 지지자들에게 당신이 항상 곁에 있다는 사실을 알려준다.**

명단을 작성하면서 자신의 삶이 친밀하고 의미 있는 관계로 가득하다는 점을 깨달았다면 멋지다! 하지만 명단이 다소 짧다고 하더라도 계속해서 읽어나가다 보면 새로운 사람들을 사귐으로써 지지 기반을 넓힐 수 있는 아이디어를 얻을 수 있을 것이다.

우정을 쌓는 데에는 시간과 노력이 든다. 멀리 그리고 깊이 바라보아야 한다. 상당히 많은 사람을 만나보아야 진정한 지지자로서의 기준을 충족하는 사람 두세 명을 찾을 수 있다. 설령 단 한 명일지라도 깊이 있는 우정은 삶에 귀중한 자산이 된다.

자원봉사를 시작하라

봉사활동에는 새롭고 흥미로운 경험과 사람들로 이어질 수 있는 강력한 잠재력이 있다. 스스로에게 어떤 분야에 흥미와 재능이 있는지 탐색해보자. 그다음에는 인터넷 검색을 통해 지역사회에 어떤 자원봉사 기회가 있는지 살펴본다. 당신의 전문성을 발휘해서 도움을 줄 수 있는 사람과 단체가 굉장히 많을 것이다. 봉사활동이라는 행동은 비단 상대편에게 도움이 될 뿐 아니라 스스로에게도 다음과 같은 이득을 가져다준다.

- ✔ 건강이 호전된다.
- ✔ 스스로가 소중한 사람이라는 느낌을 받는다.
- ✔ 감사를 표현할 수 있다.
- ✔ 새로운 능력이 개발된다.
- ✔ 네트워크가 확장된다.
- ✔ 이력서를 풍부하게 만들 수 있다.
- ✔ 사회에 기여한다.

✔ 사회성이 향상된다.

✔ 우울증을 방지한다.

✔ 자존감이 향상된다.

✔ 더 행복해진다.

✔ 스스로 해낼 수 있다는 것을 증명한다.

✔ 다른 사람들이 자신보다 더 큰 어려움에 놓여 있다는 사실을 깨닫는다.

✔ 자신의 능력을 더 신뢰하게 된다.

✔ 오직 스스로가 아니라 다른 사람에게도 관심을 기울인다.

✔ 다른 사람들도 자신과 같이 부당한 경험을 겪었다는 사실을 깨닫는다.

 다른 사람이 경험한 부당함이나 고통, 차별에 때때로 마음이 괴로워질 때면 우리는 공감적 분노라고 하는 감정을 느낀다. **공감적 분노**는 부당한 상황으로 고통받는 이들을 도와주도록 사람들에게 동기를 부여한다는 점에서 좋은 감정으로서 기능할 수 있다. 공감적 분노를 느끼는 이들은 열망과 정열, 이타주의에서 비롯해 자원봉사를 시작한다. 이와 같은 요소는 해로운 분노를 유발하는 조합이라고 볼 수 없다.

봉사자들은 일반적으로 좋은 친구가 될 수 있는 잠재적인 후보자들이다. 왜냐하면 봉사자들은 다른 사람의 행복을 위해 헌신해왔기 때문이다. 게다가 많은 봉사자들은 단지 선한 일을 할 뿐 아니라 다른 사람들과 교류하기 위해서 봉사한다. 그 과정에서 통상 봉사자들은 삶의 목적의식과 의미를 얻는다(제21장은 목적의식과 의미에 대해 더 깊이 다룬다).

 봉사활동을 하기에 여유 시간이 충분하지 않다고 느낄 수도 있다. 물론 시간에 대한 압박은 주요한 분노 촉발제이기는 하다. 하지만 심지어 그런 경우일지라도 한 달에 한 시간 정도는 봉사활동에 할애할 수 있을 것이다. 아마도 후회하지 않을 것이다.

자조 모임에 참여하라

주변을 약간만 둘러보면 자조 모임을 흔히 발견할 수 있다. 분노 조절과 같이 특정한 영역에서 이런 모임의 도움을 받는 것도 고려해볼 만하다. 게다가 자조 모임에 참여하면 친구로 발전할 가능성이 있는 사람들을 많이 만날 수 있다. 결국 서로 공통된 골칫거리를 안고 씨름하는 사이니까 더욱 그렇다. 보다 구체적으로 살펴보면 분노 조절을 위한 자조 모임은 분노를 조절하여 삶을 개선하려는 데 관심이 있는 사람들로 구성되어 있다. 이런 모임은 통상 전문가 자격증이 있는 사람들이 운영하지 않기 때문에 당신이 참여하려는 모임이 그저 불만과 불평을 토로하는 한 무리의 사람들에 불과하지는 않은지 확인할 필요가 있다.

분노 조절을 위한 자조 모임에 참여하는 몇몇 사람들은 지나치게 일찍부터 분노 문제에 휩쓸린 사람들일 수 있는데, 그런 이들은 같이 어울리기 좋은 친구로 적합하지 않을 가능성이 있다. 조금 신중하고 조심스럽게 접근해야 한다. 특히 최근에 법정에 출석하거나 폭력을 휘두른 경험이 있는 사람은 조심스럽게 대할 필요가 있다.

분노 조절을 위한 자조 모임은 온라인상에도 존재한다. 그러나 잠재적 친구를 찾고 있다면 정기적으로 오프라인 모임을 갖는 집단을 권한다. 또한 분노 조절을 위한 자조 모임은 교회나 신문(여전히 지역신문은 발행되고 있다!), 노인 복지관, 근처 대학 기관의 평생교육 프로그램에서도 찾아볼 수 있다.

대다수 사람들은 살아가면서 분노뿐 아니라 불안, 우울, 대인관계 문제, 슬픔 등 다양한 이슈와 걱정거리를 안고 살아간다. 분노 외에 다른 문제로 추가적으로 괴로워하고 있다면 그와 관련된 자조 모임에 참여하는 시도도 고려해보자.

친구를 찾으라

친구를 사귀고 싶다면 직접적으로 친구를 찾는 것도 좋은 방법이다. 지인들 가운데에서도 가까운 친구 사이로 발전할 가능성을 미처 탐색해보지 못한 사람들이 몇몇 있을 수 있다. 그저 알고 지내는 사이를 친구 사이로 변화시키려면 약간의 노력을 들여야 한다. 하지만 마음의 준비를 하고 이웃이나 학교, 직장 동료에게 먼저 손을 내밀어 함께 시간을 보내자고 청해보자.

사소한 일부터 시작하자. 커피나 산책, 가벼운 방문 정도면 된다. 상대가 그다지 흥미를 보이지 않는다고 하더라도 그 이유가 당신과 관련된 이유 때문이라기보다는 일정이 지나치게 가득 차 있기 때문일 가능성이 훨씬 많다는 사실을 염두에 두자.

대부분의 경우 정말로 좋은 친구가 될 수 있는지 알아보기 위해서는 여러 차례 시간을 나누어봐야 한다. 거절당할 각오도 하자. 끈기가 필요하다.

주민 파티를 개최하라

많은 지역에서 이따금씩 주민 파티를 개최한다. 이런 모임은 때때로 이웃 감시라는 지역사회 범죄예방 활동의 일환이기도 하다. 이웃 감시 프로그램을 도입하면 이웃은 서로를 지켜보면서 의심스러운 활동을 지역 경찰에 신고하기 때문에 지역사회의 범죄율을 감소시키는 효과가 있다.

필요할 경우 때때로 지역 경찰이나 소방대가 이웃 감시 모임에 참석하기도 한다. 이들은 모임에서 제기되는 주민들의 걱정과 우려 사항을 청취한다. 이웃 감시는 지역사회의 유대를 증진하며 지역사회를 안전하게 지키겠다는 주민들의 관심을 증대시킨다. 또한 이웃 감시는 잠재적 친구를 만날 수 있는 또 다른 기회이기도 하다.

당신이 거주하는 지역사회에 공식적인 이웃 감시 프로그램이 없다면 직접 주도해서 프로그램을 조직하는 시도도 고려할 만하다. 이 과정에서 지역 경찰이 도움을 줄 가능성이 크다. 하지만 이런 일에 착수할 준비가 되어 있지 않다면 우선 주민 파티를 개최하는 대안을 고려해보자. 다음은 이러한 파티를 주선할 수 있는 방법에 대한 몇 가지 아이디어다.

✔ 주민 파티를 개최하는 데 관심을 보이는 몇몇 주민들을 초대해서 준비 위원회를 구성한다.
✔ 첫 번째 파티를 개최하기에 적절한 시간과 장소를 물색한다. 대다수 사람들은 퇴근 후 이른 저녁을 선호한다.
✔ 사람들이 저마다 한 가지씩 요리를 가져오는 포틀럭 파티를 열지 아니면 각자 자기가 먹을 음식을 알아서 준비하는 피크닉 파티를 열지 결정한다. 만일 첫 번째 파티가 성황리에 끝난다면 다음번에는 바비큐 파티라든지 출장 요리를 부르는 식으로 조금 더 모험적인 시도에 도전한다.
✔ 이메일과 전단지, 입소문을 통해 이웃들에게 파티에 대해 알린다. 당신이 수집할 수 있는 모든 이메일 주소를 모으고 다른 주민들에게도 이 노력에 동참해달라고 부탁한다.
✔ 즐기려는 마음으로 이웃들과 어울린다. 새로운 친구를 두세 명 사귈 기회가 있을지 모른다.

어디에 있든 대화하라

어느 하루든 우리는 잠재적 친구를 틀림없이 마주치고 있다. 다만 알아차리지 못할 뿐이다. 주변의 낯선 사람들에게 거의 관심을 가지지 않은 채 우리는 하루하루를 보낸다. 어쩌면 무엇인가 새로운 시도를 해볼 시점인지도 모르겠다.

필자들은 사람들에게 중요성이 떨어지는 상황에서 대화 기술을 연습하도록 장려한다. 다시 말해 가까운 친구가 될 가능성이 희박한 사람들과 대화하는 연습을 해보는 것이다. 이를테면 우체국 직원이나 슈퍼마켓 계산대에 함께 줄 서 있는 사람 또는 개를 데리고 산책하다가 마주친 사람이 될 수도 있다. 다음은 대화를 틀 수 있는 몇 가지 좋은 시작점이다.

- ✔ **날씨에 대해 언급한다.** "오늘 날씨가 정말 덥네요. 그렇지 않나요?" 혹은 "오늘 비가 다시 내릴까요?" 혹은 "이렇게 강하게 바람이 부는데 오늘 날씨에 대해 어떻게 생각하세요?"
- ✔ **현재 있는 장소에 대해 질문한다.** "이 주변에 괜찮은 식당 있나요?" 혹은 "산책할 곳이 마땅치 않은데 혹시 추천해주실 곳 있나요?" 혹은 "이 동네에서 가장 좋아하시는 슈퍼마켓이 어딘가요?"
- ✔ **스스로에 대해 털어놓는다.** "저는 북서부 지방에서 막 이사 왔어요. 혹시 신참에게 해주실만한 조언이 있을까요?" 혹은 "지난 주말은 최고로 행복했어요. 13달 된 아들이 막 걷기 시작했거든요. 너무 즐거워요."
- ✔ **상대가 사용하는 전자기기에 대해 질문하거나 언급한다.** "새로 출시된 아이소토프 6000 휴대폰을 쓰시는군요. 마음에 드세요?"
- ✔ **현안에 대해 논의한다.** "이번 대선 결과를 어떻게 바라보세요?", "일요일 축구 경기 보셨나요?", "시장이 추진하려는 도시 혁신 계획에 대해 어떻게 생각하세요?"

현안에 대해 언급하려고 할 경우에는 당신의 의견과 일치하지 않는 견해를 듣게 될 수도 있다는 점을 각오해야 한다. 만일 그런 견해를 듣는 일이 거슬린다면 분노와 거리두기를 연습할 기회라고 생각하자(제11장 참조). 사람들은 저마다 자신만의 견해를 가질 권리가 있으며, 이들을 계몽할 권리가 당신에게 없다는 점을 상기하자.

어쩌면 수백 번의 짧은(혹은 긴) 대화를 나누어야 비로소 진정한 친구가 나타날지도 모른다. 그러나 그 과정을 통해 파티나 모임에 도움이 될 만한 섬세한 사교적 기술을 익힐 수 있다.

어떤 대화를 나누든 한두 가지 혹은 가능하다면 서너 가지 질문을 해보도록 한다. 사람들은 자기 자신에 대해 이야기하는 것을 몹시 좋아하며, 그 과정에서 놀랍도록 흥미로운 사실을 배울 수 있다. 바로 그렇게 우정이 싹튼다.

헬스클럽에 등록하라

제19장에서는 분노 조절에 있어 운동이 얼마나 중요한 역할을 하는지 살펴보았다. 하지만 그런 이유로 여기에서 또 다시 운동을 언급하려는 것은 아니다. 오히려 많은 사람들이 헬스클럽에 모이기 때문에 다시 강조하려고 한다.

헬스클럽은 새로운 친구를 만나고 사귈 수 있는 훌륭한 장소다. 카운터에서 일을 보는 사람이나 다른 회원들 또는 요가, 스피닝 등 수업에 같이 참여하는 사람들을 비롯해서 가능한 한 많은 사람과 사회적 기술을 연습하자. 만일 대화가 원활하게 흘러가면 운동을 끝내고 커피나 주스를 마시러 가는 일도 고려해 봄직하다. 천천히 시작하면 된다.

친구를 우선시하라

친구들은 알아서 당신 집 문턱을 닳도록 드나들지 않는다. 한두 사람과 대화를 나누어 놓고서는 평생의 친구가 나타나리라고 기대해서는 안 된다. 더욱이 숨 가쁘게 돌아가는 현대적 삶은 우정을 위한 여지를 많이 남겨주지 않는다. 대다수 사람들은 하루 종일 일하면서 틈틈이 개인적인 용무를 보느라 바쁘다.

그렇기 때문에 새로운 우정을 원한다면 친구를 만들고 유지하는 일을 우선시할 필요가 있다. 그러기 위해서는 친구라는 존재가 당신을 더 행복하게 만들며 심지어 덜 화나게 만든다는 사실을 이해해야 한다. 이제부터는 우정을 우선시하기 위해 필요한 몇 가지 기술을 소개한다.

말하기보다 경청하라

무엇이든 혼자 말해서는 배울 수 없으며 오직 경청을 통해서만 배울 수 있다는 오래된 격언이 있다. 이 말은 친구를 사귀려고 할 때 특히 적절한 교훈을 준다.

우선 질문을 많이 해야 한다. 진심으로 듣고 질문을 이어서 던져야 한다. 당신이 할 말을 하면 친구가 끼어들어 자기 이야기를 하다가 다시 당신에게 발언할 차례가 돌아오는 식의 대화는 바람직하지 않다. 오히려 대화거리를 적극적으로 탐색하자. 친구의 견해와 느낌, 가치에 대해 질문하라. 우선 바람직하지 않은 대화의 사례를 살펴보자.

> **롭** : 지난 주말에 뭐 했니?
>
> **진** : 별일 안 했어. 차고를 청소하는 정도?
>
> **롭** : 나는 카지노에 가서 1천 달러를 땄어.
>
> **진** : 좋네. 나는 저번에 새로 생겼다던 식당에 갔어.
>
> **롭** : 그 정도로 많은 돈을 따본 적은 이번이 처음이야.
>
> **진** : 닭 요리를 먹었는데 상당히 괜찮더라.
>
> **롭** : 이번 주말에도 카지노에 갈까 봐.
>
> **진** : 그래. 참, 그 식당 디저트도 훌륭하더라.

두 사람의 대화를 보면 잘 알겠지만 이들의 대화는 마치 말없이 공을 주고받기만 하는 핑퐁과 비슷하다. 아무런 탐색도 없고 대화랄 것도 없으며 연결고리도 없다. 이어서 두 사람이 탐색적인 접근을 취할 때 대화에 어떤 변화가 있는지 살펴보자.

> **롭** : 지난 주말에 뭐 했니?
>
> **진** : 별일 안 했어. 차고를 청소하는 정도?
>
> **롭** : 별일이 아니라고? 정말? 나는 맨날 미루는 바람에 절대로 못하겠더라고. 어떻게 그러려는 마음을 먹었어?

진 : 음, 차고에서 중고 세일을 열 생각이라서 정리해야 했어.

롭 : 세일이 언제야? 혹시 도움이 필요하면 얘기해.

진 : 사실 그래주면 정말 좋을 것 같아. 이번 토요일에 한두 시간 정도만 짬을 내서 세일 준비하는 일을 도와줄 수 있어? 그 정도면 충분해.

롭 : 당연하지. 필요하면 더 도와줄 수도 있어. 우리 집에서 팔아버렸으면 하는 물건도 몇 가지 가져와도 될까?

진 : 물론이지. 나를 도와주면 토요일에 번 돈으로 일요일 점심 때 한 턱 낼게.

이 대화에서 두 사람은 서로의 말을 경청하면서 연결고리를 만들었고 서로에게 도움을 제안했다. 친구 같아 보이지 않는가?

도움을 요청하라

대다수 사람들은 주변에서 지지를 얻을 수 있는 잠재적 가능성이 상당한데도 이를 충분히 활용하지 못한다. 다른 사람의 도움을 스스로 받아들이지 않는데 우정이 무슨 소용이 있겠는가?

이번 장의 서두에서 필자들은 당신 삶에서 지지를 얻을 수 있는 사람들의 목록을 작성해보기를 권했다. 이어서 이 목록에 다른 사람을 추가로 포함시킬 수 있는 방법에 대해서도 다루었다. 도움이 필요할 때 다른 사람이 당신을 돕도록 허락하면 더욱 친밀하고 가까운 친구 사이가 될 수 있다.

당신을 지지해주는 사람들이 있는 것만으로는 충분하지 않다. 이들이 지지를 보낼 때 지지를 받아들여야 한다. 만일 봉사활동을 하거나 다른 사람을 돕는 일이 기쁨을 준다면 다른 사람도 똑같은 기쁨을 누리지 못하도록 막을 이유가 어디 있겠는가? 당신을 돕는 데서 얻는 기쁨을 다른 사람도 누리도록 허락하자.

다른 사람과 공감하라

분노 문제가 있는 사람들은 스스로에 대해 생각하면서 지나치게 오랜 시간을 보내곤 한다(제7장 참조). 자기중심적 사고는 다른 사람에게서 스스로를 고립시킨다. 이런 사고를 하면 모든 일을 감정적으로 받아들이기 때문에 다른 사람에게 화를 내기 쉽다.

공감은 다른 사람과 심리적으로 연결되도록 도와준다. 공감이란 다른 사람의 욕구와 기대에 대해 관심을 가지고 배려할 때 발휘된다. 다시 말해 공감은 역지사지의 자세를 취해보는 행동이며, 자기를 넘어서 다른 사람의 관점에서 생각하는 행동이다. 그렇게 행동하면 대개 화가 덜 나고 우정을 더 단단하게 다질 수 있다.

그동안 다른 사람에게 공감하는 데 충분한 노력을 기울이지 않았다면, 공감하는 법을 터득하기 위해서 어느 정도의 시간과 인내력이 필요할 것이다. 일단은 쉬운 일부터 시작하자. 우선 화나 있지 않을 때에 공감적으로 행동하려고 노력해본다. 다른 사람이 어떤 마음에서 말하고 행동하는지 귀를 기울이고 이해하자. 판단은 삼간다.

[이웃을 돕는 이웃]

미국 전역의 많은 지역사회에서 활발히 일어나고 있는 움직임 중 하나는 고령자들이 현실적으로 가능한 한 오래 자기 집에 머물 수 있도록 이웃들이 힘을 합치려는 노력이다. 이런 목표를 달성하기 위해 자원봉사자들은 마을 단위로 조직(비영리 단체)을 구성한다. 이들의 목표는 수리공과 도장공 등 지역 자원을 활용한 서비스를 제공하고, 손에 닿지 않는 전구를 교체한다거나 병원에 방문할 때 교통수단을 제공하는 등 일상적인 일을 도와주는 것이다. 추가적으로 이런 운동가들은 수업이나 사회 활동, 강연 등을 조직한다.

필자들이 거주하는 뉴멕시코 주의 코랄레스에는 '마을 속 마을'이라는 단체가 활동하고 있다. 코랄레스 자체가 마을이라고 여겨지기 때문에 붙여진 이름이다. 봉사자들은 컴퓨터와 관련된 기술적 지원과 임시 간호 서비스를 제공한다. 이와 같은 움직임에 참여하는 것은 다른 사람과 연결될 수 있는 또 다른 한 가지 방법이다.

chapter
21

의미와 목적의식을 발견하기

제21장 미리보기

- 가치 있는 삶을 산다.
- 감사하는 습관을 들인다.
- 의미 있는 가치를 추구한다.
- 긍정적인 태도와 연민을 보인다.
- 겸손해지려고 노력한다.

분노 어린 생각이 마음을 가득 채울 때면 더 의미 있고 생산적인 가치를 추구하기 위해 몰입할 여유가 줄어든다. 그 반대도 성립한다. 의미 있는 가치를 중심으로 의식적인 삶을 사는 데 집중할 때 분노가 차지할 공간은 크게 줄어든다. 다시 말해 옳은 행동을 실천하면 기분 나쁠 이유가 사라진다. 다음 사례를 살펴보자.

레이첼과 크리스털 자매는 가난한 집안에서 자랐다. 자매가 어렸을 때 아버지는 가정 폭력 그리고 마약과 관련된 일련의 범죄 탓에 대체로 교도소에 있었다. 드문드문 집에 있을 때에도 딸들이나 아내를 학대하곤 했다. 레이첼과 크리스털의 어머니는 마약 중독으로 고생했고 전반적으로 아이들에게 정서적 버팀목이 되어주지 못했다.

레이철과 크리스털은 모두 학교에서 품행이 문제가 되었다. 고등학교에 진학할 무렵이 되자 자매의 삶이 엇갈리기 시작했다. 레이철은 갱단에 들어갔다. 학교를 중퇴했고 불법적인 약물을 복용했으며 14살 때 처음으로 구속되었다. 반면 크리스털은 이모로부터 특별한 보살핌을 받았다. 이모는 크리스털에게 어떤 모습의 삶을 살고 싶은지 자주 물었다. 크리스털은 이윽고 사회복지사가 되기로 결심했다. 세상에 변화를 일으키고 싶다는 생각에서였다. 크리스털은 자신이 성장하면서 경험했던 문제를 다른 사람이 피할 수 있도록 돕는 일을 하고 싶었다. 그녀의 삶에는 목적의식과 의미가 있었다.

이번 장은 자신이 진정으로 원하는 모습의 삶을 어느 정도 실현하며 살고 있는지 평가하도록 돕는다. 크리스털이 힘겨웠던 어린 시절을 뒤로 하고 앞으로 나아가도록 만든 계기가 무엇이었을까? 그녀는 목적의식이 있는 삶을 살겠다는 목표가 있었다. 그러기 위해서는 자신의 가치와 흥미, 방향성을 성찰해야 했다. 당신도 할 수 있다.

가치를 삶의 중심에 두라
- -

빈 종이를 한 장 꺼내서 첫째 줄에 '나'라고 써보자. 그러고 나서 15분 동안 이제까지 살아온 삶에 대한 에세이를 써본다. 적절하고 중요하다고 생각되는 일이라면 무엇이든 전부 적는다. 15분이 지나면 멈추고(필요하다면 시간을 잰다) 작성한 글을 읽어본다. 최대한 객관적인 관점에서 다른 누군가의 삶에 대해 읽는다고 생각하면서 천천히 살펴본다.

방금 쓴 내용을 다 읽었다면 다음 질문에 대답해보자.

✔ 당신 삶의 이야기가 얼마나 다른 사람이 아닌 당신을 중심으로 쓰여 있는가?
✔ 이 에세이가 당신의 일적 측면과 얼마나 관련 있는가?
✔ 이 에세이가 경제적 성공이나 실패와 얼마나 관련 있는가?

✔ 이 에세이의 주인공이 행복하고 만족스러운 삶을 살아온 것 같은가?

✔ 이 에세이의 주인공이 목적의식이나 삶의 의미를 추구하고 있다고 생각되는가?

✔ 이 에세이가 삶으로부터 받은 선물의 크기에 비해 얼마만큼 되돌려주었다고 생각되는가?

✔ 다른 사람의 삶을 살 수 있다면 이를 자신의 삶과 바꾸겠는가?

만일 자기에 대한 언급과 다른 사람에 대한 언급 사이에 건강한 균형이 존재한다면, 만일 일적 측면과 경제적 성공(또는 실패)이 삶의 유일한 초점이 아니라면, 만일 목적의식으로 충만하며 상당히 만족스러운 사람에 대한 이야기라면, 만일 받는 것과 베푸는 것 사이에 균형이 존재한다면 그리고 만일 이 에세이의 주인공으로서 살아가기를 바란다면 아마도 당신은 이미 가치 있는 의미를 추구하는 삶을 살아가고 있을 가능성이 높다.

하지만 달리 응답했다면 스스로를 곰곰이, 진지하게 되돌아보면서 자신의 이야기를 바꿀 수 있는 방법을 생각해본다. 다음 6주 동안 일주일에 한 번씩 이 활동을 반복하면서 똑같은 질문을 던져보자. 그럴 때마다 자기중심적인 삶에서 조금씩 달라지고 있다는 사실을 체감할 수 있을 것이다. 삶의 초점을 변화시키려고 노력하면 이 에세이의 초점도 함께 달라진다.

나만의 묘비명을 정하라

나이가 어떻든 관계없이 자신의 묘비에 어떤 문구가 새겨지기 바라는지는 지금이라도 당장 생각해볼 수 있다. 당신 삶의 목적성이 어떤 식으로 진술되기를 원하는가? 사람들이 당신의 어떤 특성에 대해 혹은 당신이 추구해온 어떤 가치에 대해 기억해주기를 바라는가? 당신 삶이 어떤 고유한 문장으로 함축되기를 원하는가?

표 21-1에 제시된 묘비명을 살펴보자. 그리고 당신의 삶과 깊숙이 연결된 사람들이 당신에 대해 정확하게 평가한다면 이런 평가가 어떤 문장으로 함축될지 최대한 솔직하게 골라본다.

표 21-1 묘비명 진단	
가치와 무관한	가치에 뿌리를 둔
여기 잠든 이는……	여기 잠든 이는……
……큰 부를 일구었다.	……모두의 친구였다.
……모두의 두려움을 샀지만 존경받았다.	……가족과 친구를 깊이 아꼈다.
……무엇이든 늑장 부리기를 싫어했다.	……신뢰받을 만했다.
……업계의 거물이었다.	……진정한 팀플레이어였다.
……화내기를 주저하지 않았다.	……삶에 대해 풍부한 호기심을 지녔다.
……최고의 인물들과 협업했다.	……열정적으로 사랑했다.
……늘 바쁘게 일하다가 세상을 떴다.	……후회 없이 세상을 떠났다.

묘비명을 선택했다면 자신이 어떤 모습으로 기억되기를 바라는지 스스로에게 물어본다. 다른 사람들이 당신을 가장 정확하게 묘사한다고 생각할만한 묘비명이 가치와 무관한 항목에 속해 있다면 변화를 시도해야 할 시점인지도 모른다. 예를 들어 당신을 가장 정확하게 설명하는 묘비명이 "여기 잠든 이는 큰 부를 일구었다."라면 새로운 우정을 쌓음으로써 삶을 더 풍부하게 만들기 위해 노력해볼 수 있다. 직업적 생활과 관련 없는 친구들이면 특히 더 좋다.

예를 들어 가치와 무관한 묘비명이 "여기 잠든 이는 모두의 두려움을 샀지만 존경 받았다."라면 문맹인 사람들에게 글자를 가르쳐주는 봉사활동을 시작할 수도 있을 것이다. 이를 통해 그저 당신이 두려워서가 아니라 당신이 다른 사람을 돕는 사람이기 때문에 존경받을 수 있을 것이다.

감사하는 습관을 들이라

분노는 자신이 바라는 것을(혹은 응당 누려야 한다고 생각하는 것을) 얻지 못할 때 느끼는 기분과 관련 있다. 직장에서 충분히 인정받지 못하거나 기대하는 만큼 돈을 빌지 못할 때 분노하기 쉽다. 또는 자녀들이 자신을 부모로서 마땅히 존중해야 할 만큼 존중하지 않을 때, 개를 불렀는데 무시당할 때 화가 난다. 반면 감사란 이미 자신에게 주어진 것들을 고맙게 여기는 태도다. 무슨 뜻인지 다음 사례를 통해 살펴보자.

> 몇 년 전 젠트리 박사는 주요 우울증 삽화를 극복하기가 너무나 힘들어서(게다가 분노 문제까지 얽혀 있었다) 더 이상 자기 자신을 위해서는 신에게 아무것도 청하지 않겠다고 결심했다. 대신 그는 자녀들이 성공과 실패를 통해 배우는 과정에서 신이 보살펴주기를 청했고, 아내(일생의 사랑)와 가족, 친구, 고객 그리고 심지어 기르는 개에게 신의 가호가 내리기를 청했다.
>
> 그런데 어느 날 젠트리 박사는 자기 삶에서 기대할 수 있는 것보다 훨씬 많은 것들을 신이 이미 주었다는 사실을 깨달았다. 그는 남은 인생 동안 신이 더 좋은 축복을 내린다면 감사할 일이지만 만일 그렇지 않다고 하더라도 괜찮다고 생각했다. 어느 쪽이든 그는 감사한 마음으로 살게 되었고 그 뒤로는 화내는 일이 거의 사라졌다.

매일 하루를 감사의 기도로 시작하자. 그동안 누린 모든 축복을(사람이든 사건이든 무엇이든 좋다) 머릿속으로 떠올리면서 하나씩 되뇐다(조용히 속으로 혹은 소리 내어서). 그리하여 좋은 축복을 많이 누려왔다는 점을 기억하면서 실제로 충분히 감사할만하다는 사실을 상기하자. 그러고 나서 하루를 헤쳐 나갈 때 내적 평화가 느껴지는지 살펴보자.

감사하는 태도를 지니면 몇 가지 유리한 점이 있다. 삶의 축복에 감사하는 사람들은 삶을 더 만족스럽게 느낀다. 또한 감사하며 살아가는 사람들은 그렇지 않은 사람들보다 전반적으로 신체적 고통에 대한 불만이 적고 수면의 질이 더 좋으며 주변 세계와 더 연결되어 있다고 느낄 뿐 아니라 더욱 낙관적인 편이다.

대단한 일에도 감사할 수 있지만 정말로 사소한 일에도 감사할 수 있다. 수십억짜리 복권에 당첨되든 사랑에 빠지든 간발의 차이로 지하철을 타든 주차장에서 가장 좋은 자리를 차지하게 되든 관계없다. 이런 모든 종류의 사건에서 감사함을 느낄 기회를 포착할 수 있다. 가장 중요한 일은 감사하는 습관을 들이는 것이다.

몰입에 빠지라

무언가에 굉장히 집중하는 바람에 다른 것들에 대한 관심이 사라지고 시간 가는 줄도 모르게 푹 빠져든 경험이 있는가? 시카고대학교 심리학과 교수인 미하이 칙센트미하이(이름을 외우겠다는 생각은 하지도 마라)는 자신이 몰입이라고 칭하는 현상을 연구하는 과정에서 이 질문을 무수한 사람들에게 던졌다. 몰입이란 '생애 최고의 순간' 가운데 하나에 완전히 빠져들었을 때 일어나는 의식 상태다.

흥미롭게도 칙센트미하이는 오직 20퍼센트에 불과한 사람들만이 그런 일이 일상적으로 일어난다고 말하면서 이 질문에 그렇다고 대답한다는 사실을 발견했다. 15퍼센트에 달하는 사람들은 그런 일이 절대 일어나지 않는다며 이 질문에 아니라고 대답한다. 그리고 필자들이 장담하건대 이런 사람들이야말로 만성적인 분노를 경험할 가능성이 가장 높다.

그렇다면 이처럼 건강한 마음 상태에 어떻게 도달할 수 있을까? 사실은 그렇게 어렵지 않다.

✔ 몰입이란 일상생활의 어떤 측면에 적극적으로 개입할 때 발생한다. 몰입은 마치 하늘에서 내려오는 안개처럼 운이 좋을 때 벌어지는 신비하고 마법적

이며 영적인 상태가 아니다. 몰입은 삶에 적극적으로 개입할 때에만 일어난다. TV를 보거나 음악을 듣는 등 수동적인 활동은 통하지 않는다. 필자들은 책을 저술할 때 종종 몰입 상태에 빠지곤 한다(적어도 어떤 날들은 그렇다). 당신에게는 어쩌면 우표를 수집하거나 새를 관찰하거나 실험적인 요리에 도전하거나 정원을 돌보거나 체스를 두거나 골프나 테니스 등의 운동을 하는 활동이 몰입을 유도할 수 있다.

✔ **몰입하는 데는 긍정적인 동기가 필요하다.** 몰입이란 진심으로 바라는 활동을 할 때 생기는 부산물이다. 예를 들어 오늘 골프 치기를 진정으로 바라지 않는데도 상사의 요구에 의해 치게 된다면, 기록이 좋지 않을 수도 있지만 무엇보다 몰입을 경험하지 못할 가능성도 높아진다. 다시 한 번 필자들의 사례를 들면 우리는 해야 하기 때문이 아니라 스스로 원하기 때문에(적어도 대부분 날들은) 책을 집필한다. 그리고 이는 큰 차이를 만들어낸다.

✔ **몰입하려면 온전히 집중해야 한다.** 몰입하려면 온 힘을 다해 헌신해야 한다. 몰입을 유발할 잠재력이 있는 활동에 적극적으로 개입할 때에는 마음이 다른 곳에 가 있을 수 없다. 쉽게 말하자면 마음과 행동이 하나가 되어야 한다. 20년 넘게 24시간 동안 온몸에서 느껴지는 굉장한 통증으로 고통받은 어느 남성은 몰입을 두고 이렇게 표현했다—"고통이 말 그대로 저를 죽음에 가까운 상태로 몰아가서 더 이상 고통을 견디지 못할 때는 서재로 들어가서 컴퓨터를 켜고 그 속에 빠져들어요. 컴퓨터를 하는 게 아니라 아예 빠져들어요. 그 속에서 열중하다 보면 몇 시간 뒤에는 고통이 완전히 사라져요."

✔ **몰입하는 활동은 도전적인 활동이어야 한다.** 쉬운 활동에는 기술이나 에너지, 집중적인 노력이 그다지 요구되지 않으며 그 결과 몰입하기도 어렵다. 몰입은 도전적인 활동을 할 때 발생한다. 설사 그 활동에 몰입할 때에는 힘이 들지 않고 수월해 보일지라도 그렇다. 반복적인 행동은 사람을 지루하게 만든다. 특정 활동에서 몰입을 경험하기 시작하더라도 이 활동을 조금씩 더 도전적이거나 복잡하게 변화시키지 않으면 몰입의 효과는 떨어진다.

✔ **몰입은 즉각적인 보상이 주어지는 활동에서 발생한다.** 몰입은 행동의 결과가 아니라 과정에서 일어난다. 몰입은 특정 활동에 적극적으로 개입하는 순간에 일어나는 것이지 활동이 끝난 다음에 일어나지 않는다. 인생의 대다수 보상은 부지런히 힘써서 지속적인 노력을 기울인 끝에 주어지는 반면 몰입

은 지금 이 순간에 일어난다. 몰입을 발생시키는 행동을 그만두는 순간 몰입도 사라진다.

✔ **몰입을 유도하는 활동은 저절로 나타나지 않는다. 때로는 그런 순간을 창조해야 한다.** 사람들은 이를테면 "내가 진정으로 즐기는 일들을 할 시간이 정말 부족해. 내가 가장 좋아하는 일, 그러니까 차분히 앉아서 피아노를 쳤던 기억도 까마득해. 신이 나에게 하루만 쉴 기회를 주면 좋겠어."라고 말하곤 한다.

이는 어쩌면 우리가 굉장히 성가신 사람들과 일하기 때문일지도 모른다. 하지만 "설거지도 해야 하고 아래층에 청소기도 돌려야 한다는 건 알지만 뭐 어때. 잠깐만 앉아서 피아노 친 다음에 하지 뭐. 무언가에 몰입해서 흠뻑 빠져드는 순간이 필요해."라는 취지의 이야기들은 상대적으로 덜 듣는다.

몰입을 위한 순간을 만들자. 이를 인생의 우선순위로 삼자. 칙센트미하이 박사의 메시지를 이해하는 상위 20퍼센트로 올라서자.

✔ **몰입은 스스로를 이해할 때 일어난다.** 우리는 스스로 가장 좋아하는 활동에 시간을 들여 빠져들 내 몰입을 경험한다. 그렇다면 당신이 가장 좋아하는 활동은 무엇인가? 이 간단한 질문에 곧장 대답하기가 어려울 수도 있다. 부분적인 이유는 자신이 진짜로 가장 좋아하는 활동이 무엇인지 알지 못할 만큼 스스로에 대해 잘 이해하고 있지 않기 때문이다. 조금이라도 흥미가 생기는 다양한 활동에 약간씩 시간을 할애하여 실험해보면서 어떤 활동이 가장 재미있는지 탐색해보자.

표 21-2는 몰입의 상태를 유도하기 쉬운 활동과 그렇지 않은 활동의 사례가 몇 가지 제시되어 있다.

스스로에게 다음과 같은 질문을 던져보자.

✔ 내가 가장 좋아하는 활동이 무엇인가?
✔ 내가 힘들이지 않고 할 수 있는 활동이 무엇인가?
✔ 시간이 멈춘 것처럼 느껴지는 활동이 무엇인가?

이제 몰입에 대해 살펴보았으니 일주일에 적어도 한 번은 몰입을 유도하기 쉬운 활동을 적극적으로 실천해보라.

표 21-2 몰입을 유도하기 쉬운 활동과 그렇지 않은 활동	
몰입을 유도하기 쉬운 활동	몰입을 유도하기 어려운 활동
굉장히 흥미를 느끼는 주제를 다루는 공부를 하거나 일을 하기	집안일하기
창의적인 식사 준비하기	늘 똑같은 식사를 무미건조하게 먹기
여행하기	TV 시청하기
흥미로운 취미 활동하기	가만히 앉아 술 마시기
격렬하게 운동하기	휴식을 취하면서 이완하기
악기 연주하기	수동적으로 음악 감상하기
흥미로운 자극을 주는 사람들과 대화 나누기	지루하고 재미없는 대화 나누기
분노에 대한 책 저술하기	편집부에 대처하기(악의는 없네, 친구들!)
창조적인 활동에 참여하기	무미건조한 활동에 참여하기
매력적인 주제에 대해 인터넷을 검색하면서 깊이 탐구하기	아무 생각 없이 인터넷하기

건강한 쾌락을 추구하라

다음 한 가지는 확실하다—인간은 끊임없이 쾌락을 요구하고 추구하는 존재다. 삶에 충분한 기쁨과 쾌락이 없다면 필연적으로 짜증이 나고 침울하며 긴장될 뿐 아니라 무엇보다 지루해진다.

일상생활에서 쾌락을 추구하는 일은 고통을 피하는 일만큼이나 우리 뇌에 자연스러운 현상이다. 그렇다. 상당히 크고 극도로 복잡한 우리 뇌는 고통-쾌락 원칙이라고 불리는 원리를 기반으로 작동한다. 우리 뇌는 고통과 쾌락 사이에서 일종의 균형을 맞추기 위해(의식적이든 그렇지 않든) 끊임없이 노력한다.

우리 뇌는 건강한 쾌락과 그렇지 않은 쾌락을 잘 구분하지 못한다. 신경학적 관점에서 두 가지 쾌락은 다르지 않다. 좋은 소식은 대마초를 피우는 일만큼이나 마라톤을 완주하는 일에서도 똑같이 고양된 기분을 경험할 수 있다는 것이다. 후자는 건강한 쾌락(부정적 결과로 이어지지 않는 쾌락)의 사례이지만 전자는 그렇지 않다.

가정하건대 만일 당신도 대다수 사람들과 비슷하다면 건강하지 않은 쾌락을 약간은 경험해보았을 것이다. 예를 들어 단 음식을 지나치게 많이 먹거나 술을 너무 많이 마시거나 카페인을 지나치게 섭취하거나 도박을 하거나 과속하거나 안전하지 않은 섹스를 하거나 완전히 뻗어버릴 때까지 쇼핑할 수도 있다. 그렇다면 건강한 쾌락도 종종 추구하고 있는가? 다음 목록을 살펴보자.

- ✔ 재즈 페스티벌에 참가하기
- ✔ 차가운 레모네이드 한 잔 음미하기
- ✔ 아름다운 초원에서 하이킹하기
- ✔ 개를 데리고 산책하기
- ✔ 흥미로운 전시회 관람하기
- ✔ 강아지 공원에서 시간 보내기
- ✔ 초콜릿 한 조각 음미하기
- ✔ 봄날에 새들이 나무 사이로 날아다니는 모습 관찰하기
- ✔ 특별하고 신기한 식사 즐기기
- ✔ 자기보다 불운한 사람 돕기
- ✔ 생애 최초로 그랜드캐니언 방문하기
- ✔ 열기구 타기
- ✔ 열대 지방의 섬에서 일주일 보내기
- ✔ 가장 응원하는 미식축구 팀이 경기 막판에 터치다운을 성공시켜 역전승하는 모습 지켜보기
- ✔ 구름이 흩어지는 모습 지켜보기

매일 어떤 유형이든 건강한 쾌락을 조금이라도 즐기면서 보내자(조심하자, 중독될지도 모른다!).

물 반 컵을 바라보는 시각을 바꾸라

긍정심리학은 사람들을 행복하고 만족스러우며 충만하다고 느끼도록 만드는 원리와 개념을 연구하는 학문이다. 특히 낙관주의는 사람들의 행복을 설명하기 위한 매우 유용한 개념으로 사용되고 있다. 여러 연구에 따르면 합리적인 수준에서 긍정적인 결과가 나오리라고 믿는 사람들이 역경에 직면했을 때 끈기를 발휘하는 것으로 알려져 있다.

직관적으로 생각했을 때 분노 문제가 있는 사람들은 낙관적인 태도가 충분하지 않은 듯하다. 그런데 사실은 그렇지 않다. 낙관적으로 생각하는 것은 때때로 좋은 일이지만 분노를 줄이는 데에는 크게 효과적이지 않다.

 과도하게 낙관적이면 실제로는 부정적인 결과에 이르게 될 가능성이 높다. 예를 들어 지나치게 낙관적인 사람들은 과식이나 약물 남용, 안전하지 않은 섹스와 같이 건강하지 않은 행동이 미래의 건강에 미칠 영향을 과소평가할 수 있다.

[신념을 지키라]

시간은 새벽 두 시였고 아트는 거실에 홀로 앉아 스스로 목숨을 끊을지 말지 고민하고 있었다. 침실에는 25년간 함께 살아온 아내가 쌔근쌔근 잠들어 있었다. 아트는 거의 15년간 만성적인 통증으로 괴로워해왔다. 늘 아프고 실직 상태에 있으면서 일상적인 활동에서 크나큰 제약을 받기가 이제는 지겨웠다. 그는 분노에 차 있었다. 하루나 이틀 전에 일어난 일 때문이 아니라 십여 년 전에 일터에서 부상당한 결과 끝없이 고통에 시달리고 있다는 사실 때문에 화가 났다. 고통과 괴로움에 있어서 아트는 철저히 혼자라고 느꼈다. 심지어 그를 사랑하는 아내조차도 아트가 왜 나아지지 않는지 이해하지 못했다.

그날 새벽 아트는 고통을 그만 끝낼지(테이블 위에는 권총이 놓여 있었다) 아니면 그 순간부터 삶을 완전히 새로운 눈으로 바라보며 다시 시작할지 결정할 생각이었다. 54세의 아트에게 삶은 그저 불확실함으로 가득 차 있었다. 오직 확실한 것은 앞으로 밀려올 하루하루의 매순간에도 고통이 함께 하리라는 점이었다.

몇 시간 동안 마음을 저울질한 결과 아트는 마침내 삶을 선택하기로 결정하고서 가치를 중심으로 인생을 살아가리라고 다짐했다. 벌써 십 년도 더 된 일이다. 아트는 여전히 만성적인 고통 속에 놓여 있지만 누구에게 물어봐도 상당히 행복한 사람이다. 새 집을 지었고 여행을 다니며 때때로 정원을 가꾸고 심지어 골프도 조금 친다. 모두 고통 속에서 이루어내고 있는 성과다. 그리고 예전의 비극적 삶에서 새로운 삶으로 전환할 수 있는 힘은 오직 약간의 신념에서 나왔다!

연민하기를 연습하라

모든 종교는 어떤 차이가 있지만 한 가지 공통점이 있다. 바로 연민을 가르치고 전파한다는 점이다. 예를 들어 성경에서는 무엇이든지 남에게 대접을 받고자 하는 대로 남을 대접하라고 가르친다. 분노와 폭력에 대해서는 가르치지 않는다. 동료 인간(또는 당신이 기르는 고양이를 포함해도 좋다!)에 대한 사랑에 대해서 말한다.

표 21-3은 다른 사람을 대하는 두 가지 상반되는 방식, 곧 연민과 보복이 어떻게 다른지 보여준다.

동료 인간에 대해 연민을 보이지 않고서는 하루도 그냥 보내지 않겠다고 스스로와 약속하자. 시기적절한 순간에 건네는 따뜻한 말 한 마디같이 아주 작은 연민의 행동이 누군가의 하루를 지켜줄 수 있다는 사실을 깨닫고 놀랄 것이다. UCLA의 셸리 테일러 교수는 그러한 행동들이 '돌보고 어울리기'라고 자신이 이름 붙인 개념의 사례라고 본다. 돌보고 어울리기란 긍정심리학과 맥락을 같이 하는데, 우리가 힘겨운 시간을 더욱 잘 버틸 수 있도록 해주는 힘이 된다(흥미롭게도 이 특성은 남성보다 여성에게서 더 흔히 발견된다. 어쩌면 그래서 여성이 남성보다 더 오래 사는 것은 아닐까?).

표 21-3 보복 대 연민	
보복	연민
분노와 증오에서 태어난다.	사랑에서 태어난다.
누군가를 해치려는 목적이 있다.	다른 사람을 도우려는 목적이 있다.
갈등을 고조시킨다.	갈등을 이완시킨다.
판단한다.	판단하지 않는다.
"그들은 틀렸어."라고 말한다.	"그들에게는 도움이 필요해."라고 말한다.
"나는 반대야."라고 말한다.	"나는 그들 편이야."라고 말한다.
파괴적이다.	건설적이다.
누군가를 벌하려고 한다.	누군가를 벌하려는 욕구를 비운다.

[사과는 나무로부터 멀리 떨어지지 않는다]

보복과 연민의 차이는 전설적인 골프 선수 치 치 로드리게스가 들려주는 놀라운 이야기에서 잘 드러난다. 치는 가난한 푸에르토리코 가정에서 태어났다. 아버지가 열심히 일하기는 했지만 가족을 먹여 살리기에는 역부족이었다.

어느 날 밤 치의 아버지는 뒷마당에서 누군가가 어슬렁거리는 소리를 들었다. 큰 칼을 손에 들고 뒷마당에 나간 치의 아버지는 자신과 마찬가지로 가난했던 이웃이 마당에서 바나나를 줍는 모습을 보았다. 도둑질하는 이웃에게 분노하면서 공격하는

대신 치의 아버지는 가지고 나간 칼로 바나나 한 무더기를 잘라내서 이웃에게 건네주었다. 그러면서 그는 먹을거리가 필요하면 훔치지 말고 다가와서 도움을 청하라고 말했다.

이때 얻은 연민에 대한 가르침은 치가 살아가는 삶의 기준이 되었다. 또한 이 일화는 전문 골프 선수로서 얻은 부를 훨씬 불운한 사람들과 나눔으로써 그가 얻은 아주 당연한 명성의 이유를 설명해주기도 한다.

겸손하라

겸손한 마음은 해로운 분노의 또 다른 치유제다. 겸손하다는 말은 다음과 같은 태도와 정반대되는 개념이다.

- ✔ 거만함
- ✔ 특권의식
- ✔ 우월의식
- ✔ 자기만큼 훌륭하다고 생각하지 않는 사람들에 대한 경멸

겸손함과 반대되는 이런 태도는 모두 분노를 야기한다. 늘 굉장한 분노에 차 있으면서 겸손한 사람을 본 적 있는가? 틀림없이 없을 것이다.

누군가가 한스 셀리에 박사에게 생애의 역작이었던 연구 결과에 대해 의학계의 모두가 동의하지는 않는다는 사실과 더불어 고령에 따른 질환(그는 스트레스에 대한 강의를 하기 위해 절뚝거리며 강의실에 들어오곤 했다)에 대해 스트레스를 받지 않는 이유가 무엇인지 질문했다. 셀리에 박사는 그저 "저는 제 자신이 그렇게 대단한 사람이라고 생각해본 적이 없어요."라고 대답했다. 셀리에 박사의 이런 대답은 겸손함을 보여주는 좋은 사례라고 할 수 있다.

겸손할 수 있는 방법을 매일 찾아보자. 코미디언인 우디 앨런이 "우리는 모두 같은 버스를 탄 바보들이에요!"라고 했던 말을 늘 상기하자. 당신이 이 버스의 운전기사일지 승객일지는 모르지만 어쩌됐든 당신도 바보이기는 매한가지다. 우디 앨런의 말에 담긴 진리를 깨달으면 하루 종일 화를 품고 있기가 훨씬 힘들어진다.

지역사회의 리더가 되지 않고서 지역사회의 숙제를 해결하는 데 참여해보자. 세계를 조금 더 나은 곳으로 만들기 위한 상당히 사소한 방법을 찾아보자. 도로 위 쓰레기를 주움으로써 마을의 경관을 더 아름답게 만들자. 하루 시간을 내어서 사랑의 집짓기 운동에 참여해보자.

겸손함이라는 개념과 그에 대한 감정이 희미해질 때에는 밖으로 나가서 잠시 별을 관찰해보자. 우주의 광대함을 느끼면서 개개인이 얼마나 사소한 존재인지 생각해보자. 우리는 모두 훨씬 위대한 창조물의 작은 일부분에 불과하다.

PART 7

10의 법칙

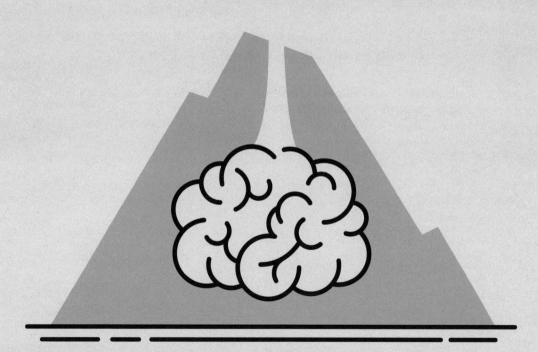

제 7 부   미리보기

- 분노에 찬 사람들의 감정이 고조되지 않도록 만드는 최선의 방법을 살펴본다. 경청하고 차분한 태도를 유지하면서 속도를 조절하고 안전한 곳으로 움직인다.

- 도로 위에서 운전할 때 경험하는 분노를 해소한다. 그런 분노는 자기 자신에도 이롭지 않고 다른 사람에게도 아무런 도움이 되지 않는다. 기분을 가라앉히고 운전을 즐긴다.

- 분노에 대해 다시 생각한다. 자기 감정을 온전히 자기 것으로 만든다. 자신을 분노하게 만들 수 있는 사람은 오직 자기 자신뿐이라는 사실을 기억한다.

분노에 찬 사람들을
대하는 10가지 방법

제22장 미리보기

- 고조되지 않도록 감정을 조절한다.
- 말하지 않고 귀를 기울인다.
- 차분하게 소통한다.
- 놓아버림으로써 이긴다.

슈퍼마켓 주차장에 있다고 상상해보자. 주차된 차를 천천히 빼려고 하는데 어디에서 왔는지 영문도 모르는 차가 갑자기 나타나는 바람에 범퍼가 약간 부딪혔다. 상대편 차가 지나치게 빨리 움직이고 있었으리라고 생각하지만 실제로 어땠는지는 잘 모른다. 차를 세우고 밖으로 나와 어디가 부딪혔는지 살핀다.

상대편 차에서 운전사가 고래고래 소리를 지르며 뛰어나온다. "이 *&#야! 머저리 같으니라고! 대체 무슨 &#을 한 거야? 똑바로 보고 운전 안 해? 머리가 어떻게 된 거 아냐?"

상대의 얼굴은 이미 시뻘겋다. 당신에게 매우 가까이 다가온다. 손에 주먹을 꽉 쥔 것이 보인다. 당신의 심장이 빠르게 뛰기 시작하고 손바닥이 땀으로 젖는다. 누구의 잘못인지 잘 모르겠지만 이 상황이 통제 불가능한 상태로 치닫기를 결코 바라지 않는다. 사소한 사고가 악화되기 시작하고 당신은 어떻게 대처해야 할지 확신이 서지 않는다. 어떻게 하면 이 위기를 가라앉힐 수 있을까?

이번 장에서는 당신이 원하지 않는 갈등 상황이 고조되기 시작할 때 이를 진정시킬 수 있는 10가지 기술을 소개한다. 매우 드문 경우를 제외하면 분노에 날개를 달아주는 대신 갈등을 억누를 때 기분이 더 나아질 뿐 아니라 더 효과적인 해결책을 떠올릴 수 있다.

분노에 찬 사람을 직면할 때에는 감정이 고조되는 것을 피하기 위해 무엇이든 해야 한다. 갈등이 고조되기 시작하면 논쟁이 격렬해지고 심지어 폭력적인 사태로 이어질 수도 있다. 그리고 신중하게 접근하지 않으면 이런 상황은 실제로 벌어질 수 있다.

주의 깊게 경청하라

사람들이 화나서 공격하기 시작할 때 이를 가라앉히는 최선의 방법은 화난 사람의 이야기를 들어주는 것이다. 진심으로 들어주어야 한다. 화난 사람에게 자신이 얼마나 좌절해 있는지 완전히 표현할 시간을 주어야 한다. 당신이 경청하고 있다는 점을 보여줄 수 있는 이상적인 방법은 상대의 말을 다른 표현으로 바꾸어 말하는 것이다. 예를 들어 다음과 같은 표현을 사용해보자.

- ✔ "음, 내가 이해하기로는 네가 하려는 말은⋯⋯"
- ✔ "내가 이해한 게 맞다면⋯⋯"
- ✔ "내가 느끼기에 지금 네 말은⋯⋯"
- ✔ "내가 잘못 이해했다면 정정해줘. 그러니까 지금 네 뜻은⋯⋯"

이런 표현으로 대화를 시작해서 상대방이 한 말을 당신이 어떻게 이해했는지 전달한다. 당신이 제대로 이해했다고 상대가 동의하면 그대로 대화를 이어가면 된다. 만일 상대가 동의하지 않는다면 당신이 상대의 의도를 더 잘 이해할 수 있도록 다시 한

번 고쳐 설명해달라고 부탁한다.

속도, 공간, 호흡을 조절하라

주차장을 비롯해 다른 개방된 공간에서 논쟁을 벌이면 갈등이 격화된다. 근처 커피
숍이나 매장 안과 같이 더욱 차분한 공간으로 움직이면 그럴 가능성을 줄일 수 있다.
이런 장소들은 통상 사람들이 물리적으로나 언어적으로 폭력을 사용하지 않도록 억
제하는 효과가 있다.

다음은 잠재적으로 폭발적인 상호작용을 피할 수 있는 몇 가지 추가적인 아이디어다.

✔ **의자에 앉자고 제안한다.** 의자에 앉으면 서로 키가 비슷해지면서 분위기도
   차분해진다.
✔ **만일의 경우에 대비해 출입구가 어디인지 확인한다.** 출입구를 막는 위치에
   자리 잡지 않도록 한다. 그러면 당신 스스로 더 편안해질 수 있다.
✔ **상대로부터 적당히 거리를 유지한다.** 그러면 더욱 안전감을 느낄 수 있다.
✔ **말하는 속도를 조절한다.** 속도를 늦춘다. 간간이 쉬었다가 대화를 이어나
   간다. 천천히 쉬어가면서 말하는 사람에게 분노하기는 훨씬 어렵다. 호흡의
   속도도 조절한다.

논쟁을 벌일 때 상대방의 불 같은 속도에 휘말리기란 정말 쉽다. 하지만 그런 대응은
거의 도움이 되지 않으며 대개는 급속도로 상황을 악화시킨다. 조심스럽게 접근해야
한다.

사건을 명료하게 설명해달라고 요청하라

두 사람이 서로 무슨 말을 하려고 하는지 제대로 이해하지 못할 때 대체로 논쟁이
촉발된다. 이 논쟁이 무엇에 대한 것인지 가정하기 전에 상대에게 상황을 명료하게

설명해달라고 부탁하면 어떨까? 무슨 일이 벌어지고 있는지 당신이 이해한 바를 상대에게 설명하면서 이렇게 이해한 것이 맞는지 확인하고 싶다고 말하자. 당신이 생각하기에 여전히 불명료하다고 생각되는 지점이 있다면 상대에게 묻거나 의문을 제기한다. 다음 사례를 살펴보자.

> 아만다는 치위생사로 일주일에 사흘 근무한다. 일하지 않는 날은 거의 항상 고령의 조부모를 돌본다. 아만다가 일하는 날에는 아만다의 언니가 조부모를 돌본다. 테런스는 아만다가 일하는 치과에서 똑같이 치위생사로 근무한다. 어느 날 테런스가 아만다에게 이렇게 말한다. "일주일에 사흘만 일하다니 참 좋을 것 같아. 내가 나흘만 일하게 해달라고 부탁했더니 내 말을 들어주지 않더라고. 혹시 상사와 특별한 관계니?"

> 모든 의무와 짐으로 탈진할 지경이라고 느끼는 아만다는 화나서 이렇게 대답한다. "감히 나보고 상사와 잤다면서 추궁하다니!"

> 테런스가 이렇게 응답한다. "이런, 그런 뜻은 아니었어. 그냥 농담이었어. 하지만 궁금하기는 했어. 왜 너에게만 그런 스케줄을 허락한 걸까?"

> 아만다가 말한다. "내 생각에는 면접 볼 때 나머지 나흘 동안에는 나이 드신 조부모님을 모셔야 한다고 말해서 그럴 거야. 굉장히 힘들어."

> 테런스가 사과한다. "아, 이해했어. 특별대우 받는다는 식으로 이야기해서 미안해. 정말 힘들겠다."

단순히 아만다에게 왜 그런 스케줄로 근무하게 되었는지 설명해달라고 질문하는 것만으로도 테런스는 목적을 상당히 달성했다. 그러지 않았더라면 상황은 급속도로 악화되었을 것이다.

마지막으로 더 많은 정보를 요청하자. 그렇다. 무엇 때문에 그렇게 화가 나는지 더 자세히 물어본다. 방어적으로 대응하는 대신 다음과 같은 질문을 던짐으로써 추가적으로 이해가 필요한 부분에 대해 물어보자.

> ✔ "그래, 이제 그 부분은 서로 잘 이해한 듯해. 네 마음을 상하게 하는 다른 이유가 혹시 더 있을까?"

- ✔ "너를 짜증나게 하는 다른 이유가 추가적으로 있지는 않니?"
- ✔ "이 상황에서 너를 화나게 하는 부분이 더 있니?"
- ✔ "혹시 나에게 하고 싶은 말이 더 있을까?"

걱정하지 말자. 상황이 가라앉으면 당신의 입장을 밝힐 기회가 올 것이다. 먼저 당신의 생각부터 제시하려고 서두르다 보면 상황이 악화될 가능성만 증가한다. 충분히 기다리자.

때때로 분노에 찬 사람들은 호통 치며 소리를 지르다가 급격히 태도를 바꾸어서 냉랭한 침묵을 유지하기도 한다. 만일 그런 일이 벌어지면 그 순간에는 더 많은 정보를 요구하지 말고 대신 다음 기회에 이야기하자고 제안한다.

부드럽게 이야기하라

논쟁을 벌이는 사람들의 목소리를 주의 깊게 들어본 적 있는가? 논쟁이 부드러운 방식으로 흘러간 기억이 별로 없을 것이다. 부드럽고 인내심 있는 어조로 조용하게 이야기하면 감정을 조절할 수 있다. 말 그대로다. 논쟁이 터지려고 할 때는 목소리 크기를 주의 깊게 의식하자.

상대방이 큰 목소리로 이야기할 때면 "있잖아, 더 부드럽게 말해주면 네 말을 더 잘 이해할 수 있을 것 같아. 그래줄 수 있을까?"라고 이야기해도 괜찮다.

연결고리를 만들라

사람들과 단절되었다고 느끼면 사람들에게 분노하기가 훨씬 쉽다. 반면 약간이라도 사람들과 연결되어 있다고 느끼면 적대적인 감정을 누그러트릴 수 있다. 늘 분통을 터트리는 사람에게 이름을 물어보면서 시작하자. 그리고서 마주칠 때마다 이름을 몇 번이고 불러준다.

화난 사람과 연결고리를 만들 수 있는 또 다른 방법은 머핀이나 민트, 커피, 차, 심지어 물이라도 좋으니 먹을거리나 마실 거리를 권하는 것이다. 사람들에게 무언가를 제안하면 상대는 대체로 어떤 식으로든 보답하려는 마음을 느낀다. 그렇지 않다 하더라도 최소한 분노를 폭발시킬 가능성은 낮아진다. 게다가 무언가를 입에 넣은 채 소리 지르기는 다소 어렵다!

방어적 태도를 버리라

방어적 태도는 비난을 비롯한 적대적 공격으로부터 스스로를 보호하고 싶다는 강렬한 욕구를 보여준다. 그러한 공격이 실제적이든 가상적이든 무관하다. 하지만 방어적 태도는 상대가 언어적으로든 신체적으로든 당신을 공격할 확률을 줄이기보다 오히려 증가시킨다. 왜냐하면 비방어적인 태도는 자신감을 보여주는 강인한 반응인 반면 방어적 태도는 나약한 반응이기 때문이다.

표정이나 보디랭귀지, 자세 그리고 언어적 표현은 모두 방어성을 증가시키거나 감소시킨다. 다음과 같이 비방어적인 전략을 사용해보자.

✔ **호기심 어린 표정을 짓는다.** 눈썹을 살짝 치켜 올리면서 고개를 살짝 기울인다. 상대의 관점에 진심으로 흥미를 보이는 듯한 모습을 취한다.

✔ **모나리자의 미소를 띤다.** 냉소적인 표정이 아니라 친절한 표정을 짓는 게 목표다.

✔ **고개를 끄덕인다.** 상대의 관점에 동의하지 않더라도 고개를 끄덕이면 당신이 상대의 말을 경청하고 있다는 신호가 된다. 이런 행동은 반드시 상대의 말에 동의하지는 않더라도 듣고 있다는 메시지를 전달한다.

✔ **몸이 살짝 옆을 향하게 한다.** 몸을 살짝 옆 방향으로 돌리면 상대를 도발하거나 상대에게 맞서지 않겠다는 신호를 전달한다.

✔ **이분법적 선택이 아니라 다수의 대안을 제시한다.** 대다수 논쟁에는 하나 이상의 해결책이 있다. 당신이 감당할 수 있는 선에서 다양한 가능성을 찾은 다음 상대와 공유한다.

✔ 이 상황을 개선하기 위해 당신이 무엇을 할 수 있는지 질문한다. 상대의 답변에 반드시 동의할 필요는 없지만 도움을 제안한다는 행동만으로도 논쟁의 열기를 다소 가라앉힐 수 있다.

합의할 수 있는 지점을 찾으라

상대의 관점이 얼마나 터무니없고 불쾌하든 관계없이 약간의 합의점은 거의 항상 찾을 수 있다. 다음과 같은 표현을 통해 부분적으로 동의한다는 의사를 표현하자.

✔ "어떤 관점에서 그렇게 바라보는지 알 것 같아."
✔ "네 말이 맞을 때도 있지." (설사 그 시점에는 그렇게 생각하지 않을지라도)
✔ "네 말도 일리가 있어." (설사 그럴 리 없다는 생각이 들더라도 언제나 가능성은 존재한다)

제8장에는 단호하게 소통할 수 있는 방식에 대해 더 많은 정보를 담고 있다. 상대방을 무장 해제시키는 기술을 통해 합의점을 찾는 방법도 포함되어 있다.

이해와 공감을 표현하라

화난 사람을 대할 때는 상대에게 공감함으로써 상대를 이해하고 있다는 점을 보여주자. 상대가 무슨 기분인지 정확히 안다고 말하지 않도록 조심한다. 당연하지만 상대의 마음을 확실히 알 수 있는 방법은 없다. 상대가 얼마든지 동의하지 않을 여지를 남겨두고서 당신이 짐작한 가능성을 공감적인 태도로 표현한다. 다음 예시를 참고하자.

✔ 상대가 자신의 관점을 솔직하게 표현해준 것에 대한 고마움을 표시한다.
✔ 상대의 마음이 얼마나 속상할지 이해한다고 말한다.
✔ 상대에 대해 판단하는 말은 삼간다. 상대의 관점에 동의하지 않더라도 이렇게 행동하면 상대를 한 명의 인간으로서 존중한다는 점을 보여준다.

주의를 전환하라

주의 전환이란 당장의 갈등과 무관한 대상으로 관심의 초점이나 대화의 화제를 분산시키는 행동이다.

대다수 논쟁은 주의 전환이 필요하지 않다. 예를 들어 상대가 거스름돈을 덜 받았다고 주장하는 상황에서는 대화의 화제를 바꿀 이유가 없다. 그러나 다음과 같은 상황에서 갈등이 발생하면 주의를 분산시키는 전략을 활용할 수 있다.

- ✔ 종교의례와 같이 파괴적 행동이 특히 문제가 될 수 있는 상황에서 아이가 화를 낼 때
- ✔ 치매에 걸리거나 지적 기능이 제한적인 경우에서처럼 정신적으로 장애가 있는 사람과 갈등이 벌어질 때
- ✔ 불법적이든 합법적이든 약물 남용으로 인지 능력이 손상된 사람과 논쟁할 때

그렇기에 주의 분산이 필요한 상황에서는 다음과 같은 기술을 하나 이상 시도할 수 있다.

- ✔ 주변 자극을 가리키면서 언급한다. 가령 "구름 모양이 얼마나 아름다운지 봐보렴." 혹은 "저기 천장에 커다란 균열 보이니?"라고 말할 수 있다.
- ✔ 날씨나 뉴스와 같이 완전히 다른 화제를 꺼낸다. "장마전선이 얼마나 빠르게 다가오고 있는지 보면 정말 놀랍지 않니?"와 같이 언급한다.
- ✔ 스마트폰을 꺼내서 재미있는 사진을 보여준다. 상대의 전화번호를 알 경우에는 문자를 보내도 좋다.

타임아웃을 외치라

때로는 마땅한 해결책이 보이지 않을 수 있다. 논쟁이 쳇바퀴를 돌면서 좀처럼 나아가지 못한다. 아무런 대안이 생각나지 않는다. 그럴 때면 타임아웃을 외칠 때다. 그러기 위해서는 다음과 같이 제안해볼 수 있다.

✔ "네 말을 들으니 생각해볼 거리가 아주 많아. 내일 다시 만나서 이야기하면 어때?"

✔ "지금 말한 내용을 내가 모두 소화하지 못한 것 같아. 조금 이따가 이야기해도 될까?"

✔ "지금 우리가 나누는 대화가 굉장히 중요한데 미안하지만 몇 분 뒤에 자리에서 일어나야 해. 아침에 다시 논의하면 어떨까?"

✔ "지금 우리 대화가 진전되지 못하는 것 같은데 잠시 쉬어갈 필요가 있어 보여. 다음 기회에 더 깊이 이야기하자."

즉시 해결책을 도출해야 한다는 기분에 사로잡히지 말자. 대화가 원활하게 흘러가지 않거나 스스로 안전하지 않다고 느끼면 대화를 종료하고 상황에서 벗어나는 게 최선이다. 모든 상황이 해결 가능하지는 않다. 성공적으로 갈등을 해결할 가능성이 합리적인 수준에서 있다고 생각한다면 다시 대화를 시도하지만 만일 불가능하다고 생각되면 포기한다.

화장실을 가야 한다고 말하면 논쟁을 누그러트리거나 심지어 어렵고 위험한 상황을 피할 수 있다. 대다수 사람들은 상대가 화장실을 가야 한다고 말할 때 거절하기 어려워한다. 화장실에 간다고 딱 잘라서 선언하자. 필요하다면 다른 사람의 도움을 청한다.

도로 위 분노를 종결지을 수 있는
10가지 방법

- 도로를 나눠쓴다.
- 고삐를 늦춘다.
- 다른 운전자를 배려한다.
- 운전이라는 경험을 즐긴다.

만일 당신도 가슴 속에 분노와 복수심을 활활 태우며 도로를 질주하는 운전자 가운데 하나라면 행운이다. 이번 장은 운전할 때 경험하는 분노에 대항하고 침착하게 운전할 수 있는 10가지 유용한 제안을 담고 있다. 이번 장에서 제안한 도구를 사용하면 다음번에 운전대를 잡을 때에는 그저 안전벨트를 착용하고 거울을 확인한 다음 각각 열 시와 두 시 방향으로 운전대를 붙잡고 운전을 즐기기만 하면 된다.

조급해하지 마라

공격적으로 운전하면서 도로 위의 다른 운전자들에 대한 참을성이 사라지곤 한다면 서둘러야 한다는 압박을 받고 있을 가능성이 크다. 『이상한 나라의 앨리스』에 나오는 모자 장수처럼 스스로 "늦었어, 늦었어, 늦었어! 굉장히 중요한 약속인데!"라고 생각하고 있을 것이다. 충분한 시간을 확보하지 못한 탓에 이제 시간은 당신의 적이 된다. 다음 사례를 살펴보자.

> 오브리 삼촌은 조카들에게 재미있는 구경을 시켜주고 시야를 넓히기 위해 종종 여행을 떠나곤 했다. 그는 좋은 사내였지만 그토록 느리게 운전할 수가 없었다. 조카들은 늘 "오브리 삼촌, 서둘러요. 빨리 가고 싶단 말이에요!"라고 말하곤 했다. 조카들의 말에 대한 그의 대답은 한결같았다. "얘들아, 서두르고 싶으면 30분 일찍 출발하면 된단다. 창밖으로 보이는 풍경을 감상하렴." 그리고 그의 말은 늘 옳았다.

늦었다는 생각에 마음이 조급해지면 몸도 그에 반응한다. 혈압과 심박 수가 증가하고 근육도 긴장하기 시작한다. 행동을 취할 태세가 갖추어지고, 앞길을 막는 사람은 누구든지 공격할 준비가 되어 있다. 그리고 앞길을 치우기 위해 분노를 사용한다!

서두르기를 멈추고 몸과 마음을 이완시키자. 목적지까지 얼마나 걸릴지 계산하고, 예상 운전시간의 15분이나 30분마다 추가로 10분씩 더해서 충분히 일찍 출발한다. 시간을 보지 않고 운전하는 방법도 있다. 자동차 시동을 걸기 전에 손목시계는 주머니에 넣고 자동차 시계에는 테이프를 붙인다(시간을 알기 위해 라디오 듣는 일은 반칙이다).

분노하며 운전하는 이유가 무엇이든 관계없이 전자기기는 꺼두기를 강력하게 권고한다. 문자하거나 통화하는 일은 심각하게 주의 집중을 방해하며 사고 발생률을 높인다. 게다가 많은 지역에서는 운전 중에 휴대폰을 사용하는 일이 불법이기도 하다. 그 어떤 대화도 목숨을 걸 만큼 중요하지는 않다.

고삐를 늦추라

운전할 때 얼마나 강한 힘으로 운전대를 잡는가? 공격적인 운전자라면 운전대가 '납덩이'라도 되듯이 꼭 붙잡을 것이다.

운전대라는 고삐를 늦추면 운전할 때 얼마나 편안한지 깨닫고 놀랄 것이다. 마치 달걀이나 어린 아이의 손을 잡듯이 부드럽게 운전대를 쥐자. 그러면 신체적 긴장 수준이 즉각적으로 달라진다. 손끝에서 경험하는 이완된 기분은 팔을 타고 어깨와 목, 허리를 지나 전신에 영향을 미친다. 한 번 시도해보자.

목적지보다 여정에 집중하라

공격적인 운전사들은 시야가 국한되어 있다. 이들은 오직 목적지 하나에만 집중한다. 공격적인 운전사는 목적지로 가는 길에 누군가가 끼어들면 매우 골치가 아프다. 오직 목적지를 향해 한 방향으로만 주의를 쏟는다. 마음은 이미 저 멀리 목적지에 가 있다. 거기까지 도달하는 일은 이른바 임무에 가깝다!

스스로 이런 유형에 가깝다고 느낀다면 여정이라는 거대한 그림을 놓치고 있는 것이다. 그리고 삶이란 결국 여정이라고 할 수 있다. 아이들을 학교로 데려다주거나 슈퍼마켓에 장 보러 가는 일처럼 사소한 여정도 마찬가지다. 목적지는 매번 바뀌지만 여정은 한결같이 이어진다. 긴장을 풀고 여정을 즐기자. 창밖으로 지나치는 사람들과 풍경을 바라보면 훨씬 덜 화가 날 것이다.

다른 운전사가 되어보라

혹시 제한 속도를 지켜가며 운전하는 몸집 작은 노인 곁을 굉음을 내며 지나치면서 주먹을 흔들어대고는 온 세상이 다 들릴 정도로 큰 목소리로 "당신 같은 노인네들은 운전하면 안 돼!"라거나 "저리 비켜, 늙다구니 같으니라고!"라고 소리 지르지는 않는가?

흠, 잠시 생각해보자. 운이 좋아서 도로 위 질주로 목숨을 잃지 않는 한 언젠가 당신 또한 노인이 될 것이다. 그렇다. 운전석에 털썩 앉아서 운전대 위로 백발조차 거의 보이지 않는 데다가 앞만 보는 바람에 주변의 모든 것을 의식하지 못하며, 제한 속도가 시속 85킬로미터인 구간에서 시속 55킬로미터로 달리는 노인이 바로 당신이 될 것이다. 다른 운전자 관점에서 스스로를 그려보자. 다른 운전자의 입장이 되어보자. 그러고 나서 스스로에게 "다른 운전자들이 나를 어떻게 대해주면 좋을까?"라고 질문해본다. 분노한 채 달려드는 모습은 아마도 아닐 것이다.

다음은 천천히 운전하는 사람들에 대해서 분노하지 않은 채 생각할 수 있는 몇 가지 방법이다.

✔ "와, 저 나이가 되어서도 운전할 수 있다니 대단해."

✔ "내가 저 나이가 되었을 때에도 여전히 저 분처럼 독립적으로 생활하면서 혼자서 잘 돌아다녔으면 좋겠군."

✔ "어쩌면 천천히 운전하는 것이 우아하게 나이 드는 비법인지도 모르지."

✔ "장담하건대 지금 이 순간은 나보다 저 분이 훨씬 더 편안한 기분일 거야."

✔ "별로 화나 보이지 않는걸. 어쩌면 좋은 교훈인지도 모르지."

특권적 사고를 버리라

운전은 우리 모두를 위한 것이다. 당신 혼자만을 위한 것이 아니다. 물론 도로 위에서 질주하는 이들은 다르게 생각할 것이다. "내 앞길을 방해하지 마, 젠장!", "날 막지 말라고! 내 약속에 늦어지잖아.", "당신 같은 운전자 나는 정말 싫어.", "내 앞에 절대 끼어들 생각하지 마."

상대 운전자를 중심으로 생각해보자.

- ✔ "뒤차가 지나가도록 옆으로 비켜줘야지. 저 사람은 나보다 더 서두르는 것 같아."
- ✔ "저 사람이 운전하는 모습을 보니 정말로 하루를 즐기는 것 같군."
- ✔ "와, 대단히 화나 있군. 결코 저 사람같이 행동하고 싶지는 않아."
- ✔ "한때는 저 사람처럼 나도 운전했었지. 이제 더는 그러지 않아서 다행이야."
- ✔ "저 사람들은 틀림없이 엄청 중요한 약속이 있을 거야."

겸손해지자. 스스로를 평범하다고 생각하자. 스스로가 고속도로에서 특별한 대우를 받을 자격이 있는 사람이라고 생각하지 말자. 여성 운전자나 노인 운전자, 나이 어린 운전자, 시골 출신의 운전자, 트럭 운전사 등 도로를 함께 달리는 동료 운전자들에 대한 고정관념을 버리자. 이 모든 동료 운전자들보다 자신이 우월한 존재라고 생각해서는 안 된다. 자신도 도로 위 평범한 인간의 하나라고 생각하고 마음을 편안히 갖자.

밝은 면을 바라보라
- - - - - - - - - - - - - - - - - - -

어떤 문제라도 긍정적인 측면은 존재한다. 만일 앞 차량이 천천히 가는 바람에 당신도 속도를 늦추어야 한다면 조급한 느낌을 덜 받을 수 있다. 좋은 점이다. 평소에 속도를 내기 좋아하지만 갑자기 앞차가 늑장을 부리는 바람에 추월의 여지도 없이 꼼짝없이 천천히 가는 수밖에 없는 경우도 있다. 어쩌면 그 덕에 속도위반 딱지를 떼이지 않을 수 있는지도 모른다. 좋은 점이다.

당신이 생각하기에 '순전한 멍청이'로 보이는 운전자를 본다면 그로 말미암아 역으로 당신은 똑똑한 운전자가 되지 않는가? 좋은 점이다. 계획보다 목적지에 도착하는 시간이 오래 걸린다면 편안히 휴식하며 혼자만의 생각에 잠길 생각을 더 버는 셈이다. 좋은 점이다. 거의 모든 상황에 이런 종류의 논리를 활용할 수 있다.

다음번에 분노의 경계선에 서 있다고 느낄 때면 "화를 내지 않으면 좋은 점이 무엇일까?"라고 스스로에게 물어보자. 답이 떠오르면 마음이 편안해질 수 있다.

적이 아니라고 생각하라

격노라는 감정은 진정한 적을 향한 감정이다. 적이란 우리가 믿기에 의식적으로 그리고 고의로 우리에게 해를 끼치려고 하는 사람들이다. "저 망할 놈이 지금 나를 때리려고 했어!" 이런 상황에서 상대는 명백히 당신을 해치려는 의도를 보이고 있다. 이때 우리는 분노로써 스스로를 지키려고 한다.

문제는 동료 운전자들은 당신의 적이 아니라는 데 있다. 그들은 심지어 당신을 잘 알지도 모르는 완전히 낯선 사람들이다. 사실 그들은 당신에 대해 거의 생각조차 하고 있지 않다. 그들의 관심은 자기 자신에게 있다. 도로 위에서는 엄청난 음모가 진행되고 있지 않다. 물론 다른 운전자들이 때로는 성가실 수 있지만 적이라고 할 수는 없다.

간단한 테스트를 해보자. 아무도 없이 뻥 뚫린 고속도로를 달려가고 있다. 저 멀리서 갓길에 트럭 한 대가 서 있는 모습이 보인다. 당신이 트럭을 지나치려고 할 즈음 갑자기 트럭 운전사가 경고등도 켜지 않은 채 끼어든다. 그 바람에 당신은 브레이크를 밟고서 방향을 홱 틀어 옆 차선으로 움직인다.

왜 트럭 운전사는 당신이 지나가기를 기다리는 대신 당신에게(그리고 스스로에게) 위험한 행동을 했을까? 고의였을까? 당신 앞에 급히 끼어들기 위해 딱 적당한 시점을 노리고 있었을까? 당신을 당황스럽게 만들어서 어쩌면 사고가 나도록 만들려고? 만일 이렇게 생각한다면 틀림없이 도로 위 분노를 경험하리라고 장담할 수 있다.

혹은 그 사람이 정말 무식하고 안전 운전에 대한 개념이 없어서 그러지는 않았을까? 또는 무언가에 주의가 분산되는 바람에 멍청한 실수를 저질렀는지도 모른다. 솔직히 말해서 당신도 똑같은 일을 한 번이라도 저지른 적이 없다고 단언할 수 있는가? 이런 관점에서 상황을 바라보면 격노할 가능성이 훨씬 줄어든다.

상황에 어떤 감정으로 대처할지는 언제나 우리의 선택에 달려 있다. 다른 운전자들이 예기치 못하게 저지르는 실수에 대해 생각해보자. 당신에게 고의로 저지른 행동이 아니다.

상황을 재앙화하지 말라

앞 차량의 여성 운전자가 속도를 줄이고 있다. 그렇다고 해서 세상에 종말이 오지는 않는다. 추월 차선에서 한 남성이 늑장을 부리는 바람에 뒤따라서 운전하는 모든 차량이 꼼짝도 못하고 있다. 그렇다고 해서 세상에 종말이 오지는 않는다. 신호등이 녹색으로 변해도 앞 차량이 움직일 생각을 안 한다. 그렇다고 해서 세상에 종말이 오지는 않는다. 그렇지 않은가?

당신의 세계가 그만큼 힘없고 연약한가? 운전할 때면 늘 일어나서 골치 아프게 하는 사건들이 실제로 끊임없는 재앙의 연속이라고 생각하는가? 갑작스럽고 예기치 않은 이런 사건들이 굉장한 피해를 끼치리라고 생각하는가? 암에 걸렸다는 사실을 통지받는 일과 같은 강도의 사건인가? 주가가 크게 조정되면서 은퇴 자금 대부분이 사라지는 일과 비교하면 어떤가? 사랑하는 딸이 마약 거래상과 결혼하기를 바란다고 말하는 일이랑 비교하면? 그렇다, 장담하건대 이런 사건들이야말로 재앙이라고 할 수 있다.

리처드는 상황을 과장해서 생각하는 습관을 버리는 일이 얼마나 어려운지 깨닫고 있다. 언젠가는 교차로에 정차하고 있는데 젊은 여성이 운전하는 차가 뒤에서 다가오더니 리처드가 새로 산 차의 범퍼를 가볍게 건드렸다. 건드렸다고 할 만큼도 아니었지만 어쨌거나 접촉이 있었다. 리처드는 펄쩍 뛰며 차 밖으로 나와 차 안에 앉아 있는 여성에게 가서 장황하게 여성을 비난하며 욕설을 퍼부어댔다.

곧 경찰이 도착했고 리처드로서는 놀랍게도 공공상소에서의 폭행 혐의로 체포되었다. 알고 보니 여성 운전자는 경찰에 전화하여 교통사고에 대해 보고하면서 리처드의 난폭한 행동에 대해서도 말했다. 리처드는 법정으로 소환되었고 변호사까지 고용했지만 유죄 판결을 받았다. 결국 분노 조절 프로그램에 참여하게 된 리처드는 다소 당황한 채 자신의 분노에 찬 행동을 두고 여전히 "그 여자가 내 차를 박아서 그래, 젠장!" 이라며 합리화한다.

운전하면서 분노에 휩싸이게 된다면 스스로에게 다음 10가지 질문을 던져보자.

✔ 테러범의 공격보다 더 심각한 일인가?

✔ 5등급 허리케인이 덮쳐오는 것만큼이나 안 좋은 일인가?

✔ 이러다가 정녕 죽고 싶은가?

✔ 1년이 지나서도 이 사건이 지금만큼 끔찍할까?

✔ 이 사건으로 이성을 잃게 되어 하루를 망칠만한 가치가 있는가?

✔ 이 사건으로 심장마비를 겪을만한 가치가 있는가?

✔ 15분 정도 늦었다고 해고당할까?

✔ 분노하는 데 들어가는 에너지를 소비할 만큼 가치 있는 일인가?

✔ 이 사건이 전에도 발생해서 실제로 사고가 난 적이 있는가?

✔ 1점부터 10점까지 심각한 정도를 평가할 때 100점이나 되는 일인가?

✔ 당신보다 과연 더 중요한 일인가?

✔ 이 사건이 곧 세상의 종말이 다가오리라는 신호인가?

이 질문들에 대해 의심의 여지없이 모두 그렇다고 대답했다면 당신의 분노는 타당하다. 하지만 그렇지 않다면 마음을 편안히 가지자.

다른 운전자를 이해하려는 노력을 멈추라

이런 사례를 흔히 본다. "맙소사, 대체 무슨 생각이지? 갑자기 저 차 앞으로 끼어들다니! 정말 멍청하군. 세상에, 정말 위험했어." 혹은 전형적인 좌절의 사례도 있다. "제한 속도 아래로 갈 작정이면 대체 왜 추월 노선으로 가는 거지? 왜 이 차선에서 운전하는 거야? 망할 바보 같으니라고!"

바로 여기에서 당신을 분노하게 만드는 실수가 발생한다. 바로 다른 운전자들이 왜 그런 식으로 운전하는지 이해하려고 시도한다는 실수다.

 사람들이 왜 그렇게 행동하는지 이해하기를 그만두고 상황을 있는 그대로 받아들이라. 사람들이 어떻게 행동하기를 바라는지 또는 어떻게 행동해야 한다고 느끼는지에 대해서는 생각하지 말자. 인간에게 있어 운전이라는 행동은 합리성의 측면에서 삶의 다른 영역과 다를 바 없다. 왜 사람들이 그런 식으로 투표할까? 왜 그런 식으로 밥을 먹을까? 왜 마약을 할까?

결국 이런 식으로 생각하다 보면(말 그대로) 스스로를 미치게 만든다. 기대수준을 낮추고 마음을 편안히 갖자.

짜증으로도 충분하다

분노는 이분법적으로 '분노하거나 분노하지 않는' 식으로 발생하지 않는다. 분노의 강도는 세 가지 수준으로 나눌 수 있다.

✔ 짜증 : 분노의 수준을 10점 척도로 평가할 때 1~3점 정도 되는 수준의 분노다. 짜증난다는 표현 대신 성가시다, 언짢다, 못마땅하다 정도의 표현을 쓸 수 있다.

✔ 화 : 10점 만점에 4점에서 6점 정도의 분노 수준이다. '노하다', '성나다', '골나다' 등의 단어로도 묘사할 수 있다.

✔ 격노 : 10점 만점에 7점에서 10점 정도 되는 수준의 분노다. 동의어로는 '격분하다', '분개하다', '광분하다' 등이 있다.

운전할 때 짜증이 나는 정도라면 어느 누구도 마음을 비우라고 말하지 않는다. 문제는 단순히 분노한다는 그 자체가 아니다. 문제는 지나치게 분노할 때(격노할 때)다. 짜증이 나거나 약간 화내는 정도로 타협하면 어떨까? 그렇게 하더라도 물론 행복한 사람이 되지는 않겠지만 적어도 자신의 행동을 여전히 통제할 수 있다. 요컨대 '도로 위 짜증'으로 구속되는 사람은 한 명도 없다. 만일 그렇게 한다면 누구나 어떤 시점에서는 교도소로 직행해야 할 것이다.

모든 일은 결국 정도의 문제이며 분노도 다를 바 없다. 분노 수준을 다소 낮추고 마음을 편안히 먹으면 어떨까?

분노를 물리치는 10가지 생각

분노 조절은 물리적이라기보다 심리적인 문제다. 마음속에서 어떤 생각을 하는 지가 중요하다. 결국 분노에 차서 행동할지 아니면 분노로부터 자유로워질지는 어떤 마음을 먹느냐에 의해 결정된다. 이번 장에서는 어제의, 오늘의 그리고 내일의 분노를 조절하는 데 도움이 되는 10가지 생각을 제안한다.

당신 모르게 당신을 분노하게 만들 수는 없다

"그 사람이 저를 화나게 만들었어요."라는 말을 들을 때마다(게다가 이 말을 필자들은 자주 듣는다!) 필자들은 이 말이 얼마나 잘못되었는지 분명히 이야기해주고 싶다는 생각이 든다. 사람들은 자신의 감정에 대한 책임을 다른 사람에게 전가하기 위해 그런 말을 한다. 그러나 그 어떤 상황이나 사람, 사건도 당신에게 그 정도로 강력한 영향을 미칠 수 없다. 다른 누군가의 열쇠를 넣고 돌린다고 해서 당신이라는 자동차에 시동이 걸리지는 않는다. 그리고 그 사실에 대해 우리는 감사할 필요가 있다.

외적 사건이 우리의 화를 돋우는 기회를 제공하는 것은 사실이다. 안타까운 부분은 사람들이 이 기회를 거의 놓치지 않는다는 점이다. 원한다면 화를 내지 않는 선택을 충분히 내릴 수 있다. 어떤 쪽을 선택하든 선택은 우리 몫이다.

다음번에(만일 다음번이 있다면) 분노를 터트릴 기회에 직면하게 될 때는 다음과 같이 위안을 주는 생각을 떠올리자―상대가 얼마나 열심히 도발하든 당신이 허락하지 않는 한 아무도 당신을 화나게 만들 수 없다.

뿌린 대로 거둔다

"자업자득"이라거나 "뿌린 대로 거둔다."와 같은 말을 많이 들어보았을 것이다. 이런 표현은 주로 다른 사람에 의해 피해를 보았거나 상처를 받은 이들의 입에서 나온다. 이런 말은 삶이란 대체로 주고받는 것이라는 사실을 일깨워준다.

인간의 감정에는 일종의 상호성이 존재한다. 다시 말해 분노는 분노를 부르고, 두려움은 두려움으로 이어지며, 친절함을 베풀면 친절함을 누리게 된다. 당신이 어떤 행동을 하든 사람들은 당신의 행동과 비슷하게 반응한다. 분노를 표출하면 분노 어린 반응을 얻는다. 사랑을 베풀면 사랑을 얻는다. 감정은 부메랑처럼 작동한다.

다른 사람에게서 긍정적인 대접을 받고 싶다면 하루하루 긍정적인 업보를 쌓자. 다음과 같은 질문을 스스로에게 던져보자.

✔ 오늘 누구에게 따뜻한 관심을 보였는가?
✔ 판단하지 말고 이해해야 하는 사람에 누가 있는가?
✔ 다른 사람에게 오늘 얼마나 많이 칭찬하고 싶은가?

✔ 누구에게 공감을 표현할 수 있을까?

✔ 해가 지기 전에 얼마나 많은 사람을 안아줄 수 있을까?

✔ "감사합니다."와 "부탁해요."라는 말을 얼마나 자주 쓸 수 있을까?

✔ 내가 미소 짓는 모습을 보고 얼마나 많은 사람이 행복해할까?

그러고 나면 화를 내기가 얼마나 어려운지 실감할 수 있을 것이다.

결국은 돈이다

사람들이 속상해하거나 화를 내는 주된 이유 하나는 무엇인가가 잘못되는 바람에 금전적인 손실이 있을 때다. 만일 손실이 크지 않으면 기분이 언짢은 정도이지만 감당할 수 없을 정도로(혹은 감당하기 싫을 정도로) 손실이 크면 격노하는 상태에 빠진다.

당신도 이와 비슷한가? 그렇다면 결국은 이 모든 분노의 원인이 돈에 불과하다는 점을 고려할 필요가 있다. 세상이 끝나거나 인류가 멸종하는 정도의 일이 아니다. 인생이 항구적으로 망가지지도 않는다. 결국은 돈이다. 예를 들어 자녀 또는 배우자가 사고를 내서 자동차에 손상이 있을 때 이렇게 묻지는 않는지 생각해보자.

✔ 수리 비용이 얼마나 든대?

✔ 자동차 상태는 어때?

✔ 얼마나 파손되었어?

✔ 차가 굴러가기는 해?

✔ 보험료가 얼마나 인상될까?

그러나 그보다 더 **중요한** 질문, 당신이 해야 할 질문은 다음과 같다.

✔ 괜찮니?

✔ 다치지는 않았어?

✔ 몸은 어때?

✔ 많이 놀라지는 않았니?

돈과 자동차의 문제는 부차적이다.

결국은 모두 우선순위의 문제다. 그 무엇에 대한 '비용'보다도 주변 사람들에 대한 당신의 사랑과 관심이 훨씬 더 중요하다는 사실을 깨닫기 바란다. 금융계의 전문가인 수지 오먼은 이렇게 강조한다. "사람이 첫째고 돈이 둘째며 물건은 셋째다."

사람은 대개 적이 아니다

진화적 관점에서 분노에는 목적이 있다. 분노는 생존이라는 목적을 이루기 위한 수단이다. 감정은 신경계에 각인되어서 우리가 오래 그리고 건강하게 살 수 있도록 환경에 적응하는 데 도움을 준다. 분노에는 딱 한 가지 목적이 있는데, 바로 우리의 존재 자체를 위협하는 적에게서 우리를 보호하는 것이다. 그런데 과연 우리의 적의 정체는 무엇이며 그 수는 얼마나 많을까?

자녀가 학교에서 성적이 꼴찌가 되면 자녀가 당신의 적인가? 당신이 바라는 만큼 아내가 섹스에 흥미를 보이지 않으면 아내가 당신의 적이 될까? 슈퍼마켓에서 10가지 미만의 소량 구입 전용 계산대에 줄을 서 있는데 당신 앞에 있는 사람이 11개 품목을 들고 있다면 그 사람이 당신의 적인가? 당신의 앞길을 가로막거나 불편을 주거나 포커 게임에서 당신을 누르고 이기면 당신의 적일까? 만일 그렇다면 당신은 굉장히 자주 화가 날 것이다!

적이라는 단어는 신체적 안전을 실제로 위협하는 사람에 한해서 사용하자. 나머지 사람들은 그저 사람이다. 아들, 딸, 배우자 또는 슈퍼마켓의 계산대 앞에 늘어선 줄에서 규칙을 지키지 않는 사람 모두 적이 아니다. 계산대에 줄을 서 있다가 권총을 꺼내서 당신의 지갑을 요구하지 않는 한 모두 그저 마음을 언짢게 하는 사람이지 적이 아니며 화낼 가치도 없다.

인생은 공정하지 않으며 결코 공정할 수 없다

때때로 인간이란 참 재미난 존재다. 자신이 바라는 방향으로 삶이 흘러가면 이를 두고 공정하다 말한다. 그러지 않으면 공정하지 않다고 말한다. 무엇이 공정하고 그렇지 않은지를 각자가 정한다. 다시 말해 우리는 저마다 궁극적으로 공정함을 판가름하는 판사다. 우리에게 일어난 일을 어떻게 생각하는지는 우리가 얼마나 분노를 느끼는지를 결정한다. '부당하다'고 느낄 때마다 분노에 의지하지는 않는가?

공정함에 대해 생각해보자. 공정함이란 무엇일까? 누가 결정하는 것일까? 모든 안 좋은 사건을 두고 다 부당하다고 말할 수 있을까? 어째서? 많은 사람은 우리가 알지 못하는 방식으로 세상에 무슨 일이 일어날지 계획하는 영적 존재가 있다고 믿는다. 다른 사람들은 좋은 일이든 나쁜 일이든 임의로 일어나는 사건을 설명할 수 있는 방법은 없다고 믿는다.

그렇기 때문에 오늘 당신에게 일어나는 일이 공정한지 부당한지 생각하기를 그만두고 최선을 다해 이에 대처하는 일이 가장 옳은 행동일 수 있다. 판단은 분노를 부르기에 판단을 멈추고 오직 닥친 일을 해결하는 데 힘을 쏟자.

또한 당신이 바라는 대로 삶이 굴러가지 않을지라도 그 순간에조차 감사하기를 잊지 말아야 한다. 작은 일에 감사하는 일은 기분을 개선시킨다.

에너지는 제한된 자원이다

분노하려면 에너지가 들고, 분노한 상태를 유지하는 데에도 에너지가 들며, 분노를 표현하거나 가라앉히기 위해 하는 모든 노력에도 에너지가 든다. 지나치게 많은 분노를 품으면 그야말로 녹초가 된다.

하나의 감정 또는 감정이라는 것 자체에 지나치게 많은 에너지를 쏟고 싶은가? 에너지는 무한하게 공급되지 않는다. 다른 자원과 마찬가지로 소진되기 마련이다. 에너지를 어디에 쏟느냐가 당신의 하루를 대체로 결정짓는다. 에너지를 일하는 데 쏟으 연구에 따르면 사람들은 한결같이 나이가 들수록 분노하는 횟수가 줄어들고, 강렬한 분노를 덜 경험하며, 분노를 더 빠르게 극복한다고 보고한다. 어쩌면 그 이유는 항시 분노에 차 있는 사람들이 일찍 죽기 때문인지도 모른다. 또는 노년까지 생존한 사람들이 삶의 위대한 교훈 가운데 하나를 깨달았기 때문일 수도 있다. 그 교훈이란 바로 삶을 지탱하는 데에는 에너지가 필요하다는 점이다. 게다가 삶의 전반기에 비해 후반기에는 에너지가 반절로 줄어든다. 그렇기에 사람들은 활력을 유지하기 위한 방법으로 어쩔 수 없이 에너지를 좋은 목적으로 사용하는지도 모른다.

면 하루가 끝날 때 생산적으로 보냈다고 느낀다. 에너지를 화내는 데 쏟으면 하루가 끝날 때 분노와 패배감, 피로, 허무함을 느낀다.

살아 있는 한 우리는 끊임없이 무엇인가에 에너지를 쏟는다. 문제는 "무엇에 에너지를 쏟는가?" 이다. 당신의 에너지가 당신이나 당신이 사랑하는 사람에게 이득이 되는 방식으로 사용되는가? 당신이나 다른 사람의 삶을 개선하는 방식으로 쓰이는가? 아니면 그저 소진될 뿐인가? 결국 선택은 당신의 몫이다.

자신을 속이지 말자 : 우리는 모두 바보들이다

우디 앨런은 옳았다. 우리는 모두 바보들이다. 이 사실을 잊는 순간 함정에 빠진다. 스스로를 우월하다고 혹은 다른 사람보다 특별하다고 생각하면 분노로 향한 문이 활짝 열린다. 분노는 자기보다 열등하다고 생각하는 사람들을 향해 흘러가는 경향이 있다. 더 어리석고 미련하며 덜 중요한 사람들에게 분노는 향한다. 이럴 때면 "나를 화나게 하면 저들(못난 사람들)은 무슨 짓을 당해도 싸."라고 생각한다.

심리학자들은 나르시시즘이라는 용어를 사용해서 다른 사람보다 유난히 우월하다고 느끼는 사람들을 설명한다. 나르시시스트는 자기에 대해 과장된 평가를 가지고 있다. 스스로를 '특별한' 사람이라고 바라보면서 자신의 의견은 다른 사람의 의견보다 더 중요하게 받아들여져야 한다고 생각한다. 또한 자신을 제외한 다른 모든 사람들은 자기의 욕구를 충족하기 위해 존재한다고 느낀다. 요컨대 나르시시스트란 여왕벌 같은 사람이다!

결혼도 마찬가지다. 결혼 전문가인 존 가트맨 박사에 따르면 경멸이 결혼 관계에 스며드는 순간 결혼은 파경을 맞는다. 경멸은 특권의식과 궤를 같이 하며 상대를 맹렬히 힐난하게 만든다. 경멸의 이면에는 비하와 모욕을 비롯하여 사랑한다고 말하는 사람에게 심리적인 상처를 주려는 의도가 존재한다.

특별하지 않은 **평범한 사람**으로 사는 데 만족하자. 그러면 마음이 편안해진다.

이렇게 죽고 싶지는 않은가?

우리 삶은 전쟁과 같다. 인생을 살아가면서 누구도 예외 없이 어떤 목표, 목적, 가치가 목숨을 걸만한 가치가 있는지 아닌지 판단해야 한다. 특정 목적이 더 중요할수록, 즉 특정 가치에 더 많은 정서적 자원을 투자할수록 일이 뜻대로 흘러가지 않으면 더 화내게 된다. 듀크대학교의 레드포드 윌리엄스 박사는 이를 두고 "분노는 목숨을 앗아간다!" 라고 통렬하게 표현했다. 그렇기에 어떤 전쟁을 치를지 선택적으로 변별할 필요가 있다.

삶에서 전쟁을 가능한 한 적게 치르고 내일의 전투를 위해 에너지를 아끼자.

분노로 달성할 수 있는 일은 모두 분노 없이 달성할 수 있다

어떤 경우에는 분노가 건설적으로 사용될 수도 있지만, 인생에서 얻을 수 있는 모든 것은 분노하지 않고서도 얻을 수 있다.

언젠가부터 사람들은 화내는 일과 일을 뜻대로 성사시키는 것을 연관 지어 생각하기 시작했다. 이제는 장애물이나 도전, 문제에 직면했을 때 분노가 자동적으로 유발된다. 실험심리학에서는 이런 현상을 미신적 강화라고 부른다. 다시 말해 사람들은 분노가 하루하루를 생존하는 데 필수적이라고 생각하지만 사실은 그렇지 않다.

가장 최근에 화를 낸 적을 떠올려보자. 어떤 문제 때문에 분노하게 되었는가? 분노하지 않고서 그 문제에 대처할 수 있는 방법이 하나도 없었을까? 솔직히 대답하자. 그 문제를 해결하는 데 있어서 분노가 도움이 되었는가 아니면 방해가 되었는가? 필자들이 장담하건대 분명 방해가 되었을 것이다.

인류 역사의 어느 시점에서 분노는 의심의 여지없이 물리적 생존이라는 주된 목적을 달성하는 데 효과적이었다. 하지만 오늘날 세계에서 분노는 그 유용성을 거의 잃었다. 한 세대에서 다음 세대로 전해져 내려오는 안 좋은 습관에 불과한 경우가 대부분이다.

당신에게는 어떠한 권리도 없다

이 책에서 당신이 분노를 조절하는 데 가장 도움이 될 만한 메시지를 하나 꼽는다면 다음 메시지다―당신에게는 어떠한 권리도 없다. 필자들은 오늘날의 빠르게 흘러가는 복잡한 세계에서 분노를 유발하는 근본적 이유는 대부분 특권의식 때문이라고 믿는다.

사전에 따르면 권리란 자산을 비롯한 어떤 대상을 법적으로 요구할 수 있는 자격이나 힘을 의미한다. 역사적으로 권리란 영국의 왕들이 귀족에게 충성을 바친 대가로 하사한 자격이었다. 그러나 오늘날 대다수 사람들은 일상생활의 거의 모든 측면에 이 개념을 적용한다.

다음은 사람들이 권리가 있다고 흔히 잘못 생각하는 대상의 사례다.

✔ 항상 자신의 말에 수긍하는 배우자
✔ 항상 자신의 말을 따르는 자녀
✔ 모든 사람들로부터 항상 배려받을 것
✔ 지속적 고용
✔ 내적 평화

- ✔ 모든 것이 공정한 세상
- ✔ 값싼 석유
- ✔ 번영
- ✔ 정치적 관점이 같은 사람들
- ✔ 동료들의 존경
- ✔ 안정된 경제
- ✔ 억압으로부터의 자유
- ✔ 모든 사람들로부터 자신의 생각, 믿음, 의견을 존중받는 것
- ✔ 숙면
- ✔ 승진
- ✔ 출근길이면 예외 없이 시동이 잘 걸리는 자동차

특권의식의 문제는 의무와 확실성, 예측 가능성을 요구한다는 점이다. 예를 들어 특권의식이 있는 부모는 사춘기 자녀가 언제나 예외 없이 부모의 말을 들어야 한다고 생각한다. 세상에 태어나게 해주었다는 빚을 자녀가 지고 있다고 생각하기 때문이다. 그런데 자녀가 부모와 똑같이 생각하지 않는다면 어떻게 될까? 부모는 화가 난다. 그리고 분노는 어떤 효과가 있을까? 일반적으로 별로 없다. 최소한 긍정적인 효과는 거의 없다.

특권의식은 잊어버리고 대신 삶에서 얻기 바라는(요구하는 게 아니라) 것들의 최소한 일부라도 성공적으로 이루어보자. 승진이나 연봉 인상, 존경, 사랑, 인정이든 무엇이든 좋다. 그러면 삶은 훨씬 수월하게 흘러간다.

지은이

찰스 H. 엘리엇(Charles H. Elliott)

임상심리학자이자 인지행동치료학회의 창립회원이다. 필딩대학원대학교의 명예교수이며 의과대학 두 곳에서 교수로 재직했다. 아동과 청소년, 성인의 분노 및 불안, 강박장애, 성격장애의 치료에 폭넓은 전문성을 보유하고 있다.

로라 L. 스미스(Laura L. Smith)

학교심리학자이며 임상심리학자다. 뉴멕시코 심리학회의 회장으로 선출되었다. 학교 혹은 임상 장면에서 분노 문제가 있는 아동과 성인에 대한 상당한 전문성을 보유하고 있다.

옮긴이

김효원

서울대학교 경제학부를 졸업하고, 동대학교 심리학과 석사과정을 졸업했다. 심리학 기반 컨설팅 연구소에서 기업의 인적자원 관리 및 개발에 관한 연구와 컨설팅을 진행해왔다. 더불어 번역 에이전시 엔터스코리아에서 출판기획자 및 전문번역가로 활동 중이다. 옮긴 책으로는 『시작하기 전에 알았더라면 좋았을 것들 : 스탠퍼드대 미래실행 보고서』, 『최초가 아니라 최고가 되어라』 등이 있다.